中国农作物种业

(2006—2020)

中国种子协会　编著

中国农业出版社
北　京

《中国农作物种业（2006—2020）》

编 辑 委 员 会

编　辑　部

序

种业是农业的“芯片”。新世纪，特别是党的十八大以来，中国种业人牢记使命，锐意进取，继往开来，推动种业发展进入新时代，为国家筑牢粮食安全根基，发挥种业在国计民生中的战略性、基础性核心作用作出了历史性贡献。

新时代我国种业发展的成就，根本原因在于有以习近平同志为核心的党中央正确领导，每到关键时刻，都加强领导，指明方向，深化改革，创新政策，极大地鼓舞和激励全国上下把我国种业搞上去的决心和信心。

我 2012 年来到农业部，有幸分管种子工作。这期间，我亲身经历和见证了在党中央、国务院坚强领导下，广大种业人肩负历史使命，在建设现代种业的新征程中，以坚定步伐和不懈努力砥砺前行，不断谱写中国种业发展的新篇章。第一，坚定不移深化改革，为中国种业事业不断注入新动力。2006 年，《国务院办公厅关于推进种子管理体制改革 加强市场监管的意见》出台；2011 年，《国务院关于加快推进现代农作物种业发展的意见》颁布；2013 年，《国务院办公厅关于深化种业体制改革 提高创新能力的意见》出台；2014 年率先开展种业科研成果权益比例改革试点，将成果权益更多赋予科研人员，激发了科研人员创新的积极性，推动科研成果转化；深化种业科研体制改革，建立以企业为主体的商业化育种体系，种业企业创新能力明显提升；修改《中华人民共和国种子法》，开通主要农作物品种审定区域试验绿色通道和联合体试验，建立非主要农作物品种登记制度，加大植物新品种侵权处罚力度，种业发展环境持续优化。第二，切实加强种业机构建设，为中国种业发展强化工作力量。2011 年农业部成立种子管理局，开启了现代农作物种业发展的新征程；2018 年在新一轮国家机构改革中，农业农村部组建种业管理司，统筹开展多项工作，有力推动农作物和畜禽种业迈向发展新阶段。第三，聚焦种业科技发展，为种业振兴夯实基础。组织开展第三次种质资源普查收集行动，农作物种质资源保护利用成效显著；组织重大作物良种联合攻关，培育一大批高产、优质、绿色、适宜机械化的新品种；推动南繁育种制种基地建设上升为国家战略，启动建设国家级育种制种基地和制种大县、区域性优势种子基地建设，供种保障能力稳步增强。一系列战略举措取得显著成效，2020 年我国农作物良种覆盖率在 96%以上，自主选育品种面积占比超过 95%，良种对粮食增产贡献率达到 45%以上。

以史为鉴，察往知来。为系统展现 2006 年至 2020 年我国农作物种业的发展历程，记录主要历史事件，梳理主要工作成果，中国种子协会组织编写了《中国农作物种业（2006—2020）》。本书在尊重前著《中国农作物种业（1949—2005）》的基础上，遵循实事求是的科学态度，依据可靠的历史资料，记录这段不平凡的历史，力求为读者提供一份全面、真实的农作物种业发展历程。

希望本书的出版，能够对广大种业工作者通过回顾历史，更好把握未来起到积极作用，有力推动中国现代种业发展，为实现种业科技自主自强、种源自主可控作出贡献，共同书写中国种业全面振兴新篇章。

余欣荣

2024 年 7 月 18 日

前言

2007年底中国种子协会编辑出版了《中国农作物种业（1949—2005）》一书（简称“种业一”），受到种业界的普遍欢迎，成为了解中国种业发展的重要书籍。广大种业工作者希望续编尽早问世。受农业农村部种业管理司的委托，2020年我们开始组织编写《中国农作物种业（2006—2020）》（简称“本书”），历经四年，几易其稿，终于付梓。编写注重了以下三个方面：

一是在内容上注重系统性。本书共20章，涵盖了中国种业的法规政策、机构变化、服务体系、品种管理、市场监管、国际交流、作物科技、重点企业、英模人物等方面。以2006—2020年为主要时间段，对于“种业一”没有涉及的重要事件和内容，为体现完整性和便于读者了解来龙去脉，记叙时间上适当前移。

二是在体例上注重记叙性。客观反映情况，真实记载过程，除概述外，原则上不作主观评价。

三是在格式上注重一致性。从封面设计、结构安排和排版等方面都与“种业一”基本一致；本书所引用数字，一是来自正式出版的书籍，二是来自农业农村大数据，所以没有再作引用说明。在本书中反复出现的文件、单位名称，除第一次出现用全称外，以后都用简称。

本书作者共167人。为便于读者了解，作者姓名均署注在各章节的最后。

还有多位种业科技人员、管理人员、服务人员为编写本书付出了辛勤劳动，在此谨向他们表示衷心的感谢！同时也感谢这些作者所在单位的大力支持！

由于水平有限，难免存在疏漏和不足，希望广大读者批评指正，是荷。

编著者

2024年7月

目 录

第一章　概　述

粮安天下，种铸基石。2006—2020 年，是我国农作物种业在全面深化改革的时代浪潮中砥砺前行的 15 年。这 15 年实现了从种子到种业的转变，加快了从传统种业迈向现代种业的历史进程。

15 年来，特别是党的十八大以来，在以习近平同志为核心的党中央坚强领导下，各地各部门各有关单位贯彻落实党中央、国务院决策部署，坚持不懈地推进种业改革创新，取得了一项又一项举世瞩目的成绩，种业安全保障能力显著增强，种业自主创新能力显著提升，企业竞争力显著提高，种业发展环境显著改善。全国农作物良种覆盖率在 96%以上，自主选育品种面积占比超过 95%，为保障国家粮食安全和重要农产品稳产保供提供了关键支撑。

第一节　发展历程

2006—2010 年，是我国农作物种业产业化发展阶段，通过加快培育作为市场主体的种子企业，提升种子生产、加工等能力水平，完成了由种子向种业的转变；2011—2020 年，是推进传统种业向现代种业转变的发展阶段，让农民用上了放心种，保证了中国粮主要用中国种。

自实施“九五”种子工程和颁布《中华人民共和国种子法》（以下简称“《种子法》”）以来，我国农作物种业发展迈入新阶段。种子法律框架初步建立，管理步入法治轨道；市场主体逐步多元，产业形态基本形成；基础设施得到强化，种子生产能力显著提升；良种推广明显加快，增产增收成效显著。同时，我国种业起步发展还存在诸多困难和问题，突出表现在体制不顺、队伍不稳、手段缺乏等方面，假劣种子事件时有发生，影响农业生产安全。

面对困难和挑战，2006 年 5 月，《国务院办公厅关于推进种子管理体制改革 加强市场监管的意见》（国办发〔2006〕40 号）（以下简称“国办发〔2006〕40 号文件”）

出台。这是改革开放以来国务院颁布的第一个关于种子产业发展的重要文件。这次管理体制改革重点主要集中在两个方面：一是政企脱钩，打破了管理与经营不分家、管理者既是“裁判员”又是“运动员”的工作格局，为我国农作物种子市场化营造了公平竞争环境；激发了市场活力，民营企业、社会资源、国际种业企业等纷纷进入种子市场。二是健全农作物种子管理体系，强化机构、人员、装备、经费等方面支持。截至2007年，全国所有省级、90%以上市级和80%以上县级农业部门均设立了独立的种子管理企业，基本完成了种子管理机构与种子经营机构分设。

截至2010年，我国种业基本形成了与社会主义市场经济相适应的产业发展体系。法律和管理制度基本建立，以《种子法》为核心，形成了种质资源保护、品种审定、新品种保护、种子生产经营许可、种子生产经营档案、种子标签、种子检疫、种子储备、转基因植物品种安全评价等九大基本制度。市场主体实现多元化，各种类型的股份制企业及民营企业逐渐成为主力军；种子生产质量明显提高，加工能力不断增强，包装、标签等实现规范管理，“两杂”种子质量市场抽检合格率达到95%以上。我国种子市值从2000年的250亿元增至2010年的500多亿元，种子商品化程度大幅提高，中国成为全球第二大种子市场。产业集中度不断提高，种业50强企业市场占有率达到30%以上，其中水稻、玉米种子市场份额超过50%。

伴随着农业生产方式转变和经济全球化发展，跨国种业公司兼并重组和全球扩张加速。在加快发展现代农作物种业进程中，品种创新能力不高、企业竞争能力不强、制种基地不稳、科研与生产脱节等问题亟待解决。

“十二五”开局之年，在加快发展现代农业的关键时期，党中央、国务院高度重视种业发展。2011年《国务院关于加快推进现代农作物种业发展的意见》（国发〔2011〕8号）（以下简称“国发〔2011〕8号文件”）出台，将种业提升至国家战略性基础性核心产业的高度，成为我国种业发展史上具有里程碑意义的大事。2012年中央1号文件提出“着力抓好种业科技创新”，指出增加种业基础性公益性研究投入，重大育种科研项目要支持“育繁推”一体化种子企业，加快建立以企业为主体的商业化育种新机制。随后，国务院连续出台多个文件。2012年，《全国现代农作物种业发展规划（2012—2020年）》（国办发〔2012〕59号）印发。这是新中国成立以来首次对现代种业作出全面发展规划。2013年，《国务院办公厅关于深化种业体制改革 提高创新能力的意见》（国办发〔2013〕109号）发布，着眼解决科研与生产脱节等深层次体制性问题，改革路径更明确，措施更具体。

2016年是我国全面建成小康社会决胜阶段的开局之年，也是推进结构性改革的攻坚之年。2016年1月1日，新修订的《种子法》实施。《种子法》修订从调研到完成起草，历时 5 年。新修订的《种子法》在种质资源保护、种业科技创新、植物新品种权保护、主要农作物品种审定和非主要农作物品种登记、种子生产经营许可和质量监管、种业安全审查、转基因品种监管、种子执法体制、种业发展扶持保护和法律责任等 10 个方面作出规范完善。为推进种业转型升级，搭建了现代种业制度框架。既体现了现代种业发展趋势，又适应了现阶段我国种业发展实际，为发展现代种业提供了坚实的法律制度保障。

随后，我国种业进入改革深水区、开放新时期。2018 年，在新一轮政府机构改革中，农业农村部组建种业管理司，统筹农作物和畜禽种业管理，将种业放到更重要的位置来抓，有力推动了我国大种业的发展。2019 年，《国务院办公厅关于加强农业种质资源保护与利用的意见》出台，为加快建立完善科学高效的种质资源保护利用体系指明了方向，提供了政策保障。2020 年，中央经济工作会议把“解决好种子和耕地问题”列入八项重点任务，提出“立志打一场种业翻身仗”。

2020 年，我国粮食产量达到 13 390 亿斤*，粮食生产实现创纪录的“十七连丰”。端稳 14 亿中国人的饭碗，种业以重要基础支撑为保障国家粮食安全作出了重要贡献。从 2006 年到 2020 年，在党中央、国务院的领导下，通过体制改革、机制创新、法规修改、政策支持，初步构建了现代种业的“四梁八柱”，为全面推进种业振兴奠定了坚实基础。

第二节　主要成效

一、种质资源保护利用成效显著

我国是世界上农作物种质资源最丰富的国家之一。15 年来，我国种质资源保护利用工作取得阶段性成效，为保障国家粮食安全、农业可持续发展提供了战略支撑。

全面普查收集农作物种质资源。2015 年 7 月，第三次全国农作物种质资源普查与收集行动启动。这是我国继 1956 年、1979 年两次全国性普查之后进行的第三次大规模普查，也是贯彻《全国农作物种质资源保护与利用中长期发展规划（2015—2030 年)》的首个重大行动。截至 2020 年，完成对全国 31 个省（自治区、直辖市）和新疆生产建设兵团总计 1 616 个县的全面普查和 291 个县的系统调查，抢救性保护了一批珍稀濒危的资源，长期保存资源总量达到 52.7 万份，较 2010 年累计增长了 10.5 万

* 斤为非法定计量单位，1 斤＝0.5 千克。

份，居世界第二。

积极推进资源鉴定评价与创新利用。15 年来，对国家种质库（圃）保存的农作物种质资源开展基本农艺性状鉴定，共完成 5.9 万份农作物种质资源的抗病虫、抗逆和品质性状的特性鉴定。共发掘出 13 720 多份特性突出、有深入研究价值的优异种质。

建立完善农作物种质资源保护体系。我国建成了以国家农作物种质库（北京）为核心，1 个复份库（青海西宁）、10 个中期库、43 个种质圃、217 个原生境保护点为依托的国家农作物种质资源保护体系，保存粮食与经济作物、蔬菜、饲草与绿肥等 374 类作物、877 个物种。我国农作物种质资源异位和原位保存保护体系已基本形成。

持续强化种质资源保护政策支持。种质资源保护工作功在当代、利在千秋。国发〔2011〕8 号文件明确提出重点支持科研院校开展种质资源搜集、保护、鉴定、深度评价和重要功能基因发掘等基础性研究；2015 年《全国农作物种质资源保护与利用中长期发展规划（2015—2030 年）》出台；2019 年国务院办公厅印发《关于加强农业种质资源保护与利用的意见》，种质资源保护政策支持体系更加完善。

二、种业科技创新能力不断提高

种业科技是农业科技的制高点。加快种业科技创新，体现了发展现代农业的内在要求。15 年来，我国种业科技创新活力极大释放，科技队伍不断壮大，农作物育种总体水平显著提升，水稻育种国际领先地位得以巩固，一大批高产、优质、高效新品种竞相涌现。

基础性公益性研究实现突破。我国在农作物基因组学、遗传学以及新基因克隆等理论研究方面取得较大突破，系统解析了主要农作物的高产、优质、抗病、耐逆机理和关键基因；研制了水稻、玉米、小麦等基因组育种芯片，完善了转基因技术和基因精准编辑技术体系，加速了从传统育种向分子标记辅助选择、基因编辑等新型育种方式转变，部分作物基础理论研究实现了对世界领先国家从跟跑向并跑直至领跑的转变。

科技创新成果亮点纷呈。我国科学家在作物遗传育种研究领域成果显著，2016—2020 年，在影响因子 4.0 以上专业期刊上发表论文累计 4 261 篇，种业专利申请累计 50 399件，种业专利授权累计 26 756 件。截至 2020 年底，我国农业植物新品种权总申请量 4.1 万件，总授权量 1.6 万件，年申请量连续多年位居国际植物新品种保护联盟（UPOV）成员国首位。通过国家良种重大科研联合攻关，具有自主知识产权的绿色优质品种选育取得新突破。郑麦 7698、鲁原 502 等新品种推动优质抗逆小麦生产再上新台阶；京农科 728、泽玉 8911 等成为第一批国审适宜籽粒机械化收获的玉米新品种；中蕉 3 号等中抗枯萎病的高产香蕉品种，初步解决香蕉枯萎病等世界性难题。

体制机制创新有新成效。国发〔2011〕8 号文件极大激发了我国种业科技创新活力。国办发〔2013〕109 号文件，部署推进种业科研成果权益比例试点、重点作物良种联合攻关、国家南繁科研育种基地建设等重大举措，为种业创新发展注入新活力新动能。2016 年中央 1 号文件明确要求深入推进种业领域科研成果权益分配改革，从试点单位拓展到全国范围，给科研单位和科研人员"赋权""让利"，科研创新活力被有效激发，科企合作明显加强。农业部先后启动了玉米、大豆、水稻和小麦四大主要农作物和油菜、马铃薯、花生、甘蔗等 11 种特色作物国家良种联合攻关，为育种创新搭建了全国性的资源、人才和技术平台，探索建立科研分工合理、产学研紧密结合、资源集中、运行高效的联合攻关育种新机制并取得明显成效。

三、企业主体地位逐步稳固

企业是市场经济的主体，种业强，企业必须强。15 年来，我国种业企业，勇担保障国家粮食安全的重任，面对发展现代种业的紧迫任务，强劲撑起种业发展的"主脊梁"，努力实现中国粮主要用中国种。

企业主体地位不断强化。从发展阶段看，自 2000 年颁布实施《种子法》推动多元市场主体发育，2006 年深化国有种子企业改革，再到国发〔2011〕8 号文件首次明确企业是商业化育种的主体，国家持续推进种子企业做大做强。从产业地位看，种子企业从单一生产经营模式向科研、生产、经营、推广等全链条延伸。一批"育繁推"一体化龙头企业涌现并发展壮大，成为市场主力军。从创新能力看，我国种子企业科技人员及投入不断增加，成果数量及其相关占比不断提升。2020 年，科研人员数量有 29 608 人，科研投入总额 55.78 亿元，占种子销售收入的 7.18%。2016—2020 年，种子企业累计通过国家审定和省级审定的品种合计 9 213 个，占所有通过审定品种数量的 55.7%。2014 年，种子企业农业植物新品种权申请量 884 件，首次超过国内申请总量的一半，2016—2020 年，种子企业农业植物新品种权累计申请量 12 943 件，占国内申请总量的 52.68%。

种子企业结构持续优化。2011 年，持生产经营许可证的种子企业有 8 700 多家，通过修改主要农作物的生产经营管理办法，提高了经营门槛，到 2016 年，降至 4 516 家。2016—2020 年，种子年销售收入超过 1 亿元的企业由 126 家增至 159 家，"育繁推"一体化、经营有效区域为全国的企业由 81 家增至 113 家，国内挂牌上市种子企业由 52 家增至 69 家，投资并购事件累计 165 起，兼并重组成为我国种子企业结构优化的助推器。2017年6月，中国化工宣布完成对先正达的并购交割，成为截至当时中国最大的海外并购案；2018年，隆平高科实现全年营业收入35.79亿元，进入全球种业8强。至此，我国已有两家企业进入全球种业前10强。

主导企业优势逐步凸显。2018年我国种业骨干企业资产总额达506.63亿元，与2014年的392.92亿元相比增加113.71亿元。2016—2020年，我国销售收入前50名的种业企业，科研投入占销售收入之比由6.87%增至8.63%。杂交水稻、常规水稻、杂交玉米、小麦、大豆等各作物商品种子销售量前10的种子企业，种子销售量占全国各作物商品种子使用量的比重分别达到39.92%、40.55%、24.68%、18.68%、37.01%。企业市场主体地位不断强化，“多小散弱”状况明显改善，骨干企业核心竞争力显著增强。

四、供种保障能力稳步提升

保证充足的良种供应，对保障农业生产安全、维护农民利益意义重大。我国种业经历从自留种、计划供种到市场供种三个阶段。抓好供种保障，一直是种子管理机构的首要任务。15年来，通过现代种业提升工程、新增千亿斤粮食、制种大县奖励等政策，有力支持国家级制种基地和制种大县建设，推动种子生产规模化和产业化，加强种子生产基地监管，良种供应保障能力大幅提升。

良种供应能力稳步提升。2009年，商品种子供应率由20世纪90年代中期的30%提高到60%，其中杂交玉米和杂交水稻种子供应率均达到100%。截至2020年，我国主要农作物制（繁）种面积稳定在2 700万亩*以上，年均新产种子75亿公斤以上。我国自主选育品种种植面积占比超过95%，水稻、小麦、大豆、油菜生产用种均为自主选育，棉花自主选育品种种植面积占比超过98%，玉米占比超过91%，蔬菜占比超过87%，基本做到了中国粮主要用中国种。

种子生产基地建设加速推进。国家不断将优势种子生产基地建设上升到战略层面予以加强。通过实施现代种业提升工程、制种大县奖励和制种保险等政策强化支持，形成了以四川、甘肃、海南三大国家级育制种基地为核心，52个制种大县，100个区域性基地为骨干的“国家队”，保障了全国70%以上农业用种需求。国家南繁科研育种基地划定26.8万亩保护区，并上图入库实现永久保护。

种子质量控制体系逐步完善。截至2020年，我国共有农作物种子标准263项，包括种子质量标准72项，种子检验方法标准57项，种子生产、加工、包装、贮藏标

* 亩为非法定计量单位，1亩≈0.066 7公顷。

准 67 项，品种审定和区域试验标准 67 项，构建了涵盖农作物种子质量、检验方法、种子生产技术、种子加工包装贮藏的标准化体系。在制种生产优势区建设大型现代化种子加工中心，全面推广玉米种子全程不落地加工、水稻种子色选、蔬菜种子丸粒化等精深加工技术，“张掖玉米种子”“建宁水稻种子”“酒泉瓜菜种子”“济源十字花科蔬菜种子”等种业品牌涌现，保障了优质商品种子供应质量。

五、行业发展环境持续优化

加强市场监管、维护市场秩序、优化市场环境是政府的重要职责，也是激发和保护企业创新积极性的重要基础。15 年来，随着种业体制改革不断深入，种业法律环境、市场环境、竞争环境已发生很大变化，对企业赋予自主权，对侵权者给予惩处，对创新者予以支持，有力推动我国现代种业健康发展。

种业法律制度体系不断完善。《种子法》配套规章陆续出台，各省（自治区、直辖市）制定地方法规，为依法治种提供保障。国发〔2011〕8 号文件出台后，《农作物种子生产经营许可管理办法》《主要农作物品种审定办法》《农作物种子标签管理办法》等规章相继制定修订，旨在严格行政许可管理，提高服务水平。2016 年新修订的《种子法》正式实施，标志着现代种业发展迎来新起点。截至 2020 年，以《种子法》为核心，以《植物新品种保护条例》《农业转基因生物安全管理条例》《植物检疫条例》和《农作物种子生产经营许可管理办法》《主要农作物品种审定办法》等 17 个配套法规规章为支撑的种业法律法规制度体系基本构建。

种业市场监管力度不断加大。国办发〔2006〕40 号文件出台，明确种子管理机构的种子行政许可、行政处罚和行政管理职责，统一开放、竞争有序的种业市场秩序逐步建立。2008 年，市场监督抽查在国家和省级基础上，实现对市、县两级延伸，抽查范围扩大。2010 年，种子执法年活动启动，严格市场监管。2011 年新生产经营许可办法施行，企业“多小散弱”情况得到改善。2010—2013 年，共立案查处种子案件7 900 多起，种子市场秩序明显好转。2019 年，农业农村部首次印发《全国种业市场监管工作方案》，统筹国家、省、市、县四级种业监管力量。2016—2020 年，全面推行“双随机、一公开”的监管方式，市场监管力度和服务质量大幅提升，种业市场监管高压态势基本形成。

种业“放管服”改革不断推进。新修订的《种子法》颁布实施后，一系列配套规章按照“放管服”精神进行规范，放宽了品种试验渠道和市场准入要求，下放了一批行政审批权，加强了主体行为监管，强化了主体责任，建立了信息公开机制。截至 2020 年，品种审定绿色通道、联合体试验、品种登记、经营主体备案等制度实施，极大释放了种业市场活力；将品种入市权交给企业、品种选择权交给农民、品种判定权交给农民，种业市场秩序和发展环境持续优化。

第三节　经验启示

一、党中央、国务院高度重视

习近平总书记关心关切、高度重视种业，多次在不同场合为种业发展指明方向。2013 年，习近平总书记在中央农村工作会议上指出："要下决心把民族种业搞上去，抓紧培育具有自主知识产权的优良品种，从源头上保障国家粮食安全。"2018 年，在视察南繁基地时他再次强调："十几亿人口要吃饭，这是我国最大的国情。"

中央 1 号文件持续聚焦种业，提出新任务新要求。2008 年，指出"启动转基因生物新品种培育科技重大专项，加快实施种子工程和畜禽水产良种工程"。2012 年，强调"着力抓好种业科技创新"。2016 年，要求"大力推进'育繁推'一体化，提升种业自主创新能力，保障国家种业安全"。2020 年，提出"大力实施种业自主创新工程，实施国家农业种质资源保护利用工程，推进南繁科研育种基地建设"。

国务院一系列重要文件密集出台。2006 年，国务院办公厅印发 40 号文件；2011 年，国务院印发 8 号文件；2012 年、2013 年、2019 年国务院办公厅相继印发《全国现代农作物种业发展规划（2012—2020 年）》《关于深化种业体制改革 提高创新能力的意见》《关于加强农业种质资源保护与利用的意见》。这些重要文件的出台，为加快我国现代种业发展提供了根本保障。

二、坚持体制改革和机制创新

深化种子体制改革，从政企分开到事企脱钩，有效促进了现代种业发展。通过鼓励种子企业加大研发投入，建立股份制研发机构，支持企业提高创新力和竞争力；鼓励有实力的种子企业并购已转制为企业的科研机构；确定为公益性的科研院所和高等院校实现与其所办的种子企业脱钩，推动育种人才、技术、资源依法向企业流动，加快推进企业"强起来"。**激发创新活力。**针对科研与生产"两张皮"问题，开展种业科研成果权益改革，将成果权益更多赋予科研人员，激发了科研人员和企业创新的积极性，让创新成果和人才资源"活起来"。**强化种子管理。**2011 年，农业部成立种子管理局；2018 年，农业农村部成立种业管理司，从国家层面进一步加强种子管理工作。改革品种审定制度，建立非主要农作物登记制度，完善农业植物新品种保护制度。各级种子管理机构不断加大种子市场监管力度，提升服务管理效率，让种业发展环境“优起来”。

三、坚持企业主体地位

国发〔2011〕8号文件确立了企业在种业创新中的主体地位，国办发〔2013〕109号文件要求强化企业技术创新主体地位。利用财政税收、金融资本等扶持政策，鼓励优势企业兼并重组，整合资源。2016—2020年，种业投资并购165起，中种集团归入中化集团、中化集团入主荃银高科、中国化工并购先正达、中化集团和中国化工合并等一系列整合，中国中化成为种业的一大集团。中信集团入主隆平高科，隆平高科收购联创种业、控股河北巡天、天津德瑞特等企业，中信集团成为种业又一大集团。中农发种业控股湖北种子公司、山东天泰种业、江苏金土地种业等企业。我国种业初步形成中信、中国中化、中农发三大种业领军集团，种业企业主体地位更加巩固。推动科研人员向企业流动，支持骨干企业做大做强。通过简政放权、保护知识产权等措施，让企业有更大的自主权，引导企业增加科研投入，深化科企合作，构建商业化育种体系。通过这些措施，种子企业已逐步成为种业发展的核心力量。

四、坚持合作创新

我国80%左右的种业科技资源和人才集中在科研单位和大专院校。加强科企合作是提高种子企业创新能力、使科研单位的成果尽快落地的必由之路。15年来，在不断明确公益性科研院所与种子企业分工的基础上，科研单位和种子企业探索出了多种形式的合作，既实现了双方共赢，又加速了现代种业发展。隆平高科、荃银高科等是科企合作的典型代表。隆平高科等12家水稻公司成立了华智生物公司，建设分子育种研发平台。荃银高科牵头顶尖水稻育种专家团队组建“6+1”国家水稻商业化分子育种技术创新联盟，成立实体化运作公司——上海中科荃银分子育种技术有限公司，保证科研育种创新能力位居行业头部。企业牵头建立种业科技创新联盟，强化产业导向，打通上中下游链条，形成全产业链一体化的种业创新模式，加快高产稳产、优质专用、绿色生态、宜机宜饲等优良新品种研发与推广。

五、坚持对外开放

长期以来，我国种业既坚持自主创新、自立自强，也坚持“引进来”“走出去”，不断提高对外开放水平。国外优秀品种和种质的引进利用对我国种业进步贡献显著。我国外商投资负面清单多次调整，为吸引外资提供了广阔空间。独资合资企业的设立与发展，加快了玉米“单粒播”“穗烘干”等技术的推广应用。我国优秀种子企业“走出去”，积极参与国际种子企业并购重组，快速增强了企业实力。中国化工对先正达的并购交易案，创下中国企业海外并购金额纪录。中信集团与隆平高科共同完成陶氏巴西玉米并购交易，显著增强了隆平高科在全球市场上的拓展能力。积极响应“一带一路”倡议，利用“两个市场、两种资源”从贸易型向实业型发展，在当地建成一批种业示范园区，落地生根。实践证明，坚持对外开放是建设种业强国的必然选择。

六、坚持发挥举国体制优势

充分发挥集中力量办大事的制度优势，通过部门协作、联合攻关，在种业机制创新、技术创新、品种创新上取得重要进展。国发〔2011〕8 号文件发布后，农业部牵头成立种业部际协调组，强化部门协同、部省联动，及时会商解决种业发展重大问题，合力推动重点任务落实落地。组织开展第三次全国农作物种质资源普查与收集行动，充分发挥国家和地方的积极性，完善国家农作物种质资源保护体系。组织推进四大粮食作物和特色作物良种联合攻关，集聚全国科研、企业及社会优势力量，加快优良品种选育步伐。统一规划国家种子基地布局，建设国家级育制种基地以及制种大县、区域性良种繁育基地，保障生产用种安全。实践证明，发挥好我国举国体制优势，科学调配优势资源，集中各方力量攻坚克难，是推动我国种业高质量发展和保障种业安全的有效途径。

七、坚持依法治种

根据种业发展实际需要，及时完善相关法律法规，严格监管执法，强化宣传普法，种业市场环境不断优化。先后修订《种子法》，制定、修订《农作物种子生产经营许可管理办法》《主要农作物品种审定办法》等配套规章，为规范种子生产经营、科研合作和保障种业安全提供了法律法规制度保障。持续加大市场监管力度，农业部门重拳频出，组织开展种子企业督查、市场和生产基地检查，严查未审先推等问题品种，依法严厉打击制假售假、套牌侵权、无证生产经营等违法行为。依托中国种子协会积极开展行业自律、法律援助和企业信用评价，组织社会媒体及有关单位开展普法宣传与培训，营造了种业发展良好法治环境。

（张延秋、韩奎、李晓芬、惠婷婷）

第二章　管理服务体系

第一节　国家种业行政管理机构

2006—2020 年，国家种业行政管理机构从农业部种植业管理司，调整至农业部种子管理局，再到农业农村部种业管理司，种业行政管理机构人员增加、力量增强。

1998 年，农业部农业司种子处改为农业部种植业管理司种子与植物检疫处，2004 年，种植业管理司设立植保植检处，种子与植物检疫处改为种子管理处，2008 年种子管理处改为种子处。

2011 年 4 月，国务院发布 8 号文件，将农作物种业提升到国家战略性、基础性核心产业的高度，种业得到前所未有的重视。在国家机构编制从严控制的情况下，经农业部党组研究并报中央编办批准，农业部增设种子管理局。

2011 年 6 月，农业部发布《关于成立种子管理局的决定》（农人发〔2011〕4 号）。2011 年 8 月，《关于印发种子管理局主要职责内设机构和人员编制规定的通知》（农办人〔2011〕59 号）发布，张延秋任局长、马淑萍和廖西元任副局长；下设 4 个处，吴晓玲任综合处处长，马志强任种业发展处处长，吕波任品种管理处处长，王春林任市场监管处处长，核定人员编制 17 人。种子管理职能划转后，种植业管理司撤销种子处，相应核减人员编制 5 人；全国农技中心核减人员编制 10 人。种子管理局承担种子规划制定、法律起草、种子管理体系建设、种质资源管理、品种管理、市场监管、质量监督、种子救灾备荒、种子市场调控、南繁管理等 10 项职能。

2018 年 3 月，国务院公布机构改革方案，开启新一轮“大部制”改革，新组建农业农村部。农业农村部设立种业管理司，统筹农作物和畜禽种业发展。管理内容由农作物种子扩展为种业，重点增加畜禽种业的管理职能。新组建的种业管理司设综合处、农作物种业处、畜禽种业处、品种创新处、市场监管处。张延秋任司长，周云龙、吴晓玲、孙好勤任副司长；杨海生任综合处处长，储玉军任农作物种业处处长，邹奎任畜禽种业处处长，马志强任品种创新处处长，杜晓伟任市场监管处处长。种业管理司统筹推进农作物种业和畜禽种业管理，我国种业管理工作开启新篇章。

（张力科、刘春青、景琦、马振国、唐嘉城、王玉玺）

第二节　国家种业事业机构

一、全国农业技术推广服务中心

2005—2020年，全国农业技术推广服务中心（以下简称“全国农技中心”）对涉种内设机构进行了两次大调整。第一次在2006—2011年，在委托行使行政职能事业单位可参公管理的大背景下，涉种内设机构名称和职能偏重行政化。第二次在2011—2020年，在农业部成立种子管理局后，涉种内设机构名称和职能回归事业单位本位。分管领导先后为李立秋、邓光联、刘信。

（一）涉种内设机构名称和职能第一次调整

2004年10月，农业部批复全国农技中心涉种内设机构名称和职能调整方案，相关文件文号为农办人〔2004〕101号，2005—2011年，全国农技中心围绕这一职能定位要求设置机构、履行职能。

一是将良种繁育处更名为品种管理处。主要职能是组织开展国家级农作物品种区域试验和生产试验（以下简称“区试”）、指导省级农作物品种区试、承担全国农作物品种审定委员会办公室日常工作、组织新品种试验示范展示、杂交亲本（原种）的保纯与提纯复壮以及品种更新换代等。廖琴为首任处长。

二是将种子质量检验处更名为种子质量监督检验处。主要职能是负责起草国家种子质量标准和种子质量检验技术操作规程并组织实施、负责指导全国种子检验体系建设、负责全国种子质量控制工作、组织全国性种子质量控制技术的推广与应用等。梁志杰为首任处长。

三是将种子行业指导处更名为种业发展处。主要职能是掌握全国种子生产加工储藏调运情况，参与制定种业发展规划和年度计划，负责全国制种指导和协调工作，负责种子加工、包衣包装、储藏等新技术、新设备、新材料的引进、研究、试验、示范和推广，承担中国种子协会的日常工作等。马志强为首任处长。

2010年6月，为强化种子市场监督管理，农业部办公厅决定在全国农技中心内设种子市场监督处，相关文件文号为农办人〔2010〕29号，主要职能是配合相关部门开展种子法律、法规、规章的立法调研并开展制定、修订，贯彻执行《种子法》等种子法律、法规、规章，协助解决执法中出现的问题，经行政部门授权，拟订全国种子市场监管体系建设规划并组织实施等。王玉玺为首任处长。

（二）涉种内设机构名称和职能第二次调整

为适应农业部成立种子管理局、农业农村部组建种植业管理司等机构变化，全国农技中心涉种内设机构作出了相应调整。2011 年 12 月，农业部办公厅批复全国农技中心涉种内设机构职能调整，相关文件文号为农办人〔2011〕84 号，将品种管理处更名为品种区试处，将种子质量监督检验处更名为种子检验处，将种业发展处更名为种业信息与技术处，撤销种子市场监督处。

2019 年 9 月，根据 2016 年新修订的《种子法》建立品种登记制度的要求，农业农村部办公厅批准全国农技中心设立品种登记技术处，相关文件文号为农办人〔2019〕36 号。

2019 年底，全国农技中心根据新一轮国家机构职能改革精神，对涉种内设机构名称和职能进行了调整，报农业农村部人事司备案。

一是将种业信息与技术处更名为种业监测处，主要职能调整为：组织开展全国种子产业发展研究，参与相关政策法规和规划计划起草编制并组织实施；承担农作物种业安全监测预警体系建设，组织开展全国农作物种子产供需和国家种子基地、重点企业生产形势监测、统计、分析与调度，承担国家级种子储备计划相关工作；制修订种子生产技术标准、技术规程并组织实施，开展种子生产技术集成熟化、试验示范与推广应用，承担种子产业建设相关项目组织实施与监测评估；承担农作物品种展示评价、信息交流和南繁技术服务，承担数字种业建设的组织协调工作。王玉玺任处长。

二是将品种区试处主要职能调整为：承担主要农作物品种区试体系建设与管理，指导主要农作物品种各渠道试验；组织开展主要农作物品种国家试验，协调指导省级试验；组织开展蚕品种试验；组织制定、修订主要农作物品种区试管理办法与技术规程，开展品种试验技术研发、技术培训与技术指导；组织开展主要农作物新品种展示评价与示范推广；承担全国农作物主要品种推广统计，发布品种相关信息。张毅任处长。

三是将种子检验处主要职能调整为：承担全国农作物种子种苗质量监督检验体系建设与管理，组织开展全国农作物种子种苗质量监督抽查、种子种苗质量认证与种子种苗健康检验；统筹种子种苗质量标准、检验检测、认证政策研究与技术监督指导工作；开展种子种苗质量与检验技术研发、技术培训与业务指导，建立和完善全国农作物种子种苗检验技术规程和质量标准体系；建设运行农业农村部全国种子质量监督检验测试中心。周泽宇任处长。

四是将品种登记技术处主要职能确定为：承担非主要农作物品种登记相关规章规

定研究起草工作，负责品种登记复核工作，承担品种登记省级受理审查指导工作；运行品种登记信息平台；承担登记品种符合性验证、安全性评价和真实性鉴定工作，组织登记品种展示评价和推广应用统计调查，开展品种登记咨询和技术培训。孙海艳任处长。

2006—2020年，全国农技中心逐步明确了农作物种业事业机构“种业管理技术支撑和种业发展服务”的工作定位，提出并带领全国种子事业体系着力构建主要农作物品种区试、非主要农作物品种登记、农作物种子质量检验认证、农作物种业信息服务、农作物品种展示评价、农作物良种繁育技术六大“支撑体系”，同心聚力抓好体系建设、种情基础、核心技术、工作规范、方向引领、能力提升等六项“重点工作”，形成了一整套全国种子事业机构适应现代种业发展的工作思路、目标定位和工作方法，全面服务于种业治理体系和治理能力现代化建设，有效支撑了现代农作物种业高质量发展。

（张力科、刘春青、景琦、马振国、唐嘉城、王玉玺）

二、农业农村部科技发展中心

农业农村部科技发展中心前身为农业部专利事务所，1992年更名为农业部科技与专利开发服务中心。1997年4月17日，农业部科技与专利开发服务中心向农业部人事劳动司行文《关于设立植物新品种保护处的请示》，5月8日，农业部人事劳动司发出《关于同意农业部科技与专利开发服务中心设立植物新品种保护处的批复》，同意在农业部科技与专利开发服务中心设立植物新品种保护处，规格为副处级。

1999年4月，经中央编办批准，农业部科技与专利开发服务中心更名为农业部科技发展中心，6月经过农业部党组研究决定，调整为正局级事业单位。

1999年4月12日，路明副部长主持召开部长办公会议，研究《中华人民共和国植物新品种保护条例》实施有关问题。会议同意科技教育司保留“农业部植物新品种保护办公室”牌子，将农业部科技发展中心植物新品种保护处调整为正处级机构，作为“农业部植物新品种保护办公室”的日常工作机构，承担办公室的日常工作。魏启文为首任处长。

1999年4月23日，我国加入国际植物新品种保护联盟（UPOV），成为第39个成员。同日，中心开始受理国内外品种权申请。第一个受理的是由湖南杂交水稻研究中心申请的“培矮64S”新品种。

1999年6月9日，农业部科技教育司和科技发展中心根据1999年4月29日部长办公会议纪要有关要求，对科技发展中心植物新品种保护处的管理提出建议：处室的管理工作由农业部植物新品种保护办公室负责，该处人员关系、行政关系、党组织关系等不变；人员调配、干部任免由农业部植物新品种保护办公室和中心协商后报部人事劳动司审定。

1999 年 12 月 12 日，农业部印发《若干职能分工及办事程序的协调意见》，明确指出，科技教育司委托农业部科技发展中心承担农业植物新品种权的受理、审查工作，协助调查植物新品种权侵权、假冒案件。

2000 年 9 月 25 日，农业部发布《关于农业部科技发展中心加挂农业部植物新品种测试中心牌子的批复》（农人函〔2000〕24 号），同意中心加挂农业部植物新品种测试中心牌子，并下设 14 个分中心，分别在北京、公主岭、哈尔滨、南京、济南、上海、杭州、广州、成都、杨凌、乌鲁木齐、西宁、昆明、儋州等地。同时，同意中心增设植物新品种测试处。吕波为首任处长。

2011 年，农业部植物新品种保护办公室由科技教育司调整到种子管理局（现种业管理司）负责。同时明确科技发展中心植物新品种保护处的主要职责：承担农业植物新品种保护法规政策及发展战略等调研起草，负责农业植物新品种权申请的受理和审查，负责农业植物新品种保护申请材料与档案管理，承担品种权申请相关费用的收取工作，承担《农业植物新品种保护公报》的编辑工作，承担中国农业植物新品种保护网的维护以及植物新品种审查数据库的建设与维护，协助开展有关植物新品种保护权属纠纷以及侵权、假冒案件处理，开展植物新品种保护领域宣传培训工作，开展植物新品种保护领域国际合作交流。先后由吕波、崔野韩任处长。

农业部科技发展中心植物新品种测试处的主要职责：承担植物新品种特异性、一致性和稳定性（以下简称“DUS”）测试指南等标准和技术规范的研制工作；负责植物已知品种数据库建设与维护；负责组织开展 DUS 测试，汇总与分析处理测试数据，审查测试数据与报告；负责农业部植物新品种测试中心日常运行并指导各分中心体系建设与测试业务工作；负责纠纷品种的测试和 DNA 鉴定；负责开展植物新品种测试技术培训，参加国际履约和测试技术国际合作与交流；承担全国植物新品种测试标准化技术委员会秘书处的日常管理工作。先后由张新明、唐浩任处长。

2014 年，农业部规划新建锦州、张家口、巴彦淖尔、忻州、原阳、襄阳、阜阳、岳阳、重庆、贵阳、玉林、福州、余江等 13 个植物新品种测试分中心。截至 2020 年底，上述新建分中心均已完成建设，并陆续承接农业农村部安排的 DUS 测试等任务。

2015 年，在农业部科技发展中心设立并启用农业植物新品种保护受理大厅。

2017 年，挂靠在科技发展中心的农业部植物新品种测试中心实验室取得《中华人民共和国农作物种子质量检验机构合格证书》。

2018 年，农业部科技发展中心变更为农业农村部科技发展中心，挂靠在中心的植物新品种测试中心名称也相应进行了变更。

2019 年，农业植物新品种权在线申请系统在农业农村部政务服务平台开通运行。同年，农业农村部启动规划建设国家植物品种测试徐州中心和三亚中心。其中，徐州中心建设项目承担单位为农业农村部科技发展中心，主要开展温带植物新品种 DUS 测试、品种鉴定、繁殖材料保存、测试技术方法研究、测试指南或标准研制、国内外培训和技术交流以及用于品种审定和登记的相关测试工作等。三亚中心建设项目承担单位为中国热带农业科学院，主要开展热带、亚热带植物新品种 DUS 测试、品种鉴定、繁殖材料保存、相关技术研究和标准研制等工作，助力南繁硅谷建设。

植物新品种是种业知识产权的核心，保护植物新品种对鼓励育种创新、促进种业发展、提高种业国际竞争力至关重要。1997 年以来，农业农村部科技发展中心深度参与我国农业植物新品种保护制度创建与发展，在鼓励育种创新、维护品种权人合法权益等方面发挥了重要作用，为促进种业振兴、建设农业强国作出了积极贡献。

一是法规制度建设不断完善。牵头组织制修订《中华人民共和国植物新品种保护条例》及其相关配套规章，对植物新品种的受理、审查、复审、侵权案件处理、品种命名等建章立制，推动在 2015 年修订的《种子法》中增设植物新品种保护专章，提升植物新品种保护法律地位。牵头组织遴选 11 批农业植物新品种保护名录，涉及 191 个植物种属。此外，编制审查指南、工作手册等，不断完善和规范植物新品种保护的规章制度和管理机制。

二是审查测试业务不断发展。1999 年开始受理审查品种权申请，截至 2020 年，受理植物新品种权申请 41 716 件，授权 16 508 件，品种权申请量从 2017 年开始，连续 4 年位居 UPOV 成员第一。完成 140 期《农业植物新品种保护公报》，收录 4 万多个品种的申请、授权、变更等事务公告。

三是技术支撑体系不断健全。在全国建立 1 个测试总中心、27 个分中心和 3 个专业测试站，拥有一支能力较强的专业测试队伍，已发布 220 种植物品种 DUS 测试指南和 20 种农作物品种分子指纹图谱鉴定技术标准，建成包含 16 000 多个品种的表型、图像和分子指纹图谱的品种数据库，测试中心实验室已通过中华人民共和国农作物种子质量检验机构（CASL）考核，为品种保护等品种管理工作提供强有力的技术支撑。此外，设立植物新品种保护受理大厅，实现受理、审查、收费、咨询“一站式”服务；积极开发在线申请平台、审查办公系统和对外门户网站，实现申请、审查、状态查询等业务全流程网上办理。2020 年，国家植物品种测试徐州中心和三亚中心建设项目在筹建进行中。

四是宣传培训力度不断加大。为提升植物新品种保护影响力，科技发展中心的工作人员一直奔走在全国各地，举办上百场各类专业培训班、大讲堂，并开展新品种展示和品种权交易会，组织新品种保护论坛、信息发布等活动。其中，分别在2009年和2019年承办我国加入UPOV十周年和二十周年纪念活动，组织表彰一批全国农业植物新品种保护先进集体和先进个人；在国内外宣传中国新品种保护制度、经验做法，受到国内外热议。

五是国际合作交流不断深化。多年来，我国认真履行国际义务，主动参与国际规则制定、技术研讨、项目合作和宣传培训，积极维护国家利益。加强与国际组织合作，连续派人员到UPOV办公室工作和学习，积极参与品种保护国际申请平台建设；我国提高了UPOV会费缴纳额度，推动中文成为UPOV工作语言；推荐我国专家分别当选UPOV理事会主席和行政与立法委员会主席。多次承办UPOV技术工作组会议，与荷兰、美国、欧盟等UPOV成员开展合作交流。推动东亚论坛的创办，持续参加和主办东亚论坛，针对中亚、东盟等区域举办国际培训班，推介中国制度和经验。我国植物新品种保护话语权和国际地位不断提高。

（崔野韩、邓伟）

三、国家农作物种质资源保藏中心

1997年国务院审议通过《中华人民共和国植物新品种保护条例》，标志着我国建立起植物新品种保护制度，并将植物新品种纳入国家知识产权保护体系。1999年，农业部委托中国农业科学院承担农业植物新品种保藏任务，在农业部植物新品种保护办公室（以下简称“新品种保护办公室”）领导下，依托国家农作物种质资源库的种子处理以及保存条件，建成了植物新品种保藏中心（以下简称“保藏中心”）。自2000年起开始承担有性繁殖材料样品的接收保藏工作，并依法依规为DUS测试、品种权纠纷鉴定、市场抽查检测等提供样品，为维护品种权人权益、支撑种业知识产权保护和创新提供保障。

2007年9月19日，《中华人民共和国植物新品种保护条例实施细则（农业部分）》（农业部令2007年第5号）颁布。为加强农业植物新品种保护管理工作的规范性，新品种保护办公室依据该实施细则制定并发布《农业部植物新品种保护办公室工作制度》《农业植物新品种繁殖材料提取管理办法》等相关制度办法，保藏中心也先后制定多项规章制度和管理规范，进一步规范了繁殖材料的审核批准和提取程序、申请提取的单位性质、提取数量、使用方式和范围等，从而实现繁殖材料的规范有序管理。

2010年7月9日，《农业部办公厅关于做好品种标准样品征集工作的通知》（农办农〔2010〕79号）发布，审定品种的标准样品登记工作开始启动。保藏中心启动国家农作物品种标准样品库（以下简称“标样库”）建设，开始承担水稻、小麦、玉米、棉花、大豆等5种主要农作物审定品种标准样品的接收保藏与提供利用任务。2013年和2014年，农业部办公厅先后发布《关于继续做好审定品种标准样品相关工作的通知》和《关于加强主要农作物品种审定标准样品工作的通知》。保藏中心也配套制定了审定品种标准样品管理制度，为解决品种多乱杂、侵权假冒、越区种植等问题提供技术支撑。

2017年5月1日，农业部出台了《非主要农作物品种登记办法》及第一批非主要农作物登记目录与29种作物品种登记指南，启动非主要农作物品种登记工作。保藏中心依据登记办法，开展18种种子类非主要农作物［蚕豆、花生、大麦（青稞）、豌豆、向日葵、高粱、甜菜、西瓜、甜瓜、亚麻、黄瓜、谷子、油菜、结球白菜、结球甘蓝、茎用芥菜、番茄、辣椒］登记品种的标准样品接收与保藏任务，为规范非主要农作物新品种的市场行为，打击假冒侵权，维护公平竞争提供了技术保障。

为与农作物品种标准样品保护制度发展相适应，保藏中心建立与标准样品工作目标相一致的管理制度，编制了《品种标准样品工作手册》，并根据植物新品种保护、品种审定和品种登记工作的新政策、新情况及时进行修订。通过优化品种样品接收、质量检测与保藏的工作流程，完善样品接收、处理、提取、安全运行、保密以及档案溯源管理等工作制度，并严格按照流程制度操作，使品种提交样品准确无误入库，并得到长期安全保存，保障了样品在规定时限内安全有效，为我国农作物品种管理工作提供了重要支撑。

截至2020年底，标样库共合格入库保藏植物新品种、审定品种和登记品种75种8.65万份，其中植物新品种4.15万份、审定品种2.28万份、登记品种2.12万份。为依法依规开展品种测试、司法鉴定、市场执法等提供新品种保护样品19.8万份（次）、审定品种样品3.0万份（次）、登记品种样品1.4万份（次），在支撑品种权益保护、维护市场秩序、推动种业健康发展方面发挥了重要作用。

（何娟娟、辛霞）

第三节　地方种业管理机构

2006—2020年，地方种子管理服务机构总体上先后经历了政企分开和政事分开两个阶段的演变。

一、政企分开阶段的地方种子管理服务机构（2006—2018 年）

2006 年 5 月 19 日，根据 2000 年《种子法》和中央建立社会主义市场经济体制的要求，国务院办公厅下发《国务院办公厅关于推进种子管理体制改革加强市场监管的意见》（国办发〔2006〕40 号），对种子管理体制改革和加强种子市场监管作出系统部署，各地按照文件要求推进种子管理体制改革、加强市场监管。根据当时受委托履行行政职能的事业单位可申请纳入参公管理的政策，2010 年湖南省种子管理局成为全国首个参公管理的省级种子管理机构。辽宁省编委办将辽宁省种子管理局核定为副厅级事业单位。

一是种子经营业务全面剥离。各地将种子生产经营机构从农业行政主管部门所属种子管理机构剥离，将从事种子生产经营人员与负责种子管理人员分开，将剥离出来的种子生产经营机构移交同级国有资产监督管理机构管理，严格执行农业行政主管部门及其工作人员不得参与和从事种子生产经营活动、种子生产经营机构不得参与和从事种子行政管理工作的规定。到 2007 年 6 月底，各地事业单位性质的种子生产经营机构，都剥离了经营职能，转化为种子技术推广服务单位或与种子管理、农业技术推广部门合并，不再从事种子生产经营活动。政企分开后，大部分分流人员在领取一次性自谋职业安置费后，开始在种子市场自谋职业和自主创业；同时，国有种子企业也因经营不善而被股份制改造、兼并、破产、出售，大多数被分流的职工成为种子经销商或零售商。

二是种子机构管理职能强化。种子管理是农业行政主管部门的重要职责，国办发〔2006〕40 号文件要求各级农业行政主管部门要进一步健全种子管理机构，特别是要强化省、县级种子管理机构建设，不断完善种子质量检验体系、品种区域试验体系和信息服务体系；要求各级种子管理机构要依法履行种子行政许可、行政处罚、行政管理等职责，加强对本行政区域内种子市场和种子质量的监管；要求上级种子管理机构对下级种子管理机构负有指导和监督职责。各地按照这一要求，逐步健全了省级、地市级和县级种子管理站（总站、局），完善管理制度，稳定管理队伍，提高人员素质，健全种子标准体系，改善执法手段，以质量监管为重点，规范市场准入，严厉打击制售假劣种子等违法行为，逐步构建种子市场监管长效机制。

三是种子服务机构基本支出纳入预算。国办发〔2006〕40 号文件要求强化保障措施。地方各级人民政府在种子政事分开后，先后将种子管理站的基本支出纳入预算，并积极支持种子管理和技术服务部门开展种子质量监督、技术推广、品种试验和检验检疫等方面的工作，尽力保证种子管理机构和公益性事业单位的经费支出。

截至 2012 年底，全国各地已经设立种子管理机构（部门）2 657 家，其中省级 31

家，地市级 337 家，县级 2 289 家。在 96%的全国涉农县及行政区设立了种子管理机构（部门）。北京、天津、内蒙古、安徽、江西、湖北、湖南、广西、重庆等 9 个省级种子管理机构实现了参公管理，58 个地市级种子管理机构实现了参公管理，126 个县级种子管理机构实现了参公管理。差额事业单位 87 个，自收自支事业单位 23 个。全国种子机构在职人员 28 835 人，其中省级 1 232 人，地市级4 398 人，县级 23 205 人，在职执法持证人员 14 748 人。2012 年全国种子管理体系获得财政经费 24 亿元。

截至 2018 年底，全国省、地、县三级种子管理服务机构数量为 2 725 家，其中省级 36 家、地级 340 家、县级 2 349 家。其中湖南、广东两省农业厅设种子处；北京、天津、内蒙古、江苏、安徽、湖北、湖南、江西、重庆、贵州等 10 省（自治区、直辖市）的省级种子管理机构为参公管理单位，59 家地级、160 家县级种子管理机构为参公管理单位。全国种子机构在职人员数量达到 24 146 人，其中，省级 1 099 人、地级3 930 人、县级 19 117 人，在职执法持证人员 12 759 人。全国种子管理体系获得财政经费 39.33 亿元。

二、政事分开阶段的地方种子机构（2019—2020 年）

2018 年下半年，根据中共中央《深化党和国家机构改革方案》，组建农业农村部，内设种业管理司，统筹管理农作物和畜禽种业管理，各地根据党中央的要求和农业农村部内设机构设置，以政事分开为核心的地方种业管理体系改革相继展开，到 2020 年底，省级种业行政管理体制基本形成处站分设、政事分开的工作格局。

（一）种子管理服务机构设置情况

行政管理机构设置情况。全国已经有 30 个省份在农业农村厅设置种业相关行政管理处室，只有山东由种子管理站承担所有工作。行政管理处室的设置主要分为三种情况：第一种是单独设置“种业管理处”“种业处”“种业发展处”，包括北京、天津、山西、内蒙古、辽宁、吉林、黑龙江、上海、江苏、福建、江西、河南、湖北、湖南、广东、广西、海南、重庆、四川、贵州、云南、甘肃、陕西、青海、新疆等 25 个省份；第二种是“种植业和种业管理处”合署办公，包括河北、陕西、浙江 3 个省份；第三种是包含在“种植业管理处”内部，包括宁夏和西藏 2 个省份。在全国有部分市县农业农村局设立种业行政管理科室。

事业单位（机构）设置情况。省级农作物种业事业单位设置主要分为两类：一类是内设机构，有 6 个省份。其中，江西在“江西省农业农村产业发展服务中心”下设处，辽宁和天津在“农业发展服务中心”下设处（部），上海、西藏和广东在“农业技术推广服务中心”设置站（处）。另一类是设立独立法人机构。河北、山西、内蒙古、吉林、江苏、浙江、安徽、福建、山东、河南、湖北、湖南、广西、海南、重庆、四川、贵州、云南、甘肃、陕西、青海、宁夏22个省份设置“种子（总）站”，黑龙江和新疆设置为“种业技术服务中心”，湖北设“种子管理局”。

全国地级事业单位性质种子站共有328个，以独立法人形式存在的种子站仅有163个，占比49.7%。湖南、安徽、广东、宁夏、山东、青海、浙江、黑龙江和辽宁的地级独立法人种子站占区域地级种子站的比重在30%以下。

在全国2 522个涉农县级行政区域中，以独立法人形式存在的机构仅有924个，占比36.64%。天津和上海的县级机构均为非独立法人形式，吉林、宁夏、辽宁、黑龙江、浙江、广东、海南和重庆的县级独立法人种子站占区域县级种子站的比重在15%以下。

（二）种子管理服务体系工作分工

种子生产经营许可。省级层面：河北省由政务服务中心负责；天津、山西、辽宁、福建、海南、四川、云南、山东等8省份由农业农村厅行政审批处（办公室）负责，种业（种植业）处、种子站（中心、局）协助；北京由种子站负责，其他省份由种业（种植业）处负责。地市级层面：46%由农业农村局等行政部门负责，15%由综合行政审批部门负责，28%由种子站（中心）负责，还有些由农业执法大队等其他单位或部门负责。县级层面：35%由农业农村部门负责，15%由综合行政审批部门负责，12%由种子站（中心）负责，还有些由农业执法大队等其他单位或部门负责。

种子市场监管。省级层面：北京由农业综合执法总队负责；河北、上海、福建由农业综合执法（监督）局（总队）负责，种子站协助；黑龙江、河南、重庆由农业农村厅（委员会）负责；其他由种业（种植业）处负责。地市级层面：57%由农业农村部门负责，29%由农业执法大队负责，12%由种子站（中心）负责，还有些由其他单位或部门负责。县级层面：48%由农业农村部门负责，32%由农业执法大队负责，13%由种子站（中心）负责，还有些由其他单位或部门负责。

种质资源管理。省级层面：山西、内蒙古、辽宁、吉林、江苏、浙江、安徽、福建、江西、河南、湖南、广东、海南、重庆、贵州、云南、西藏、陕西、甘肃、青海、新疆由种业（种植业）处负责，种子站（中心）协助；湖北由种业局负责；其他由种子站（中心）负责。地市级层面：77%由农业农村部门负责、17%由种子站（中心）负责，还有些由执法大队和其他单位或部门负责。县级层面：61%由农业农村部门负责，18%由种子站（中心）负责，还有些由农业执法大队或发展（管理）中心负责。

种子进出口管理。河北由政务服务中心负责；天津、山西、海南、四川4省份由农业农村厅行政审批处（办公室）负责；北京、内蒙古、辽宁、吉林、浙江、安徽、江西、河南、重庆、贵州、西藏、陕西、甘肃、青海、新疆、新疆生产建设兵团（下文简称为“新疆兵团”）由种业（种植业）处负责，种子站（中心）协助；黑龙江和上海由种业（种植业）处负责，农技推广中心协助；江苏、湖北、湖南、广东、云南由种业（种植业）处负责；福建、山东、广西、宁夏由种子站（中心）负责。

种子储备管理。省级层面：北京、内蒙古、辽宁、吉林、江苏、浙江、安徽、福建、江西、河南、湖南、海南、陕西、甘肃、新疆、新疆兵团由种业（种植业）处负责，种子站（中心）协助；黑龙江和上海由种业（种植业）处负责，农技推广中心协助；天津、山西、湖北、广东、四川由种业（种植业）处负责；河北、山东、广西、重庆、贵州、云南、西藏、青海、宁夏由种子站负责。地市级层面：58%由农业农村部门负责，17%由种子站（中心）负责，还有些由农业执法大队、服务中心等其他单位或部门负责。县级层面：有约120个县级单位设立了种子储备管理负责单位，主要由农业局或种子站（中心）负责。

品种审定管理。北京、内蒙古、辽宁、吉林、江西、河南、海南、重庆、陕西、甘肃、青海、新疆由种业（种植业）处负责，种子站（中心）协助；天津、黑龙江、上海、广东由种业（种植业）处负责，农技推广中心协助；湖北和湖南由种业处（局）负责；其他由种子站负责。

引种备案管理。河北该项工作已转由政务服务中心负责；内蒙古、辽宁、江西、河南、海南、重庆、云南、陕西、甘肃、青海、新疆、新疆兵团由种业（种植业）处负责，种子站（中心）协助；湖北、湖南、广东由种业处（局）全权负责；其他地区由种子站（中心）负责。

品种区试。河南、陕西、新疆由种业（种植业）处负责，种子站（中心）协助；湖北由种业局负责；其他由种子站（中心）负责。

品种登记。北京、河北、山西、黑龙江、江苏、安徽、河南、湖北、湖南、广西、海南、重庆、四川、贵州、西藏、陕西、甘肃、青海、宁夏、新疆由种业（种植业）处负责，种子站（中心）协助；天津、内蒙古、江西、广东由种业处负责，农业产业（农技推广）中心协助；其他由种子站（中心）负责。

植物新品种保护。山西由科技教育处负责；北京、内蒙古、辽宁、吉林、江苏、浙江、安徽、福建、江西、河南、海南、重庆、贵州、陕西、甘肃、青海、新疆、新疆兵团由种业（种植业）处负责，种子站（中心）协助；天津、上海由种业处负责，农业执法总队协助；湖北和广东由种业处（局）负责；其他省份由种子站（中心）负责。

种子质量监督检验。省级层面：江西、河南、四川、陕西、新疆由种业（种植业）处负责，种子站（中心）协助；天津由种业处负责，农业执法总队协助；湖北和广东由种业处（局）负责；其他由种子站（中心）负责。地市级层面：37%由农业农村部门负责，36%由种子站（中心）负责，其他由农技推广中心或农业执法队负责。县级层面：32%由农业农村部门负责，20%由种子站（中心），11%由农业执法总队负责，9%由农技推广中心负责，其余由其他单位或部门负责。

品种展示评价。省级层面：江西、河南、新疆由种业（种植业）处负责，种子站（中心）协助；天津、广东由农技推广中心负责；湖北由种业局全权负责；其他由种子站（中心）负责。地市级层面：33%由农业农村部门负责，36%由种子站（中心）负责，22%由农技推广中心负责，其余由其他单位或部门负责。县级层面：35%由农业农村部门负责，26%由种子站（中心）负责，15%由农技推广中心负责，其余由其他单位或部门负责。

种子市场监测。省级层面：北京、天津、河北、内蒙古、辽宁、吉林、黑龙江、上海、江苏、福建、山东、湖北、湖南、广西、贵州、云南、甘肃、青海、宁夏由种子站（中心）负责；浙江、安徽、海南由种子站（中心）负责，种业（种植业）处协助；河南、广东、四川、新疆由种业（种植业）处负责，种子站（中心）协助；江西由乡村振兴发展中心负责；西藏由种业处负责，农技推广中心协助。地市级层面：28%由农业农村局等行政部门负责；9%由农技推广部门负责，35%由种子站（中心）负责，其余由检验站、执法大队、统计局、综合服务中心等其他部门负责。县级层面：27%由农业农村局等行政部门负责；5%由农技推广部门负责，24%由种子站（中心）负责，其余由检验站、执法大队、统计局、综合服务中心等其他部门负责。

种业统计分析。省级层面：北京、天津、河北、内蒙古、辽宁、吉林、黑龙江、上海、江苏、浙江、福建、山东、湖北、湖南、广西、贵州、云南、甘肃、青海、宁夏由种子站（中心）负责；安徽、海南由种子站（中心）负责，种业（种植业）处协助；河南、四川、新疆由种业（种植业）处负责，种子站（中心）协助；江西由乡村振兴发展中心负责；广东、西藏由种业处负责，农技推广中心协助。地市级层面：28%由农业农村局等行政部门负责；9%由农技推广部门负责，35%由种子站（中心）负责，其余由检验站、执法大队、统计局、综合服务中心等其他部门负责。县级层面：27%由农业农村局等行政部门负责；5%由农技推广部门负责，24%由种子站（中心）负责，其余由检验站、执法大队、统计局、综合服务中心等其他部门负责。

南繁基地建设管理。北京、天津、内蒙古、辽宁、河南、四川、云南、甘肃、青海由种业（种植业）处负责，种子站（中心）协助；河北、山西、吉林、黑龙江、浙江、福建、山东、湖北、广西、重庆、贵州、陕西、宁夏由种子站负责；湖南、广东、广西由种业（种植业）处负责，南繁中心（办公室）协助；江苏由南繁鉴定总站负责，种业处和种子站协助；安徽由种子站负责，种业处协助；江西由种业处负责，乡村振兴中心协助；海南由南繁局负责，种业处和种子站协助；西藏由种植业处负责。

种子基地建设管理。省级层面：北京、天津、山西、黑龙江、湖北、湖南、广东、陕西由种业（种植业）处负责；内蒙古、辽宁、吉林、福建、河南、四川、云南、甘肃、青海、新疆由种业（种植业）处负责，种子站（中心）协助；浙江、安徽由种子站负责，种业处协助；上海、西藏由种业（种植业）处负责，农技推广中心协助；河北、江苏、山东、广西、重庆、贵州、宁夏、新疆兵团由种子站（中心）负责；海南由种业处负责，南繁局协助。地市级层面：46%由农业农村局等行政部门负责，21%由种子站（中心）负责，其余由执法大队、监督检查站、农经站等单位负责。县级层面：43%由农业农村局等行政部门负责，21%由种子站（中心）负责，其余由执法大队、监督检查站、农经站、科技局等单位负责。

（张力科、刘春青、景琦、马振国、唐嘉城、王玉玺）

第四节　种子行业协会

一、中国种子协会

中国种子协会于1980年底成立，是在民政部正式登记具有独立法人资格的全国性协会。中国种子协会是国际种子联盟成员、亚太种子协会会员；2015年被民政部评估为AAAA级社会组织；2010年、2015年两次荣获“全国先进社会组织”称号。

（一）会员代表大会

2006年5月开始筹备召开第四次会员代表大会，筹备方案提出协会理事会任期由3年延长到5年，协会领导称谓由理事长、副理事长改为会长、副会长。协会秘书处对会员单位进行了重新注册并发展部分企业入会，会员单位数量达到151个。第四次会员代表大会于2006年10月在西安召开，133名会员代表出席。大会选出133位理事。在四届一次理事会上，选出33位常务理事，14位副会长；农业部原常务副部长、时任全国人大农村经济委员会副主任万宝瑞当选为会长，李立秋当选为副会长兼秘书长。这届理事会中企业负责人76人，占到理事总数的57%，首次超过半数。

2010年4月根据农业部党组建议，万宝瑞辞去会长职务，四届五次理事会选举农业部党组成员、时任人事劳动司司长梁田庚为会长。

2011年10月20—21日在青岛召开协会第五次会员代表大会。541名会员（单位）推选的 183 位代表出席。大会选出 176 位理事。五届一次理事会选出 57 位常务理事，19 位副会长；梁田庚当选为会长，李立秋当选为副会长兼秘书长。

2016 年 5 月梁田庚因工作调动辞去会长职务。根据农业部党组建议，五届六次理事会选举时任农业部种子管理局局长张延秋为会长。

第六次会员代表大会于 2017 年 6 月 10—11 日在北京召开，1 071 个会员（单位）选出的 298 位代表出席会议。大会选出 243 位理事。六届一次理事会选出 80 位常务理事，25 位副会长；张延秋当选为会长，蒋协新当选为副会长兼秘书长。2018 年 3 月 26 日在六届二次理事会上，增选常务理事 3 名、理事 6 名。六届理事会共有理事 249 人，常务理事 83 人。

（二）协会分支机构

到 2020 年，协会有分支机构 15 个：玉米分会、水稻分会、小麦分会、大豆分会、蔬菜分会、鲜食玉米分会、青贮分会、马铃薯分会、国际合作分会、棉花分会、南繁分会、食用菌分会、植物新品种保护专业委员会、机械化专业委员会、种衣剂专业委员会。

（三）社会组织评估和表彰

2009 年民政部开始对社会组织进行等级评估试点，经过申报和专家现场评估，中国种子协会被评为 AAA 级协会。同年，民政部在全国评选先进社会组织，中国种子协会获得“全国先进社会组织”称号，2010 年 1 月颁发证牌。2015 年底，经过民政部评估，中国种子协会升级为 AAAA 级协会。同年再次获得“全国先进社会组织”称号。2020 年下半年民政部对协会进行评估，2021 年初发布评估结果，协会再次获评 AAAA 级协会。

（四）信用评价和骨干企业认定

2010 年 8 月，协会秘书处根据四届八次常务理事会决定，向商务部和国资委申报在会员种子企业中开展企业信用评价的资质。2011 年 1 月底，商务部和国资委批准中国种子协会在会员种子企业中开展信用评价工作。此后，信用评价成为协会的一项重要工作，并两次在商务部和国资委组织召开的信用评价交流会上介绍经验。

中国种子协会自 2003 年开始开展“中国种业五十强企业”的认定工作，每三年认定一次。2006 年开展第二次认定。2010 年该认定更名为“中国种业骨干企业”。2013 年起该项认定和种子企业信用评价等级结合，只有信用等级为 3A 的企业才能申报，认定也更名为“中国种业信用骨干企业”，前十名被认定为“信用明星企业”。根据蔬菜种子企业强烈要求，经常务理事会决定，从 2016 年起，开展“蔬菜种业信用骨干企业”认定工作，和“中国种业信用骨干企业”认定同时进行（详见第十二章第三节）。

（五）参与《种子法》修订

2013 年 4 月，全国人大决定正式启动修改《种子法》。协会秘书长李立秋应邀参加全国人大农委《种子法》修订工作小组。经过努力，新修订的《种子法》增加了第五十一条（再次修改后的第五十条）：“种子生产经营者依法自愿成立种子行业协会，加强行业自律管理，维护成员合法权益，为成员和行业发展提供信息交流、技术培训、信用建设、市场营销和咨询等服务。”从法律上规定了种子行业协会的职能。

（六）种业功勋人物和杰出人物推介

2014 年 3 月，在全社会的关注下，中国种子协会和农民日报社组织开展了改革开放以来“中国种业十大功勋人物”推评活动。推评出袁隆平、李振声、李登海、郭三堆、张海银、傅廷栋、方智远、谢华安、程相文、程顺和等十大功勋人物。4 月 29 日，《农业部关于开展向“中国种业十大功勋人物”学习的通知》发布。

2017 年 4 月底，农民日报社和中国种子协会开始推荐“中国种业十大杰出人物”。经过组织推荐、多轮投票、公示、审查、中国种业十大杰出人物推介活动领导小组审核等一系列程序，报农业部领导同意，2018 年 3 月决定授予赵振东、盖钧镒、朱英国、赵久然、程式华、许勇、王义波、杨远柱、徐福春、黄长玲“中国种业十大杰出人物”称号。

（七）中国种子大会

第六届理事会以来，中国种子协会开始创办中国种子大会（详见第十六章第三节）。2018 年 3 月、2019 年 3 月连续两次在北京召开中国种子大会；2020 年因新冠疫情影响没有召开。

（八）协会秘书处

协会秘书处内设综合管理部、信用建设（法律服务）部、会员会展部和合作交流部，驻会协会领导 4 人（退休兼职），聘用人员 15 人。

（李立秋）

二、中国种子贸易协会

中国种子贸易协会（以下简称“种贸协”）成立于 1988 年，是在民政部正式登记并具有独立法人资格的国家全国性协会。是国际种子联盟（ISF）常任理事单位，亚太种子协会（APSA）会员。

（一）协会历任领导

2009 年 3 月 26 日，种贸协召开第五届会员代表大会，时任中化集团公司副总裁张志银当选为协会理事长，张孟玉当选为秘书长。

2010 年，种贸协挂靠单位由农业部变更为中国种子集团有限公司，聘任刘杭为秘书长。

2012 年 5 月 16 日，张志银因工作变动辞去理事长职务，选举中化集团公司副总裁张伟为理事长。

2013 年 4 月 2 日，张伟因工作变动辞去理事长职务，选举中国种子集团有限公司总经理张学工为理事长。

2015 年 10 月 16 日，种贸协召开第六届会员代表大会，张学工继续当选理事长，聘任王岩为秘书长。

2017 年 4 月 5 日，张学工因工作变动辞去理事长职务，选举中国种子集团有限公司总经理宋维波为理事长，聘任田伟红为秘书长。

2017 年 7 月 31 日前，种贸协完成脱钩工作，属于第二批脱钩协会。

2020 年 11 月 30 日，种贸协召开第七届会员代表大会，宋维波继续当选理事长，田伟红继续担任秘书长。

（二）国际交流和重大会议

2006 年 11 月，在马来西亚亚洲种子大会上，经种贸协推荐，中国种子集团有限公司张孟玉当选为亚太种子协会主席（任期一年），这是亚太种子协会历史上第一位中国大陆的高管。种贸协推荐的北京市海淀区种子商会代表黄瑞清先生成功竞选为亚太种子协会执委。

2009 年，种贸协在土耳其成功获得 2014 年世界种子大会在北京的举办权。

2013 年，种贸协理事长张学工应邀在 2013 世界种子大会开幕式上做发言并播放中国种业宣传片，北京市副市长林克庆代表大会组委会与希腊国家组委会顺利进行了会旗交接。

2014 年 5 月 26—28 日，世界种子大会在北京丰台成功举办。来自 60 个国家和地区的 1 432 名代表参会，国务院副总理汪洋出席大会开幕式并致辞，大会在贸易洽谈方面取得了丰硕成果，并发布《国际种子联盟 2014 年世界种子大会北京宣言》。中国种业的发展成就和整体形象，通过成功举办这次大会得到了全面和充分展示。

2014 年 11 月，北京天地园种苗有限公司总经理、高级农艺师王智平经协会推荐，在澳门举行的第 20 届亚太种子大会上当选为第 21 届亚太种子协会主席，为首位任期两年的亚太种子协会主席。

2015 年，种贸协组织含港、澳、台同胞共计 56 人的团队赴波兰参加 2015 年世界种子大会，并根据农业部种子局代表团与国际种子联盟在大会上达成的共识，筛选出七位会员，推荐并入选国际种子联盟下属六个专业委员会和作物分会。

2017年5月，协会理事长宋维波在2017年匈牙利世界种子大会上当选为国际种子联盟理事会常任理事。

2018年，在世界种子大会上，种贸协推荐华智水稻生物技术有限公司总经理张健加入国际种子联盟育种家委员会，推荐中国种子贸易协会秘书长田伟红加入国际种子联盟蔬菜与园艺作物分会。

2018年，在北京种子大会期间，种贸协与亚太种子协会合作，共同举办了亚太地区知识产权保护研讨会，开启和打造了协会国际会议品牌，加强国际合作与交流。

2018年9月，种贸协与南方农村报合作，组织2018年美国现代农业研学考察活动，组织会员企业20余人赴美考察现代农业，并与美国种子贸易协会在当地开展交流活动。

2019年，种贸协理事长宋维波在法国尼斯世界种子大会上再次当选国际种子联盟理事会常任理事。

2019年，种贸协与《南方农村报》共同组织2019欧洲现代农业研学考察活动，组织会员企业赴法国、德国、意大利、荷兰欧洲四国考察现代农业，为国内企业拓展国际交流搭建平台。

2019年，种贸协接待乌拉圭索里亚诺省省长代表团一行，促进中乌种业的交流与合作。

2019年，种贸协与贸促会化工分会在上海成功举办“第二十届中国国际农用化学品及植保展览会”，在国内打造种业国际贸易展会平台，为中国种子企业开辟了“走出去”的对外窗口。

2019年，种贸协与国际种子联盟、荷兰种植协会、德国植物育种家协会成功举办“中荷德植物新品种保护执行研讨会”，推动植物新品种保护和实质性派生制度的建立。

2020年4月，种贸协与亚太种子协会举办线上“疫情下种子国际贸易研讨会”开辟了疫情期间线上国际会议先河。

2020年，种贸协与国际种子联盟、荷兰种植协会和三亚崖州湾科技城管理局共同签署《关于共同推进植物遗传资源国际交流与合作的谅解备忘录》，并共同成功举办“国际植物遗传资源合作研讨会”。研讨会以种质资源交流共享为纽带，分享国际遗传资源惠益分享机制和不同国家的种质资源管理政策与经验，探讨和推动遗传资源的国际交流。

2017—2020年，种贸协与国际种子联盟、中国种子协会联合举办三届“植物育种创新圆桌会”，推动基因编辑技术研究和行业规范发展。

2019—2020 年，种贸协连续两年联合主办“中国（邢台）国际十字花科蔬菜产业大会”，打通十字花科蔬菜产业的全产业链。

（三）协会秘书处

协会秘书处内设综合部、会员服务部、会议会展部、国际交流合作部、政策与行业研究部、进出口部和财务部，驻会协会领导 1 人（全职秘书长），全兼职工作人员 5 人。

（四）协会分支机构

协会共设专业委员会 6 个：种子贸易专委会、知识产权专委会、甜菜作物专委会、青花菜作物专委会、自贸港专委会、种业纠纷调解专委会。

（田伟红、刘凤娜）

第三章　政策与法规

第一节　重要文件

一、《国务院办公厅关于推进种子管理体制改革加强市场监管的意见》（国办发〔2006〕40号）

（一）出台背景

2000年颁布的《中华人民共和国种子法》自实施以来，我国种子产业得到了快速发展，种子管理得到了巩固加强，但也面临着一些新情况、新问题。种子管理存在体制不顺、队伍不稳、手段缺乏、监管不力等问题。一些地区种子市场秩序比较混乱，假劣种子坑农害农事件时有发生，损害了农民利益，影响了农业生产安全和农民增收。对此，国务院高度重视，多次作出重要批示，要求深化种子管理体制改革，明确部门职责，完善管理制度，强化市场监管，培育现代企业，做大做强我国种业。2004年6月，农业部办公厅发出《关于进一步规范和加强种子管理工作的通知》，要求在专题调研的基础上提出国有种子公司从农业行政部门完全剥离出去的改革方案。

2006年5月26日，《国务院办公厅关于推进种子管理体制改革加强市场监管的意见》（国办发〔2006〕40号）（以下简称“国办发〔2006〕40号文件”）正式下发，具体部署推进种子管理体制改革、完善种子管理体系和强化种子市场监管等工作。

（二）主要内容

国办发〔2006〕40号文件明确了改革和完善种子管理体制的总体思路和强化市场监管的基本要求。一是实行政企分开，将种子生产经营机构从农业行政主管部门剥离出去，移交同级国有资产监督管理机构管理；二是健全种子管理机构，明确种子管理机构职责，完善种子管理技术支持和服务体系；三是建立种子市场监管长效机制，完善管理制度，严格种子企业市场准入，加强品种和种子质量管理，强化种子市场监管。

要求种子生产经营单位与农业行政主管部门必须彻底分开；要求加强种子管理体系建设，种子管理机构依法履行种子行政许可、行政处罚、行政管理职责；要求切实保障种子管理机构经费支出，列入同级财政预算；要求依法加强对种子市场的监管，切实履行职责，严厉打击生产销售假、劣种子等违法行为。

实行政企分开，根据《种子法》关于种子的行政主管部门与生产经营机构在人员和财务上必须分开的规定，国办发〔2006〕40号文件要求在2007年6月底之前将种子生产经营机构从农业行政主管部门剥离出去，移交同级国有资产监督管理机构管理，实现人、财、物的彻底分离。种子生产经营机构主要指农业行政主管部门所办的种子公司。此后农业行政主管部门不再从事和参与种子生产经营活动，也不再主管种子生产经营企业，只负责种子行政管理工作。

为了确保政企分开工作的顺利进行，针对种子生产经营机构的状况，对分流人员的社会保险关系接续、辞退人员的经济补偿，以及财产处置、产权制度改革等方面作出了具体规定。鉴于一些地方种子生产经营机构为事业单位性质，提出可以剥离经营职能，整体转化为种子技术推广服务单位或与种子管理、农业技术推广部门合并，不再从事种子生产经营活动。要求地方各级政府要采取有效措施，做好政企分开的善后工作，维护职工合法权益，在确保国有资产不流失的情况下，推进产权制度改革。

加强种子管理机构建设，要求健全管理机构，特别是要强化省、县级种子管理机构建设。加强种子管理队伍建设，推行种子行政执法人员资格考核、持证上岗。强化监管职能，包括品种管理、质量管理、市场管理，对本行政区域内种子市场和种子质量负有监管责任。

加强种子市场监管，坚持“精简、统一、效能”和“标本兼治”的方针，从完善种子管理制度和健全种子标准体系入手，明确农业行政主管部门、工商行政管理机关依法对种子市场的监管职责，建立农业、工商和公安部门联合打假机制，逐步构建种子市场监管的长效机制。

（三）实施效果

种子管理体制改革取得了实质性成效，较好地完成了国办发〔2006〕40号文件提出的目标任务，种子政企脱钩任务基本完成。截至2008年8月，原隶属各级农业部门的2 339家国有种子企业，有1 986家完成了脱钩任务，其余300多家未完成脱钩任务的企业，也都按国办发〔2006〕40号文件要求，停止了种子生产经营活动。脱钩完成率为85％，其中省、市、县三级完成率分别为91％、87％和84％。这次改革涉及人员7万多人，已有4万多人得到妥善安置。同时，这些种子企业的技术装备和基础设施等生产要素也得到了妥善处置，实现了国有资产合理转移。

在推进政企分开的同时，种子管理体系进一步健全。2008 年全国种子管理机构达到 2 500 多家，其中新建或恢复成立 435 家，所有省级、96%的涉农地市、90%的涉农县区都建立了种子管理机构。队伍进一步壮大。全国省市县核定人员编制 2.5 万多人，比改革前增加 1 000 多人，实有人员 2.48 万人，比改革前增加 3 000 多人。特别是县一级种子管理队伍得到充实，人员数量大幅度增加，平均每个县达到 9 人；职能进一步明确，有 60%以上的种子管理机构承担着行政许可、行政处罚和行政管理职能，比改革前增加了 30%；人员经费基本得到保障，种子管理机构中，全额拨款的 2 229 家，占 90%，其中改革过程中转为全额预算的 372 个，转为参公管理的 54 个。

种子市场监管明显加强。截至 2008 年 8 月，清理了种子市场主体，共注销或吊销许可证 1 300 多个，持证企业由改革前的 8 500 多家减少到 2008 年的 7 200 多家，种子生产经营企业整体实力得到提高；启动了品种退出机制，国家和 20 多个省已公告 3 000 多个品种退出了生产领域，品种多、乱、杂状况明显改善；强化了质量监督管理，监督抽查在以国家和省级为主的基础上，实现了向市县两级的延伸。国办发〔2006〕40 号文件下发以来，全国共查处种子案件 8 600 多起，收缴种子 1 500 万公斤，有效地保障了农业生产用种安全，种子市场秩序明显好转。

二、《国务院关于加快推进现代农作物种业发展的意见》（国发〔2011〕8 号）

（一）出台背景

改革开放特别是进入 21 世纪以来，我国农作物品种选育水平、良种供应能力和种业实力有了明显提升，良种的有效供应为粮食连续增产和农民持续增收作出了重要贡献。但与此同时，种业也存在着育种创新能力弱、品种多乱杂，企业多小散、竞争力不强，外资进入势头猛对种业安全构成潜在威胁等突出问题。对此，党中央、国务院高度重视现代农作物种业发展。2010 年 1 月，回良玉副总理在农业部呈报的《关于我国种业发展情况的报告》上批示要求，由农业部牵头，会同科技部、中农办以及国家发展改革委、财政部等单位，代国务院起草推进现代种业发展的意见。

1 月 19 日，农业部成立了文件起草工作小组；3 月，农业部会同国家发展改革委、财政部、科技部等单位，成立了部际“推进种业发展工作组”。5 月 18 日，回良玉副总理专门听取了文件起草进展情况汇报并明确要求，要充分肯定改革开放以来我国种业取得的成就，对当前种业面临的新情况要有清醒认识，对振兴现代种业发展要有大举措，集中支持有一定基础、能出成果的育繁推一体化种子企业，鼓励中央企业、国有资本进入种业等。按照中央领导要求，农业部组织有关人员多次深入海南、湖南、四川、甘肃、吉林等十余个省农业科研单位、种子基地和部分企业进行调研，先后召开了20多次专家座谈会逐条研究扶持政策，多次与国家发展改革委、财政部、科技部、国家税务总局等单位沟通协调，研究推进现代种业发展的重大问题，提出了一系列推进现代农作物种业发展的政策建议。文件起草历时一年零三个月，数易其稿，三次书面征求有关部委意见。2011年2月22日，温家宝总理主持召开第145次国务院常务会议，在会上审议通过了《国务院关于加快推进现代农作物种业发展的意见》。

4月10日，国务院印发了国发〔2011〕8号文件。这是时隔半个世纪，以国务院名义印发的第二个关于种子的文件。该文件的出台是我国农作物种业发展历史上的一个里程碑，标志着我国农作物种业将进入产业升级的新阶段。由种子到传统种业阶段已成功跨越，正在推动传统种业向现代种业转变。

（二）主要内容

国发〔2011〕8号文件首次把种业定为战略性、基础性的核心产业，是新时期指导农作物种业发展的纲领性文件。提出了种业发展思路：推进体制改革和机制创新，完善法律法规，整合种业资源，加大政策引导，增加种业投入，强化市场监管，快速提升我国种业科技创新能力、企业竞争能力、供种保障能力和市场监管能力，构建以产业为主导、企业为主体、基地为依托，产学研结合、育繁推一体化的现代种业体系，全面提升我国种业发展水平。明确了到2020年种业的发展目标。

国发〔2011〕8号文件确定了种业发展的九项重点任务：强化种业基础性公益性研究、加强农作物种业人才培养、建立商业化育种体系、推动种子企业兼并重组、加强种子生产基地建设、完善种子储备调控制度、严格品种审定和保护、强化市场监督管理、加强种业国际合作交流。提出了六项政策措施：中央财政增加“育繁推一体化”种子企业投入，支持开展商业化育种；为有实力的“育繁推一体化”种子企业建立品种审定绿色通道；对符合规定条件的“育繁推一体化”种子企业的种子生产经营所得，免征企业所得税；加强西北、西南、海南等优势种子基地的规划建设和保护；建立国家和省两级种子储备体系，中央和省级财政对种子储备给予补助；健全种子管理体系，地方财政要将属于公共服务范围的种子管理工作经费纳入同级财政预算。

国发〔2011〕8号文件体现了四个首次突破：首次明确了农作物种业的地位。即农作物种业是国家战略性、基础性的核心产业，是促进农业长期稳定发展、保障国家粮食安全的根本。当时种业市值不足700亿元，能与能源、金融、通讯等同定位为国家核心产业，足以说明种业之重要。首次明确了企业是种业发展的主体。实践经验表明，企业强则种业兴，只有培育一批具有国际竞争力的种业“航空母舰”，才能全面提升我国现代种业发展水平。首次明确了种业科研分工。即国家级和省部级科研院所和高等院校要重点开展种业基础性、公益性研究，逐步建立以企业为主体的商业化育种新机制。建立基础研究以公益性科研教学单位为主体、商业化育种以企业为主体的种业科研体制，将进一步激发种业科研创新活力。首次提出科研单位的“两个分离”。引导和积极推进科研院所和高等院校逐步退出商业化育种，到“十二五”末，与其开办的种子企业基本实现“事企脱钩”。将商业化育种由科研教学单位转入种子企业，由企业按市场需求配置育种资源，有利于提高创新水平和效率；将科研教学单位创办的种子企业与其实现“脱钩”，有利于形成公平竞争的市场环境。

（三）实施进程

2011 年 5 月 9 日，国务院在湖南省长沙市召开全国现代农作物种业工作会议，全面部署加快推进现代农作物种业发展各项工作。这是新中国成立以来第一次以国务院名义召开的全国性专题种业会议，温家宝总理作出重要批示，回良玉副总理出席会议并作重要讲话，强调建设现代农作物种业，是种业发展思路的重大转变，是种业发展战略布局的重大变革，是种业各方利益的重大调整。要把思想和行动统一到党中央的重要决策和部署上来，扎实推进现代农作物种业发展。

6 月，在国家机构编制从严控制的情况下，经农业部党组研究并报中央编办批准，成立了农业部种子管理局。

按照《国务院办公厅关于落实国务院关于加快推进现代农作物种业发展意见有关政策措施分工的通知》的要求，农业部会同国家发展改革委、科技部和财政部等 16 个部委和单位成立了推进种业发展协调组，逐项落实国办分工要求；同时，农业部将任务落实责任分解到 14 个司局单位，加大工作力度，初步形成了推进现代种业发展的组织体系。

在地方层面，截至 2011 年 11 月，甘肃、四川、江西、贵州、青海、上海、湖南、吉林、湖北、云南、陕西、辽宁、安徽、福建等 14 个省（直辖市）人民政府率先出台地方政策以贯彻落实国发〔2011〕8 号文件。

（四）实施效果

明确的扶持政策全部落实，建立了较为完整的种业政策支持体系。2011 年 9 月，国家税务总局发公告通知，对种子企业自育的品种经营免征所得税；2013 年农业部为“育繁推一体化”种子企业开通玉米、水稻品种审定绿色通道；财政部牵头设立现代种业发展基金 25 亿元，2018 年底已完成 15 亿元投资支持 18 家种子企业创新发展；2014 年起，中央财政对农业部认定的 52 个水稻、玉米制种大县进行奖励，6 年累计奖励 34 亿元，调动地方政府支持制种、加强基地管理的积极性；2017 年 4 月 1 日起，植物新品种权申请暂停收取申请费、审查费、年费；2018 年 8 月，农业农村部、财政部、银保监会联合下发通知，将水稻、玉米、小麦三大粮食作物制种纳入中央财政农业保险费补贴目录；中央财政连续多年每年补助 5 000 万元、储备 5 000 万公斤种子用于救灾和备荒。

有效提升了企业的资本实力。2012 年国家发展改革委生物育种与产业化专项投资 4.9 亿元支持 40 多家“育繁推”一体化企业提升商业化育种能力，“十二五”期间国家种子工程安排投资 2.2 亿元支持 33 家企业建设育种创新基地，农业综合开发安排投资 8.7 亿元支持 233 家企业良繁基地建设，在中央国有资本经营预算内安排 2.75 亿元支持 6 家企业转型升级。支持中种集团等企业认定为国家企业技术中心，将登海种业等 15 家企业纳入国家和农业部重点实验室。“十三五”期间，现代种业提升工程共安排建设项目 454 个，中央预算内投资 42 亿元。同时，2011—2017 年，社会资源投资种业事件达 127 起，投资总额 127.4 亿元，为助推现代农作物种业发展注入了新动能。

《种子法》修改为依法治种提供了法律保障。2010 年国发〔2011〕8 号文件起草期间，农业部就参加了全国人大农委组织的《种子法》修改调研，就当时种业存在问题及起草主要内容与其沟通。2015 年 11 月全国人大通过了关于修改《种子法》的决定。新修改的《种子法》将国发〔2011〕8 号文件中种业科研分工、新品种权保护、品种审定绿色通道、加强生产基地建设与保护、财政信贷保险支持种业、保障种业安全、发挥种子协会作用等重大措施均转换为法律规定，特别就种业发展“扶持措施”增加一章，增强了约束力，为现代农作物种业发展提供了法治保障。

培育了民族种业的“航空母舰”。至 2020 年，全国持有种子生产经营许可证的企业7 372家，比 2011 年的 6 991 家增加 381 家；资产过亿元的企业 432 家，比 2012 年增加 277 家；企业新品种权申请量、品种审定数量自 2015 年起均超过科研教学单位，逐步成为创新的主体；前五十强企业市场集中度达到 35%，比 2011 年提高 5 个百分点。截至 2020 年底，上市种业企业 10 家，市值 1 462 亿元；新三板挂牌种业企业 59 家。隆平高科通过国内外兼并重组进一步发展壮大，2017 年跃居全球种业前十强，实现了从“小舢板”到“航空母舰”的历史性跨越。

显著提高了品种创新水平。2011 年以来，科研单位和部分种业企业加大品种创新力度。据统计，2011—2018 年国家和省两级共审定通过水稻、小麦、玉米、棉花、大豆五种农作物 14 024 个品种，并涌现出一批如 Y 两优 1 号、济麦 22、京科 968、隆平 206、登海 605 等突破性品种，满足了农业生产用种需求。植物新品种保护迅速发展，截至 2020 年底，新品种保护申请总量 41 716 件、总授权量 16 508 件，品种权申请量从 2017 年开始，连续四年位居国际新品种保护联盟（UPOV）成员第一。2020 年我国水稻、小麦、大豆、棉花用种 100%是自育品种，玉米 90%、蔬菜 87%

是自育品种。优良品种的选育推广，保障了国家粮食安全和主要农产品供给，基本实现了习近平总书记提出的“要下决心把民族种业搞上去，抓紧培育具有自主知识产权的优良品种，从源头上保障国家粮食安全”的目标。

三、《国务院办公厅关于印发全国现代农作物种业发展规划（2012—2020年）的通知》（国办发〔2012〕59号）

（一）出台背景

国发〔2011〕8号文件提出“制定现代农作物种业发展规划。按照推进现代农作物种业发展的总体要求，编制全国现代农作物种业发展规划，分作物、分区域、分阶段提出发展目标、方向和重点，明确今后10年推进现代农作物种业发展的任务和措施”。

2011年4月1日，农业部副部长危朝安、党组成员梁田庚组织召开编制《全国现代农作物种业发展规划》（以下简称“《规划》”）座谈会，听取种业科研、企业和管理等有关方面的意见。为编制好《规划》，由农业部牵头，会同国家发展改革委、财政部、科技部等16个部门多次组织召开规划编制座谈会和专家论证会，针对20种农作物种业发展赴甘肃、四川、海南、湖南、辽宁、河南等制种大省和用种大省开展专题调研，广泛听取种子企业、科研单位、地方主管部门的意见和建议，历时近两年时间，编制完成了《规划》。《规划》于2012年12月26日以国务院办公厅文件正式印发。

（二）主要内容

《规划》是新中国成立以来首次对现代种业发展进行的全面规划，共六个部分，包括规划背景、总体要求、重点任务、发展布局、重大工程和保障措施。突出以下五个方面：

深入分析了我国现代种业发展面临的紧迫形势。全面总结了我国农作物种业发展的主要成效、存在的主要问题。同时提出，随着全球经济一体化进程的不断加快和生物技术的迅猛发展，农作物种业国际竞争异常激烈。未来几年是我国现代种业发展难得的重大战略机遇期，只有牢牢地把握我国种业发展的控制权，才能牢牢把握我国农业发展的主动权。

全面细化了国发〔2011〕8号文件提出的目标。明确了种业发展的时间表，将目标分为到2015年和2020年两个节点，到2015年基本实现“两个分离”，即积极引导和推进科研院所和高等院校逐步退出商业化育种，科研院所和高等院校与其所办的种子企业事企脱钩。初步建成国家级主要粮食作物种子生产基地，前五十强种子企业市场占有率达到40%以上。到2020年建立以产业为主导、企业为主体、基地为依托、产学研相结合、"育繁推一体化"的现代农作物种业体系，实现"四个提高"。

分作物提出种业科研目标和重点。规划明确了20种农作物的种业科研目标和重点，既包括水稻、玉米、小麦、大豆、马铃薯等5种主要粮食作物，也包括蔬菜、棉花等15种经济作物，确保了农作物种业发展的协调性。同时，要求各个作物种业开展种质资源的收集、保存、评价和利用，开展种子生产、加工、检测等关键技术研究，全面提升种业科研的发展水平。

分区域科学布局主要农作物种子生产基地。基地布局坚持"优势区域、企业主体、规模建设、提升能力"的原则，明确了基地的类型、区域范围和建设内容。从类型上看，既规划建设主要粮食作物的生产基地，同时也兼顾了重要经济作物种子生产基地建设。从范围上看，既着力加强国家级种子基地建设，同时兼顾区域级、县（场）级基地建设，确保种子生产供应总量和结构平衡。

全面统筹各类种业发展项目。形成种业基础性公益性研究、商业化育种、种子生产基地建设、种业监管能力提升四大工程，构建了加快提升种业科技创新、供种保障、企业竞争和市场监管四大能力的政策支持体系。

（三）实施进程

各地根据实际制定具有特色的种业发展规划。浙江省发布了《浙江省现代作物种业发展"十二五"规划》，进一步明确了粮油作物、瓜菜、桑茶果、食用菌、中药材等种业的发展方向，细化了重点建设内容。宁夏回族自治区制定了《宁夏现代种业发展规划（2013—2020年）》。黑龙江省制定了《黑龙江省现代作物种业发展规划（2013—2020年）》。

四、《国务院办公厅关于深化种业体制改革提高创新能力的意见》（国办发〔2013〕109号）

（一）出台背景

建设种业强国，贯彻落实国发〔2011〕8号文件，深化种业科技体制改革，支持建立以企业为主体的商业化育种创新体系。2013年12月20日，国务院办公厅印发《关于深化种业体制改革提高创新能力的意见》（国办发〔2013〕109号）（以下简称"国办发〔2013〕109号文件"），这是落实国发〔2011〕8号文件要求的再部署、再推动。

（二）主要内容

国办发〔2013〕109号文件着眼于解决科研与生产脱节、创新主体错位、育种资源人才流动难等深层次、体制性问题，从强化企业技术创新主体地位、调动科研人员积极性、加强国家良种重大科研攻关、提高基础性公益性服务能力、加快种子生产基地建设和加强种子市场监管等六个方面，深入推进种业体制改革工作。

发展现代种业，必须做大做强种子企业。国办发〔2013〕109号文件提出鼓励企业加强研发投入，自主建立研发机构，有实力的种子企业并购转制为企业的科研机构，切实增强企业的科技创新能力。

同时，要求确定为公益性的科研院所和高等院校，到2015年底前与其所办的种子企业实现“事企脱钩”，目的是促进这些企业完善法人治理结构，将其打造成产权明晰、股权多元、责权明确、管理科学的科技型企业，激发发展活力。

国办发〔2013〕109号文件还确定：新布局的国家和省部级工程技术研究中心、企业技术中心、重点实验室等种业产业化技术创新平台，要优先向符合条件的育繁推一体化种子企业倾斜；按规定开展种业领域相关研发活动后予以补助，调动企业技术创新的积极性；发挥现代种业发展基金的引导作用，广泛吸引社会资源投入，鼓励企业“走出去”开展国际合作。

推进种业科技体制改革，通过推动确权交易，让种业科研资源及成果“流”起来；通过强化合作交流，让科研人员“动”起来；通过创新科研成果收入分配机制，让科研人员依法“富”起来；通过完善市场导向机制和商业化育种机制，切实让育种效率“高”起来。

提出加强国家良种重大科研攻关，力争实现4个突破：重点作物育种实现新突破，核心技术实现新突破，在构建产学研联合攻关新模式上实现突破，在建立多元投入新机制上实现突破。

提高基础性公益性服务能力，从调整国家财政科研经费入手，加大基础性公益性研究投入，加强种业相关学科建设，支持科研院所和高等院校重点开展育种理论、共性技术、种质资源挖掘、育种材料创新等基础性研究和常规作物育种等公益性研究。

（三）实施进程与效果

2014年2月13日，农业部牵头召开种业协调组第七次会议，将7项改革任务梳理分解为21项，经充分沟通协商，确定了由8个部门牵头、19个部门共同落实的分工方案。在具体工作中，21项任务又被细化成51项具体措施，实行“一月一分析，两月一调度，及时搞会商”的措施。“种业协调组”，是2011年农业部与国家发展改革委、财政部、科技部等16个单位成立的推进现代种业发展工作协调组，到了2014年发展为19个单位，称为“推进现代种业发展工作部际协调组”，以共同研究确定重大政策措施，持续推进种业改革与发展工作。

在地方层面：四川、甘肃、内蒙古、湖南、安徽、宁夏、湖北、黑龙江、贵州、山东、江苏、吉林、重庆、海南、河南等 15 个省（自治区、直辖市）率先发布配套方案，都包括具体的财政投入政策和对种业科研人员的奖励政策。

2014 年 10 月 24 日，《农业部科技部财政部关于开展种业科研成果机构与科研人员权益比例试点工作的通知》（农种发〔2014〕4 号）正式印发。农业部、科技部、财政部决定在中国农业科学院作物科学研究所、中国水稻研究所、中国农业科学院蔬菜花卉研究所、中国农业大学玉米改良中心等四个中央级科研教学单位开展试点工作。

2015 年 1 月 29 日，《人力资源社会保障部办公厅、农业部办公厅关于鼓励事业单位种业骨干科技人员到种子企业开展技术服务的指导意见》（人社厅函〔2015〕28 号）正式印发，明确了事业单位、种子企业和种业骨干科技人员之间的权利义务关系。

为巩固和扩大改革成果，2016 年中央 1 号文件，明确要求深入推进种业领域权益改革。2016 年 7 月 8 日，农业部会同科技部、财政部、教育部、人社部，在总结试点经验基础上联合印发了《关于扩大种业人才发展和科研成果权益改革试点的指导意见》，试点范围从中央延伸到省级科研院所，明确北京、黑龙江、江苏、山东、河南、湖北、湖南、广东、四川、陕西等 10 省（直辖市）作为改革重点省份，率先突破。

2016 年 7 月 18 日，农业部召开全国种业人才发展和科研成果权益改革工作视频会议；7 月 22 日，种子管理局举办全国种业人才发展和科研成果权益改革工作培训班。

2017 年 10 月 13 日，农业部就党的十八大以来种业改革创新有关情况举行发布会。种子管理局局长张延秋表示，为落实国办〔2013〕109 号文件，农业部从体制机制入手深化改革，开展四大作物良种攻关，推进种业人才和科研成果权益改革，将分散的科研力量组织起来。为此，成立了由院士领衔的攻关专家委员会和攻关联合体，汇集了全国 103 家优势种业企业和科研单位，180 多位权威专家，聚焦产业发展重大问题，按照产业链布局创新链，构建了种质发掘、品种检测、商业化育种、品种测试四大平台，有效整合种业优势资源、先进技术和高端人才，协同创新优势得到了有效发挥。2017—2020 年，共鉴定创制抗病虫、抗逆、养分高效利用的绿色优质玉米、大豆种质资源 800 余份，创制出抗赤霉病小麦育种新材料和新型玉米自交系 180 多份，选育出节水抗旱、抗赤霉病小麦品种 25 个，抗倒伏、耐密植的机收籽粒玉米品种 8 个，优质高产大豆品种 12 个。另外，2014 年以来在全国开展了种业科研成果权益改革和人才发展试点工作，通过提高科研成果权益分配比例，科研人员创新收入更多了、干劲更足了。这样的作法使科研人员为企业选育品种的积极性调动起来，“两张皮”问题在种业会得到有效的解决。出台种业人才流动政策，通过人才引进、兼职、挂职等形式，促进了种业人才、资源、技术向企业流动，种业人才“红利”正在显现。2017—2019 年，有 300 多名种业科研人才从科研单位向企业流动。通过改革，“锁在铁皮柜”里的科研成果得到了有效转化，有 2.7 万项专利、品种等成果在国家种业科技成果产权交易平台上展示，已签约交易额超过 2.1 亿元。通过改革，把科研的力量组织起来，把科研人员的积极性调动起来，为种业科技创新注入强劲的动力。

第二节　政策措施

一、种业免税政策

按照《国务院办公厅关于落实国务院关于加快推进现代农作物种业发展意见有关政策措施分工的通知》的要求，国家税务总局于 2011 年 9 月 13 日发布《国家税务总局关于实施农 林 牧 渔业项目企业所得税优惠问题的公告》（国家税务总局公告 2011 年第 48 号），明确企业从事农作物新品种选育的免税所得，是指企业对农作物进行品种和育种材料选育形成的成果，以及由这些成果形成的种子（苗）等繁殖材料的生产、初加工、销售一体化取得的所得。企业从事林木的培育和种植的免税所得，是指企业对树木、竹子的育种和育苗、抚育和管理以及规模造林活动取得的所得，包括企业通过拍卖或收购方式取得林木所有权并经过一定的生长周期，对林木进行再培育取得的所得。

二、将三大主粮作物制种纳入保险补贴

国发〔2011〕8 号文件要求加强西北、西南、海南等优势种子繁育基地的规划建设与用地保护，对符合条件的农作物种子生产开展保险试点。经多年试点，2016 年起，财政部持续完善农业保险保费补贴政策，将水稻、小麦、玉米制种保险纳入补贴范围，并陆续开展了农业大灾保险试点、三大粮食作物完全成本保险和种植收入保险试点等一系列改革试点工作。2018 年 11 月 22 日，《财政部 农业部 银保监会关于将三大粮食作物制种纳入中央财政农业保险保险费补贴目录有关事项的通知》发布，水稻、玉米、小麦三大主粮作物制种保险被正式纳入中央财政补贴范围。明确农户、种子生产合作社和种子企业等开展的符合规定的三大粮食作物制种，对其投保农业保险

应缴纳的保费，纳入中央财政农业保险保险费补贴目录，补贴比例执行《财政部关于印发〈中央财政农业保险保险费补贴管理办法〉的通知》（财金〔2016〕123号）关于种植业有关规定。符合规定的三大粮食作物制种，指符合《种子法》规定、按种子生产经营许可证规定范围或经当地农业部门备案开展的水稻、玉米、小麦制种，包括扩繁和商品化生产等种子生产环节。

三、加大金融支持力度

为有效推动现代种业与金融融合发展，2016年5月26日，中国人民银行、农业部、银监会、证监会、保监会、国家外汇管理局等六部门联合发布《中国人民银行、农业部、中国银行业监督管理委员会等部门关于做好现代种业发展金融服务的指导意见》（银发〔2016〕154号）（以下简称“银发〔2016〕154号文件”）。要求加大对现代种业的金融支持，培育壮大育繁推一体化的种子龙头企业，支持发展现代种业，保障国家粮食安全和农业持续稳定发展。该文件要求建立对接机制，助推种业龙头企业做大做强。加强金融管理部门、农业部门和金融机构的密切合作，建立金融产品服务与种业发展政策、信息、项目、专家等有效对接机制。农业部门要结合种业企业规模、经营、研发等情况，定期发布育繁推一体化种子企业和信用骨干种子企业名单。人民银行等金融管理部门要会同农业部门积极推动和搭建银企对接平台，支持中国农业发展银行（以下简称“农发行”）结合自身业务范围，在市场化运作的基础上充分发挥政策性银行作用，鼓励和引导中国农业银行、中国邮政储蓄银行和农村信用社等金融机构优先满足农业部门发布名单企业的信贷需求，合理确定贷款利率和期限，优化贷款流程，助推种业龙头企业做大做强。

四、设立现代种业发展基金

2012年11月，财政部、农业部、农发行、中国中化集团公司共同签署了《关于合作设立“现代种业发展基金”的备忘录》，联合发起设立“现代种业发展基金”。2013年3月28日，现代种业发展基金在北京设立，为实行市场化运作的专项股权投资基金，专注于种业领域投资。首期规模15亿元，由财政部、农发行、中化集团各出资5亿元。目标募集规模：中期扩大到30亿～50亿元、远期总规模80亿～100亿元。2019年6月，财政部、农发行各增资5亿元，现代种业发展基金规模增至25亿元。

截至2014年11月底，批准投资项目10个，投资规模3.5亿元，带动其他社会资金4.6亿元，有力推动了种业企业的兼并重组、转型升级和机制创新。包括参与隆平高科、农发种业等上市公司定向增发；投资参股江苏红旗种业和河南秋乐种业，推动两家企业在新三板上市；与中种集团、金色农华等种业企业和江苏种业基金协同投资，分别支持山东鲁研、广东金稻、川单种业等种业企业实现战略重组。

至2020年末，累计投资企业29家，投资金额18.35亿元。通过出资引导社会资金跟投，与企业、地方政府合作，积极参与企业兼并重组，设立地方型子基金等，累计带动社会资金112.29亿元，初步显现了金融对现代种业发展的撬动支持作用。现代种业发展基金先后被权威机构评为“中国农业领域投资机构十强”“中国现代农业领域股权投资机构二十强”。

第三节　法律法规

自1989年国务院颁布《种子管理条例》，2000年实施《种子法》，经过几十年的发展，我国农作物种业形成了以《种子法》为核心，以《植物新品种保护条例》《农业转基因生物安全管理条例》《植物检疫条例》为主体，配套《农作物种子生产经营许可管理办法》《主要农作物品种审定办法》《农作物种子标签和使用说明管理办法》等部门规章的法律法规体系。

一、《种子法》修改

（一）修改背景

《种子法》是保障国家粮食安全的核心法律，是种业发展的助推器，奠定了现代种业制度的基本框架。十一届全国人大以来，全国人大代表有780人次提出修改种子法和制定植物新品种保护法的议案25件。自2011年以来，国务院先后出台了国发〔2011〕8号《全国现代农业发展规划（2011—2015年）》，国办发〔2013〕109号文件，提出了新时期种业发展的指导思想、基本原则、发展目标和保障措施。党的十八大以来，习近平总书记对种业发展作出明确指示，中共中央、国务院2015年又印发了《关于深化体制机制改革加快实施创新驱动发展战略的若干意见》，都为修改《种子法》指明了方向。

十二届全国人大常委会及时将修改种子法列入五年立法规划中，由全国人大农委牵头，农业部、国家林业局、国家发展改革委等部门参与。这一涉及农业核心竞争力的重要法律制度，由于调整对象涉及育种者、繁种者、用种者、经营者、管理者、执法者六大主体，涵盖科研、生产、流通、进出口、种质资源保护和知识产权保护等领域，各方都十分关注。

2012 年底成立修改《种子法》领导小组和工作小组。《种子法》修改过程中，两次在全国范围征求各省（自治区、直辖市）人大、政府农口及法制工作部门，以及国务院 40 多个部门的意见，充分听取种子管理部门、科研院所、种子企业、种业协会、基层干部、农民代表及专家学者的意见，召开了 12 次专家论证会，努力使每一项制度安排都建立在符合客观规律的基础上。这次修改历时三年多，2015 年 11 月 4 日，十二届全国人大常委会第十七次会议表决通过新修改的《种子法》。

新修改的《种子法》于 2016 年 1 月 1 日起正式实施。随后，农业部修订发布了《农作物种子生产经营许可管理办法》《主要农作物品种审定办法》《农作物种子标签和使用说明管理办法》等 3 个核心配套规章，并将 2016 年定为"《种子法》宣传贯彻年"，印发关于贯彻实施《种子法》全面推进依法治种的通知，组织编写种子法及其配套规章解读。

（二）修改内容

《种子法》修改的思路是：认真贯彻党的十八大和十八届三中、四中全会精神，按照党中央、国务院关于发展现代种业和发挥市场在资源配置中决定性作用的要求，立足于种业国家战略性、基础性核心产业地位，构建以产业为主导、企业为主体、产学研结合、"育繁推一体"的现代种业法律制度，着力提升种业自主创新能力、知识产权保护能力、市场竞争能力、供种保障能力和市场监管能力，保障种业产业安全。

新修改的《种子法》共 10 章 94 条，较修改前增加 16 条。新增"新品种保护"和"扶持措施"两个章节，将原"种子生产""种子经营""种子使用"三章合并为"种子生产经营"一章，将原"种子质量""种子行政管理"两章合并为"种子监督管理"一章。

新修改的《种子法》在制度安排上取得三项重大突破：

贯彻落实创新发展理念，加强对种业创新的支持与保护。一是将鼓励种业创新政策法律化。对 2011 年以来国务院出台的一系列鼓励种业创新的政策措施以法律形式加以明确。明确科研分工，支持科研院所及高等院校重点开展育种的基础性、前沿性和应用技术研究，以及常规作物、主要造林树种育种和无性繁殖材料选育等公益性研究，维护科技人员科研成果的合法权益，鼓励企业培育具有自主知识产权的新品种。二是提升植物新品种保护的法律地位，将原《植物新品种保护条例》的内容上升为法律，大幅提高了对侵权假冒行为的民事赔偿标准和行政处罚力度。

贯彻落实国家粮食安全战略，充分发挥市场配置资源的决定性作用、更好地发挥政府的作用。一是"三减三取消一下放"，将法定审定农作物数量由 28 种减少到 5 种；减少行政许可，将种子生产和经营两项许可合并；取消申请种子生产经营许可证时对资金的要求，取消先证后照的规定，取消种子检验员资格考核。将育繁推一体化企业生产经营许可证的审批权由农业部下放到各省。二是放松品种入市权管制，为符合条件的育繁推一体化企业开辟品种审定绿色通道，对于达到审定标准的，审定委员会应当颁发审定证书；简化同一生态区引种程序，将“过去须经所在省农业主管部门同意”改为备案。三是建立品种登记制度，规定列入登记目录的农作物品种在推广前应该登记。

按照转变政府职能、明确主体责任的思路，强化了行政许可事中事后的监管。一是加强执法监管。明确农林主管部门所属的综合执法机构和种子管理机构是种子的执法主体；赋予农林执法主体行政强制权，对从事种子生产经营但无须办理种子生产经营许可证的，实行事后备案管理。二是明确主体责任。实行绿色通道的育繁推一体化企业和品种登记申请者要对申请审定或登记的文件、种子样品的真实性负责；种子生产经营者要对标签标注内容的真实性和种子质量负责，要对种植风险进行提示。三是扩大赔偿范围。农民因种子质量或标签、使用说明书不真实造成的损失，可以向种子经营者或种子生产者要求赔偿。四是加大处罚力度。将没有标签的种子视同假种子处理；加大了对生产经营假种子的处罚，罚金由违法所得的 5～10 倍提高到货值的 10～20 倍；增加了对生产经营假劣种子者的禁业规定。

二、配套规章的制定和修订

（一）《农作物种子生产经营许可管理办法》

2001 年 2 月 26 日，农业部发布《农作物种子生产经营许可证管理办法》。2011 年 9 月 25 日经第一次修订，《农作物种子生产经营许可管理办法》（以下简称“《办法》”）发布，主要变化是提高市场准入门槛，严格生产许可管理，促进企业兼并重组，严格经营有效区域管理，加强种子生产经营监管。《办法》对注册资本、固定资产、仓库面积、加工设备、晒场面积、营业场所等指标进行了量化。

2016 年 7 月 8 日，经再次修订《办法》，将“种子生产许可证”和“种子经营许可证”合并为“种子生产经营许可证”一项。取消注册资本和固定资产的数额要求，适当降低了许可硬件条件，增加了品种要求条件。实行选育生产经营相结合的种子生产经营许可证改为由省级农业主管部门核发。按照可追溯的原则，要求种子生产经营者建立包括种子田间生产、加工包装、销售流通等环节形成的原始记载或凭证的种子生产经营档案。

（二）《主要农作物品种审定办法》

农业部于 2001 年 2 月 26 日首次发布《主要农作物品种审定办法》（以下简称

“《办法》”)，2013 年 12 月 27 日经修订后再次发布，主要变化是增加审定项目，简化审定流程，提高审定门槛，强化退出机制，开通绿色通道。送审品种门槛明显提高，申请品种应有在同一生态类型区 2 年以上、多点品种比较试验报告；品种试验增加特异性、一致性和稳定性（DUS）测试；区域试验点增加 1 倍，生产试验点不少于区域试验点。审定门槛提高对减少审定品种数量起到了一定作用。2013—2015 年，国家年平均审定的 5 种主要农作物品种数量比前 5 年减少 27%。修订后的《办法》使审定标准提高，流程简化，过程和结果更透明，加强品种权保护和开通绿色通道，尤其有利于具有自主研发创新能力的龙头企业。

2016 年 7 月 8 日《办法》经再次修订后发布，主要是拓宽品种试验渠道，缩短试验审定时间，公开透明试验审定过程，简化引种程序。绿色通道试验由国家拓展到省级并覆盖所有审定农作物；允许有试验能力的企业、科研单位组成联合体开展自有品种试验，试验纳入国家或省级试验管理。通过某一省审定的品种，引种到同一适宜生态区的其他省时由“需要报相应省级农业主管部门批准同意”修改为“备案”，极大简化了引种的流程。2017 年国家和省级品种审定委员会陆续修改了主要农作物品种审定标准，细化了优质、绿色和专用等类型品种指标，适当放宽了产量指标。

(三)《非主要农作物品种登记办法》

农业部于 2017 年 3 月 30 日发布《非主要农作物品种登记办法》(以下简称“《办法》”)。落实新修改的《种子法》明确国家对部分非主要农作物实行品种登记制度要求，农业部制定并发布《非主要农作物品种登记办法》，将 29 种非主要农作物列入第一批登记目录。其中 22 种农作物是原《种子法》规定，由农业部和省级农业主管部门各自确定的审定农作物，包括马铃薯、甘薯、高粱、大麦（青稞）4 种粮食作物，油菜、花生、亚麻（胡麻）、向日葵 4 种油料作物，甘蔗、甜菜 2 种糖料作物，蚕豆、豌豆 2 种杂豆作物，大白菜、辣椒、茎瘤芥、西瓜、甜瓜 5 种蔬菜作物，苹果、柑橘、香蕉 3 种果树，以及茶树、橡胶树 2 种经济树，另外 7 种农作物是生产上具有较高经济价值、社会价值的农作物，包括谷子、结球甘蓝、黄瓜、番茄，梨、葡萄、桃。农业部组织制定了《非主要农作物品种登记指南》，于 2017 年 4 月 24 日印发。

(四)《农作物种子标签和使用说明管理办法》

农业部于 2001 年 2 月 26 日发布《农作物种子标签管理办法》。2016 年 7 月 8 日发布，经新修订的《农作物种子标签和使用说明管理办法》，要求通过标签反映的信息内容更加全面，信息代码以二维码标注。标注内容新增种子生产经营者名称、检测日期和质量保证期、净含量、品种适宜种植区域、种植季节、信息代码。标注内容缺少前款农作物种类、种子类别、品种名称、种子生产经营者名称、生产经营许可证编号和质量指标内容之一的，视为没有种子标签。2016 年 9 月 18 日，农业部办公厅印发了《农作物种子标签二维码编码规则》，详细介绍了二维码要包含的信息和功能。

（五）《食用菌菌种管理办法》

《食用菌菌种管理办法》（以下简称“《办法》”）由农业部于 2006 年 3 月 27 日首次发布，后经 2013 年、2014 年、2015 年三次修订。《办法》规定：菌种是指食用菌菌丝体及其生长基质组成的繁殖材料。菌种分为母种（一级种）、原种（二级种）和栽培种（三级种）三级。《办法》明确了种子分级，明确了申请母种、原种、栽培种《食用菌菌种生产经营许可证》的单位和个人应具备的条件。销售的菌种标签和菌种质量合格证管理更严格，菌种生产档案管理要求更高。

（六）《农业植物品种命名规定》

《农业植物品种命名规定》由农业部于 2012 年 3 月 14 日发布，规定品种名称遵循“唯一性”原则。要求一个农业植物品种，无论是申请农作物品种审定、植物新品种保护，还是进行转基因生物安全评价，或是直接进入生产、销售环节，始终只能使用同一个名称。建立公示制度，要求“申请农作物品种审定、农业植物新品种权和农业转基因生物安全评价的农业植物品种，在公告前应当在农业部网站公示”，对于省级审定的农作物品种，也由农业部统一公示，建立检索系统。

（马淑萍、宁明宇、惠婷婷）

第四章　种质资源保护与利用

农作物种质资源是农业生物多样性的重要组成部分，是支撑人类生存和社会持续发展的物质基础，是农耕文明的载体，是国家乃至全世界的宝贵财富。加强资源有效保护和促进资源合理利用是农作物种质资源工作的两大核心。2006—2020年，随着农业现代化水平的不断提高，农作物种质资源保护与利用工作开创了一个全面深入发展的新局面。

第一节　种质资源管理

2006年以来，全国农作物种质资源工作在顶层设计与规划布局的科学性、法律规章制度的完善性、保护利用工作协调与管理的规范性等方面均得到了全面提升，逐步形成基础扎实、特点鲜明、管理有序、支撑有力的工作体系。

一、种质资源发展战略与规划

（一）《全国农作物种质资源保护与利用中长期发展规划（2015—2030）》（农种发〔2015〕2号）

为贯彻落实国发〔2011〕8号文件和国办发〔2013〕109号文件精神，强化农作物种质资源对现代种业发展的支撑作用，依据《种子法》和《国家中长期科学与技术发展规划纲要（2006—2020年）》，在农业部种子管理局的领导下，刘旭院士牵头带领种质资源工作者开始系统研究国内外种质资源的现状与趋势、中国农作物种质资源研究工作发展方向，以及如何使种质资源更好地服务于种业和农业生产及社会经济发展。在深入细致地调研、分析、论证基础上，2015年2月，农业部、国家发展改革委、科技部联合印发了《全国农作物种质资源保护与利用中长期发展规划（2015—2030）》（农种发〔2015〕2号）（以下简称“农种发〔2015〕2号文件”）。

农种发〔2015〕2号文件分析了国际和国内农作物种质资源现状与趋势，提出到

2030 年我国农作物种质资源保护与利用的总体思路、基本原则和发展目标，依据种质资源收集、保存、评价、创新与利用的五个研究节点，抓住最紧迫、最关键、最薄弱环节设置了加强农作物种质资源的收集保存、强化深度挖掘、深化基础研究和加强保护与管理等四大任务；建立完善国家农作物种质资源保护体系、精准鉴定评价体系、共享利用体系等三个体系；实施种质资源普查与收集、引进与交换、保护与监测、精准鉴定、优异种质创制与应用等五项行动。

农种发〔2015〕2 号文件的发布，为我国从 2015 年到 2030 年的农作物种质资源保护与利用阶段性工作制定了明确的路线图、时间表，成为当前和未来一段时期我国农作物种质资源保护利用工作的行动指南。

（二）《国务院办公厅关于加强农业种质资源保护与利用的意见》（国办发〔2019〕56 号）

2019 年 12 月 30 日，《国务院办公厅关于加强农业种质资源保护与利用的意见》（国办发〔2019〕56 号）（以下简称“国办发〔2019〕56 号文件”）正式印发。主要内容是：

第一，提出了“五个首次明确”。首次明确了农业种质资源保护的基础性、公益性、战略性、长期性定位；首次明确农业种质资源范围为农业用动物、植物、微生物：首次明确了保护优先、政府主导、多元参与、高效利用的农业种质资源保护与利用基本原则；首次明确了责任主体，即主管部门的管理责任、市县政府的属地责任和农业种质资源保护单位的主体责任；首次明确了农业种质资源实施国家和省两级管理，建立国家统筹、分级负责、有机衔接的保护机制。

第二，确立了“四大核心任务”。通过开展系统收集保护，实现应保尽保；通过搭建种质资源鉴定评价与基因发掘平台建立鉴定评价体系，强化鉴定评价；通过创新保护机制、确定保护单位、开展农业种质资源登记、建设全国统一的农业种质资源大数据平台，健全保护体系；通过实施优异种质资源创制与应用行动、建立国家农业种质资源共享利用交易平台等，推进多元化开发利用。

第三，出台了“四大含金量高的政策”。在人才队伍建设方面，对种质资源保护科技人员绩效工资给予适当倾斜，可在政策允许的项目中提取间接经费；对种质资源保护科技人员实行同行评价，收集保护、鉴定评价等基础性工作可作为职称评定的依据。在用地管理方面，要求地方政府合理安排种质资源库（圃、场、区）用地，不得擅自、超范围划定禁养区。在财政保障方面，规定中央和地方有关部门可通过现有资金渠道，统筹支持资源保护工作，对现代种业提升工程、国家重点研发计划、国家科技重大专项等也要加大支持力度。在激励机制方面，明确对有突出贡献的单位和个人给予表彰奖励。

第四，明确了“四方面更高标准要求”。《意见》规定，将农业种质资源保护与利用工作纳入政府相关工作考核；审计机关对政策落实情况依法进行审计监督；对造成资源流失、灭绝等严重后果的，要依法依规追究有关单位和人员责任；公共财政支持的相关单位，要在农业种质资源管理部门监督下落实好种质资源科研项目成果与信息汇交机制。

国办发〔2019〕56 号文件是新中国成立以来首个专门聚焦农业种质资源保护与利用的重要文件，意味着农业种质资源保护与利用开启了新篇章。

二、种质资源相关法律法规

我国高度重视种质资源管理工作，自 2000 年《种子法》实施以来，结合《中华人民共和国物权法》（以下简称“《物权法》”）、《中华人民共和国专利法》（以下简称“《专利法》”）和《中华人民共和国野生植物保护条例》（以下简称“《野生植物保护条例》”）等法规，形成了完善的种质资源管理的法律法规体系。

（一）国家相关法律

《种子法》是与农作物种质资源管理最密切的国家法律。该法的第二章对种质资源保护利用工作做出了明确规定，包括国家有计划地普查、收集、整理、鉴定、登记、保存、交流和利用种质资源重点收集珍稀、濒危、特有资源和特色地方品种；国家农业、林业主管部门应当建立种质资源库、种质资源保护区或者种质资源保护地，省、自治区、直辖市人民政府的农业、林业主管部门可以根据需要建立种质资源库、种质资源保护区、种质资源保护地。《种子法》还规定，国家对种质资源享有主权，任何单位和个人向境外提供种质资源，或者与境外机构、个人开展合作研究利用种质资源的，应当向省、自治区、直辖市人民政府的农业、林业主管部门提出申请，并提交国家共享惠益的方案，经省农林部门审核，报国务院农林部门批准。

《物权法》于 2007 年 10 月 1 日颁布，第 49 条规定，“法律规定属于国家所有的野生动植物资源，属于国家所有。”该规定对农作物野生近缘种资源的保护和权属管理提供了法律依据。

《专利法》规定，“对违反法律、行政法规的规定获取或者利用遗传资源，并依赖该遗传资源完成的发明创造，不授予专利权”；还规定，“依赖遗传资源完成的发明创造，申请人应当在申请文件中说明该遗传资源的直接来源和原始来源，申请人无法说明原始来源的，应当陈述理由”。这些规定既体现了我国将种质资源纳入了知识产权保护体系，也体现了《生物多样性公约》有关公平公正地分享利用遗传资源产生惠益的目标，有利于维护种质资源保护者的利益。

《野生植物保护条例》旨在保护、发展和合理利用野生植物资源，保护生物多样性，维护生态平衡。该条例对野生植物资源概念和范围、管理主体和责任、保护途径和方式、管理和监督等做出了规定，为野生植物资源特别是农作物野生近缘种资源保护和管理提供了法律依据。

（二）相关部门规章

《农作物种质资源管理办法》是农业部于2003年根据《种子法》颁布的配套规章，旨在加强农作物种质资源的保护，促进农作物种质资源的交流和利用。该办法对农作物种质资源管理做出了具体规定，包括收集、鉴定、登记、保存、繁殖、利用、国际交流、信息管理等方面，对规范农作物种质资源保护和利用行为有重要作用。

《农业野生植物保护办法》是农业部根据《野生植物保护条例》制定的，旨在保护和合理利用珍稀、濒危野生植物资源，保护生物多样性，加强野生植物管理。该办法从野生植物保护和管理角度，对管理主体及其责任、客体的定义和范围、保护的方式和途径等做出了规定。

三、种质资源管理部门和协调机制

根据《种子法》和《农作物种质资源管理办法》的相关规定，对农作物种质资源实施国家和省级两级管理，实行国家统筹、分级负责、有机衔接的管理机制。农作物种质资源管理协调部门主要包括农业行政管理部门、国家农作物种质资源委员会、中国农学会遗传资源分会等。

（一）农业行政管理部门

农业农村部是国家农业主管部门，下设农作物种质资源主管部门。2006—2020年15年间，主管司局的名称：2006年至2011年9月，农业部种植业管理司；2011年9月—2018年8月，农业部种子管理局；2018年8月后，农业农村部种业管理司。管理部门职责包括拟订农作物种质资源保护和利用发展战略、规划，提出相关政策建议，并组织实施；起草有关农作物种质资源的法律、法规、规章和标准，并监督执行；指导农作物种质资源保护和利用体系建设和监督管理工作；承担农作物种质资源进出口的审批工作。2018年，农业农村部把分散在不同司局的农业种质资源管理职能进行了整合，成立种业管理司。其相关职能包括起草农作物和畜禽种业发展政策、规划；组织实施农作物种质资源、畜禽遗传资源保护和管理；监督管理农作物种子、种苗；组织抗灾救灾和救灾备荒种子的储备、调拨；承担农业植物新品种保护工作。为落实农业种质资源保护主体责任，2020年，农业农村部设立农作物种质资源保护与利用中心，挂靠中国农业科学院作物科学研究所，作为牵头组织实施单位，负责国家农作物种质资源保护单位确定、库圃技术指导、管理考核等工作。

各省（自治区、直辖市）农业农村厅（局）为省级农作物种质资源主管部门。根据《种子法》相关规定，省级农业主管部门负责制定本省农作物种质资源发展战略和规划，并监督实施，支持国家和省级农作物种质资源保护和利用体系建设、监督和管理，组织开展本省农作物种质资源考察收集和保护，负责种质资源进出口审核和报批工作。

（二）咨询协调机制

国家农作物种质资源委员会是有关农作物种质资源保护和利用的咨询协调机构。根据《农作物种质资源管理办法》有关规定，2013 年 11 月 23 日，国家农作物种质资源委员会在北京成立，设主任 1 名、副主任 3 名、委员 27 名。时任农业部副部长余欣荣任首届委员会主任，委员会办公室设在农业部种子管理局。首届国家农作物种质资源委员会共有委员 38 人，涉及农业、科技、环保、海关、质检等方面。委员会的主要任务是：协调全国农作物种质资源管理工作，研究提出国家农作物种质资源发展战略和方针政策；指导编制农作物种质资源中长期发展规划；研究制定农作物种质资源鉴定和保护国家标准以及库（圃）管理办法；指导农作物种质资源的对外交流与国际合作等；对制定农作物种质资源鉴定和保护国家标准、国家种质库（圃）职能定位等提出建议，拟定国家种质库（圃）管理等办法。

该委员会自成立以来，在制定《全国农作物种质资源保护与利用中长期发展规划》、促进国家农作物种质资源保护和利用体系建设、协调部门内和部门间的关系方面发挥了重要作用。中国农学会遗传资源分会在作物种质资源保护和利用方面发挥技术咨询和支撑作用。

四、种质资源保护与共享利用管理

（一）调查收集

有计划开展考察收集。农业农村部和省级人民政府农业农村主管部门有计划地组织农作物种质资源普查、调查、考察和收集工作。

开展抢救性收集。因工程建设、环境变化等情况可能造成农作物种质资源灭绝的，应当及时组织抢救性收集。

收集单位和保护单位的责任。收集的农作物种质资源及相关档案应当送交国家或省级农作物种质资源保护单位；利用财政经费产生的农作物种质资源及其相关信息，依照相关规定向相应国家或省级农作物种质资源保护单位汇交，由保护单位出具汇交回执。

收集和采集原则。禁止采集或者采伐国家重点保护的天然种质资源，包括野生种、野生近缘种、濒危稀有种，以及种质资源保护区、保护地、种质圃内的农作物种质资源；因科研等特殊情况需要采集或者采伐的，应当经省级以上人民政府农业农村主管部门批准；采集数量应当以不影响原始居群的遗传完整性及其正常生长为基本条件。

（二）安全保护

建立保护区。在农业植物多样性中心，重要农作物野生种、野生近缘植物原生地，以及其他农业野生农作物资源富集区，建立农作物种质资源保护区或者保护地，开展原生境保存。

建立种质资源库。国家根据资源禀赋、生态气候类型、农作物种类及工作基础等，建立国家农作物种质资源库。国家级保护体系包括长期库、复份库、中期库、种质圃、试管苗库等，开展非原生境保存。长期库负责全国农作物种质资源的长期战略保存；复份库负责长期库贮存资源的备份保存；中期库负责特定种类农作物及其近缘野生植物种质资源的中期保存，以及收集、整理、鉴定、登记、交流和利用；种质圃负责无性繁殖农作物和多年生近缘野生植物种质资源的田间保存，以及收集、整理、鉴定、登记、交流和利用；试管苗库负责种质资源相关器官或组织的离体保存，以及收集、整理、鉴定、登记、交流和利用。国家农作物种质资源长期库和复份库保存的种质资源，未经农业农村部批准，任何单位和个人不得动用；因国家中期库保存的种质资源绝种，需要从国家长期库取种繁殖的，应当报农业农村部批准。各省级农业农村部门也结合本地区资源保存实际和资源开发利用需要，统筹推进本地区农作物种质资源保护体系布局。

保护种质资源库、圃、区用地。在编制国土空间规划时，应当合理安排新建、改扩建农作物种质资源保护设施用地；占用种质资源库、种质圃、保护区或者保护地，或改变其功能和地点的，需经原设立机关同意；国家和地方有关部门应当依法保障国家农作物种质资源保护设施的正常运转和种质资源安全。

（三）鉴定评价

在国家统一规划下，农作物种质资源保护单位对保存的种质资源进行基本农艺性状鉴定，开展产量、品质、抗病虫、抗逆性等重要性状鉴定评价和种质创新。鉴定评价采用统一的标准规范，鉴定评价数据信息及时汇交至种质资源大数据平台。

鼓励企事业单位、个人开展农作物种质资源发掘和创新，支持对发掘的基因申请发明专利，支持符合条件的改良或创新种质申请植物新品种权。鼓励育繁推一体化企业逐步成为种质创新利用的主体。

公益性农作物种质资源保护单位要按照职责定位要求，按照国家统一技术规范做好种质资源基本性状鉴定、信息发布及分发等服务工作。

为提高农作物种质资源工作从收集整理到编目入库整体流程的规范性，董玉琛和刘旭两位院士组织全国各种农作物种质资源科学工作者编制《农作物种质资源技术规范》系列丛书，共110册。该丛书的出版标志着我国建立起农作物种质资源本底多样性和技术指标体系，促进了中国农作物种质资源的收集、整理、保存、鉴定评价和利用等过程的规范性建设，基本实现了规范化和数字化。

（四）共享利用

农业农村部、省级农业农村主管部门，分别定期发布农作物种质资源登记信息、公布可供利用的种质资源目录。需要农作物种质资源的单位和个人，可向农作物种质资源保护单位提出申请，保护单位在20个工作日内给予申请者答复。对可供利用种质资源目录中的种质资源，相关单位依法依规交流共享利用。

从保护单位获取农作物种质资源的单位和个人，应当签署种质资源获取与利用协议，获取的种质资源不得直接申请品种审定、品种登记、新品种权及其他知识产权，禁止向第三方转让；并应当及时反馈种质资源研究利用信息。对不按规定反馈信息者，保护单位有权不再向其提供种质资源。

对享有知识产权的创新种质、改良种质、汇交种质，以及有相关约定的种质资源等，通过签订共享协议等方式，有条件共享利用。保护单位提供时应当遵守相关法规或约定；对未经授权的，任何单位、个人不得利用其实物及信息进行基础理论研究，以及新品种培育等商业行为。

建立国家农业种质资源共享利用交易平台，鼓励发掘新基因、改良种质、创新种质用于上市公开交易、作价及企业投资入股，并依法保护其合法权益。

依据各单位、个人向国家种质资源库、圃提供保存的种质资源数量，在同等条件下，提供保存的种质资源数量较多的单位或个人，具有优先利用权。

（五）种质资源登记

种质资源登记是鼓励多元化社会力量广泛参与农作物种质资源保护利用工作，促进种质资源保护与共享利用效率的探索和创新。为推进农作物种质资源登记共享，《农业农村部关于落实农业种质资源保护主体责任 开展农业种质资源登记工作的通知》（农种发〔2020〕2号）发布，规定了开展农作物种质资源登记程序。

明确登记资源类型。依据种质资源类型及价值，登记的种质资源分为公益性种质、优异种质、改良种质和创新种质等四类。公益性种质是指野生近缘植物资源、野生种、地方品种、选育年代较早且生产上已不再利用的培育品种等；优异种质是指通过深度鉴定评价，发现具有明确优异性状或携带优异基因的种质资源；改良种质是指通过种内品种间杂交获得且具有明确优异性状的种质资源；创新种质是指通过生物技术、远缘杂交、物理或化学诱变等途径获得的目标性状突出、遗传稳定的种质资源。

确定登记主体责任。各登记主体要对登记资源的来源和真实性负责。对登记内容发生变化、登记记载事项出现错误、因不可抗力等因素导致种质资源灭失的，要及时说明原因并变更登记；对于提供非法或虚假信息登记的，予以撤销登记。

创新登记方式。鼓励支持企业、科研院所、高等院校、社会组织和个人等，登记其保存的种质资源。对国家尚未登记保存的种质资源，鼓励持有单位或个人送交国家农作物种质资源保护单位，保护单位应当为其颁发证书或进行表彰；鼓励有条件的单位探索开展农作物种质资源代储藏保管、代登记服务。

（六）种质资源国际交换

《种子法》规定国家对种质资源享有主权。任何单位和个人向境外提供种质资源，或者与境外机构、个人开展合作研究利用种质资源的，应当报国务院农业农村、林业草原主管部门批准，并同时提交国家共享惠益的方案。国务院农业农村、林业草原主管部门可以委托省、自治区、直辖市人民政府农业农村、林业草原主管部门接收申请材料，国务院农业农村、林业草原主管部门应当将批准情况通报国务院生态环境主管部门。

在《农作物种质资源管理办法》中，对于农作物种质资源国际交流也有如下相应的具体规定。

明确国家主权。国家对农作物种质资源享有主权，鼓励开展公平、互惠、对等的种质资源国际合作交流。

执行审批制度。任何单位和个人向境外提供种质资源，或者与境外机构、个人开展合作研究利用种质资源的，应向省级人民政府农业农村主管部门提出申请，并提交国家共享惠益的方案；受理申请的农业农村主管部门经审核，报农业农村部批准；未经批准，境外人员不得在中国境内考察和收集农作物种质资源，中外科学家联合考察我国农作物种质资源的，应当提前6个月报农业农村部批准。

规范审批程序。对于向境外提供农作物种质资源，或者与境外机构、个人开展合作研究利用的农作物种质资源实行分类管理，禁止向第三方转让；对于联合考察采集的农作物种质资源需要带出境外的，应当按照《农作物种质资源管理办法》规定办理向境外提供农作物种质资源审批手续。具体程序：填写《对外提供农作物种质资源申请表》或《与境外机构、个人合作研究利用农作物种质资源申请表》，提交向境外提供或合作研究利用的种质资源详细说明、与接受方或合作方签署的种质资源获取与利益分享协议、国家共享惠益方案，向所在地省级人民政府农业农村主管部门提出申请。受理申请的省级人民政府农业农村主管部门自收到申请材料之日起 20 个工作日内完成审核工作，审核通过后，报农业农村部审批。农业农村部在收到申请材料之日起 3 个月内完成专家评审，并在之后的 20 个工作日内做出审批决定。向境外提供农作物种质资源的单位和个人，持《对外提供农作物种质资源准许证》到检疫机关办理检疫审批手续，获得检疫通关证明，向海关办理出口通关手续；不予批准的，签署不批准意见，出具办结通知书，并通知申请者。

从境外引进农作物种质资源的单位和个人，填报《引进国（境）外植物种苗检疫审批申请书》，由省级人民政府农业农村主管部门审核后，报农业农村部审批：批准从境外引进农作物种质资源的，向申请者出具《中华人民共和国农业农村部动植物苗种进（出）口审批表》；不予批准的，签署不批准意见，出具办结通知书，并通知申请者。

严守生物安全底线。从境外引进新物种的，应当进行科学论证，采取有效措施，防止可能造成的生态环境危害。引进后隔离种植 1 个以上生育周期，经评估，确实安全和有利用价值的，方可分散种植。从境外引进作物种质资源，应当依照有关植物检疫法律法规的规定，办理植物检疫手续。引进的种质资源经检疫，确实不带危险性病、虫及杂草的，方可分散种植。从境外引进的农作物种质资源，向境外提供的农作物种质资源或者与境外机构、个人开展合作研究利用的农作物种质资源，属于列入国家重点保护野生植物名录的野生种、野生近缘种、濒危稀有种的，除按本办法办理审批手续外，还应当按照《野生植物保护条例》《农业野生植物保护办法》的规定，办理相关审批手续。

实行统一管理。从境外引进农作物种质资源的单位和个人，应当将种质资源和相关信息送交国家农作物种质资源保护单位进行统一登记并保存；向境外提供、从境外引进农作物种质资源的单位，应当自海关放行之日起 10 个工作日内，将实际提供、引进种质资源的数量报农业农村部农作物种质资源保护与利用中心备案。

第二节 保护与利用体系建设

农作物种质资源的长久安全保存是其有效利用的前提，我国高度重视种质资源保护体系的建设。国家于 20 世纪 70 年代末开始筹建国家农作物种质库，历经 40 多年的发展，建成了长期库 1 个、复份库 1 个、中期库 10 个、种质圃 43 个、原生境保护点 156 个，种质资源信息网 1 个，基本建成了以长期库为核心，复份库、中期库、种质圃和种质资源信息网为依托，原生境保护点为补充的我国农作物种质资源保护体系，种质资源的保存能力和保存质量达到世界先进水平。《农业农村部关于落实农业种质资源保护主体责任开展农业种质资源登记工作的通知》（农种发〔2020〕2 号）进一步建立健全了国家统筹、分级负责、有机衔接的农业种质资源保护体系与保护机制，确保了库（圃）51 万余份战略资源的安全，使得供种分发资源有了物资保障，为我国农业可持续发展提供了坚实的物质支撑。

2010—2020 年，有 40 多个库（圃）的改扩建获得国家支持，有 16 个新的国家农作物种质资源库圃开工建设。新的国家农作物种质库于 2019 年 2 月开工建设，该库为大容量、体系化、智能化、信息化的现代化种质库，将使国家的种质保存能力和保存质量达到世界先进水平。

一、低温种质库建设

国家农作物种质资源库长期库始建于 20 世纪 70 年代末，1984 年和 1986 年分别在北京建成 1 号库和 2 号库。1 号库于 2002 年扩建成为国家农作物种质粮食作物中期库。2 号库为国家农作物种质长期库，该库设计库温－18 ℃，相对湿度 50%，库容量 40 万份。至 2020 年底，长期库保存资源总量约 45.17 万份。随着长期库库容超饱和，国家发展改革委于 2015 年 4 月正式批复立项建设大容量、体系化、智能化、信息化的国家农作物种质库新库。新库建成后，长期保存能力为 150 万份，包括：低温种子库保存 110 万份、试管苗库保存 10 万份、超低温库保存 20 万份、DNA 库保存 10 万份。

为了加强国家农作物种质资源保护的安全性，防止地震、战争等意外事件导致长期库资源的丧失，国家农作物种质资源复份库于 1994 年 5 月在青海建成。该库库温≤－10 ℃，不控湿度，库容量 40 余万份，并于 2008 年 11 月完成改造扩建，保存条件与长期库一致，保存能力提高到 70 万份。

随着农业科学院系统各单位开展农作物育种的需要，收集保存的种质资源和育种材料数量不断增加，分发供种量也越来越大。条件简陋、原始的自然库和干燥设施已无法满足各类农作物种质资源中期保存的要求，种子保存时间短，活力极易丧失。通过农业部农作物改良中心建设项目、基建项目，加上自筹资金，建成了设施齐备、温湿度可控（－10 ℃～5 ℃，相对湿度 60%以下）的国家农作物种质资源中期库 10 个。

二、种质圃的建设

国家农作物种质圃的主要职责是以植株方式保存无性繁殖农作物及多年生农作物

种质资源，负责某一类无性繁殖农作物种质资源的收集、鉴定、研究、编目和更新，并向育种家、研究者分发供种。农作物种质资源圃的建设始于1981年，当时农业部通过世界银行贷款，历时10年建设了15个果树种质资源圃；1986—2006年，通过国家攻关计划等项目建设了17个国家级种质资源圃；2006—2020年，在农业部（农业农村部）支持下，新增建设了11个国家级种质资源圃。

至2020年底，在全国23个省（自治区、直辖市），陆续建成多年生和无性繁殖农作物国家级种质资源圃43个（含2个试管苗库），保存资源涵盖1 543个物种（含亚种），共6.97万份。

三、原生境保护点

我国利用原生境保护点保护农作物野生近缘植物的历史可以追溯至1985年，当时位于江西省东乡县全球分布最北的普通野生稻分布点的9个居群面临被破坏的威胁，中国水稻研究所与江西省农业科学院对其进行了围墙隔离，最终使该分布点的3个居群都得到了保护。

2001年，农业部设立专项启动了利用物理隔离方式开展的农作物野生近缘植物原生境保护工作。至2020年底，共利用物理隔离方式建设原生境保护点156个，分布在26个省，覆盖53个农业野生植物物种。

四、种质资源信息网

农作物种质资源数据在农业科学的长期发展和在我国农业持续发展中具有不可替代的重要作用。中国农作物种质资源信息系统是对我国农作物资源数据的集中管理，以克服资源数据互相保密封锁的状态，使分散在全国各地的种质资料变成可供迅速查询的种质信息，为农业科学工作者和生产者全面了解农作物种质的特性、拓宽优异资源和遗传基因的使用范围，为农作物遗传多样性的保护和持续利用提供了重要依据。

凭借国家“七五”科技攻关等项目支撑，建成了中国作物种质信息网（CGRIS），用于国家农作物种质资源信息管理和动态监测、青海国家复份库管理、国家多年生和野生近缘植物种质圃信息管理、中期库的粮、棉、油、菜、果、糖、烟、茶、桑、牧草、绿肥等农作物的野生、地方、选育、引进种质资源和遗传材料信息，以及种质考察、引种、保存、监测、繁种、更新、分发、鉴定、评价和利用数据。到2020年，信息系统涵盖200种农作物（隶属78个科、256个属、810个种或亚种）、47万份种质信息、2 400万个数据项值、4 000MB字节的农作物品种系谱、区试、示范和审定数据，以及农作物指纹图谱和DNA序列数据，是目前世界上最大的植物遗传资源信息平台之一。

第三节　调查与收集

农作物种质资源是保障国家粮食安全、生物产业发展和生态文明建设的关键性战略资源。一个国家解决人类未来面临的食物、能源和环境危机的能力首先取决于其对农作物种质资源的保有量。农作物种质资源的保有量越多、遗传多样性越丰富，基因资源开发的潜力越大，生物产业的竞争力就越强。

一、国内农作物种质资源调查收集情况

随着气候、自然环境、种植业结构和土地经营方式等的变化，大量农作物地方品种迅速消失，野生近缘植物资源也因自然生境遭受破坏而急剧减少。为摸清我国农作物种质资源的家底，防止具有重要潜在研究和产业开发利用价值的种质资源的灭绝和丢失，丰富国家农作物种质资源的保有量和遗传多样性，明确不同农作物种质资源的品种多样性和演化特征，预测农作物种质资源的变化趋势，2006—2020年，我国先后组织和延续开展了5次区域性农作物种质资源调查收集工作以及1次全国性农作物种质资源普查与收集行动。2001—2010年开展的“广东野生稻考察”，对广东地区分布的水稻野生资源进行了系统调查，收集资源1 116份。2006—2011年开展的“云南及周边地区农业生物资源调查”，对我国云南省、四川省的甘孜和凉山地区、西藏自治区的昌都和林芝地区，以及与越南、老挝、缅甸相邻的湄公河和瑞丽江流域41个县（市）的栽培农作物、药用植物、食用菌和畜禽等生物资源，进行了全面系统调查、科学评价以及5 339份重要种质的抢救性采集。2008—2012年开展的“我国沿海地区农作物种质资源综合调查”，完成我国沿海11省（市、区）125个县3 609份资源的抢救性收集。2011—2015年开展的“西北干旱地区抗逆农作物种质资源调查”，对山西、陕西、内蒙古、宁夏、甘肃、青海、新疆等7个省或自治区的抗逆农作物种质资源基础数据进行了普查；对其中40个县（市、区、旗）进行了重点调查和优异种质资源的抢救性收集，收集各类抗逆农作物种质资源5 302份。2012—2017年开展的“贵州农业生物资源调查”，对贵州21个县的各类农作物和药用植物资源调查，抢救性收集各类资源3 582份（表4－1）。

为贯彻落实农种发〔2015〕2号文件，于2015年7月启动的“第三次全国农作物种质资源普查与收集行动”（以下简称“行动”），是新中国成立以来规模最大的一次

表 4-1　2006—2020 年农作物种质资源专项调查、考察收集情况

专项行动名称	时间	地区	收集内容	收集资源样本数（份）
广东野生稻考察	2001—2010 年	广东	野生稻	1 116
云南及周边地区农业生物资源调查	2006—2011 年	云南 31 个县、四川 8 个县、西藏 2 个县	各类农作物、药用植物、畜禽及牧草	5 339
我国沿海地区农作物种质资源综合调查	2008—2012 年	沿海 11 个省（区、市）125 个县	各类农作物	3 609
西北干旱地区抗逆农作物种质资源调查	2011—2015 年	7 个省（区）40 个县	各类农作物	5 302
贵州农业生物资源调查	2012—2017 年	贵州 21 个县	各类农作物、药用植物	3 582
第三次全国农作物种质资源普查与收集行动	自 2015 年起	全国所有农业县	各类农作物	进行中

区域内全覆盖和物种全覆盖的种质资源普查收集。一是通过对全国 31 个省（自治区、直辖市）2 223 个农业县（市）开展各类农作物种质资源的全面普查，基本查清了我国各类农作物的种植历史、栽培制度、品种更替、社会经济和环境变化，以及重要农作物的野生近缘植物种类、地理分布、生态环境和濒危状况等重要信息，并进行了各类栽培农作物和珍稀、濒危农作物野生近缘植物的种质资源的征集。二是在普查基础上，选择 679 个农作物种质资源丰富的农业县（市），进行各类农作物种质资源的系统调查，对各类栽培农作物的古老地方品种、种植年代久远的育成品种、重要农作物的野生近缘植物以及其他珍稀、濒危野生植物种质资源进行了抢救性收集。三是在适宜的生态区域，对征集和收集的种质资源进行了繁殖和基本生物学特征特性的鉴定评价与整理编目和入库进圃妥善保存，建立全国农作物种质资源普查数据库和编目数据库。

《中国作物及其野生近缘植物》，是由董玉琛和刘旭任总主编，由全国农作物种质资源专家编撰的系统性、权威性巨著，共分 11 卷（粮食作物、经济作物、蔬菜作物、果树作物、饲用和绿肥作物、花卉、林木、食用菌、名录、总论），约 1 000 万字，形成了具有中国特色的农作物种质资源学科的理论体系。

二、主要成效

（一）抢救性收集了一大批珍贵种质资源

已对 23 个省（自治区、直辖市）291 个县开展了农作物种质资源系统调查和抢

救性收集，其中32个县先前从未开展过农作物种质资源收集工作，填补了国家库、圃保存种质资源县域的空白。共收集各类农作物种质资源约7.2万份，从农作物类型划分，包括粮食作物约2.4万份，占36.8%；蔬菜约2.2万份，占33.5%；果树约1.1万份，占16.7%；经济作物约0.8万份，占11.6%；牧草绿肥约0.09万份，占1.4%。从种质资源类型划分，包括野生物种1.008万份，占14%；地方品种5.544万份，占77%；培育品种0.216万份，占3%；还有0.432万份资源类型有待进一步鉴定。经与国家种质库、圃保存资源信息比对，97.7%为新收集资源，种质资源收集数量与质量得到同步提升。

新收集种质资源的遗传多样性极为丰富。从植物分类学划分，新收集约7.2万份种质资源，分属115科、377属、675种，物种多样性丰富。同一物种内，不同类型和遗传多样性更为丰富。以新收集约2.4万份粮食作物种质资源为例，包括不同类型的水稻种质资源2 928份，不同类型的玉米种质资源2 213份，不同类型的小麦种质资源533份，不同类型的大豆种质资源3 201份，以及马铃薯752份、甘薯1 574份、食用豆类7 630份、谷子等杂粮5 039份。

古老地方品种传承着古老的民族文化，亦是现代人"吃好"的物质保障。新收集的5.544万份古老地方品种，都蕴含着相对完整的民族文化意义。"黑糯谷"，云南一个古老的水稻地方品种，当地佤族民众认为该品种适于糖尿病患者食用，因为食用后不消化；还用于治疗脓疮、蛇盘疮等。"龙胜红糯"，原产于广西龙胜各族自治县乐江镇地灵村，种植年代可上溯至北宋年间，蒸煮后，米饭细腻油亮、色泽红润、清香四溢，具滋补功效。"地禾糯"，是广东省连山县古老的旱稻地方品种，种植于山坡地，抗稻瘟病、耐瘠薄，是山区农民食用稻米的主要来源，种植历史超过百年。"山西青谷"，山西一个古老的谷子地方品种，与常见的黄色谷粒用于煮粥不同，该品种谷粒呈青绿色，主要用于制作糕面，口感软糯，备受当地人喜爱。"枳壳"（又名"酸橙"），发现于重庆万盛区，当地百姓用其果实治疗头痛，熬水喝治疗咳嗽，也用来提取辛弗林。"天鹅蛋甜瓜"，收集于山西省万荣县，因状如天鹅蛋而得名，籽粒为红色，个小皮薄、含糖量高、口感佳。"拉孜黑青稞"，发现于西藏拉孜县，籽粒深紫色，分蘖力极强，耐盐碱、耐瘠薄，花青素含量高。

新收集种质资源在作物改良育种和脱贫攻坚中发挥重要作用。在新收集的种质资源中，发现了一批先前未鉴定出的抗病、抗逆等优异种质资源。"白马牙玉米"，是湖北一个古老的玉米地方品种，2016年湖北发生史上最强降雨，致使新收集种质资源鉴定试验田发生1米深涝害，水淹1周后，其他试验材料基本死亡，该品种叶片仍保持绿色，20天后，试验田积水排完，收获材料经测定发芽率为94%。中国南方玉米带因渍害导致的大面积玉米减产约为30%，因此挖掘和有效利用该地方品种耐渍基因，培育耐渍新品种是减少玉米种植损失，提高单位面积产量最经济有效的途径之一。“罗城毛葡萄”，为广西罗城县葡萄野生种，农民从山上挖回，经过15年的驯化种植，抗霜霉病及炭疽病、耐旱、长势强、丰产、稳产，特别是抗霜霉病是其他葡萄品种没有的特异性状。目前，全乡种植面积200亩，支撑了10多户贫困户的脱贫。“三江刺葡萄”，为广西三江侗族自治县葡萄野生种，经过农民多年驯化种植，表现为两性花、高产、葡萄着色好，抗炭疽病。目前，种植面积达600亩，支撑了100多户贫困户的脱贫。

新收集种质资源在农业产业发展中有望发挥重要作用。在全国范围内，先前从未发现有红色皮的核桃分布。我国某企业于2015年以单株960美元高价引进美国红仁核桃“Robert Livemore”，2018年澳大利亚甚至专门为供应我国市场种植开发该品种。在行动中，西北农林科技大学调查队在陕西秦岭山区发现了6株“红仁核桃”。秦岭山区红皮核桃的发现，对于我国核桃育种和发展特色核桃产业具有极高的研究和利用价值。“得荣树椒”，是在四川省得荣县发现的地方辣椒品种，因树干木质化形成小树，俗称“树子海椒”，是多年生植物。植株可高达数米，叶片披针形，顶端稍尖，个头小，果实金黄鲜亮，其椒果肉薄、辣味浓厚，维生素C、维生素E、钙、硒、核黄素含量高，有很高的保健和医药价值。目前，树椒产、加、销、贸一体化的经营体系已初步形成，有效带动种植区农户增收。“城口火罐柿”，于重庆城口县发现的优异食用和观赏柿资源，口感甜腻，无核，形似火罐灯笼，迟熟、挂果期长，可用于各种园林景观，观赏和食用价值均较高，当地政府已发文保护，并成立专门机构进行开发利用。

发现了一些作物的新分布区，对扩大不同作物的种植区域有重要意义。“五指毛桃”，海南琼山引进的桃树种质资源，在该地已种植50多年，该资源的发现将毛桃种植区域南移到北纬19°，进一步证实海南可以种植部分北方落叶果树，也为海南热区种植北方果树提供了十分有意义的参考。“奶桑王”，发现于四川米易县，是国内最大的一棵奶桑，这棵树被当地村民们称为“神桑”，推测树龄有近650年。这棵“奶桑王”的发现，将奶桑的自然分布区扩展到北纬26°的攀枝花，对于研究攀枝花的桑树和历史气候变迁有着非常重要的作用。目前，当地政府正与有关科研机构、企业联合，希望进一步扩大奶桑种植规模，做大做强奶桑产业，并作为四川果桑产业的一张靓丽名片加以推广，助推当地农民脱贫致富和经济发展。

(二) 培养了一支种质资源普查与系统调查队伍，为科学规范地开展行动奠定基础

根据行动方案规定和普查与系统调查的具体情况，刘旭院士率领项目专家组分别

在 18 省（自治区、直辖市）举办 5 期农作物种质资源系统调查与抢救性收集培训班和 16 期农作物种质资源普查与征集培训班，共培训技术骨干人员 3 780 多人次。各省也先后举办各类培训 396 场，培训调查队员和县乡级普查技术人员总计 10 777 人。

2020 年受新冠疫情影响，农业农村部在北京召开全国农业种质资源保护与利用工作视频会，各省（自治区、直辖市）设立分会场 1 895 个，参会人数近 3 万人。张桃林副部长对加快推进农业种质资源抢救性收集保护提出具体要求，同时邀请专家就普查与收集行动的技术规范等对各省进行了培训。

通过培训，普及了专业知识，受训人员的工作能力和业务素质得到提升，为科学规范地开展行动奠定了坚实的基础。各级种质资源普查工作管理人员、专家和普查人员统一纳入微信群管理，充分利用媒体平台进行工作技术指导和经验交流，形成了管理人员、专家和普查人员互动局面，有效促进工作的顺利开展。同时，各级地方政府认识到农作物种质资源的重要性，并主动采取行动参与相关工作，大力宣传种质资源保护与可持续利用的重大意义，极大地扩大了专项行动实施的影响力。截至 2020 年，全国参加普查与收集工作的总人数达到 68 631 人次，农民等参与人数达 18 万人次以上，总行程 529.6 万公里，走访乡镇 3.3 万个、行政村 9.4 万个，走访群众 64.1 万人次，采集数据 38.4 万条。

（三）建立全国种质资源普查数据库和编目数据库

开发了“种质资源调查数据填报系统”，建立了“第三次全国农作物种质资源普查与收集行动”网站，扩大了相互间的交流与合作。对普查与征集、系统调查与抢救性收集、鉴定评价与编目等数据、信息进行系统整理，按照统一标准和规范，建立了全国农作物种质资源普查数据库和编目数据库，录入和编写农作物种质资源汇总目录表。

在数据汇交和审核的实际工作中，认真审核各省提交上来的普查表、征集表、调查表、资源汇总目录清单等数据信息，并及时反馈修改建议给各省。严格审核入库资源样本和清单，并及时纠正错误的填报信息和资源混杂。为各省在数据填报和软件使用等方面的及时提供技术支持和问题解答，保证数据填报的标准性和科学性。

（四）广泛宣传，提高全社会对种质资源的保护意识

各地通过举办各类培训班、编制简讯、建立网站、媒体跟踪报道等形式，大力宣传种质资源保护与可持续利用的重大意义，投稿各种报刊 503 篇，自媒体宣传 2 545 篇，各级门户网站宣传 1 588 篇，电视广播报道 6 246 次，制作标语条幅等 2.3 万条，发放各种宣传资料 207.2 万份。通过广泛宣传，提高了全社会对农作物种质资源保护

重要性的认识，许多地方政府加大了资金投入力度，支持本地农作物种质资源保护工作。

第四节 鉴定与利用

2006—2020 年，我国在农作物种质资源鉴定与利用方面取得了显著成就。建立了一系列新的鉴定评价手段和方法，挖掘和创新出了一大批优异和特异种质，在国家脱贫攻坚中发挥了巨大作用，多项研究成果获得国家技术发明和科技进步奖励。

一、种质资源鉴定

鉴定是农作物种质资源创新和遗传育种与产业开发利用的基础。近年来，为满足农业产业不断增长的多元化消费需求，根据各类农作物育种目标的不断调整变化，农作物种质资源鉴定的范围和内容进一步拓展和深化。同时，得益于分子生物学、细胞学、遗传学和人工智能技术的快速发展，用于种质资源鉴定的仪器设施设备和手段方法也更加完备和先进可靠。已经从以往单纯的植株形态、抗病和抗逆特性、种子等组织器官的形态特征、产量和主要健康营养成分含量等表型性状的田间表型观察、测量与室内仪器分析测定，转变为构建核心种质，在人工气候室内，利用生物活体成像和多成分联合测定系统，进行无损伤高通量精准鉴定与表型数据的自动化采集；采用 DNA 芯片、分子标记、基因组简化测序与关联分析、转录组分析等新技术，从表型鉴定深入到了育种重要目标性状的功能基因（QTL）及其优异单倍型的鉴定。

2006—2020 年，先后对具有 1 个以上优异性状的共 3 万余份农作物种质资源进行了鉴定，筛选出数千份优异种质，鉴定挖掘出数百个主要性状基因及其优异单倍型，建立了分子标记，并提供育种和生产利用。

在水稻方面，通过对来自世界各地的稻种种质资源系统开展鉴定、评价，鉴定出 lemont、irat109、南洋占、sg-1、中 413、h94 等重要资源，构建了源于 26 个国家的水稻分子育种骨干亲本群；编制出野生稻种质资源鉴定技术规程《农作物种质资源鉴定技术规程 野生稻》，通过对 3 种野生稻资源进行鉴定，筛选出抗病虫、抗逆、优质等优异种质资源 658 份。

在玉米方面，建立了“病窝子”自然发病初鉴与人工评价相结合的玉米主要病害规模化配套精准鉴定技术，鉴定效率提高 12 倍；搭建了玉米杂种优势类群划分和配合力规模化鉴定平台，填补了 11 137 份资源的杂种优势类群信息空白。

在谷子方面，从青狗尾草中鉴定筛选获得高抗除草剂“拿捕净”和“氟乐灵”的自然突变种质，用于谷子抗除草剂育种材料创制。

在油菜方面，创建油菜抗裂角性高通量标准化鉴定方法，挖掘出3份高抗裂角特异种质，发现并克隆首个油菜抗裂角基因；明确了抗性遗传机制，开发出油菜抗裂角、含油量和高粒重等重要育种目标性状基因的分子标记。

在大豆方面，通过构建核心种质，促进高效精准鉴定，筛选抗病、高油等优异种质149份，挖掘出的抗病、耐盐、高油等重要性状QTL/基因占国内外发表结果的65.1%，包括72个贡献率大于15%的主效基因和国际首个产量相关基因*GmTfl1*，发现命名新的抗疫霉根腐病基因*Rps10*和耐盐关键基因*GmSALT3*，为大豆抗疫霉根腐病、灰斑病、耐盐碱以及提升含油量育种提供了亲本和基因资源。

在花生方面，发明了花生黄曲霉产毒抗性高通量鉴定方法，鉴定出毒素抗性主效QTL，发掘出一批抗性稳定突出的种质资源，建立了抗毒性鉴定和辅助选择的白藜芦醇生化标记。

在蔬菜方面，经过对国内外2 492份不结球白菜种质资源进行综合鉴定评价，挖掘出耐抽薹、耐寒、耐热的123份优异种质。

通过对本期考察收集的农作物种质资源进行鉴定，发掘出数百份古老特有的珍稀种质资源，包括抗逆抗病深色糯米稻、岭沟贡米香稻、特早熟高抗锈病小麦、糯小麦和糯玉米、高β-葡聚糖青稞、赤城黑软谷、红壳糯米粟、高芦丁荞麦、早熟抗病食用豆类、高油酸花生、形状奇特的秤砣脚板甘薯、红皮马铃薯、彩肉马铃薯、高抗枯萎病黄瓜和茄子、高胡萝卜素黄瓜、高辣椒素辣椒、红灯笼辣椒、白皮小冬瓜、小籽红皮蒜、长条山药、无核长果火罐柿、光核黄桃，等等；深入挖掘出糯玉米和糯小麦新的等位突变基因，并发明建立了用于辅助鉴定选择的SNP分子标记。

二、种质资源创新

自从2006年以来，通过将染色体工程、细胞工程、分子标记等高新技术与种内双亲杂交、多亲本复交、回交、种属间远缘杂交等传统方法和物理辐照、化学处理、航天搭载等基因诱变手段相结合，以促进目标性状的基因交换、重组聚合、渐渗导入以及等位突变。通过开展各种农作物的种质资源创新，创制发明了一系列具有自主知识产权的优异种质和育种材料，构建了多种农作物的EMS诱导突变体库和DH遗传作图群体等。有效拓宽农作物育种亲本的遗传基础，消除鉴定筛选优良种质中目标性状基因的不良累赘连锁，给农作物育种和遗传基础研究提供好用的优异种质亲本、育种材料和基因分析群体。

在小麦方面，通过属间远缘杂交和利用外源基因特异分子标记，进行目标外缘染色体片段及其携带优异基因的高效追踪选择，逐步将冰草的多花多实，高粒重，抗白粉病、抗条锈病、抗叶锈病，优良株型，氮高效等优异基因转入小麦，创制发明出了普冰系列小麦高产、抗病和环境友好型优异种质。通过种内杂交创制出了小麦磷、氮等营养高效利用新种质。

在谷子方面，综合利用远缘杂交、回交等技术，将狗尾草的抗除草剂基因成功转移到栽培谷子基因组中，在世界上首次创制出稳定遗传抗三种不同类型除草剂的谷子新种质。

在水稻方面，创制出以我国稻作区主栽品种为遗传背景的多亲本导入系 4 万余份、系列抗南方黑条矮缩病新种质、抗稻瘟病两系和三系不育系、高异交率和抗褐飞虱不育系，以及一大批配合力高、抗病抗逆、优质的广亲和恢复系。

在玉米方面，以鉴定筛选的优异种质和骨干亲本自交系为基础材料，通过多亲本复合和轮回杂交等，采用分子标记检测进行抗旱抗病基因聚合导入和穿梭改良，创制出 6 000 多个优异基因导入系和数十份杂种优势类群明确、聚合多个目标性状基因，抗旱且兼抗小斑病和茎腐病的玉米新种质和育种群体。

在大豆方面，通过分子标记检测指导杂交组合配置，构建变异广泛的大量分离群体，创制发明数十份蛋白、油分双高等，聚合至少 3 个主要目标性状 QTL 的新种质。

在油菜方面，采用分子标记多位点聚合技术，创制出系列含油量稳定在 48%以上的高产、高油、抗裂角新种质，以及高异交结实率细胞质雄性不育系、隐性核不育系、甘蓝型黄籽矮秆早熟种质、高油与高油酸种质、观赏型花油菜新种质。

在花生方面，运用以白藜芦醇为生化标记的抗病性辅助选择技术，创制出目前国际唯一的高抗黄曲霉产毒、高抗青枯病、集高白藜芦醇、高蛋白、高产于一体的突破性花生新种质“中花 6 号”和抗黄曲霉毒素兼高油酸种质“天府 18 号”。

在芝麻方面，创建了芝麻种间远缘杂交、化学诱变、农杆菌介导遗传转化等种质创制技术体系，创制出适于机械化种植（有限花序、短节密蒴、多花、抗裂蒴）、抗病耐渍（高抗枯萎病、高抗茎点枯病、强耐渍）、高产优质［高油（62.7%）、高蛋白（26.75%）、高木酚素（1.73%）］的新种质。

在蔬菜方面，建立了高效抗病鉴定与品质评价技术及国际领先的分子标记多基因聚合技术；创制出了适应不同生态型的黄瓜优质多抗新种质；运用小孢子培养、多倍体合成和分子标记辅助选择等技术，为克服不结球白菜冬春季不耐寒、易抽薹的问题，创制出一系列具有耐寒、晚抽薹、维生素 C 含量高等特性的新种质；为解决夏季不耐高温的问题，创制出具有优质、耐热、抗病等特点的新种质；此外，还创制出多份具有株型美观，抗病毒、抗霜霉病、抗黑斑病等一批育种急需的优异种质。

在棉花方面，通过修饰性交互杂交与轮回选择，打破现有种质资源和亲本产量与品质性状间的不良连锁，创制出了一批高产、优质的新种质；采用原子能、离子束、激光等物理诱变技术，创制出了一系列纤维品质优良的优异种质，包括棉花光敏芽黄新型不育系、多种类型的近等基因系和遗传标记群体等。

在果树方面，创建了梨高效分子辅助选择和远缘杂交改良技术体系；利用鉴定的优异资源进行种间远缘杂交，首次获得了桃李种间杂种，创制出数十份共 6 种极具特色的高糖、抗流胶的红肉蟠桃新种质。

三、种质资源利用

我国农作物种质资源的共享利用方式，主要由国家农作物种质资源共享服务平台，主动向社会公众提供农作物种质资源信息和实物供种公益性服务；其次是通过《植物遗传资源学报》《中国种业》等学术期刊、杂志、网络媒体、展会等发布种质资源鉴定、挖掘和创新研究成果及优异种质名录等，向社会公众提供种质资源信息，需要者以函索的方式获取实物种质。

国家农作物种质资源共享服务平台是源于 2003 年依托国家科技基础条件平台项目建立的“中国农作物种质资源信息系统”。2011 年扩建改名为“国家农作物种质资源平台”，2017 年更名为“国家农作物种质资源共享服务平台”。2019 年为贯彻国务院办公厅印发的《关于加强农业种质资源保护与利用的意见》（国办发〔2019〕56 号），充分整合利用现有资源，构建全国统一的农业种质资源大数据平台，推进数字化动态监测、信息化监督管理，“国家科技资源共享服务平台”将“国家农作物种质资源共享服务平台”进一步优化调整，并更名为“国家作物种质资源库”。优化调整后的国家农作物种质资源共享利用平台，整合了全国的农作物种质资源信息并全面开放共享，拥有各类农作物种质资源数据信息超过 280 GB。实现了国家对农作物种质资源信息的集中管理，克服了以往农作物种质资源数据的个人或单位占有，以及互相保密封锁的问题，全面提升了国家农作物种质资源网络共享服务质量。近年来，国家种质资源共享服务平台还与国家农作物种质资源保护体系密切协作，将种质资源繁种保护与田间集中种植展示相结合，主动组织邀请全国各地科研、教学单位的育种等科研人员和学生，进行自由参观和随需选取，开展农作物种质资源共享利用。形成了“信息整合带动实物整合，信息共享带动实物共享”的种质资源共享服务机制。强化了农作物种质资源在解决国家农业产业发展重大需求问题中的支撑作用。2006—2020

年，国家级农作物种质资源库（圃）平均每年向国内高校、科研院所、企业、政府部门等1 300多个单位及上万名个人用户分发提供实物种质 11 万份次，提供资源信息共享服务 30 多万人次。其间共计服务国家科技计划项目/课题 4 842 个，支撑培养硕博士研究生数万名、培育农作物新品种 2 600 多个、出版专著 328 部、发表论文 3 940 余篇，包括一批基础性、原创性重要研究成果在 *Nature*、*Science* 和 *Cell* 等国际顶级期刊发表。支持取得国家自然科学奖、国家技术发明奖和国家科学技术进步奖三大奖 23 项，省、部级科学技术奖励 236 项。考察发现、鉴定挖掘和创制发明的一大批名特优新农作物种质与基因资源及其共享利用培育的优良品种，在我国脱贫攻坚中发挥了重要作用，并将继续为保障国家粮食安全和促进乡村振兴进一步贡献力量。

第五节　国际合作交流

世界农业发展史已充分证明，没有任何一个国家仅依赖本国的农作物种质资源就很好地解决了其农作物育种和农业生产问题。同时，任何一个国家的农作物种质资源的破坏或灭绝，都直接或间接地影响着全人类的生存和发展。因此，加强地区和国际合作，安全保护和可持续利用农作物种质资源，对保障国家粮食安全和农业可持续发展有重要意义。我国在起源农作物的育种与产业发展上，很大程度上有赖于境外优异种质资源的引进利用。长期以来，我国高度重视通过地区和国际合作，通过积极开展双边合作交流，参与地区和国际合作，加强种质资源引进和利用。引进的优异种质在农作物育种与产业发展中，直接和间接发挥了重要作用。

一、发展双边合作与交流

自 2006 年以来，以中国农业科学院为代表的农业研究机构与很多国家相关农业研究机构建立和保持了合作关系，如巴西、俄罗斯、澳大利亚、法国、乌拉圭等国。通过国家间合作，交换农作物种质资源，开展联合鉴定，筛选优良资源，促进了共享利用。中国农科院作物科学研究所与俄罗斯瓦维洛夫植物研究所合作，开展了 800 份俄罗斯小麦资源的更新；黑龙江省农科院也与俄罗斯有关单位开展了小麦、大豆、玉米、马铃薯、沙棘、黄瓜、亚麻等种质资源交换工作。中澳开展了食用豆类种质资源交换和鉴定研究，在中国的云南、青海收集蚕豆、豌豆各 95 份，向澳大利亚有关单位提供豌豆 298 份，蚕豆 95 份；从澳大利亚引进豌豆资源 602 份，蚕豆资源 305 份（系）。通过鉴定，筛选出适合在中国栽培的蚕豆、豌豆品种，已在西北、西南地区种植，提高了产量和品质。

中国与巴西、俄罗斯、阿根廷、美国、韩国等国家，开展了科学家互访，进行了广泛的农作物种质资源科技交流，促进了相互了解，加强了合作关系，促进了种质资源交换。还与国际生物多样性中心合作，在华中农业大学为其他发展中国家培养种质资源分子鉴定研究人员，在河北农科院果树研究所为东南亚一些国家培养了种质资源超低温保存技术人员。

二、促进多边共享机制的加入

我国是签署和批准《生物多样性公约》最早的国家之一，并于2016年加入《关于获取遗传资源和公正公平分享其利用所产生惠益的名古屋议定书》，标志着我国生物遗传资源监管工作进入规范化的法治轨道。《粮食和农业植物遗传资源国际条约》是联合国粮农组织主导的国际条约，其目标与《生物多样性公约》一致，即粮食和农业植物遗传资源安全保护、可持续利用以及公平合理地分享利用这些资源而产生的利益，以保障农业可持续发展和粮食安全。该条约于2004年6月29日正式生效，到目前为止缔约方已达182个。该条约建立的全球粮农植物遗传资源多边体系取得了积极进展，纳入该多边共享体系的种质资源已达200多万份。尽管中国尚未加入该条约，但积极参与了该条约的相关谈判，并以观察员身份参与该条约管理机构大会。自2006年以来，农业部多次组织开展了该条约实施进展的追踪和加入该条约的可行性研究，为中国加入该条约做着积极准备。

三、参与全球合作研究项目

全球挑战计划（The Generation Challenge Programme）是由国际农业研究磋商组织（CGIAR）于2001年发起的全球合作项目，该计划的目标是应用先进的基因组学和比较生物学方法，对农作物种质资源遗传多样性开展鉴定和挖掘，开发育种工具和技术，提升研究能力建设。中国是该计划的倡议国之一，也是重要的合作伙伴。中国农科院作物科学所参加了该计划中农作物资源遗传多样性鉴定挖掘等多项研究，包括水稻、玉米、小麦、大麦、食用豆等资源评价与优良基因发掘工作。通过该合作研究项目，极大地促进了合作伙伴之间的种质资源交换和共享，在发掘优良育种材料，促进优良基因的利用方面发挥了积极作用。

四、参与地区和全球相关协作网

自2006年以来，我国有关研究单位积极参与和加入有关农作物种质资源保护和利用的国际协作网，通过协作网活动，促进各成员之间的联系，加强农作物种质资源交换和技术交流。中国水稻所等单位参加了国际水稻遗传评价网（INGER），最主要的活动是交换水稻种质资源，从其他协作网成员国家引进了 6 000 余份水稻资源，并参加了水稻资源全球评价与利用。广东省农业科学院参加了国际香（大）蕉改良网络（INIBAP），从该协作网的全球香蕉种质资源中心引进了 200 多份香蕉种质资源。中国有关单位参加了东亚植物遗传资源协作网，通过该协作网，中国农科院作物科学研究所、广西农科院等单位与东亚国家有关单位合作，开展包括红小豆资源考察、鉴定与评价研究，谷子和黍稷种质资源收集与鉴定，薏苡资源收集、鉴定与保护研究。

五、与国际农业研究磋商组织（CGIAR）的合作交流

国际农业研究磋商组织（CGIAR）是国际上最大的农业研究机构，也是保存作物种质资源最全和最多的机构。中国加强了与该组织在农作物种质资源领域的合作与交流。截至 2020 年，中国农业科学院等单位与 CGIAR 的 11 个中心开展了农作物种质资源相关合作活动。在其支持下，有关单位开展了多次考察收集活动，涉及禾谷类作物、果树、椰子、水生蔬菜、药用和油料植物，共收集到 5 000 余份材料。自 2006 年以来，中国从该组织的各个种质库获得各类作物种质资源 8 000 多份，使从该组织获得的种质资源总数超过了 5 万份，极大丰富了我国作物种质资源多样性，并在我国农作物育种中发挥了重要作用。与此同时，中国农业科学院作物科学研究所与该组织的国际生物多样性中心（Bioversity Intemational）合作，开展了荞麦等小宗作物遗传多样性研究，提高小宗作物种质资源评价能力和水平；云南农业大学等单位与该中心合作，开展了利用遗传多样性控制病虫害促进农业可持续发展研究，通过不同种植模式，在生产上利用水稻、玉米、大麦、蚕豆等地方品种，有效控制病虫害发生，减少农药使用，增加农民收入，保护遗传多样性和农业生态环境。

通过加强与国外种质资源保护利用机构，特别是重要农业国际机构的国际交流和合作研究，通过各种渠道直接和间接引进一大批各类国外种质，到 2020 年底，我国累计引进和编目保存境外农作物种质资源近 12 万份，有效提升了资源的多样性储备和种源供给能力。

（张京、张宗文、李立会、辛霞、郭刚刚）

第五章　品种管理

自2000年以来，农作物品种管理主要依据《中华人民共和国种子法》（以下简称“《种子法》”）实行国家级和省级两级品种审定制度。2016年起实施新修订的《种子法》，减少了主要农作物审定的种类，建立了非主要农作物品种登记制度，品种管理实行审定制度、登记制度、新品种保护制度，进入“三制”并行阶段。

第一节　品种审定

一、制度演变

2000年12月1日起施行《种子法》，规定主要农作物品种在推广应用前应当通过国家级或者省级审定。在附则中规定主要农作物是指稻、小麦、玉米、棉花、大豆以及国务院农业行政主管部门和省、自治区、直辖市人民政府农业行政主管部门各自分别确定的其他一至二种农作物。2001年2月农业部发布《主要农作物范围规定》和《主要农作物品种审定办法》，确定稻、小麦、玉米、棉花、大豆、油菜、马铃薯等7种农作物为国家级主要农作物，其品种实行国家级和省级审定；各省（自治区、直辖市）农业行政主管部门可以根据本地区的实际情况，再确定其他一至二种农作物品种实行省级审定。《主要农作物品种审定办法》还对品种审定委员会、品种审定申请和受理、品种试验、审定与公告、监督管理等作出了明确规定。

自2005年以来，各级种子管理部门，按照《种子法》和《主要农作物品种审定办法》的要求，不断完善试验体系，丰富品种类型组别，千方百计扩大试验容量，审定品种数量显著增加，有效满足了生产和市场对新品种的需求，逐步解决了生产品种短缺的问题。2007年11月农业部对《主要农作物品种审定办法》进行了修订：一是明确对申请者在申请品种审定过程中隐瞒有关情况或者提供虚假材料的，三年内不受理其申请。二是规范品种命名，规定品种名称的一致性和唯一性。三是对审定通过的品种在使用过程中如发现有不可克服的缺点或者种性严重退化，不宜在生产上继续使用的，停止其经营、推广。

国发〔2011〕8号文件要求为有实力的“育繁推一体化”种子企业建立品种审定绿色通道。2013年12月农业部根据国务院的要求，对《主要农作物品种审定办法》进行了重大修订：一是开通品种审定绿色通道，实行选育生产经营相结合、注册资本达到1亿元的种子企业，可以自行开展自主研发品种的区域试验和生产试验；同时，对于已通过省级审定的品种，具备相邻省份同一生态类型区10个以上生产试验点两年的试验数据的，申请国家级审定时可以免予进行区域试验和生产试验。二是提高申请品种审定门槛，要求品种审定申请者在申请前应自行开展品种比较试验，并提供同一生态类型区两年多点的品种比较试验结果报告，以进一步强化育种者责任；同时，继续要求在申请者提供的试验种子中留存标准样品，确保试验、审定、推广品种的真实性和一致性。三是对品种审定试验提出了相应的要求，在原来区域试验和生产试验基础上，增加DUS测试，与区域试验同步进行，确保审定品种的特异性、一致性和稳定性；同时，增加品种试验点数，明确品种试验承担单位、技术人员、对照品种的要求及条件。四是建立品种公示制度，规定初审通过品种的初审意见、各试验点数据、汇总数据，以及拟退出品种的初审意见，均应在同级农业行政主管部门官方网站进行公示。五是协调国家与省两级审定，实行省级试验和审定备案制度，省级主要农作物品种区域试验、生产试验对照品种由省级农作物品种审定委员会报国家农作物品种审定委员会备案，省级农作物品种审定委员会发布的品种审定公告、退出公告，在发布后30日内报国家农作物品种审定委员会备案；此外，还对品种审定机构、品种退出机制进行了优化和完善。

2016年修订的新《种子法》规定，对主要农作物保留品种审定制度，明确主要农作物为稻、小麦、玉米、棉花、大豆五种。同时明确了实行选育生产经营相结合，符合国务院农业农村、林业草原主管部门规定条件的种子企业，对其自主研发的主要农作物品种可以按照审定办法自行完成试验，达到审定标准的，品种审定委员会应当颁发审定证书。2016年7月农业部根据新修订的《种子法》要求，对《主要农作物品种审定办法》进行了第三次修订：一是进一步拓宽品种审定试验渠道，将“育繁推一体化”种子企业品种审定绿色通道由国家级拓展到省级，将审定农作物由杂交水稻、杂交玉米拓展到稻、小麦、玉米、棉花、大豆5种作物；并允许有试验能力的企业联合体、科企联合体和科研单位联合体以及特殊类型品种申请者自行开展自有品种审定试验。二是减少审定品种的作物种类，只对《种子法》规定的稻、小麦、玉米、棉花、大豆5种主要农作物的品种进行审定，取消对原农业部确定的油菜、马铃薯2

种农作物和各省确定的1～2种农作物品种的审定，国家和省两级审定品种的农作物种类由原来的28种减少到5种。三是简化引种程序，将引种由所在省农业主管部门“同意”修改为“备案”；同时，还规定省级审定品种在省际引种时，只要属于同一适宜生态区都可以引种，取消了过去只能是相邻省份才能引种的限制。此外，还对缩短试验审定时间、公开试验审定过程结果、明晰试验审定主体责任、完善品种试验技术方法、赋予省级品种审定委员会和品种申请者更大的自主权、品种退出修改为撤销审定等方面进行了修订完善。

2014年以来，全国农业技术推广服务中心按照《种子法》的规定和农业部的要求，先后发布开展品种试验绿色通道和联合体试验的通知，按照“统一管理、分主体实施”的原则统筹抓好各试验渠道管理，制定、修订品种分类审定标准，不断提高品种试验和审定科学化、规范化、法制化水平。

二、品种审定委员会

（一）第二届国家农作物品种审定委员会

2007年，第一届国家农作物品种审定委员会任期届满，农业部组建了第二届国家农作物品种审定委员会。农业部副部长危朝安为主任，农业部种植业管理司司长陈萌山、农业部科技发展中心副主任杨雄年、全国农业技术推广服务中心副主任李立秋为副主任；品种审定委员会办公室主任为马淑萍。第二届国家农作物品种审定委员会按照《种子法》的规定和同年农业部修订的《主要农作物品种审定办法》，按农作物种类设立专业委员会，下设稻、小麦、玉米、棉花、大豆、油菜、马铃薯7个专业委员会。专业委员会设主任1名，副主任1～2名。为落实《种子法》品种初审时实行回避制度，同时鉴于我国农作物品种选育水平提高和参试品种的增多，各专业委员会人数由13人增加到17人。2008—2012年，第二届国家农作物品种审定委员会共审定品种795个，2008年首次退出了已审定的、不再具备推广应用价值或者存在推广风险的稻、小麦、玉米、棉花、大豆、油菜和马铃薯品种704个。

（二）第三届国家农作物品种审定委员会

2012年，农业部组建成立第三届国家农作物品种审定委员会。农业部副部长余欣荣为主任，副主任调整增加到4人：农业部种子管理局局长张延秋、农业部种植业管理司副司长曾衍德、农业部科技发展中心主任杨雄年、全国农业技术推广服务中心副主任邓光联；品种审定办公室主任为马淑萍。各专业委员会人员数量进一步增加。

在本届委员会任期内，《主要农作物品种审定办法》进行了两次重大调整修订。一是根据国发〔2011〕8号文件要求，2013年12月，农业部发布了新修订的《主要农作物品种审定办法》，品种审定委员会组成与结构得到加强和优化。品种审定委员会副主任由2～3名修改为2～5名；各专业委员会组成人员由原来的9～17人修改为11～23人，增加了种子企业、农机、植保、DUS测试等方面的专家。二是根据新修订的《种子法》要求，农业部再次对《主要农作物审定办法》进行修订，并于2016年7月发布。其中涉及审定委员会的主要修订内容：一是要求农作物品种审定委员会建立包括申请文件、品种审定试验数据、种子样品、审定意见和审定结论等内容的审定档案，保证可追溯。二是对委员任期作出规定。每届任期5年，连任不得超过两届。三是赋予省级农作物品种审定委员会更大的自主权，省级审定委员会对本辖区种植面积较小的主要农作物，可以合并设立专业委员会；品种审定标准制定由国家统一制定改为同级农作物品种审定委员会制定；省级审定委员会可以依据国家农作物品种审定委员会确定的国家审定品种同一适宜生态区范围，具体确定本辖区内品种同一适宜生态区范围；允许省级审定委员会根据生产和实际情况，具体确定特殊用途品种的范围。2013—2016年，第三届国家农作物品种审定委员会共审定品种580个，共退出水稻、小麦、玉米、棉花、大豆、油菜和马铃薯品种286个。

第三届品种委员会是承上启下的一届委员会。一是开辟了品种审定绿色通道试验、联合体试验及特殊类型自主试验，解决了试验容量不足、品种参试难、审定难的矛盾。二是制定了《国家级水稻玉米品种审定绿色通道试验指南（试行）》和联合体试验、特殊类型自主试验办法，使绿色通道试验、联合体试验及特殊类型自主试验有章可循。三是缩短了品种试验周期和品种审定工作时间。四是全面公开品种试验方案、试验过程、汇总总结、审定标准，接受社会监督。

（三）第四届国家农作物品种审定委员会

2017年，第四届国家农作物品种审定委员会成立，农业部副部长余欣荣为主任，农业部种子管理局局长张延秋、农业部科教司副司长汪学军、农业部种植业管理司副司长潘文博、全国农业技术推广服务中心副主任刘信、农业部科技发展中心副主任朱岩为副主任；品种审定委员会办公室主任为吴晓玲。各专业委员会人员数量增加至17～23人。新一届委员会成立后，从2018年至2020年5月，审定五大农作物品种2 201个。与此同时，绿色优质、特用专用品种明显增加。

三、区域试验

2006年以来，我国农作物品种区试工作进一步完善，区试工作不断向科学化、规范化、法制化发展。

一是理顺了管理体制。在历次修订的《全国农作物品种审定办法》中，始终明确全国农业技术推广服务中心具体管理国家级农作物品种区试职责。同期，各省相继理顺了管理体制，区试工作具体由省级种子管理部门负责。二是增加了试验经费。2013年国家区试工作经费增加到3 200万元，各省也陆续将区试经费列入财政预算或争取到专项经费支持，保障了区试工作长期稳定地开展。三是改善了试验条件。国家“种子工程”建设项目分批投资建设国家级农作物品种区试站。到2014年，国家共审批国家区试站建设项目412个，包括品种区试站、抗性鉴定站和区试标准样品库365个，对47个试验站进行了改扩建，各省也积极改善区试基础设施条件，区试能力和水平明显提高。2013年国家主要农作物品种区试点发展到近2 000个，省级区试点发展到近4 000个。四是优化了试验内容。增加抗性鉴定点数和鉴定项目，增加品质分析供样点数和分析指标。2005年前后对主要农作物区试品种相继开展了DNA指纹鉴定，2007年对主要农作物生产试验品种开展了转基因成分检测。五是提高了试验水平。2006—2007年以农业行业标准先后发布了水稻、小麦、玉米、棉花、大豆等5种主要农作物品种区试技术规程，对区试涉及的术语与定义、试验设置、试验品种与对照品种、试验地选择、田间设计、栽培管理、观察记载、抗性鉴定、品质检测、汇总总结等进行了科学规范。同时，国家和各省持续开展区试技术培训，不断提高从业人员职业道德和技术能力水平。六是拓宽了试验渠道。2014年5月“育繁推一体化”种子企业开通品种审定绿色通道试验，对实行选育生产经营相结合、注册资本达到1亿元的种子企业，在申请主要农作物品种国家级审定时，可依照指南的规定自行开展自有品种区域试验、生产试验。2015年11月开通联合体和特殊用途品种试验渠道，对具备试验能力的企业联合体、科企联合体和科研单位联合体等可组织开展品种试验，对特用专用品种申请者可自行开展品种试验。2016—2020年，国家和省两级主要农作物各渠道试验组数达1万余组，参试品种数量超过10万个（次），其中由国家和省统一组织的试验约占15%，其他渠道试验约占75%。七是丰富了试验类型。2016年以来，国家级区试先后组织开展了耐盐碱水稻、节水耐旱稻、镉低积累水稻、耐盐碱小麦、籽粒机收玉米、机采棉等品种试验。新疆、安徽、江西等省启动了短季棉、机采棉和早熟常规棉等区试，湖北、浙江、辽宁、吉林、陕西、河北等省开设了虾稻、再生稻、池塘专用稻、优质食味稻、耐密型玉米和特用大豆等区试，满足品种多元化发展需求。八是实现了试验信息化。国家农作物品种试验信息与运行管理系统全面建成运行。2020年国家级各渠道品种试验申请、受理、审核和方案编制首次实现在线办理，统一试验全面线上运行；水稻、玉米、大豆等主要农作物品种试验与信息化技术规程以农业行业标准发布。同时，各省级试验信息化建设也取得显著成效，北京、河北、浙江、湖南、广东、四川、贵州等省份新建、扩建并运行省级品种试验信息系统；重庆还将联合体试验数据纳入试验系统管理，试验工作效率和规范化水平显著提升。九是创新了管理机制。针对试验渠道拓宽后出现的新情况、新问题，逐步建立试验主体自查、省级统一抽查、部级巡视联查及不定期开展飞行检查的监管机制，重点对绿色通道、联合体试验的主体资质、参试品种、试验质量、记录档案、品种样品等进行检查。

四、品种审定与退出

品种审定是品种审定委员会按照品种审定办法和审定标准，对完成试验程序品种的产量、抗性、品质、成熟期以及特异性、稳定性、一致性等重要特征特性、栽培技术进行审查审核并确定其适宜种植区域的过程，一般包括初审、公示、审核、公告等内容。

（一）审定标准

2006—2007年，农业部以农业行业标准先后发布了稻、小麦、玉米、棉花、大豆、油菜、马铃薯等7种主要农作物品种审定规范，对品种审定所涉及的术语与定义、内容与依据、审定指标和评判规则等进行规范。

2013年12月，农业部对《主要农作物品种审定办法》进行第二次修订，将稻、小麦、玉米、棉花、大豆、油菜、马铃薯品种审定标准由“农业部制定”改为“由国家农作物品种审定委员会制定”。省级农业行政主管部门确定的主要农作物品种审定标准“由省级农业行政主管部门制定”改为“由省级农作物品种审定委员会制定”，“报农业部备案”改为“报国家农作物品种审定委员会备案”。2014年7月国家农作物品种审定委员会印发《主要农作物品种审定标准》，标准由总则、稻品种主要指标、小麦品种主要指标、玉米品种主要指标、棉花品种主要指标、大豆品种主要指标、油菜品种主要指标和马铃薯品种主要指标八部分组成，共性基本内容在总则中统一明确，品种分类与主要指标分作物明确，具体指标要求基本保持了此前实际执行的审定标准。

2016年7月，农业部对《主要农作物品种审定办法》进行第三次修订，品种审定标准制定由“国家统一制定”改为“同级农作物品种审定委员会制定”，并明确提出审定标准应当有利于产量、品质、抗性等的提高与协调，有利于适应市场和生活消费需要的品种的推广。根据新修订的审定办法的有关要求，2017年7月，国家农作物品种审定委员会制定了《主要农作物品种审定标准（国家级）》，按照高产稳产、绿色优质和特殊类型三类，分别制定相应的审定标准，适当降低了绿色优质、特用专用品种产量指标，对引导育种目标优化起到积极作用。

（二）审定品种数量

2014 年后，随着农作物品种管理制度改革深入推进，品种审定试验渠道拓宽、试验周期缩短、审定标准分类满足多样化需求等一系列改革措施，再结合引种备案制度的实施，短期内进入审定的品种数量迅速增加。2017—2020 年，全国审定主要农作物品种数量连续跨越 2 000、3 000、4 000、5 000 个的台阶，年均审定品种 3 800 多个，是 2001—2016 年年均审定品种数的近 3 倍；同期国家级年均审定主要农作物品种超过 1 000 个，是 2001—2016 年年均审定品种数的 7 倍多，其中玉米、水稻审定品种激增尤其明显，出现了阶段性“井喷”现象。

（三）审定品种变化

2006 年以前，我国审定农作物品种基本上是以丰产型为主的品种。随着生产发展、消费升级和育种进步，品种审定标准不断调整优化，审定品种逐步向高产稳产、绿色优质、特用专用品种转变。2016—2020 年，我国审定国家级优质绿色专用品种累计达到 3 195 个，占比为 40%。其中水稻绿色优质品种 2 150 个，米质达到国标二级以上优质品种逐年增加，占比已超过 50%；小麦优质品种 131 个，2018 年首次审定优质弱筋品种，同时在黄淮麦区首次审定了抗赤霉病品种和抗逆节水品种，实现优质弱筋品种从无到有的转化；玉米绿色专用宜机收品种 670 个；大豆高油高产品种 88 个；棉花纤维品质达到优质Ⅱ型以上品种 79 个，占比为 55%。审定耐盐碱品种 17 个，其中水稻 11 个、小麦 6 个。

（四）审定品种退出

2007 年 11 月农业部对《主要农作物品种审定办法》作出修订，将审定通过的品种，在使用过程中如发现有不可克服的缺点或者种性严重退化，不宜在生产上继续使用的，停止经营推广并退出。2008 年 1 月 24 日，农业部发布公告，首批退出国家级审定农作物品种 210 个，包括水稻品种 50 个、小麦品种 36 个、玉米 34 个、大豆 32 个、棉花 50 个、油菜 8 个，占当时我国国家级已经审定农作物品种数量的 9.14%。此后，各省也积极行动起来，品种退出工作步入制度化、常态化轨道。

在 2013 年 12 月农业部对《主要农作物品种审定办法》的第二次修订中，品种退出的情形由上述两种增加到三种，将“未按要求提供标准样品的”一并列为品种退出的条件。2016 年 7 月农业部对《主要农作物品种审定办法》的第三次修订中，将“品种退出”修改为“撤销审定”，具体撤销条件由三种修改为四种；将“以欺骗、伪造试验数据等通过审定的”列为撤销条件。截至 2020 年，农业农村部公布退出或撤销国家级审定的农作物品种 13 批，共计 1 317 个，占全部国家级审定品种的 12.58%，涉及水稻品种 391 个、小麦品种 267 个、玉米品种 323 个、棉花品种 118

个、大豆品种 160 个。

（曾波、孙世贤、杨仕华、白岩、张笑晴、马泽众、周华、王玉玺）

第二节 品种登记

2016 年实施的新修订的《种子法》设立了非主要农作物品种登记制度。2017 年 5 月 1 日，农业部根据《种子法》规定出台实施了《非主要农作物品种登记办法》及《第一批非主要农作物登记目录》与《非主要农作物品种登记指南》。同年，全国农业技术推广服务中心设立品种登记处（筹），具体承担品种登记工作。2019 年农业农村部批准全国农业技术推广服务中心设立品种登记技术处，部省两级品种登记工作机构全面建立，非主要农作物品种登记工作不断完善。截至 2020 年底，全国共登记品种 22 543 个。

一、品种登记制度设立背景

2000 年我国《种子法》确立了主要农作物品种审定制度。主要农作物范围包括《种子法》规定的水稻、玉米、小麦、大豆、棉花 5 种农作物。《种子法》授权农业部规定的 2 种主要农作物（马铃薯、油菜）和各省根据自身情况确定的 2 种主要农作物（全国共计有 21 种省级确定审定物种），两级共审定 28 种农作物。2016 年实施新修订的《种子法》规定审定的主要农作物减少到水稻、小麦、玉米、棉花、大豆 5 种农作物。对于没有再列入审定的 23 种农作物和其他关系到农民增收的非主要农作物，也需要加强管理，为此，明确规定设立了部分非主要农作物品种登记制度。通过品种登记管理，从源头上约束“一品多名”“一名多品”等行为。建立全面、完整、真实和准确的品种信息库，为农民选种生产用种提供权威信息。通过公开发布品种信息，统一保存品种标准种子样品，强化特色农作物品种市场监管和社会监督，激励育种创新，保护育种家和农民权益，确保种业持续健康发展，促进种业安全、粮食安全和生物安全。

二、品种登记工作机构及配套规章

（一）工作机构

1. 全国农业技术推广服务中心成立品种登记技术处。2015 年 11 月 18 日，农业部种子管理局向余欣荣副部长呈报了《关于〈种子法〉修改及贯彻落实情况的报告》（种子请字〔2015〕第 30 号）。该报告在落实非主要农作物品种登记制度方面明确提出了两点意见建议：一是要尽快制定出台《品种登记办法》、第一批《品种登记目录》等配套规章；二是委托全国农业技术推广服务中心开展品种登记的具体工作，要求新设处室确保工作顺利实施。

2016年3月11日，全国农业技术推广服务中心第一次向农业部人事劳动司上报了《关于调整内设机构的请示》（农技人〔2016〕9号），拟在撤销、调整相关处室的基础上，成立品种登记处，负责参与制定、修订品种登记制度部门规章、规范性文件，承担登记材料复核汇总、起草公告等具体工作，构建运行品种登记信息平台，跟踪评价登记品种，协助监督指导各省（自治区、直辖市）品种登记工作。得到农业部人事劳动司有关答复后，全国农业技术推广服务中心从相关处室抽调干部人员组成工作小组筹备落实非主要农作物品种登记制度。2017年4月，非主要农作物品种登记办法、目录、指南正式发布后，全国农业技术推广服务中心内部成立品种登记处（筹），指定陈应志副处长为该处负责人。

2019年9月，农业农村部办公厅正式批复，文号为农办人〔2019〕36号，同意全国农业技术推广服务中心成立品种登记技术处，编制6人。主要职责是承担非主要农作物品种登记相关规章规定研究起草工作，负责品种登记复核工作，承担品种登记省级受理审查指导工作；运行品种登记信息平台；承担登记品种符合性验证、安全性评价和真实性鉴定工作，组织登记品种展示评价和推广应用统计调查，开展登记咨询和技术培训。

2. 省级品种登记受理审查机构设置。2017年5月1日，非主要农作物品种登记制度正式实施。运行之初按照行政许可形式实施。各省种子管理部门主动向省级农业主管部门请示报告，积极承担品种登记工作，确定部门工作性质和职责范围。辽宁、吉林、上海、浙江、福建、山东、云南等7个省份以授权方式由种子站（中心）承担品种登记受理与审查工作，其余省份以委托方式由省级种子站或者省级农技推广（农业产业）中心协助完成品种登记申请受理和初审，由省级农业农村主管部门出具上报审查意见。各省根据品种登记许可性质和工作目标任务，调优原有科室，配备业务骨干，明确责任分工。北京、山西、河南等省份通过种子管理站内部调整，专门设立品种登记科，其他省份也明确了受理审查工作责任科室。

3. 品种种子种苗标准样品接收单位。按照《非主要农作物品种登记办法》规定，申请者申请品种登记，要按照品种登记指南要求提交种子种苗样品。根据各类登记农作物的特点、技术要求和承担能力，农业部种子管理局和全国农业技术推广服务中心确定了登记农作物种子种苗样品要求和接受单位。其中，种子类的农作物种子标准样品保存在国家种子样品库，由中国农业科学院作物科学研究所负责接收、保存，其余种苗、种薯类的由相应国家种质资源库圃所在单位院所接收、保存。各农作物种子种苗接收保存单位，共有13家。

（二）登记制度配套规章制定

1.《非主要农作物品种登记办法》的制定与发布。2015年12月，农业部种子管理局会同全国农业技术推广服务中心、农业部科技发展中心启动起草《非主要农作物品种登记办法》《第一批非主要农作物登记目录》《非主要农作物品种登记指南》3项规章文件的工作。2016年2月19日，农业部种子管理局向全国种子管理部门征集对办法、目录和指南的起草修改意见。根据修改意见，登记办法在8个方面进行了完善。2016年9月28日，登记办法通过中国政府法制信息网和农业部门户网站向社会公开征求意见，共收到各类意见148条。

2016年11月上旬，农业部政法司会同农业部种子管理局、全国农业技术推广服务中心赴广东省调研，进一步修改完善。

2017年3月，《非主要农作物品种登记办法》及《第一批非主要农作物登记目录》（送审稿）提交农业部2017年第4次常务会审议。2017年3月30日，中华人民共和国农业部令2017年第1号正式发布《非主要农作物品种登记办法》，2017年5月1日正式实施。

2. 第一批品种登记目录及登记指南的制定与发布。《第一批非主要农作物登记目录》起草时共收入22种农作物，主要是除去保留品种审定农作物以外的国家和各省原已审定的农作物；后又增加了经济价值、社会价值较高的谷子、香菇、平菇、木耳4种农作物，达到26种。2016年9月，根据中国种业信息网公开征求反馈意见，增加结球甘蓝、黄瓜、番茄、梨、葡萄、桃等6种农作物，被纳入登记目录的非主要农作物达到32种，同时组织制定了32种农作物品种登记指南。

2017年3月，《第一批非主要农作物登记目录》提交农业部常务会审议。根据审议意见，删去了香菇、平菇、黑木耳3种食用菌，定为29种。2017年3月28日，中华人民共和国农业部第2510号公告正式公布《第一批非主要农作物登记目录》。

2017年4月24日，《农业部关于印发〈非主要农作物品种登记指南〉的通知》（农种发〔2017〕2号）发布，正式印发29种非主要农作物品种登记指南。

三、品种登记情况

2017年8月2日，经省级农业主管部门审查，全国农业技术推广服务中心复核，中华人民共和国农业部公告第2560号发布，对中薯18号等马铃薯、谷子、油菜、向日葵、大白菜、结球甘蓝、番茄、辣椒、西瓜、甜瓜等农作物共40个品种予以登记。

截至2020年12月31日，农业农村部共发布登记公告33批，登记品种22 543个。从登记情况看，呈现五个特点：

一是农作物种类差异较大。从农作物种类看，蔬菜品种登记数量最多，为15 487个，占品种登记总量68.7%；油料作物4 077个，占总量18.1%；粮食作物2 128个，占总量9.4%；登记量较少是糖料、果树、茶树、橡胶树，这四类作物登记仅占总量3.8%。二是“老品种”占据多数。登记前已销售品种有18 402个、已审定品种有2 281个，新选育的品种有1 860个。已销售和已审定的老品种占总量91.7%。三是自主选育品种为主。国内自主选育和合作选育的品种占总量96.5%，从国（境）外引进品种占总量2.9%，其中甜菜登记品种191个，有174个从国（境）外引进，占91%。四是企业申报比较积极。品种登记主体3 017家，其中种子企业1 887家，科研机构747家，个人等其他类型383家。品种登记量前20名的单位，除中国农业科学院以外，其他均为种子企业。

（邱军、李荣德、史梦雅、侯乾）

第三节　新品种保护

一、制度演变

20世纪90年代，农业科技体制改革迅速向纵深发展，越来越多的社会资源投入农业科研，农业科技人员对农作物知识产权保护呼声越来越高，而1985年实施的《专利法》对动植物新品种不予保护；我国要申请加入世界贸易组织（WTO），WTO明确要求缔约方应以专利方式或一种有效的特殊方式或两者的结合对植物新品种予以保护。

1993年中国专利局、农业部和国务院法制局等部门组成联合调研组，就农作物品种知识产权保护问题进行专门调研。调研报告得到时任国务院总理朱镕基等领导同志的批准，同意对植物新品种进行立法保护。1995年，农业部、中国专利局等部门完成《中华人民共和国植物新品种保护条例》起草与征求意见后上报国务院。经过进一步论证修改后，国务院于1997年3月20日发布《中华人民共和国植物新品种保护条例》（以下简称“《条例》”）。

《条例》颁布以来，经过国家立法机构、行政管理部门和司法机关的共同努力，基本形成了由法律、行政法规、部门规章和司法解释相结合，实体、程序和技术规范有机配套的植物新品种保护法规制度体系。

2017 年 3 月 15 日，第十二届全国人民代表大会第五次会议通过的《中华人民共和国民法总则》第 123 条明确规定了民事主体依法享有对植物品种的知识产权。2015 年 11 月 4 日，第十二届全国人民代表大会常务委员会第十七次会议通过《种子法》（2015 年修订版），增设“新品种保护”一章，将《条例》的主要内容上升为法律。

在行政法规方面，1999 年以来，为配合《条例》实施，农业部和国家林业局先后发布农业部分和林业部分《条例》实施细则，并进行若干次修改完善。同时，农业部制定发布《农业部植物新品种复审委员会审理规定》《农业植物新品种权侵权案件处理规定》和《农业植物品种命名规定》等配套规章制度。2013 年和 2014 年国务院相继对 1997 年发布的《条例》进行了两次修改完善。

在司法保护方面，2001 年 2 月 14 日发布的《最高人民法院关于审理植物新品种纠纷案件若干问题的解释》，规定了植物新品种纠纷案件的类型、管辖、诉讼主体等一系列程序问题，为人民法院及时审理植物新品种纠纷案件打下了基础。2007 年 2 月 1 日，发布实施《最高人民法院关于审理侵犯植物新品种权纠纷案件具体应用法律问题的若干规定》，司法保护工作不断深化。

二、体系建设

依据《条例》第三条规定，国务院农业、林业行政部门按照职能分工，分别负责植物新品种权申请的受理、审查和授权。农业与林业主管部门的大致分工如下：农业部主要负责农作物、蔬菜、水果、草本花卉等植物；国家林业和草原局主要负责林木、干果和木本花卉等植物。

1997 年在原农业部科学技术与质量标准司成立植物新品种保护办公室，司长马世青兼任办公室主任，办公室设在成果管理处，处长由邹平担任。农业部科技发展中心负责日常事务，先后设立植物新品种保护处、植物新品种测试处，处长分别由魏启文、吕波担任。2011 年农业部成立种子管理局，新品种保护工作由品种管理处承担。植物新品种保护办公室由科技教育司划到种子局，下设复审委员会。2018 年机构改革后，植物新品种保护办公室设在种业管理司品种管理处；植物新品种复审委员会办公室设在种业管理司市场监督处。农业农村部科技发展中心植物新品种保护处和测试处，具体承担植物新品种保护办公室日常事务，开展品种权受理、审查和测试等工作。由中国农业科学院作物科学研究所（农业农村部植物新品种保藏中心）承担植物新品种繁殖材料保藏工作。农业农村部法律服务中心承担复审委员会秘书处的具体审查工作。

2000 年农业部批准在科技发展中心挂牌成立农业部植物新品种测试中心（以下

简称“测试中心”)，在全国10个农业一级种植区内设立北京、公主岭、哈尔滨、济南、南京、上海、杭州、广州、成都、杨凌、乌鲁木齐、西宁、昆明和儋州等14个农业部植物新品种测试分中心，承担植物新品种DUS测试任务。2014年，新建13个测试分中心，随后建成兴城果树、郑州果树、杭州茶树等测试站。2020年，根据国家现代种业提升工程建设规划，新建国家植物品种测试徐州和三亚中心。截至2020年底，在全国建成一个植物新品种测试中心、27个测试分中心和3个专业测试站，测试人员500人左右，为农业植物新品种保护授权、维权以及品种审定和登记提供有效技术支撑。

2004年建立了全国植物新品种测试标准化技术委员会(以下简称“新品种测试标委会”)，该委员会是受国家标准化管理委员会及国务院农业、林业行政主管部门委托，专门从事全国植物新品种测试标准化工作的技术组织，负责全国植物新品种测试技术的研制、应用和开发等方面的标准化工作。新品种测试标委会委员由农业、林业植物新品种保护及测试技术研究、生产、教学、监督检验和行政管理等方面的专家组成，每届50～65人，设主任委员1名，副主任委员2名，秘书长1名，副秘书长1名，秘书处设在农业部科技发展中心。首届主任委员由刘平担任，秘书长由吕波担任。2005年1月18日，新品种测试标委会成立大会在北京人民大会堂隆重举行，国家标准化管理委员会、国家发展和改革委员会、科技部、农业部、国家林业局有关领导到会祝贺并讲话。

我国植物新品种保护执法和其他知识产权一样，实行行政与司法相结合的模式。《条例》规定，未经品种权人许可，以商业目的生产或者销售授权品种的繁殖材料的，品种权人或者利害关系人可以请求省级以上人民政府农业、林业行政部门依据各自的职权进行处理，也可以直接向人民法院提起诉讼。2016年实施的《种子法》第73条规定，有侵犯植物新品种权行为的，由当事人协商解决，不愿协商或者协商不成的，植物新品种权所有人或者利害关系人可以请求县级以上人民政府农业、林业主管部门进行处理，也可以直接向人民法院提起诉讼。修订后的《种子法》将查处品种权侵权的权限下放到了县级农林主管部门，延伸了品种权行政执法体系。

2014年8月31日，第十二届全国人大常委会第十次会议表决通过了《全国人民代表大会常务委员会关于在北京、上海、广州设立知识产权法院的决定》。2014年10月27日，最高人民法院通过了《关于北京、上海、广州知识产权法院案件管辖的规定》。2019年1月1日，最高人民法院成立知识产权法庭，审理包括品种权在内的知识产权纠纷案件。我国人民法院增加对植物新品种等知识产权案件的专门审理机构，增强了对植物新品种的司法保护能力。

2017 年 11 月 13 日，中国种子协会植物新品种保护专业委员会在青岛成立，同日召开了第一次会员大会，选举产生植物新品种保护专业委员会第一届理事会和主任委员、副主任委员、秘书长；朱岩当选为主任委员，崔野韩当选为秘书长。专业委员会成立后，开展专题培训，组织会员单位开展品种展示、维权打假、信息宣传；对各科研院所知识产权和成果转化相关负责人进行培训，在品种权创造、保护、运用的全链条中发挥了积极作用。

三、能力建设

多年来，在全国各地举办植物新品种专题培训班、DUS 测试与新品种保护能力提升、品种权行政执法等上百场培训班，提升公众植物新品种保护意识和能力。组织编印《农业植物新品种保护公报》140 期、《农业植物新品种保护发展报告》《植物新品种保护相关法律法规汇编》《中国农业植物新品种保护 20 周年》《中华人民共和国种子法导读》《植物新品种保护法律制度》《农业植物新品种保护典型案例解析》等影像、书籍资料；并多次在《农民日报》《知识产权》发表专题文章宣传报道，不断扩大新品种保护影响力。2009 年和 2019 年两次对全国从事植物新品种保护工作的先进集体和先进个人进行了表彰。

2017 年植物新品种测试中心实验室首次通过种子检验机构认证，对外开展分子检测和技术鉴定。科技发展中心与江汉大学等合作研发 MNP 分子标记新方法，研制发布国家标准《植物品种鉴定　MNP 标记法》(GB/T 38551—2020)，获得发明专利 10 多项，为提高品种测试效率、解决实质性派生品种鉴定问题提供有效方案。

此外，发布 260 多种农业植物新品种 DUS 测试指南和 18 种农作物品种 DNA 指纹图谱鉴定技术标准；研制 40 多种植物测试操作手册和拍摄规程等技术规范；建成包含 1.6 万个品种，50 多万条性状描述数据，4 万多张图像数据，1 万多份 DNA 指纹图谱的品种数据库，共完成 3 万余个品种测试任务，为 1.3 万个新品种授权提供技术支持；接受委托测试 3.1 万个样品，完成 500 余起侵权鉴定。

2018—2020 年，农业农村部连续三年遴选发布《农业植物新品种保护十大典型案例》，对侵权者形成威慑，引导执法者和权益人正确维权执法，增强尊重种业知识产权的社会共识。

2011 年以来，农业部联合最高人民法院、公安部等部门连续开展农作物新品种打假护权专项行动，加大对侵权行为的执法力度。

四、信息化建设

2019 年 1 月 1 日，农业植物新品种权申请系统上线运行，完成农业植物新品种权申请系统与农业农村部政务服务平台和中国种业大数据平台对接，实现了品种权申请在农业农村部政务服务平台单点登录，极大便利品种权申请和审查，大幅提高植物新品种保护工作效率。

五、审查和授权

1999—2020年，农业植物新品种权申请量、授权量总体呈现增长趋势。2020年度申请量达7 913件，年度申请量连续四年位居国际植物新品种保护联盟（UPOV）成员第一。申请总量达41 716件，授权总量16 508件。

（一）申请授权农作物种类分析

1999—2020年，各类农作物的申请量也保持逐年递增。农业植物新品种权申请总量仍以大田作物为主，共32 533件，占比高达77.99%；其次为蔬菜4 136件，占比9.91%；花卉3 039件，占比7.28%；果树1 604件，占比3.85%；药用植物191件，占比0.46%；菌类176件，占比0.42%；牧草37件，占比0.09%。

农业植物新品种权授权总量也以大田作物为主，共13 587件，占比高达82.31%；其次为花卉1 154件，占比6.99%；蔬菜1 099件，占比6.66%；果树626件，占比3.79%；药用植物20件，占比0.12%；菌类16件，占比0.10%；牧草6件，占比0.04%。

（二）申请授权地区分析

1999—2020年，来自国内主体的农业植物新品种权申请在地区间分布广泛。其中，北京市以申请4 069件位居各省份之首，占国内申请总量的10.43%，其次为河南省申请3 779件，占比9.69%。此外，山东省、黑龙江省、江苏省、安徽省和河北省的申请量均在2 000件以上。

1999—2020年，国内主体获得的农业植物新品种权授权中，北京市以1 656件位居各省份之首，占国内授权总量的10.65%，其次为河南省获得授权1 348件，占比8.67%。此外，山东省、江苏省和黑龙江省获得授权量均在1 000件以上。

（三）主体性质分析

1999—2020年，共有39 010件农业植物新品种权申请来自国内申请主体，其中以企业和科研单位为主，分别为19 280件和15 326件，分别占比49.42%和39.29%。来自教学单位和个人的申请分别为2 784件、1 620件，占比分别为7.14%和4.15%。

1999—2020年，国内品种权主体共获得授权15 546件，其中科研单位获得授权7 020件，占比45.16%；企业获得授权6 825件，占比43.90%；教学单位获得授权1 194件，占比7.68%；个人获得授权507件，占比3.26%。

2020 年，共有 7 446 件农业植物新品种权申请来自国内申请主体，其中企业申请达 3 863 件，占比 51.88%；科研单位申请 2 805 件，占比 37.67%；教学单位申请 507 件，占比 6.81%；个人申请 271 件，占比 3.64%。

（四）国别分析

1999—2020 年，来自国外主体的品种权申请共计 2 706 件，占申请总量的 6.49%，涉及 21 个国家。其中，荷兰申请 829 件，位居各国之首；占比 30.64%，其次为美国申请 801 件，占比 29.60%；日本以 245 件申请量位居第三位，占比 9.05%。

1999—2020 年，国外主体累计获得品种权授权 962 件，占总授权量的 5.83%。其中，荷兰获得授权 386 件，位居各国之首，占比 40.12%，其次为美国获得授权 298 件，占比 30.98%。

（五）国外主体性质分析

1999—2020 年，国外申请主体以企业为主，共申请 2 511 件，占比高达 92.79%；科研单位申请 123 件，占比 4.55%；教学单位申请 41 件，占比 1.52%；个人申请 31 件，占比 1.15%。

（六）国外农作物种类分析

1999—2020 年，来自国外申请主体的品种权申请总量以大田作物和花卉为主，其中，大田作物 1 138 件，占比 42.05%；花卉 954 件，占比 35.25%；果树 369 件，占比 13.64%；蔬菜 207 件，占比 7.65%；菌类、药用植物和牧草分别为 19 件、16 件和 3 件，占比分别为 0.70%、0.59%和 0.11%。

（七）国内向国外品种权申请授权情况

2000—2020 年，我国共向欧盟、越南、美国等 26 个国家和组织申请品种权 322 件，其中授权 130 件，授权比率为 40.37%。

六、农业植物新品种复审委员会

植物新品种复审委员会（以下简称“复审委员会”），负责审理驳回品种权申请的复审案件、品种权无效宣告案件和新品种更名案件。2001 年发布施行《农业部植物新品种复审委员会审理规定》（以下简称“《复审规定》”），同年成立第一届复审委员会，张宝文为主任委员，牛盾、石燕泉、李生、陈生斗为副主任委员，邹平为秘书长。2005 年成立第二届复审委员会，张宝文为主任委员，张凤桐、陈凤秀、李生、马淑萍为副主任委员，邹平为秘书长。2014 年成立第三届复审委员会，余欣荣为主任委员，张延秋、李生、潘文博、马淑萍为副主任委员，吕波为秘书长。

植物新品种复审制度作为一种救济程序，旨在纠正品种权审查中可能出现的错误，提高品种权授权质量，维护品种权人和社会公众的合法权益。自2001年发布施行《复审规定》至2020年底，复审委员会一共受理复审案件206件，办结165件。

七、国际合作

自1997年我国建立并实施植物新品种保护制度以来，国际合作日益深化。**一是积极开展国际合作交流，扩大视野提高水平。**为学习UPOV及其成员的国际规则、管理模式和测试技术，1997年农业部首次邀请UPOV官员来华访问交流，之后邀请澳大利亚、法国、德国、荷兰、美国、日本、欧盟等国家和地区专家来华讲学；多次派人员赴荷兰、英国、德国、荷兰、美国、日本等国家考察学习；自1998年开始多次派人员赴日本、美国、澳大利亚、荷兰等国家参加集中培训。与荷兰、美国、日本、欧盟等国家和地区开展双边技术合作，通过这些活动培养出一批从事植物新品种保护与DUS测试的审查员，为我国植物新品种保护审查测试体系建立、受理审查与DUS测试开展以及测试指南研制打下坚实基础。在此基础上，研制我国测试标准350多项，培养相关人才万余人，确保我国植物新品种保护制度顺利实施。**二是认真履行国际义务，影响力日益扩大。**自1999年我国加入UPOV以来，积极履行成员义务，多次派人员参加UPOV会议，连续跟踪UPOV行政法律委员会等系列会议以及相关技术工作组会议，积极承担UPOV测试指南和软课题研究。2001年首次联合承办UPOV亚洲地区植物新品种保护技术协调会议；2006年首次承办UPOV第35届大田作物技术工作组会议，之后陆续承办UPOV多个技术工作组会议。2009年和2019年分别在北京举办中国加入UPOV十周年和二十周年座谈会，邀请UPOV及其成员代表参加，同时举办多场相关会议，不断提升影响力。此外，我国还积极参与东亚植物新品种保护论坛活动，多次承办论坛会议，积极履行轮值国义务，多次针对东盟国家开展专题培训，实现由接受培训向输出培训转变，地区影响力不断扩大。**三是深度参与UPOV事务，不断贡献中国智慧。**2019年我国大幅提高交纳UPOV会费标准，同时不断推进在UPOV使用中文作为工作语言，连续派人员到UPOV办公室工作，推动UPOV办公室设立初级专业官员（JPO）岗位，积极配合筛选合适人员。积极参与UPOV国际品种权申请平台中文模块研发，便利国内外育种者利用该平台申请新品种。2010年和2019年原农业部科技发展中心吕波处长和崔野韩处长分别首次当选UPOV行政和立法委员会主席、理事会副主席。我国专家任职UPOV重要岗位，直接参与并主导国际规则制修订，将我国经验做法输出并转化为国际规则或技术性规范，不断增强我国话语权和引领力。**四是积极帮扶周边国家，助力种业“走出去”。**配合国家“一带一路”倡议，开展周边国家涉外培训交流，推动非UPOV成员建立和完善植物新品种保护制度，强化植物新品种保护国际战略布局。研究发布主要贸易国品种权申请指引，广泛推介品种保护国际申请平台应用，助力我国种业“走出去”。

（邓伟、崔野韩）

第六章　重大科技项目

第一节　转基因重大专项

一、专项概况

自从 1996 年转基因农作物在一些国家商业化以来，全球转基因生物产业发展迅速，到 2007 年，全球转基因农作物种植面积已达 1.143 亿公顷。2008 年我国“转基因生物新品种培育科技重大专项”（以下简称“转基因专项”）启动。项目以水稻、小麦、玉米等主要农作物和猪、牛等牲畜为重点，在转基因动植物新品种培育、功能基因克隆验证与规模化转基因操作技术、转基因生物安全技术、转基因生物新品种推广及产业化、条件能力建设等五大领域进行了系统部署。

转基因专项实施过程中，创新组织管理机制，加强有关部门协调与合作，充分发挥地方与企业的积极性，建立责权明晰、分工协作的组织管理体系和高效规范的运行机制。专项系统整合我国转基因研究相关领域的设施条件和优势力量，加强转基因技术从研发到应用全链条全环节的沟通和连接，鼓励产学研紧密结合，带动了学科建设和人才培养，有力促进了我国转基因生物产业健康发展。

二、主要成果

通过转基因专项实施，取得一系列重大突破，形成了一批原创性重大成果，实现了从局部突破到整体提升的重大转变，实现了自主基因、自主技术和自主品种的整体跨越。

（一）自主创新能力显著提升，打破了发达国家和跨国种业集团长期以来的基因和技术垄断

转基因专项已构建起较完善的转基因技术研究创新平台、人才团队与产业培育基地。克隆了一批具有重要育种应用价值的抗病虫、抗逆等性状的关键基因，部分重要基

因已开始应用于新材料创制。创新了具有自主知识产权的基因表达调控和转基因技术，水稻、小麦基因编辑技术率先取得突破，已应用于育种实践。完善了主要物种规模化转基因技术体系，有效支撑了转基因生物新品种培育，育成一批具有产业化前景的重大产品，3 个抗虫耐除草剂玉米基因、2 个耐除草剂大豆基因已获得生产安全应用证书。

（二）安全保障能力显著增强，提升了我国生物安全管理水平和进出口农产品生物安全执法能力

转基因专项已经建立了较为完善的转基因生物安全评价和检测监测技术平台，构建了主要转基因生物及其产品的安全评价技术体系，形成了稳定的转基因生物安全评价和检测监测人才队伍。研制一批生物安全评价与检测新技术新方法，制定一批技术标准和规程，创制了系列标准物质。面向产业化需要，全面开展抗虫玉米、抗除草剂大豆等转基因品系安全评价，系统监测了 Bt 棉花大面积种植的潜在生态影响。加快转基因生物检测方法的建立和使用，保障了我国口岸进出口农产品的生物安全。

（三）产业化能力稳步提升，转基因生物育种和龙头企业培育取得重要进展

转基因棉花产业化稳步推进，育成抗虫棉新品种 197 个，累计推广 5.1 亿亩；国产抗虫棉市场份额达到 99%，减少农药使用 65 万吨，直接带动新增产值累计 650 亿元。针对抗虫玉米研发和产业化，支持“育繁推一体化”企业牵头，联合转基因研发、生物安全评价的优势科教单位，构建上中下游一条龙实施机制，在提高转基因专项重大产品的研发应用效率的同时，加快培育壮大生物育种龙头企业。

（熊炜、马有志）

第二节 七大作物育种专项

“十三五”实施的七大农作物育种试点重点专项按照“加强基础研究、突破前沿技术、创制重大品种、引领现代种业”的总体思路，以水稻、小麦、玉米、大豆等主要农作物为对象；围绕种质创新、育种新技术、新品种选育、良种繁育等科技创新链条，重点突破基因挖掘、品种设计和种子质量控制等核心技术；获得具有育种利用价值和知识产权的重大新基因，创制优异新种质，形成高效育种技术体系，培育重大新品种并推广应用。2016—2018 年，按照国家重点研发计划管理办法，安排 22.69 亿元，分 3 批通过竞争择优方式，共立项实施了 51 个项目，其中，31 个项目由 19 家事业型研究单位承担、13 个项目由 8 所大专院校承担、3 个项目由 3 家企业承担，参与育种联合攻关科技人员达 4 700 余人。

经过 5 年的联合攻关，主要农作物新品种对增产的贡献率从“十二五”时期的

36%提高到45%，为高质量稳产保供和“确保国家粮食安全，把中国人的饭碗牢牢端在自己手中”提供了强有力的科技支撑。

一、前沿关键技术攻关取得重大突破，种业自主创新能力不断提升

近年来，我国主要农作物基因组学研究得到了飞速发展，取得了一系列前瞻性、引领性原创基础研究的重大突破。

（一）水稻功能基因组研究持续领先

构建了首个亚洲栽培稻3010份核心种质的泛基因组，发现1.2万个水稻新基因，为分子设计育种提供了丰富的基因资源；阐明了自私基因在维持植物基因组的稳定性和促进新物种的形成中的分子机制；揭示了水稻籼粳亚种间杂种配子选择性致死分子机理；克隆了水稻高产和氮肥高效利用协同改良的关键基因 *GRF4* 和 *NGR5*；揭示了赤霉素信号传递途径调控水稻产量的新机制；从分子水平阐明了“绿色革命”水稻品种高产和氮肥高效利用难以协同改良的原因；提出了通过调控植物生长-代谢平衡实现可持续农业发展的一种育种新策略。

（二）小麦等农作物基因组研究与国际接轨

完成了小麦染色体级别的D基因组精细图谱的绘制，克隆了小麦太谷核不育基因 *Ms2* 和抗赤霉病基因 *Fhb1* 和 *Fhb7*，大幅度提高了小麦抗病分子育种效率。完成了玉米自交系 *Mo17* 基因组高质量参考基因组序列组装和品种间基因组结构变异分析，并对玉米杂种优势形成机理有了新的解释，克隆了重要玉米叶夹角调控基因 *UPA2*。在番茄风味的物质基础遗传位点和调控基因以及辣椒基因组学和功能基因组研究方面也取得了突破性进展。

（三）突破了一批育种关键技术

加速了农作物高效育种体系的构建与快速应用，是“关键共性技术、前沿引领技术”的新亮点。破解了小麦与冰草属间杂交及其改良小麦的国际技术难题，创制了高穗粒数、广谱抗病性等新材料392份，建立了创新种质高效利用新途径，培育携带冰草多粒、广谱抗性基因新品种，驱动育种技术与品种培育新发展，研究成果获得2018年国家技术发明奖。创新了玉米等农作物单倍体育种高效技术体系，率先精细定位并独立克隆了两个玉米单倍体诱导关键基因 *ZmPLA1* 和 *ZmDMP1*，发明了诱导系分子育种方法，育成系列高频单倍体诱导系；首次提出基于籽粒油分鉴别单倍体的技术原理，实现了单倍体鉴别的自动化，开辟了单倍体鉴别技术新途径；建立了工程化纯系生产技术体系，突破单倍体加倍技术瓶颈，打破了百余年来的传统选系模式，并在全国实现规模化应用。国际上首次创制出具有双单倍体诱导特性八倍体油菜诱导

系 Y3380 和 Y3560，表现出替代油菜传统的小孢子培养技术的前景，在油菜及十字花科蔬菜亲本创制、品种选育、远缘杂交、基因编辑中广泛应用。未来，这些技术将具有重大的产业应用价值与广阔的发展前景。创建了小麦抗旱节水表型与基因型相结合的鉴定评价技术体系，突破了制约抗旱节水基因型准确高效选择的技术瓶颈，创新集成“水旱协调三步选育技术”。首次建立了可固定杂种优势的水稻无融合生殖体系，成功获得杂交水稻的克隆种子，实现了杂交水稻无融合生殖“从 0 到 1”的突破；优化提升阐明了水稻理想株型与品质形成的分子基础，攻克了水稻高产优质协同改良的科学难题；示范性地杂交培育了一系列高产优质新品种，示范了以高产优质为基础的设计育种。在单碱基编辑技术、基因精准调控及农作物人工驯化上取得了连续突破，在推进植物基因组编辑技术创新的同时实现了农作物遗传改良与育种应用。通过半高秆高生物产量超高产新株型模式构建、亚种间杂种优势利用技术创新和特异种质新材料创制，攻克了亚种间杂种不育、产量性状相互制约等育种难题，突破了水稻超高产与不同稻区生态条件限制的技术瓶颈，创造所属生态区水稻超高产纪录。强优势杂交中稻“超优 1000 号”大面积示范分别于 2017 年和 2018 年创造了高纬度稻作区亩产 1 149.02千克和低纬度亚热带稻区亩产 1 152.3 千克的世界纪录；育成的籼粳亚种间强优势第三代杂交水稻“叁优一号”，双季稻亩产 1 530.67 千克，是长江中游双季稻区水稻研究的重大突破，奠定并保持我国在水稻超高产理论和技术领域的国际领跑地位。据专项测算，通过“十三五”协同攻关，我国水稻、小麦、玉米、大豆等主要农作物综合育种效率提升水平达到 51.11%。这些现代育种技术的集中突破，为优质高产品种培育和应对未来气候变化、人口压力和资源约束挑战提供了关键技术保障。

二、主粮作物优质高产重大新品种选育及产业化成效显著，为高质量稳产保供提供了重要支撑

通过实施“七大农作物育种”重点专项，一大批优质高产多抗新品种脱颖而出，为促进农业绿色发展，“确保国家粮食安全，把中国人的饭碗牢牢端在自己手中”和实现由“吃得饱”向“吃得好”的转变提供了强有力的科技支撑。通过“十三五”协同攻关，我国水稻、小麦、玉米、大豆等主要农作物新品种对增产的贡献率平均达到 54.9%。

（一）水稻

专项育成的野香优 520、野香优明月丝苗获“神农谷”2018 年度江西十佳优质稻米品种；野香优靓占在 2018 年福建省第九届优质稻品质品鉴活动中被评为“铜奖品种”；钱优 3514 获得 2018 年浙江十大“好味稻”称号。野香优 2 号与江西省 7 个高

档大米品牌进行合作，与多家合作社和大米加工企业签订了优质水稻种植回收合同，实现了优质优价。强优势高档优质杂交粳稻新品种培育获得重大突破，天隆优 619 是带有天然香味的三系杂交粳稻，米质达国标 1 级，抗稻瘟病、耐盐碱等综合抗性好，获得了 2017 年首届中国（三亚）国际水稻论坛“全球水稻育种创新成果——水稻年度明星品种”，深受加工米厂的欢迎，稻谷收购价格高。此外，专项培育的强优势国审稻湘两优 900、广适型水稻新品种晶两优 534、优质高产杂交水稻新品种荃优华占、理想株型水稻新品种嘉优中科 6 号及高产优质水稻新品种中科发 5 号，将优质与高产完美结合，其中强优势杂交种湘两优 900 在低纬度稻区和高纬度稻区的超高产百亩示范中均表现优异，不断刷新世界产量纪录，超高产攻关实现 17 吨/公顷，具有巨大的推广潜力。

（二）小麦

通过分子设计、染色体细胞工程、诱发突变等技术方法与常规育种有效结合，大大提高了小麦优质高产品种选育效率。专项培育出广适高产稳产优质面条小麦新品种鲁原 502、高产高光效小麦新品种百农 4199 及高产小麦新品种烟农 1212 等多个新品种。鲁原 502 大面积亩产突破 800 千克，5 年累计推广面积超过 7 300 万亩，2019 年获得国家科学技术进步奖二等奖；百农 4199 累计推广面积达 1 000 余万亩；烟农 1212 两次刷新小麦水地和旱地单产全国纪录，累计推广面积超过 500 万亩。超强筋早熟抗病小麦新品种济麦 44 蛋白和淀粉理化特性好，品质突出，富含锌硒，营养价值高，2017、2018 年连续 2 年达到郑州商品交易所期货用标准的一等优质强筋小麦；中麦 578 面包品质接近进口优质加麦水平，累计推广面积超过 400 万亩。抗赤霉病优质强筋小麦新品种西农 511 综合抗病性突出：中抗赤霉病、纹枯病、叶枯病，高抗条锈病（部分区域表现为中抗）。2018 年被评为绿色小麦品种，累计推广面积超过 700 万亩。

（三）玉米

专项育成了京农科 728、中科玉 505、MC121、天泰 619、中单 153 等突破性重大新品种，其中早熟宜机收强优势杂交种京农科 728，突破了夏播玉米机收籽粒的技术瓶颈，累计推广面积超过 1 000 万亩。耐高温热害玉米新品种中科玉 505，在黄淮海夏玉米区居领先地位，累计示范推广面积超过 1 300 万亩，该品种于 2017 年同时通过东华北春玉米区、东北中熟春玉米区、黄淮海夏玉米区绿色通道国家审定，并分别通过陕西、河南、安徽等省审定，产业化推广前景广阔。

（四）大豆

将分子标记辅助选择、诱发突变和杂种优势利用与常规育种相结合，育成高油、高产、多抗大豆新品种合农 75，累计推广面积超过 1 000 万亩，成为突破性大豆新品种。优质高产广适大豆新品种齐黄 34，具有高产稳产，抗病抗倒，适宜机械化作业等特性，2018 年以来推广面积超过 500 万亩，已成为当前黄淮海大豆生产上的主栽品种之一。高产大豆新品种绥农 44 累计推广面积超过 500 万亩，成为全国第六大主推品种。合农 76 适宜油用或传统豆制品加工，累计推广面积超过 400 万亩。高蛋白、高产、大粒新品种绥农 52，蛋白质含量 42.0%，脂肪含量 19.7%，低豆腥味，2019 年推广面积超过 300 万亩。优质、高产、耐密、宜机收大豆新品种中黄 301，高产稳产，抗病耐逆，抗倒耐密，适宜全程机械化作业，品质好，蛋脂总量超过 63%，2016—2019 年连续 4 年高产示范田亩产均超过 310 千克，为保证我国食用大豆蛋白的完全自给提供了强有力的技术支撑。

三、联合攻关机制逐步完善，产学研用结合模式高效运行

以科技计划为载体，以项目为纽带，在不断推出新品种的同时，也推动了种业科技计划组织机制创新，逐步探索建立起多种富有成效的“全链条设计、一体化实施”、“产学研用”紧密结合的协同攻关模式。这种模式的关键是在品种选育阶段，由科研单位与企业协同攻关，快速培育优良新品种；在产业化阶段，以企业和“企业＋农户”为主体，科研单位和种子管理部门深度参与，加快品种推广速度。这种“产学研用”结合模式在推动大品种的选育与产业化方面，发挥了极为重要的作用。

2019 年获得国家科学技术进步奖二等奖的小麦品种鲁原 502，在国家和地方两级科技攻关项目的支持下，由山东农科院原子能所和中国农科院作物科学研究所联合鲁原种业公司，采用了“科研单位＋种子公司＋农技推广单位＋合作社”的推广模式，组建了良种繁育、示范推广，优质商品粮生产及销售的利益联合体。依托这一有效的推广模式，建立了育种家种子、原种和良种繁育基地，完善了小麦育种家种子、原种、良种高效繁育技术，制定了鲁原 502 种子精加工技术规程，建立了 30 个万亩示范方，并开展高产攻关，实现了产业化推广的巨大成功，2016—2020 年累计推广应用面积超过 7 700 万亩，2019 年成为全国第二大小麦品种，促进了先进科研成果向现实社会生产力的转化。

与此同时，专项实施有效带动了品种创新与应用平台建设能力的显著提升。专项共建设各类试验示范基地 800 余个，总规模达 800 余万亩。建立河南省麦类种质资源创新与改良等多个省级重点实验室及闽台农作物有害生物生态防控等多个国家重点实验室，人才聚集，创新能力增强、研究成果显著，通过“产学研”相结合促进科技成果的推广和产业化应用；依托省级及国家级重点实验室等学科平台，成就了一批优秀中青年人才，培养硕、博士研究生 2 800 余人。在水稻功能基因平台构建方面，进一

步完善了水稻功能基因组和育种数据库；构建了基于存在/缺失变异扫描的泛基因组构建工具 PPsPCP；建立水稻种子萌发过程中的蛋白质磷酸化修饰和泛素化修饰的数据库；为水稻功能基因育种芯片的研发和全基因育种提供支撑。

（刘录祥）

第三节　良种重大科研攻关

2014 年 6 月 23 日，汪洋副总理在北京市通州区调研时强调，借鉴两弹一星经验，建立以市场为导向、企业为主体、品种为主线、技术为依托的政产学研联合攻关模式；由农业部组织，领军人物牵头，组成跨行业攻关团队，协作良种攻关。为落实中央领导有关指示精神，充分利用社会主义集中力量办大事的制度优势，2014 年首先启动玉米、大豆良种重大科研联合攻关，成立攻关领导小组，农业部余欣荣副部长任组长，成员有科技部农村司、农业部种子管理局、农业部科教司等单位；攻关专家委员会由中国工程院院士戴景瑞和盖钧镒分别任主任、王天宇研究员和韩天富研究员分别任秘书长。2016 年启动水稻、小麦攻关，攻关专家委员会由中国工程院院士万建民和许为钢研究员分别任首席专家、胡培松研究员和肖世和研究员分别任秘书长。2017 年成立种业理论创新组，由中国工程院院士万建民任组长、李新海研究员任秘书长。2018 年启动马铃薯、油菜、花生等 11 种特色农作物攻关，由中国工程院院士傅廷栋和张新友等专家分别担任相关农作物首席专家。2019 年，印发四大农作物攻关五年计划，发布四大农作物绿色品种指标体系。

经过多年持续努力，攻关组坚持有为政府和有效市场相结合，坚持科技创新与制度创新两个轮子一起转，着力解决种业科研与生产“两张皮”问题，着力破解种业“卡脖子”难题。搭建种质资源发掘、分子育种检测、商业化育种、新品种测试等四大平台，探索建立资源有条件共享，收入按比例分成机制。通过推动基础研究上大联合、资源材料上大整合、育种技术上大集成、贯通种业创新链条，选育了一批突破性新品种。截至 2020 年底，良种联合攻关在高产、绿色、专用品种选育方面成效显著。

一、育种基础环节，创新储备的家底更加丰厚

在功能基因方面取得新突破，克隆了一批形态生化调控、抗病虫、抗逆、高光肥效基因，为分子育种提供了创新源头活水。发掘出一批优异育种材料，特别是从小麦与冰草远缘杂交后代中创造抗逆高产性状突出新材料，已在育种中广泛使用。突破了一批重大育种技术，实现基因编辑技术并跑跨越，靶向测序基因型检测技术达到应用

水平，主要农作物转基因技术体系完善成熟，大幅提升了种源创新效率。

二、品种选育环节，性状突出的品种不断显现

选育出36个玉米籽粒机收品种，京农科728等品种在短期内已推广达3 300万亩以上。中麦5051突破了节水品种不优质、优质品种不抗寒的技术瓶颈，扬麦33赤霉病抗性鉴定连年达到抗级水平，衡麦29节水指数达到极强水平，烟农1212亩产高达840.7千克。水稻晶两优534等品种成为生产主推品种。培育出了亩产超400千克的吉育86、超300千克的冀豆17和中黄301等近20个高产大豆新品种，显著高于同纬度美国大豆品种单产水平。培育了可替代进口的潜力西蓝花品种3个，自育品种市场占有率由5%提升到20%。选育的黄白色金针菇打破了日本白色金针菇独霸市场局面。首次选育成功可代替粮食的加工用途香蕉新品种美食蕉1号、美食蕉2号；选育出抗枯萎病新品种中蕉9号等，初步解决香蕉抗枯萎病世界性难题。

三、品种应用环节，融合发展的势头逐渐形成

发挥攻关组单位各自优势，推进“品种＋N”延伸产业链条，促进优良品种转化为现实生产力。各农作物在主产区开展新品种展示示范，举办大规模现场观摩活动43次，展示新品种3 000余个（次），推进新品种精准对接需求。油菜攻关组将品种选育、种子生产、品种推广、产品加工销售紧密衔接，促进我国油菜产业高质量发展。荔枝攻关组推进良种与良法配套，创新大枝高接换种关键技术，集成高效高接换种和配套栽培技术体系，推动实现调结构、提品质和增效益的产业目标。

（曾波、李荣德）

第七章 粮食作物科技创新

第一节 水 稻

一、资源创新

2006年以来，我国持续加大种质资源保护与收集力度。2015年2月28日，农业部、国家发展改革委、科技部印发《全国农作物种质资源保护与利用中长期发展规划（2015—2030年）》，启动了第三次全国农作物种质资源普查与收集行动。截至2020年，国家农作物种质长期库共保存各类水稻资源89 139份，国家水稻中期库保存各类水稻资源81 265份，广州、南宁两个国家野生稻圃保存稻属21个种共11 098份野生稻资源。同时，在海南、广东、广西、云南、福建、江西和湖南7个野生稻分布省（自治区）建立有野生稻原生境保存点（区）30个，基本建成较完善的水稻种质资源保护体系。

为解决资源丰富和育种亲本贫乏之间的矛盾，充分挖掘资源潜力，对保存的水稻种质资源进行了基本农艺性状鉴定，筛选出一批高产、优质和抗逆性强的种质资源，对部分特异资源进行了基因组测序与功能基因研究，推动资源研究与育种应用接轨并高效利用。中国科学院上海生命科学研究院植物生理生态研究所、遗传与发育生物研究所、植物研究所，中国农业大学，南京农业大学，华中农业大学，华南农业大学，四川农业大学，中国农业科学院作物科学研究所，中国水稻研究所等研究团队在此领域取得重要进展，先后克隆了产量相关基因 *GLW7*、*TGW3*、*GSE5*、*GS2*、*TAC3*、*D2*、*qWS8*/*ipa1*－*2D*、*OsMFT1* 等，抗病抗逆相关基因 *ebr1*、*Bsr*－*d1*、*Pigm*、*wed*、*OgTT1*、*COLD1* 等，品质相关基因 *RS*、*OsPK2*、*LGY3*、*CAL1*、*OsCd1*、*GL7* 等，杂种优势相关基因 *pms1*、*Sc*、*qHMS7* 等以及氮高效基因 *OsNRT1.1B*、*OsNR2*、*are1* 等并进行了遗传解析，为水稻育种提供了理论基础。其中，“抗条纹叶枯病高产优质粳稻新品种选育及应用”获2010年国家科学技术进步奖一等奖，“水稻遗传资源的创制保护和研究利用”获2020年国家科学技术进步奖一等奖，“水稻重要种质创新及其应用”获 2010 年国家科学技术进步奖二等奖，“中国野生稻种质资源保护与创新利用”获 2017 年国家科学技术进步奖二等奖（表 7－1）。

二、技术创新

2006 年以来，基础研究与现代育种技术取得突破性进展，已经通过建立功能基因组学、蛋白组学、代谢组学等研究平台，成功解析水稻产量、品质和抗性等重要性状形成的分子基础。传统的品种选育正逐步向定向、高效的“精确育种”转化，取得了一批显著成果。以中国科学院遗传与发育研究所、中国水稻研究所等单位为代表的研究团队对传统育种技术进行大胆颠覆，在模块育种理论和技术创新特别是水稻分子设计育种领域取得一系列重大突破，建立了涵盖由“分子模块”到“设计型品种”构成的现代生物技术育种创新体系。其中，“揭示水稻理想株型形成的分子调控机制”入选 2010 年度“中国科学十大进展”，“揭示水稻产量性状杂种优势的分子遗传机制”入选 2016 年度“中国科学十大进展”；“水稻高产优质性状形成的分子机理及品种设计”获 2017 年度国家自然科学奖一等奖（表 7－1）。

以宁波市农科院、南京农业大学、中国水稻研究所等单位为代表的育种家们在创建了籼粳杂交水稻有利性状集聚技术的基础上，创造性地运用远缘杂交和三系法杂交育种，集聚了水稻不同亚种的有利基因，育成了综合性状优良的强优势籼粳杂交水稻组合，实现杂交水稻产量新的突破。“水稻籼粳杂种优势利用相关基因挖掘与新品种培育”获 2014 年国家技术发明奖二等奖（表 7－1）。

表 7－1　2006—2020 年水稻种业科技创新获国家三大奖情况

奖项	年度	等级	项目名称	完成单位
国家自然科学奖	2020	二等	水稻高产与氮肥高效利用协同调控的分子基础	中国科学院遗传与发育生物学研究所
	2020	二等	水稻驯化的分子机理研究	中国农业大学
	2018	二等	杂交稻育性控制的分子遗传基础	华南农业大学
	2017	一等	水稻高产优质性状形成的分子机理及品种设计	中国科学院遗传与发育生物学研究所
	2016	二等	水稻产量性状的遗传与分子生物学基础	华中农业大学
	2014	二等	水稻重要生理性状的调控机理与分子育种应用基础	中国科学院上海生命科学研究院植物生理生态研究所
	2013	二等	水稻质量抗性和数量抗性的基因基础与调控机理	华中农业大学
	2012	二等	水稻复杂数量性状的分子遗传调控机理	中国科学院上海生命科学研究院

（续）

奖项	年度	等级	项目名称	完成单位
国家技术发明奖	2020	二等	水稻抗褐飞虱基因的发掘与利用	武汉大学
	2014	二等	水稻籼粳杂种优势利用相关基因挖掘与新品种培育	南京农业大学
	2013	二等	水稻抗旱基因资源挖掘和节水抗旱稻创制	上海市农业生物基因中心
	2011	二等	后期功能型超级杂交稻育种技术及应用	中国水稻研究所
	2012	二等	水稻两用核不育系 C815S 选育及种子生产新技术	湖南农业大学
国家科学技术进步奖	2020	一等	水稻遗传资源的创制保护和研究利用	上海市农业生物基因中心
	2020	二等	超高产专用早籼稻品种中嘉早 17 等的选育与应用	中国水稻研究所
	2020	二等	长江中游优质中籼稻新品种培育与应用	湖北省农业科学院
	2017	二等	中国野生稻种质资源保护与创新利用	中国农业科学院作物科学研究所
	2017	二等	寒地早粳稻优质高产多抗龙粳新品种选育及应用	黑龙江省农业科学院佳木斯水稻研究所
	2016	二等	江西双季超级稻新品种选育与示范推广	江西农业大学
	2015	二等	晚粳稻核心种质“测 21”的创制与新品种定向培育应用	浙江省农业科学院
	2013	特等	两系法杂交水稻技术研究与应用	湖南杂交水稻研究中心
	2012	二等	优质早籼高效育种技术研创及新品种选育应用	中国水稻研究所
	2012	二等	杂交水稻恢复系的广适强优势优异种质明恢 63	三明市农业科学研究所
	2010	一等	抗条纹叶枯病高产优质粳稻新品种选育及应用	南京农业大学
	2010	二等	水稻重要种质创新及其应用	中国水稻研究所
	2010	二等	华南杂交水稻优质化育种创新及新品种选育	广西壮族自治区农业科学院
	2009	二等	北方粳型优质超级稻新品种培育与示范推广	沈阳农业大学
	2009	二等	籼型系列优质香稻品种选育及应用	湖南省水稻研究所

数据来源：科学技术部。

三、品种创新

（一）2006—2020 年国家审定水稻品种现状与特点

审定品种数量大幅增加。在已有国家和省级统一品种试验基础上，2014 年“育繁推一体化”企业启动了绿色通道品种试验，2016 年科研单位和普通企业启动了联合体品种试验，2018—2019 年启动了抗旱、耐盐碱等特种类型品种试验，形成了国家统一试验、绿色通道试验、联合体试验等并行发展的局面，品种试验渠道更加多元化，品种审定数量快速增加。2006—2020 年，通过国家审定的水稻品种数量合计 1 963个；特别是 2017 年以来国审水稻品种数量快速增加，2020 年审定水稻品种达到 574 个，比 2006 年增加 490 个，增长了 5.8 倍（表 7－2）。

品种类型不断丰富。2006 年以来，籼粳亚种间杂交育种技术创新取得突破，水稻品种类型不断丰富。从国家审定水稻品种类型看，粳稻审定数量占比下降，从 2006 年的 22 个、占 26.2%，降至 2020 年的 76 个、占 13.2%（不含籼粳交杂交稻）；常规稻审定数量占比下降，从 2006 年的 16 个、占 19.0%，降至 2020 年的 81 个、占 14.1%；两系杂交稻审定数量占比快速提高，从 2006 年靠两系法仅选育 5 个品种、占审定杂交稻品种数量的 7.4%，到 2020 年两系法选育 271 个品种、占 47.2%（表 7－2）。

表 7－2 2006—2020 年国家审定水稻品种类型

单位：个

年份	粳型常规稻	粳型两系杂交稻	粳型三系杂交稻	籼粳交三系杂交稻	籼型常规稻	籼型两系杂交稻	籼型三系杂交稻	合计
2006	10		12		6	5	51	84
2007	14		8			10	20	52
2008	15		10		1	8	11	45
2009	6	1	7		1	9	28	52
2010	11		5		1	13	25	55
2011	4		2			6	17	29
2012	11		1		1	8	23	44
2013	6		3			19	15	43
2014	11				1	14	20	46
2015	9		2			22	20	53
2016	6		1			36	23	66
2017	12		4	1	1	107	53	178
2018	35	1	5		1	126	101	269
2019	13		5	2	3	209	140	372
2020	63	1	12	2	18	271	207	574

数据来源：国家水稻全产业链大数据平台。

审定品种优质化率不断提高。绿色优质专用水稻品种数量增长较快，2020 年国审水稻品种达到国家或行业标准优质 2 级及以上的品种数量达到 264 个，品种整体优质率为 46.0%，约是 2016 年的 4.5 倍。根据农业农村部稻米及制品质量监督检验测试中心分析统计，2006年以来我国稻米品质达标率持续回升，水稻品种品质得到不断改善。2020年，农业农村部稻米及制品质量监督检验测试中心共检测品质全项的水稻品种样品8 428份，来自全国25个省（自治区、直辖市），依据农业行业标准《食用稻品种品质》（NY/T 593—2013）进行了全项检验，总体达标率为49.1%，其中粳稻达标率为44.2%，籼稻为50.5%。与2006年相比，总体达标率提高18.5个百分点，籼稻提高了26.1个百分点，粳稻降低了6.6个百分点。

（二）2006—2020年水稻新品种权申请与授权情况

水稻是第一批被列入植物新品种保护名录的植物种属之一。2006—2020年，我国水稻新品种保护申请量、授权量均保持较快增长势头，合计申请量8 621件、授权量4 526件，授权率52.5%（表7-3）。

表7-3　2006—2020年水稻新品种权申请情况

单位：件

年份	申请量	科研	企业	教学	个人	国外
2006	231	134	66	28	3	0
2007	277	163	72	25	15	2
2008	250	140	64	33	11	2
2009	161	86	50	15	5	5
2010	307	162	79	51	12	3
2011	284	129	128	20	7	0
2012	461	238	168	40	11	4
2013	367	188	141	30	8	0
2014	463	251	178	29	5	0
2015	490	180	254	41	15	0
2016	635	232	329	62	12	0
2017	520	191	290	32	7	0
2018	1 236	448	645	99	42	2
2019	1 312	488	619	163	42	0
2020	1 267	502	557	167	41	0

数据来源：农业农村部科技发展中心。

（三）2006—2020年水稻大面积品种推广情况

推广面积超过10万亩的品种数量增加，杂交稻品种推广面积下降。2006年以来，我国推广面积超过10万亩的水稻品种数量增加，但推广面积先增后减，特别是杂交稻品种推广面积下降较多。据全国农技中心统计，2020年推广面积超过10万亩的水稻品种752个，比2006年增加30个；推广面积达30 322万亩，减少6 107万亩。分品种类型看，2020年推广面积超过10万亩的杂交稻、常规稻面积分别为15 761万亩、14 561 万亩，其中杂交稻面积比 2006 年减少 7 035 万亩，占比从 62.6%降至 52.0%，下降了 10.6 个百分点；常规稻面积增加 928 万亩，占比从 37.4%提高到 48.0%，提高了 10.6 个百分点。

推广面积超过 100 万亩的大品种数量减少，杂交稻大品种数量减少较多。从大面积推广品种看，年推广面积超过 100 万亩的水稻品种数量从 2006 年的 79 个减至 2020 年的 54 个，推广面积从 18 107 万亩减至 12 896 万亩，减少了 5 211 万亩。其中，常规稻品种从 34 个减至 30 个，杂交稻品种从 45 个减至 24 个。2006 年，全国推广面积最大的常规稻、杂交稻品种分别是空育 131、两优培九，面积分别为 1 050 万亩和 1 156万亩。2020 年全国推广面积最大的常规稻、杂交稻品种分别是绥粳 27、晶两优华占，面积分别为 808 万亩和 489 万亩。随着我国水稻审定品种数量快速增加，很难再出现汕优 63、汕优 64、浙辐 802、空育 131 等单年度推广面积大、推广周期长、累计推广面积大的超级品种。

大面积水稻品种更加注重高产、高质，尤其是杂交稻品种的产量和品质明显提升。2020 年，推广面积超过 100 万亩的 30 个常规稻品种平均穗总粒数、产量分别为 114.2 粒、558.2 千克/亩，分别比 2006 年增加 6.6 粒和 25.0 千克/亩；平均胶稠度 76.7 毫米，增加 2.1 毫米；直链淀粉含量 15.9%，降低 0.9 个百分点。推广面积 100 万亩以上的 24 个杂交稻品种平均穗总粒数、产量分别为 173.4 粒、580.2 千克/亩，分别比 2006 年增加 33.2 粒和 57.8 千克/亩；平均胶稠度 73.3 毫米，增加 19.9 毫米；直链淀粉含量 16.1%，降低 5.1 个百分点。与 2006 年相比，部颁标准三级及以上的品种从 23 个增至 36 个，标准二级及以上的品种从 11 个增至 21 个。其中，标准三级及以上的杂交稻品种从 12 个增至 21 个，标准二级及以上的杂交稻品种从 3 个增至 10 个；标准三级及以上的常规稻品种从 11 个增至 15 个，标准二级及以上的常规稻品种从 8 个增至 11 个。与 2006 年相比，生产上大面积推广品种在单产、品质等方面均取得突破。

品种实现更新换代，一批突破性主导品种连续多年大面积推广。2006—2020 年，我国常规水稻品种和杂交水稻品种均实现了 1 次更新换代。若按年度推广面积超过 50 万亩的品种作为主栽品种，2006 年我国推广面积超过 50 万亩的常规稻品种有 69 个、杂交稻 104 个。2015 年推广面积超过 50 万亩的常规稻品种 69 个、新品种占比 82.6%；杂交稻品种减至 87 个、新品种占比 80.5%，实现了一轮品种更新换代。与 2015 年相比，2020 年生产上推广面积超过 50 万亩的常规稻品种 55 个、新品种占比 54.5%；杂交稻品种 66 个、新品种占比 72.7%。杂交稻品种的更新速度明显快于常规稻。

2020 年，推广面积超过 10 万亩的常规稻品种共有 292 个，杂交稻 460 个。其中，常规稻推广面积前 10 位的品种为绥粳 27、龙粳 31 号、南粳 9108、黄华占、绥粳 18、中嘉早17、湘早籼45号、淮稻5号、龙庆稻8号、南粳5055；杂交稻推广面积前10位的品种为晶两优华占、晶两优534、隆两优华占、泰优390、晶两优1377、隆两优534、宜香优2115、晶两优1212、野香优莉丝、C两优华占。上述品种已经取代了2006年大面积推广的空育131、徐稻3号、龙粳14、吉粳88、两优培九、金优402、金优207、丰两优1号、冈优725等品种。

从突破性品种看，2006年以后选育推广了一批高产、优质、抗逆的水稻新品种。2006—2020年在生产上推广面积排名前20位的常规稻品种主要有龙粳31号、中嘉早17、黄华占、绥粳18、湘早籼45号、南粳9108、龙粳26、宁粳4号、中早39等（表7-4）；杂交稻品种主要有Y两优1号、冈优188、深两优5814、五优308、天优华占、丰两优香1号、C两优华占等（表7-5）。其中，“寒地早粳稻优质高产多抗龙粳新品种选育及应用”获2018年国家科学技术进步奖二等奖，“超高产专用早籼稻品种中嘉早17等的选育与应用”获2020年国家科学技术进步奖二等奖。

表7-4　2006—2020年推广面积前20位的常规稻品种

品种名称	首次审定时间（年）	累计推广面积（万亩）	第一选育单位	第一完成人
龙粳31号	2011	10 421	黑龙江省农科院佳木斯水稻研究所	潘国君
中嘉早17	2008	7 007	中国水稻研究所	胡培松
黄华占	2005	5 626	广东省农业科学院水稻研究所	周少川
绥粳18	2014	4 692	黑龙江省农业科学院绥化分院	聂守军
湘早籼45号	2007	3 785	益阳市农业科学院	徐国生
南粳9108	2013	3 137	江苏省农业科学院粮食作物研究所	王才林
龙粳26	2009	2 704	黑龙江省农业科学院水稻研究所	徐希德
宁粳4号	2009	2 164	南京农业大学农学院	万建民
中早39	2009	2 103	中国水稻研究所	李西明
连粳7号	2010	1 988	江苏徐淮地区连云港农业科学研究所	徐大勇
龙粳46	2015	1 858	黑龙江省农业科学院水稻研究所	潘国君
龙粳25	2009	1 847	黑龙江省农业科学院水稻研究所	潘国君
龙粳29	2010	1 793	黑龙江省农业科学院水稻研究所	辛爱华
南粳5055	2011	1 785	江苏省农业科学院粮食作物研究所	王才林
龙粳21	2008	1 604	黑龙江省农业科学院水稻研究所	潘国君
武运粳23号	2010	1 555	江苏（武进）水稻研究所	钮中一
龙粳39	2013	1 445	黑龙江省农业科学院水稻研究所	潘国君
绥粳15	2014	1 345	黑龙江省农业科学院绥化分院	张广彬
五优稻4号	2009	1 345	五常市中粮美裕长粒香水稻研究所	田永太
秀水134	2010	1 243	嘉兴市农业科学研究院	姚海根

数据来源：国家水稻全产业链大数据平台。

表 7-5　2006—2020 年推广面积前 20 位的杂交稻品种

品种名称	首次审定时间（年）	累计推广面积（万亩）	第一选育单位	第一完成人
Y 两优 1 号	2006	4 064	湖南杂交水稻研究中心	邓启云
冈优 188	2005	3 127	乐山市农牧科学研究所	李乾安
深两优 5814	2008	2 945	国家杂交水稻工程技术研究中心清华深圳龙岗研究所	武小金
五优 308	2004	2 833	广东省农业科学院水稻研究所	黄慧君
天优华占	2008	2 585	中国水稻研究所	朱旭东
丰两优香 1 号	2006	2 071	合肥丰乐种业股份有限公司	张国良
C 两优华占	2013	1 762	湖南金色农华种业科技有限公司	朱旭东
晶两优华占	2015	1 683	袁隆平农业高科技股份有限公司	杨远柱
中浙优 8 号	2006	1 605	中国水稻研究所	章善庆
隆两优华占	2015	1 592	袁隆平农业高科技股份有限公司	杨远柱
皖稻 187	2006	1 586	合肥丰乐种业股份有限公司	张国良
晶两优 534	2016	1 552	袁隆平农业高科技股份有限公司	杨远柱
宜香优 2115	2011	1 528	四川农业大学农学院	黄　富
甬优 9 号	2007	1 331	宁波市农业科学研究院	马荣荣
陆两优 996	2005	1 311	湖南农业大学水稻科学研究所	陈立云
泰优 390	2013	1 291	湖南金稻种业有限公司	凌鸿如
两优 688	2009	1 272	福建省南平市农业科学研究所	江文清
川优 6203	2011	1 207	四川省农业科学院作物研究所	任光俊
皖稻 153	2005	1 103	安徽省农业科学院水稻研究所	杨联松
淦鑫 203	2006	1 031	广东省农业科学院水稻研究所	王　丰

数据来源：国家水稻全产业链大数据平台。

（方福平、徐春春、纪龙）

第二节　玉　　米

一、资源创新

（一）种质资源保护、鉴定与创新

2006 年我国国家农作物种质库保存玉米种质资源 18 781 份，到 2020 年我国入库保存玉米种质资源达到 29 880 份，增长近 60%。种质资源鉴定评价取得较大进展，

“十三五”期间在国家重点研发计划支持下，中国农业科学院作物科学研究所牵头对2 000份初选种质资源进行了多环境的重要性状表型鉴定和全基因组水平基因型鉴定，筛选出目标性状突出、遗传背景清楚的优异种质207份，创制出优异新种质130份，并得到育种利用。

我国玉米种质资源创新紧密围绕杂种优势群的持续改良开展工作。黄改系（塘四平头群）和瑞德群改良系从2006年到2020年一直占30%左右，是黄淮海区的主要种质来源。在东华北和西北区，兰卡斯特群的种质利用率不到10%，旅大红骨群应用越来越少；而从国外杂交种选育出的SS群种质和NSS群种质比例逐年加大，约在30%以上。近年来，从美国先锋杂交种衍生出的X群种质（如京724、京MC01等）比例上升，美国Iodent种质利用形成创新特色，在各生态区的种质创新中均得到体现。总体来看，热带亚热带种质主要在西南区得到利用，而本土地方品种的创新利用较为薄弱。

（二）玉米重要性状基因资源挖掘

产量性状基因资源。高产是玉米育种永恒的主题，但基因资源挖掘直到2015年后才不断取得进展。华中农业大学张祖新团队历经十余年取得的成绩突出，如利用玉米自交系齐319作供体与掖478作轮回亲本构建的染色体片段代换系SL57，挖掘出控制穗长和穗粒数的关键基因*KNR6*，在过表达该基因或把该基因调控区缺失两个转座子插入的等位基因转移到新遗传背景下，均能显著提高产量。同时，该团队还在*UB3*基因下游鉴定出一个1.2 kb的PAV结构变异与穗行数有关。株型是玉米耐密育种最关注的性状，但基因资源挖掘缓慢。中国农业大学田丰团队在玉米野生祖先小颖大刍草中克隆到两个控制叶片直立性状的基因*UPA1*和*UPA2*，并阐明了其作用机制，发现减少叶夹角的*UPA2*等位基因起源于大刍草，但在玉米驯化期间已经丢失，对其进行遗传操作可以提高产量；该研究发表在2019年*Science*上，并入选2020中国农业科学十大重大进展。

抗病基因资源。抗病性是玉米育种的重要目标。2006—2020年抗病基因资源挖掘取得了重要进展，中国农业大学徐明良团队的成果最为突出。丝黑穗病是我国多个生态区的重要病害，严重危害玉米生产，该团队应用图位克隆方法挖掘出主效基因*qHSR1*（*ZmWAK*），发现病原丝轴黑粉菌从玉米幼根侵入后，沿着中胚轴营养最丰富的韧皮部组织向上生长，抗病基因*ZmWAK*则在围绕韧皮部的薄壁细胞中高表达，激活水杨酸依赖的抗病基因，抑制病原菌的顶向生长，从而达到最佳的抗病效果。此外，徐明良团队还克隆出抗玉米矮花叶病毒病基因*Scmv1*（*ZmTrxh*）和*Scmv2*（*ZmABP1*）、抗玉米粗缩病基因*qMrdd1*（*ZmGDIα*）、抗玉米茎腐病基因

qRfg1（*ZmAuxRP1*）等。在其他病害抗性基因资源挖掘上也取得新突破，如山东农业大学储昭辉团队与华中农业大学严建兵团队合作挖掘出抗玉米纹枯病基因 *ZmFBL41*。

抗逆基因资源。我国玉米生产遭遇的非生物逆境很多，是提升玉米产量的重要限制因素，挖掘抗逆基因资源具有重要的实践意义。2006—2020 年，抗逆基因资源挖掘在我国多点开花，进展迅速。在耐旱性方面，中国农业大学秦峰团队应用关联分析方法挖掘出耐旱关键基因 *ZmVPP1*，发现该基因启动子区域 1 个 366 bp 的插入会导致抗旱性提高，过表达也可达到类似效果，此外该团队还挖掘出 *ZmNAC111*、*ZmSRO1d*、*ZmRtn16*、*ZmTIP1*、*ZmEXPA4* 等重要耐旱基因；华中农业大学代明球团队挖掘出 *DRESH8*、*ZmPP2C－A10*、*ZmPTPN* 等耐旱关键基因。在耐盐性方面，中国农业大学蒋才富团队挖掘到 *ZmNSA1*、*ZmHKT1；2*、*ZmHKT2*、*ZmHAK4* 等关键基因。在耐冷性方面，中国农业大学杨淑华团队挖掘到关键基因 *ZmICE1*。在耐涝性方面，华中农业大学邱法展团队挖掘到关键基因 *ZmEREB180*。在抗倒性方面，中国农业大学林中伟团队挖掘到关键基因 *stiff1*。

广适基因资源。玉米是适应性较广的农作物，基因资源挖掘对拓展玉米空间很有价值。中国农业大学田丰团队与美国科学家合作，发现一个控制开花时间的数量性状基因位点位于 *ZmCCT9* 基因上游 57 kb 处的 Harbinger－like 转座子，该转座子通过顺式作用抑制 *ZmCCT9* 的表达，从而促进长日照条件下玉米开花。该团队还挖掘到控制开花时间的基因 *qDTA8*（*ZCN8*），与另一个开花基因 *ZmCCT10* 一样，这些基因均是由于转座子的插入使玉米适应了不同纬度地区。

二、技术创新

（一）单倍体育种技术

单倍体育种技术研发始于 1995 年，到 2007 年形成了单倍体育种技术的雏形。2008 年后单倍体技术研发不断加快，先后在诱导、鉴别及加倍等环节上取得系列突破。2009 年创制出目前应用最广泛的单倍体诱导系 CAU5，并接连研制出 CHOI3、CHOI4、CAU6 等系列诱导系，并将诱导率由 2%提升到 15%以上。在鉴别研究上，提出把籽粒油分作为标记进行单倍体鉴别的技术方法，2013 年开发出单倍体鉴别自动化设备。在加倍技术研究上，2006 年初步建立了秋水仙素化学加倍方法，之后逐步完善形成了以芽苗法等为主的化学加倍方法；2016 年建立了基于组织培养的单倍体鉴别和加倍一体化技术，DH 系生产周期从一年缩短至 7 个月。目前，建立的高效单倍体育种技术体系已成为玉米育种的关键技术。

（二）分子标记育种技术

“十五”以后，分子育种技术得到了国家863计划支持，在玉米育种上建立了一系列高密度的遗传图谱，研制出逐代跟踪式的分子标记辅助育种技术，应用于玉米抗病、品质等性状选择。2014年克隆了抗丝黑穗病基因 *ZmWAK*，通过分子标记辅助导入该基因显著提高了玉米对丝黑穗病的抗性。开发出控制玉米油分、维生素A原、维生素E营养品质性状改良的功能分子标记，并应用于分子育种研究，2016年“玉米重要营养品质优良基因发掘与分子育种应用”获国家技术发明奖二等奖。DNA分子标记技术不断发展并得到应用，由SSR分子标记发展到以SNP差异为基础的分子标记。2007年SSR标记DNA指纹方法作为行业标准应用于品种鉴定。从2012年开发出含有3 072个SNP位点的芯片，到2020年研制出Maize6H-60K SNP芯片，大幅提升了基因型分型效率，广泛应用于玉米种质资源评估、分子鉴定、分子育种。

（三）转基因育种技术

我国转基因技术的研究可以追溯到20世纪80年代。在转基因生物新品种培育科技重大专项等国家计划支持下，转基因育种进入了快速发展期，建成了涵盖基因克隆、遗传转化、品种培育、安全评价等全链条的研发与产业化设施平台，形成了完整的转基因育种研发体系。系统优化了农杆菌介导的玉米遗传转化方法，“十二五”期间建立了基于幼胚的玉米规模化转基因技术体系，转化效率达到10%以上。在转基因育种产品上，2009年转植酸酶基因的BVLA430101玉米获得生产应用安全证书。时隔10年，抗虫耐除草剂性状取得突破，2019年转基因抗虫耐除草剂玉米DBN9936、瑞丰125获得生产应用安全证书。2020年转基因耐除草剂玉米DBN9858、抗虫耐除草剂玉米DBN9501获得生产应用安全证书，为转基因玉米产业化应用打下了坚实基础。

（四）基因编辑育种技术

过去的几十年里，基因编辑技术逐渐从ZFN、TALEN技术发展到了应用CRISPR/Cas系统进行基因编辑的阶段。2012年以来，以CRISPR/Cas9为代表的基因组编辑技术已成为我国玉米育种技术的创新热点。2014年建立了玉米的TALENs和CRISPR/Cas9基因定向编辑系统。2017年构建了高效的植物单碱基编辑系统nCas9-PBE，在玉米基因组中实现了高效、精确的单碱基定点突变。2018年构建了含有玉米减数分裂特异基因启动子的新基因编辑载体系统。2019年从微生物宏基因组中发掘出新型底盘核酸酶CRISPR-Cas12i和Cas12j，打破了我国在基因编辑核心工具领域的空白。CRISPR/Cas9技术也开始逐步地应用于玉米新材料创制。2019年研发出超甜、糯与超甜糯复合型鲜食玉米育种技术。2020 年首次在玉米中利用引导编辑工具获得具有除草剂抗性的玉米新材料。基因编辑技术与单倍体技术融合，2019 年研发出基于单倍体诱导介导的基因组编辑技术（IMGE），可精准加快农作物育种进程。

（五）全基因组选择育种技术

我国玉米全基因组选择育种研究尚处于起步阶段。2013 年我国首次利用基因组选择对玉米进行研究，得到 114 个可能优于优良单交种豫玉 22 的杂交组合。2014 年在 973 项目“玉米产量和品质性状全基因组选择育种的基础研究”带动下，玉米全基因组选择研究进展加快，研究发现基因型环境互作、预测群体和训练群体间的遗传关系等因素影响全基因组选择的预测准确性。研究表明全基因组选择对复杂性状改良有很好的预测效果，2018 年在不同磷水平胁迫下产量相关性状，2020 年在玉米镰刀菌穗腐病抗性上都作出很好的预测。在工具软件上，2020 年开发出以机器学习为基础的 KAML 工具，通过结合预测精度和计算效率可将此工具用于表型预测。

三、品种创新

（一）玉米品种审定数量和质量

审定数量。2006—2020 年，我国累计审定玉米新品种 14 496 个，其中国审品种 2 548个，省审品种 11 948 个，历年国家和省级审定数量详见图 7－1、图 7－2。

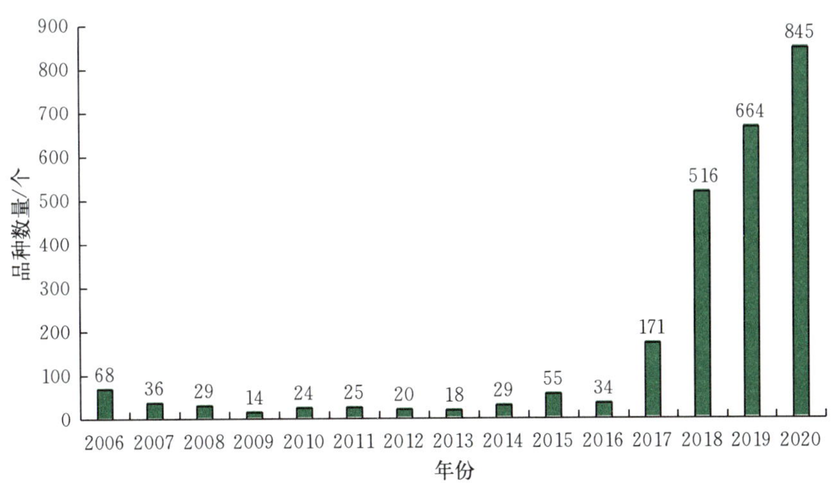

图 7－1　2006—2020 年国家审定玉米品种数量

（数据来源：中国种业大数据平台）

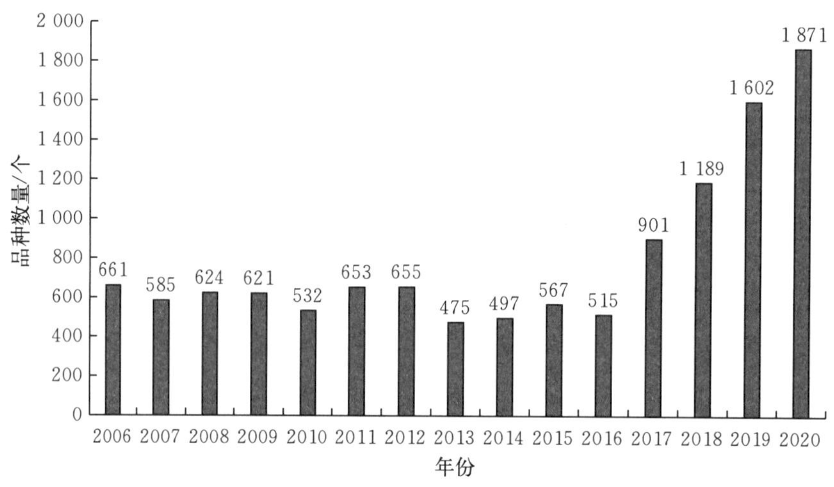

图 7-2　2006—2020 年省级审定玉米品种数量

（数据来源：中国种业大数据平台）

从审定数据趋势看，无论国审或省审品种数量显著变化，均以 2017 年作为分界点。2006—2016 年，由于审定渠道单一，各年度品种审定数量虽有波动，但总体变化不大。2015 年，《农业部办公厅关于进一步改进完善品种试验审定工作的通知》明确了“拓宽品种审定试验渠道，鼓励‘育繁推一体化’种子企业积极开展自有品种试验，具备试验能力的企业联合体、科企联合体和科研单位联合体等可组织开展品种试验”的政策后，经过 3 年试验，首批渠道拓宽后的品种于 2017 年正式通过审定，形成品种审定“政府渠道＋企业绿色通道＋联合体”3 条通道，品种审定数量开始大幅度增加。

品种质量。品种支撑玉米单产持续提升。我国玉米平均单产从 2006 年的 355.1 千克/亩，提升至 2020 年的 421.2 千克/亩，15 年复合增长率为 1.14%，历年平均单产见图 7-3。

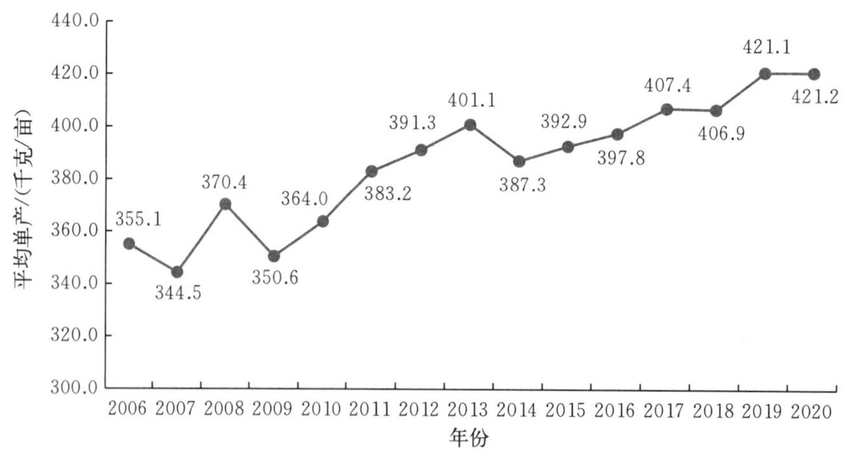

图 7-3　2006—2020 年中国玉米平均单产

（数据来源：联合国粮农组织）

玉米主要品质指标持续提升。根据陈先敏等分析，1972—2017 年我国国审普通玉米品种的千粒重、容重、粗淀粉含量等品质指标随着时间推移呈现显著或极显著增加，粗脂肪含量则呈极显著下降趋势。

（二）玉米植物新品种权申请和授权量

申请和授权数量。2006—2020 年，我国玉米植物新品种权申请量累计达到 12 031 件，授权量 4 813 件，历年授权量见图 7－4。

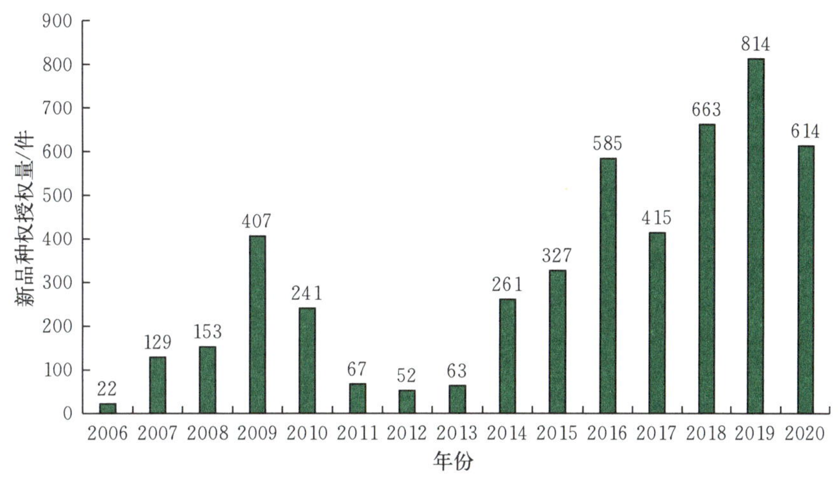

图 7－4　2006—2020 年玉米植物新品种权授权量

（数据来源：中国种业大数据平台）

从申请数量看，随着 2017 年审定渠道扩大后的首批品种通过审定，植物新品种权申请量也呈现出快速上升趋势。从授权数量来看，从 2014 年开始授权数量稳步提升，这与农业农村部在这一时期成立种子管理局，全面加快植物新品种权保护体系建设，系统性加强全国范围内 DUS 鉴定能力、分子检测能力布局等直接相关，有力支撑了玉米植物新品种保护进入快车道。

申请结构。根据《2021 年中国农作物种业发展报告》相关数据，在 2020 年总计 2 590件玉米植物新品种权申请中，企业申请者占比 76.6%，达到 1 985 件；在总计 614 件玉米植物新品种权授权中，企业申请者占比 77.7%，达到 477 件。植物新品种权申请结构充分表明，玉米种业企业研发能力已经具备基础，且知识产权意识在持续增强。

（三）品种推广情况

规模化推广品种总体情况。根据《2021 年中国农作物种业发展报告》，2020 年推广面积超过 10 万亩的玉米品种有 952 个，推广总面积为 42 592 万亩。单个品种推广面积超过 1 000 万亩的有 6 个，郑单 958 的推广面积最大，占 6.57%。推广面积前 10 位品种为郑单 958、京科 968、裕丰 303、登海 605、中科玉 505、先玉 335、联创 808、伟科 702、隆平 206 和浚单 20。这 10 个品种的推广总面积为 11 160 万亩，占 10 万亩以上玉米品种推广总面积的 26.2%。

大品种推广面积变化。随着我国玉米品种审定数量大幅度增加，2006—2020 年，我国玉米大品种的推广面积总体上呈现下降趋势。

从数据趋势看，2012 年和 2018 年是 2 个关键年份节点。2012 年，由于国发〔2011〕8 号文件的落地实施，各种业企业品种推广的积极性明显提升。2012 年作为文件落地后的首个推广年度，上市品种数量显著增加；2018 年，绿色通道和联合体区试首批品种在 2017 年审定后全面进入市场，导致市场品种供给再次增加。

品种更新换代和标志性品种。2006—2020 年，我国玉米经过了约 3 轮的品种更新换代，每个阶段均涌现出一批标志性大品种，有效支撑了我国玉米生产发展。

第一阶段（2006—2010 年）：以 2006 年郑单 958 全面超越豫玉 22，2006 年先玉 335 完成东北区审定（2004 年完成黄淮海区国审）为代表，郑单 958 和先玉 335 开始全面大规模推广，其间单粒播等先进技术快速推广，有效提升了我国玉米种业的产业水平。

第二阶段（2011—2016 年）：在国发〔2011〕8 号文件的支持下，本土种业企业打造自主大品种，科企紧密创新联合体等创新模式开始快速发展，玉米种业产业的市场化要素被全面激活。典型代表为登海种业依托自主产权的登海 605（2010 年首次国审）打造了黄淮海区域的大品种，实现了企业快速高质量发展。北京市农林科学院依托京科 968（2011 年首次国审）与中种集团、顺鑫农科、北京德农、北京屯玉、山东登海、河南现代等企业打造了紧密的京科品种联合体，实现了科企融合和科技资源的快速转化。

第三阶段（2017—2020 年）：随着审定渠道开放，审定数量激增，企业自主研发能力得到快速发展，基本确立了大品种在领军企业的自育、自繁、自推的内循环模式，显著提升了优异品种的推广速度。这一时期典型代表包括北京联创种业选育的中科玉 505、裕丰 303、联创 808 等新品种（均为 2015 年首次国审）和辽宁东亚种业选育的东单 1331 玉米新品种（2016 年首次国审）。

（黎裕、路明、李翔、李新海）

第三节　小　麦

一、资源创新

种质资源是促进种业科技原始创新与现代种业发展重要的物质基础，2006—2020 年，我国小麦种质资源的收集、保护、鉴定和创新利用等方面取得了重要进展，为重大新品种培育提供了重要的资源基础。

（一）种质资源收集、保护、鉴定与利用

2006年，我国国家农作物种质库保存小麦种质资源4.2万份左右，到2020年底资源保存总量增长到5.1万份，增长了21.4%。“十三五”期间，在国家重点研发计划项目支持下，小麦种质资源精准鉴定和创新利用取得了丰硕成果，累计完成3 037份种质资源的表型和基因型精准鉴定，包括不同时期的育成品种1 114份、高代品系（主要为创新种质）1 680份、地方品种67份和国外引进品种176份，表型包括了农艺性状、抗病虫、抗逆等重要性状。鉴定结果显示，具有高产特性的材料占20.1%、具有抗病虫特性的材料占45.6%、具有抗逆特性的材料占17.3%、具有优质特性的材料占8.4%、具有其他特性的材料占8.6%，为优异资源的挖掘和利用奠定了重要基础。

利用远缘杂交技术，结合GISH、分子标记鉴定及其目标性状分析，创制了小麦—黑麦、小麦—华山新麦草、小麦—偃麦草、小麦—鹅观草、小麦—簇毛麦、小麦—冰草、小麦—滨麦、小麦—粗山羊草、小麦—卵穗山羊草、小麦—沙融山羊草、野生二粒等具有抗赤霉病、抗条锈病、抗纹枯病、抗全蚀病、抗叶锈病、抗白粉病、抗穗发芽、茎秆实心、多花多粒、特异亚基、早熟、高产等优良性状的新材料400余份，为拓宽小麦遗传基础，发掘利用抗病新基因源提供了重要的材料支撑和战略储备。利用我国资源丰富的小麦地方品种，创制了不同来源供体和重要目标性状的地方品种导入系，为小麦新品种培育奠定了重要的材料基础。

（二）小麦重要性状基因资源挖掘

高产基因资源。株型是决定产量的核心因素之一，近些年所克隆的*Rht3*、*Rht10*、*Rht23*、*Rht12*等株高基因都在小麦品种培育中得到了有效利用。在分蘖基因克隆方面，*TaMOC1*可能通过与分生组织表达有关的顺式调控元件参与调控小麦分蘖，*TaTB1*通过抑制小麦腋芽的形成进而减少分蘖数目，*TaD27*通过参与独脚金内酯的生物合成来调控小麦分蘖进而影响小麦分蘖数目，*miR156*通过抑制*TaSPL3/17*的表达增加分蘖数目。这些株型相关基因的克隆和功能解析为小麦株型建成和产量提高提供了理论和实践基础。粒重是决定小麦产量的重要因素，国内已克隆多个调节小麦粒重的基因，包括*TaDA1*、*TaGW2*、*TaGS5-3A*、*TaCYP78A3*和*TaSG-D1*等。其中*TaDA1*、*TaGW2*和*TaSDIR1-4A*是籽粒大小的负调节因子，优异单倍型*Hap-4A-2*对小麦增产作出了积极的贡献；*TaGS5-3A*正向调控小麦籽粒大小，优异单倍型*TaGS5-3A-T*在小麦高产育种中具有较大的应用潜力；*TaCYP78A3*的活性与最终种子大小呈正相关，单倍型*Ap-HapⅡ*是增加千粒重和单株产量的优异单倍型。这些基因的功能研究有助于阐明小麦产量形成与改良的遗传与分

子基础，为小麦分子设计育种提供重要理论依据。

抗病基因资源。国内克隆的众多小麦抗病基因中，*Pm60* 是来自乌拉尔图小麦上编码 NLR 类型的抗病基因，*Pm21* 是来自簇毛麦的持久广谱抗性基因，*Pm5e* 是来自地方品种的抗白粉病基因，*Pm41* 是来自野生二粒小麦 3BL 染色体上的抗白粉病基因，*Pm24* 第 5 个外显子上 6bp 的缺失赋予了其白粉病抗性。四倍体小麦抗秆锈病基因 *Sr60* 编码串联激酶结构域蛋白，*YrAS2388* 通过调整不同转录本的富集水平和编码蛋白的互作模式调控小麦的抗条锈病水平，*YrU1* 的鉴定和克隆揭示了 NLR 蛋白的功能。*Fhb1* 编码一个富含组氨酸的钙离子结合蛋白，其变异赋予了小麦赤霉病抗性；*Fhb7* 则编码一种谷胱甘肽 S-转移酶，可以打开 DON 毒素的环氧基团，并催化其形成谷胱甘肽加合物，产生解毒效应，从而使 *Fhb7* 对镰刀菌属病原菌产生广谱抗性。

抗逆基因资源。国内近些年鉴定到多个抗旱基因，其中在抗旱性强的材料中 *TaSNAC8-6A* 的启动子中含有一个 ABRE 顺式调控元件的插入，与小麦 *TaABFs* 结合进而提高 *TaSNAC8-6A* 的表达量，进而增强小麦的抗旱能力。*TaPUB1* 通过提高抗氧化能力来调节小麦的抗旱潜力，过表达 *TaCOMT* 可增强转基因材料的耐旱性。除了抗旱之外，在耐高温功能基因研究方面，近些年国内也解析了一批小麦耐高温基因作用机制。其中 *TaNAC2L* 可能通过蛋白酶体介导的途径被降解，可能在增强作物的耐热性方面具有潜在的用途；*TabZIP60* 通过调节内质网应激相关基因的表达来促进转基因植物的耐热性；*TaOPR3* 通过调节 JA 水平而提高小麦的耐热性；*TaHsfC2a-B* 是热保护基因的转录激活剂，并通过 ABA 介导的调控途径在小麦籽粒发育过程中发挥热保护的主动机制；*TaFBA1* 通过提高酶促抗氧化水平增强转基因植物的热应激耐受性；*TaHSP23.9* 可能作为一种蛋白质伴侣，积极调节植物对热和盐胁迫的反应，并可作为筛选耐热小麦品种的分子标记。这些基因多数是提高小麦耐高温特性的转录因子表达，调控热激蛋白基因表达等作用机制提高小麦耐高温特性。此外，关于小麦抗盐抗寒的研究在国内也被广泛关注，小麦中过表达 *TaCYP81D5* 会通过加速 ROS 清除来增强小麦幼苗期和生殖期的耐盐性；*TaSRO1* 可以通过调节氧化还原稳态和维持基因组稳定性来改善暴露于盐度胁迫的幼苗的生长，*TaOPR1* 在小麦中的过表达显著提高了耐盐水平，*TabZIP15* 可能通过与 *TaENO-b* 互作提高小麦的耐盐性。

品质基因资源。*TaFUSCA3* 是一种 B3 超家族 TF，可以特异性识别 *Glu-1Bx7* 启动子区的 RY 盒激活其表达，并与种子特异性 bZIP 蛋白 TaSPA 相互作用。小麦醇溶蛋白结合因子（WPBF）是从小麦胚乳中分离得到的一种 DOF 转录因子，它不仅可以结合小麦α-麦醇溶蛋白和 *LMW-GS* 基因的启动子区的醇溶蛋白盒（P-box），激活其转录；还可以与 *TaGlu-1By8* 和-*1Dx2* 启动子区的 P-box 结合，降低其启动子的甲基化水平。*TaGAMyb* 通过直接与 *TaGLU* 启动子结合和募集 *GCN5* 调节小麦胚乳发育过程中的组蛋白乙酰化，在激活谷蛋白基因表达中发挥双重作用。*TabZIP28* 是淀粉合成的转录激活剂，可以作为提高小麦淀粉含量和产量潜力的优良靶标。*TaNAC019-A1* 是小麦胚乳淀粉合成的负调控因子。*TaSPA-B* 能激活ω-1,2 醇溶蛋白基因的启动子，在小麦淀粉和蛋白质的生物合成中发挥着重要作用。*TaRSR1* 作为负调节因子，通过调节特定淀粉合成相关酶基因的表达，在小麦籽粒的淀粉合成中发挥重要作用。

二、技术创新

2006—2020 年，小麦育种技术取得了快速进展，在常规杂交育种技术不断深化、改进的基础上，单倍体育种技术、诱变育种技术、轮回选择育种技术、品质评价与分子改良技术开始与杂交育种技术相融合，提高了性状改良的准确性和选择效率，为促进高产优质多抗新品种的培育提供了重要的技术支撑。

（一）单倍体育种技术

通过单倍体育种技术，仅需 1～2 个世代即可产生遗传纯系，显著缩短育种周期，加快育种进程。该技术包含单倍体诱导、单倍体加倍、DH 系繁殖与鉴定等环节，每个环节都对目标植株的生产效率至关重要。常规单倍体诱导方式包括小麦玉米杂交、小麦花药（小孢子）培养等方式，诱导效率受目标材料的基因型影响较大。利用基因编辑技术敲除小麦中的 3 个拷贝的单倍体诱导基因 *TaPLA-A*、*TaPLA-B* 和 *TaPLA-D* 能够显著提升小麦的单倍体诱导效率。

（二）诱变育种技术

我国核辐射诱变育种技术研发始于 1956 年，虽起步较晚，但发展迅速。2006 年以来，在高能碳离子辐射诱变育种平台、锂离子和质子诱变育种平台和模拟太空等离子体环境的专用辐射诱变装置平台构建与优化、突变体高通量精准鉴定等方面取得了重要进展。“十三五”期间，在国家重点研发计划项目“主要农作物诱变育种”的支持下，研发了高效的小麦辐射诱变技术、基于红外技术的小麦突变体籽粒识别模型及小麦抗性淀粉定量模型等小麦诱变及筛选技术 3 项，创制了库容超过 1 000 份的小麦突变体库 2 个，创制优异新材料 63 份，育成新品种 26 个。利用诱变技术育成的广适高产稳产小麦新品种鲁原 502 获得 2019 年国家科学技术进步奖二等奖。

（三）轮回选择育种技术

轮回选择育种技术是利用矮败小麦雄性不育基因与矮秆基因紧密连锁的特性，创建遗传基础丰富的群体，经过反复异交和选择，聚合有益基因，打破不利连锁，不断提高基因重组体水平，使群体得到改良，选育新品种。利用轮回选择育种技术可以拓展小麦动态基因库，不断创制特色优异种质，在不同生态区创建不同育种目标的矮败小麦改良群体，持续培育高产优质多抗高效新品种。矮败小麦及其高效育种方法的创建与应用获得 2010 年国家科学技术进步奖一等奖。

（四）品质评价与分子改良技术

从分子标记、生化标记、籽粒和面粉性状、食品加工品质等四个层次创立了符合国际标准的中国小麦品种品质评价体系，建立了我国面条的标准化实验室制作与评价方法，提出并验证了面条小麦的选种指标和分子标记选择体系。创立的高分子量麦谷蛋白亚基酸性毛细管电泳新体系能准确鉴定难以分辨的亚基及新亚基。中国小麦品种品质评价体系建立与分子改良技术研究获得 2008 年国家科学技术进步奖一等奖。

三、品种创新

2006—2020 年，我国小麦育成品种的数量和质量持续提升，植物新品种权申请量和授权量不断增加，为小麦产能的持续提升奠定了坚实的品种基础。

（一）审定品种数量增加，良种供应能力增强

中国种业大数据平台数据显示，2006—2017 年，审定品种数量总体稳定在 86～186 个，其中国审品种在 16～34 个。2018 年开始，随着联合体区试、绿色通道等渠道的设立，品种审定数量快速增加。2018 年审定品种 327 个，其中国审 77 个。2020 年审定品种 408 个，其中国审品种达到 106 个。

据统计，我国冬小麦种子生产面积为 80 万公顷，种子产量达到 510.9 万吨，主要集中在河南、山东、安徽、河北、江苏等省。小麦生产用种的种子质量合格率稳定在 98％以上，良种覆盖率超过 97％，对小麦增产的贡献率达到 45％。良种对提高小麦综合生产能力、促进农民增收和保障国家粮食安全作出了重要贡献。

（二）新品种权数量增加，知识产权保护意识增强

根据中国种业大数据平台数据，2006—2017 年，小麦新品种权授权方面，2012 年数量最少，仅为 7 件，2015 年最多，为 114 件。2018 年之后，与品种审定数量变化趋势一致，品种权授权数量显著增加，2018 年授权 142 件、2019 年授权 172 件、2020 年授权 195 件。

（三）品种质量不断提高，种子商业化程度提高

我国小麦生产品种全部为国产自育，种业市值超过160亿元。各主产省每年小麦用种量基本稳定，省际亩均用种量略有差异。据统计，我国2017年小麦种子用量为459万吨，种子商品率77%，加权价格4.5元/千克。考虑到种子商品率提高、种子价格走高等因素，未来我国小麦商品种子价值还将继续提升，市场蕴藏着巨大的需求和商机。

20世纪80年代初期，河南省的换种率仅为30%，2004年良种补贴的推广促使小麦换种率提高较快，达90%左右。随着良种补贴形式由补种子转变为补现金，小麦换种率下降至60%左右。2012年受赤霉病影响，农民换种率提高至70%。安徽省在实行良种补贴前，换种率为40%～50%；实施良种补贴后，换种率明显提高至80%～90%。江苏省由于土地流转快，规模经营发展迅速，小麦换种率较高，达到80%以上。山东省在良种补贴之前，农民多自留种，换种率仅为20%～30%；而在良种补贴之后，换种率大幅提高到90%以上。

（四）小麦播种面积基本稳定，重大品种集中推广

2006—2020年，我国小麦播种面积基本稳定在3.5亿亩以上，其中2016年面积最大，为3.70亿亩；2020年面积最小，为3.51亿亩。全国农业技术推广中心统计数据显示，每年度推广面积超过1 000万亩的品种2～5个，具体如表7-6所示。

表7-6 2006—2020年推广面积超过1 000万亩品种统计

年份	品种名称
2006	郑麦9023、济麦20号
2007	济麦20号、郑麦9023
2008	济麦20号
2009	济麦22、百农矮抗58
2010	济麦22、百农矮抗58
2011	济麦22、百农矮抗58、郑麦366
2012	百农矮抗58、济麦22、周麦22、郑麦366
2013	济麦22、周麦22、百农矮抗58、郑麦366
2014	济麦22、周麦22、百农矮抗58
2015	周麦22、济麦22、鲁原502、山农20
2016	济麦22、鲁原502、山农20
2017	济麦22、百农207、鲁原502
2018	百农207、鲁原502、济麦22、中麦895
2019	百农207、济麦22
2020	百农207、济麦22

（刘录祥、谢永盾、肖世和、李丹萍）

第四节 大 豆

一、资源创新

2006—2020年我国在大豆种质资源保护、鉴定、创新和优异基因资源挖掘等方面成效显著。

(一)种质资源保护、鉴定与创新

2006年我国国家农作物种质库保存大豆种质资源25 238份，2020年达到32 491份，增长近30%。其中保存国内大豆种质29 006份，国外大豆种质3 485份。2019年引进俄罗斯远东地区栽培大豆种质170份。2020年收集来自于北美洲、欧洲和非洲19个国家的种质资源351份，其中首次收集到阿尔及利亚、白俄罗斯、捷克、立陶宛、摩尔多瓦、乌克兰等6个国家的大豆种质，国外种质来源国家由25个上升至33个。

“十三五”时期在国家重点研发计划支持下，中国农业科学院作物科学研究所牵头对2 003份代表性大豆种质资源进行了多环境的重要性状表型鉴定和全基因组水平基因型鉴定，筛选出目标性状突出、遗传背景清楚的优异种质202份，创制出优异新种质129份，其中39份得到育种利用。

(二)大豆重要性状基因资源挖掘

产量性状基因资源。中国科学院遗传与发育生物学研究所陈受宜团队发现1个来源于野生大豆的粒重优势基因*GmPP2C*，通过去磷酸化激活油菜素内酯BR信号通路转录因子，来促进下游控制粒重基因的表达以提高粒重，该单倍型对于提高现有大豆品种产量具有巨大潜力。中国科学院东北地理与农业生态研究所冯献忠团队通过分析大豆叶柄夹角增大的突变体，鉴定了控制大豆叶柄夹角的*GmILPA1*基因，为大豆理想株型设计提供了有效的基因资源。

品质性状基因资源。中国科学院遗传发育研究所田志喜团队通过302份代表性大豆种质的深度重测序和基因组分析，鉴定出121个强选择信号，为大豆油脂遗传改良奠定了良好的组学基础。同时，该团队还鉴定了1个显著提高大豆蛋白质含量的新基因*GmSoyZH13 _ 14G179600*。中国科学院遗传发育研究所陈受宜团队鉴定出油脂快速合成相关转录因子GmZF351和GmZF392，其对提高大豆品质具有重要意义。

抗病基因资源。疫霉菌引起的植物疫病曾被称为“植物瘟疫”，其对大豆生产造成损失尤为严重。南京农业大学王源超团队研究发现疫霉菌分泌的糖基水解酶XEG1，通过攻击大豆细胞壁破坏大豆免疫功能，但大豆也可识别XEG1启动免疫反应，进而发现大豆通过细胞膜免疫受体 RXEG1 来识别 XEG1，是大豆启动对疫霉菌免疫的分子基础。通过对 XEG1 功能的深入分析发现，疫霉菌会利用 XEG1 酶活性丧失的突变体 XLP1 作为“分子诱饵”，来掩护 XEG1 对大豆的攻击，进而在国际上首次提出了疫霉菌攻击大豆的“诱饵模式”，同时，也揭示了疫霉菌通过 N-糖基化修饰来保护核心毒性因子 XEG1 免受大豆胞外蛋白酶 GmAP5 的攻击。围绕 XEG1 攻击和防御，王源超团队进一步提出了大豆在胞外对病原菌的“多层免疫模式”，从全新的视角认识了疫霉菌与大豆互作过程的复杂性，研究成果发表于 *Science*、*Natur Communications*、*PNAS* 等刊物，为改良大豆抗病性和发展安全高效疫霉根腐病控制策略提供了基础和理论依据。

广适基因资源。国内多个团队克隆了大豆长童期 *J* 基因，该基因突变型可推迟低纬度条件下大豆开花时间，其比野生型可提高产量 30%～50%，这为大豆在低纬度地区生产奠定了重要的理论基础。*GmFT2a* 和 *GmFT5a* 基因表达水平受 PHYA 介导的光周期调控系统调控，二者协同控制开花使大豆能够适应广泛的光周期环境，中国农业科学院作物科学研究所韩天富团队研究发现 *GmFT1a* 参与 *GmFT2a*/*GmFT5a* 的调控，进而提出大豆生长发育跷跷板模型。

固氮基因资源。河南大学王学路团队揭示了大豆 *GmSK2-8* 基因表达受盐胁迫和根瘤菌诱导，并能调控早期根瘤菌侵染、根瘤原基发育和共生响应基因的表达，从而调控大豆根瘤形成，该研究揭示了大豆结瘤固氮的分子机制，为改善大豆在非生物逆境胁迫条件下的共生固氮、提高固氮效率提供了基因资源。

二、技术创新

2006—2020 年，我国在完善常规育种技术基础上，加快分子标记、杂交大豆、转基因、基因编辑、全基因组选择等育种技术创新。

（一）分子标记育种技术

随着基因组测序成本的逐步降低，SNP 标记逐步取代 SSR 标记用于高密度遗传图谱构建和自然群体基因型鉴定，先后构建了科丰 1 号×南农 1138-2 等数十套高精度的遗传图谱，用于大豆重要性状遗传规律和优异基因挖掘研究。定位和克隆了大豆光周期、株高、结荚习性、耐盐、抗线虫、籽粒大小、油脂和蛋白质含量及抗倒伏等重要性状基因，解析其在自然群体中的演化规律，发掘出优异等位基因。开发了中豆芯一号等系列 DNA 芯片，用于种质资源与新种质创制。分子标记辅助技术，已在荚粒数、早熟、高蛋白、抗大豆花叶病毒病等性状改良中取得成功应用。

（二）杂交大豆育种技术

我国于20世纪80年代启动了杂交大豆育种技术研究，“大豆细胞质雄性不育及其应用”于2007年获国家技术发明奖二等奖。该成果育成了世界上第一个大豆细胞质雄性不育系和杂交种，建立了“昆虫—环境—农作物三位一体，综合调控”的制种技术体系，使杂交大豆育种应用成为现实。研发了优异亲本鉴定和高效组配技术，在2017年育成了首个高产双高杂交种吉育612，实现了杂交大豆产量与品质的协同提升。优化了虫媒传粉制种技术，2020年吉育611百亩连片制种产量达113.87千克/亩，繁殖系数接近1∶30。同年，国内首个杂交大豆细胞质雄性不育系鉴定标准《杂交大豆质核互作雄性不育系鉴定规程》（DB22/T 3177—2020）正式发布实施。

（三）转基因育种技术

在转基因生物新品种培育重大专项等国家科技计划的支持下，我国的转基因大豆研发取得重要进展。通过优化农杆菌介导的大豆子叶节遗传转化方法，使得转化效率达到5%以上，受体品种也从模式品种扩展到生产上应用的品种。在转基因育种产品研发方面，针对耐除草剂、抗病虫、抗逆、品质改良、养分高效利用等性状研发的转基因大豆取得重要进展。其中，转基因耐除草剂大豆中黄6106、DBN9004和SHZD3201分别于2019年和2020年获得生产应用安全证书，DBN9004还获得了阿根廷种植许可和农业转基因生物进口安全证书，这些转基因大豆对广谱、低残留除草剂草甘膦表现出高耐受性，为转基因大豆产业化应用奠定了坚实基础。

（四）基因编辑育种技术

我国最早在2015年利用CRISPR/Cas9技术在大豆发状根中实现了对内源基因的定点敲除。2018年利用CRISPR/Cas9创制了不含转基因元件、遗传稳定、表型显著的定点敲除晚花突变体。先后建立了大豆单碱基编辑、多基因敲除、长片段删除等技术体系。CRISPR/Cas9技术也开始逐步地应用于大豆新材料创制。在生育期性状方面，创制了不同生育期改良大豆；在品质改良方面，创制了高油酸大豆新材料；在株型改良方面，创制了株高降低和节间缩短、节数增多和分枝增加等株型改良大豆。基因编辑育种技术的应用为大豆重要农艺性状的定向改良提供了新路径。

（五）全基因组选择育种技术

2013年利用百粒重相关的SCAR标记进行全基因组选择研究，百粒重的估计育种值与真实育种值的相关系数达到0.904。2016年对比了大豆品种在不同环境下株高、单株产量和百粒重的预测准确度，发现通过标记筛选可以提高对单株粒重性状预测的准确性，应用基于单倍型的标记筛选进行基因组选择是大豆产量育种中一种经济高效的方法。

三、品种创新

2006—2020 年，我国大豆品种审定数量和品种质量持续提升，植物新品种权申请和授权数量不断增加，生产上大豆品种自主率达到 100%。

（一）审定数量

2006—2020 年，我国累计审定大豆新品种 2 293 个，其中国审品种 349 个，省审品种 1 944 个，历年国家和省级审定数量详见图 7-5、图 7-6。

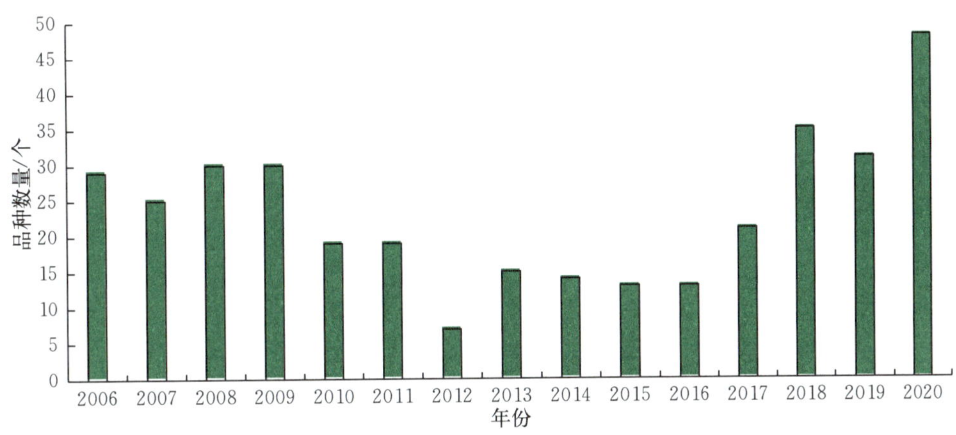

图 7-5　2006—2020 年国家审定大豆品种数量

（数据来源：中国种业大数据平台）

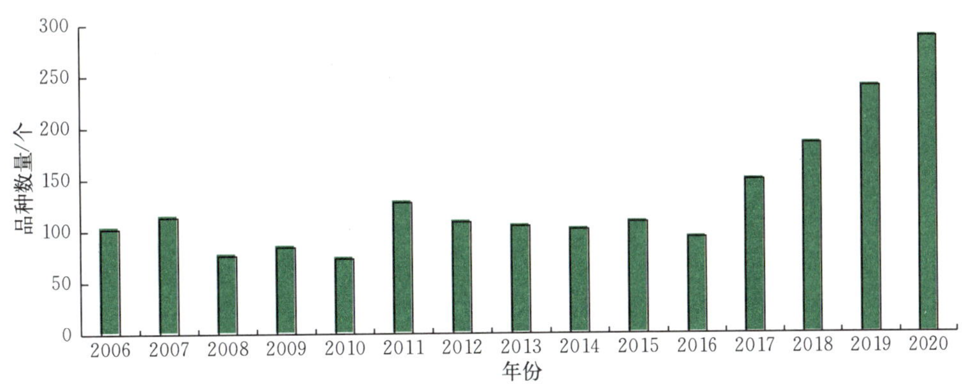

图 7-6　2006—2020 年省级审定大豆品种数量

（数据来源：中国种业大数据平台）

（二）品种质量

我国大豆平均单产从 2006 年的 106.45 千克/亩，提升至 2020 年的 130.67 千克/亩，复合增长率为 1.47%，历年平均单产见图 7-7。

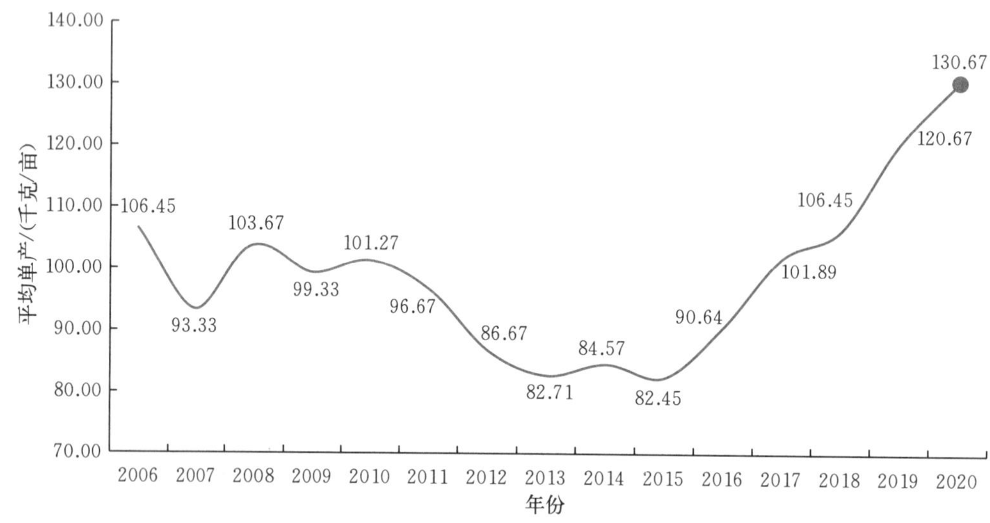

图 7-7　2006—2020 年中国大豆平均单产

（数据来源：国家统计局）

大豆品质有所提升。2006—2020 年我国大豆平均脂肪含量在 20.4%基础上有所提升，平均年增长 0.01%（图 7-8）；而平均蛋白质含量则在 41%基础上有所下降，年均降低 0.01%（图 7-9）。

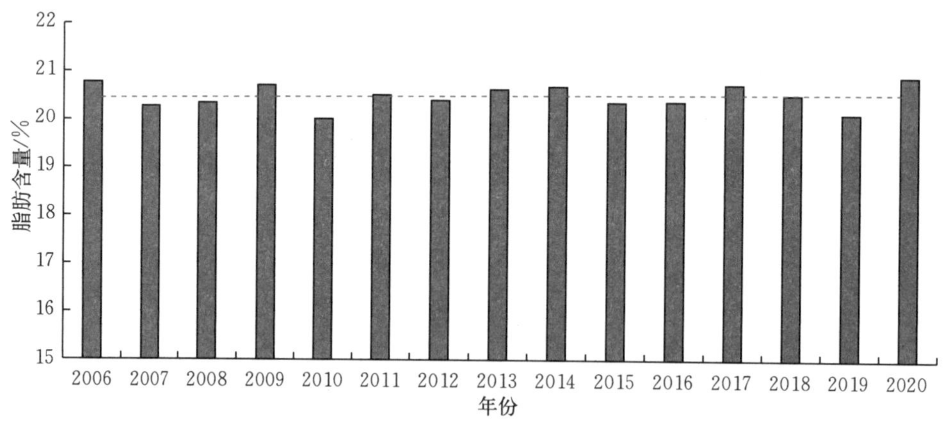

图 7-8　2006—2020 年中国大豆脂肪含量变化情况

（三）申请和获得新品种权的情况

申请和授权数量。2006—2020 年申请大豆植物新品种权 1 608 件，授权 755 件。其中 2020 年申请 352 件，授权 138 件。2015 年实施国家大豆良种攻关项目，大豆品种权申请数量和授权数量开始逐步增加，2020 年大豆新品种权申请量、授权量分别是 2006 年的 8.6 倍和 138 倍（2006 年申请量、授权量分别为 41 件和 1 件）。

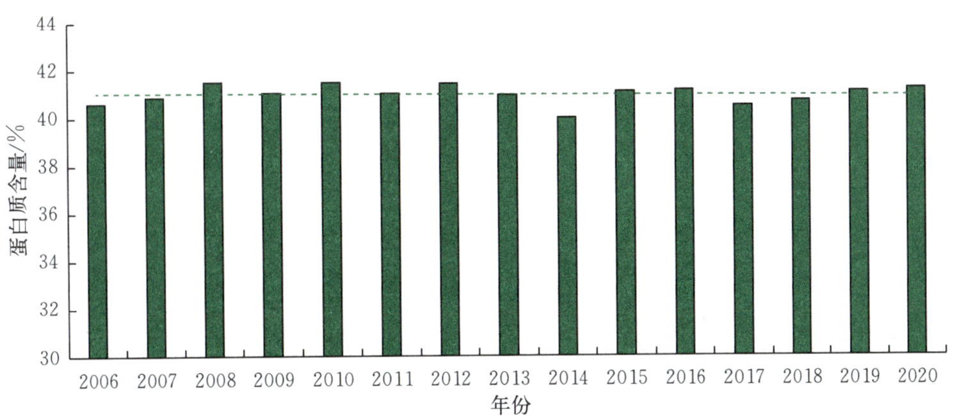

图 7-9　2006—2020 年中国大豆蛋白质含量变化情况

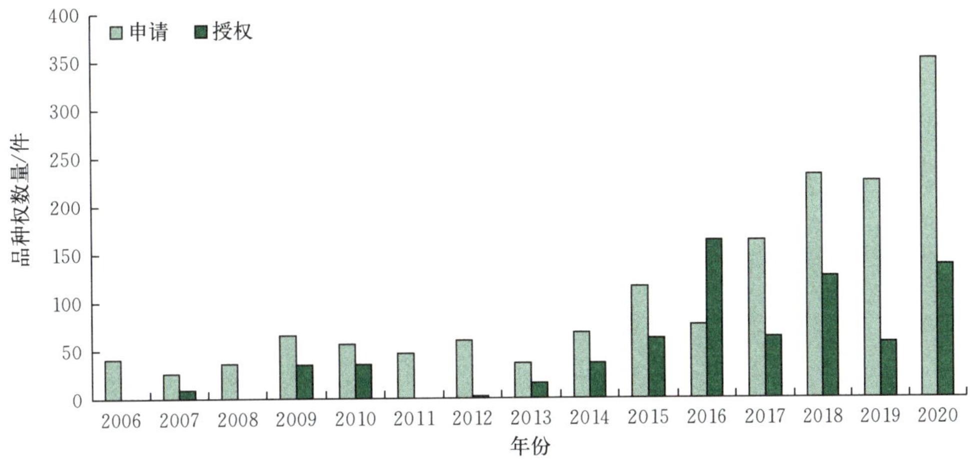

图 7-10　2006—2020 年大豆植物新品种权申请和授权数量变化情况

申请结构。根据《2021 年中国农作物种业发展报告》，在大豆植物新品种权申请中，企业申请者由 2006 年的 4 件，占比 9.8%，增长到 2020 年的 89 件，占比 25.3%；在大豆植物新品种权授权中，企业获授权由 2006 年的 0 件，增长到 2020 年的 17 件，占比 12.3%。

(四) 品种推广情况

规模化推广品种总体情况。2020 年推广面积超过 10 万亩的大豆品种有 239 个，推广总面积合计 10 144 万亩，占当年大豆种植面积的 68.5%。单个品种推广面积超过 1 000 万亩的只有黑河 43，为 1 042 万亩。前 10 位品种分别为黑河 43、克山 1 号、登科 5 号、合农 95、黑农 84、中黄 13、齐黄 34、金源 55、合农 76、冀豆 12，推广总面积为 3 152 万亩，占 10 万亩以上大豆品种推广总面积的 31.1%。

品种更新换代和标志性品种。2006—2020 年，我国大豆经过了两轮的品种更新换代，每个阶段均涌现出一批标志性品种，有效支撑了我国大豆生产发展。

第一阶段（2006—2010 年），2006 年，中黄 13 全面大规模推广，当年推广面积近 500 万亩，此后连续 9 年推广面积均居全国第 1 位。而在东北大豆产区，这一时期主栽品种主要包括合丰 45、绥农 28、合丰 50 等。

第二阶段（2011—2015 年），以高蛋白大粒为主导的品种推广时期，国产大豆主要满足食用需求。科企合作加深，在企业的大力推广下，黑河 43 逐渐成为东北的主栽大豆品种。到 2015 年，黑河 43 已成为东北地区年推广面积最大的大豆品种。在黄淮海地区，除了中黄 13，冀豆 12、中黄 37 等高蛋白品种也逐渐成为主栽品种。

第三阶段（2016—2020 年），大豆联合育种全面展开，超过 200 家单位参与了国家或地区大豆育种联合攻关，包括各级科研单位、高等院校、国有企业、民营企业等，基本形成了全国大豆育种网络。这一时期，高产成为大豆育种主要目标，东北地区育成合农 95、黑农 84 等高产品种，黄淮海地区审定以齐黄 34、郑 1307、中黄 301 等为代表的高产品种，推动新一轮品种更新换代。

（孙石、陈庆山、李英慧、韩英鹏）

第五节　谷子、高粱

一、资源创新

（一）种质资源保护、鉴定与创新

中国为谷子起源国，世界谷子资源来源以中国为主。2020 年我国保存谷子种质资源 28 915 份，居世界第一位，占世界总量的 73%。2006 年以来新入库谷子资源 1 733 份，提供育种单位利用 4 106 份，通过基因组变异分析基本理清了谷子资源分为 1 个野生种群和 3 个按照地理起源分布的栽培种群的群体结构，并确定了谷子单一起源的理论，为中国是谷子驯化中心再添新证据。高粱在我国也有悠久的栽培历史，积累了丰富的资源，截至 2020 年我国保存高粱种质资源 22 797 份，居世界第四位。2006 年以来新入库高粱种质资源 598 份，提供育种单位利用 2 305 份。其中“十三五”期间，引进国外谷子资源 46 份，狗尾草资源 77 份，高粱资源 38 份；搜集整理国内谷子资源 244 份，高粱资源 510 份。对7 000 余份谷子、高粱资源进行了农艺性状初级鉴定，鉴定出谷子抗除草剂、抗谷瘟病、抗旱、抗倒、矮秆材料 2 236 份，高粱矮秆、抗病、高淀粉、高支链淀粉比率、低单宁、耐盐、耐低氮等材料 272 份。创

制出谷子抗烟嘧磺隆和抗咪唑乙烟酸的抗除草剂材料，创制出 5 份小米商品性显著提高的夏谷育种材料，2 份蒸煮时间显著缩短（减少 30%左右）且米色鲜黄的春谷育种材料；创制出高粱矮秆材料 32 份，饲用材料 8 份，高含糖量饲用甜高粱材料 3 份。在利用新技术进行种质创新方面，利用基因编辑创制出具有爆米花香味的高粱和谷子新种质，利用转基因技术创制出抗草铵膦除草剂材料 1 份，丰富了谷子、高粱的资源类型。对种质资源和创新育种材料的精准鉴定及为培育谷子、高粱优质品种、抗逆品种和特殊性状品种筛选出特殊优异材料提供了保障。

（二）单倍型图谱构建与功能基因发掘

谷子具有生育期短一年可多代繁殖、植株小方便实验室操作、二倍体基因组小、C4 光合作用和抗旱节水性突出等特征，是理想的 C4 光合作用和单子叶禾谷类农作物功能基因研究的模式作物。2014 年由我国发起并主持组织，在北京召开了首届国际谷子遗传学会议。近年来，我国在谷子基因组测序、单倍型图谱构建、图泛基因组构建、高效遗传转化技术等基础研究方面取得了显著进展。在重要性状调控基因发掘方面，利用 GWAS 和连锁分析发掘各类性状的 QTL 位点1 200 多个，构建了 EMS 突变体库，先后克隆了 *SiDPY1*、*SiSGD1* 等重要功能基因，相关论文在 *Nature Genetics*、*PNAS*、*Nature Communications* 发表，引领国际谷子遗传育种发展。

构建了首个高粱泛基因组。利用突变体、自然群体全基因组关联分析，以及连锁定位群体克隆了一些高粱重要性状的控制基因。如控制高粱茎秆持汁性基因 NAC 转录因子，揭示了其在甜高粱的起源和驯化中的关键作用；采用同源克隆方法结合 RACE 技术克隆了甜高粱 *SUT1* 基因；克隆了甜高粱可溶性酸性转化酶基因 *SAI-1*，鉴定了该基因 4 种等位变异，并开发了相应分子标记辅助甜高粱选育；鉴定了多个芽苗期耐盐、生物量、控制糖锤度、单宁含量等重要农艺性状的 QTL 位点；通过代谢组学、合成生物学等手段揭示了高粱 *Tannin1* 基因位点差异调控花青素和原花青素合成的分子机制，解析了高粱防鸟机制。在产量相关性状方面，精细定位了控制高粱粒重的重要位点，利用高通量重测序技术解析了粒用高粱和甜高粱的基因组结构差异。高粱颖壳包被和耐碱基因的克隆和功能验证的成果则标志着我国在此类研究的国际领先地位，相关论文发表在 *Nature* 等国际权威杂志。完成了高粱 A1 型细胞质雄性不育系与保持系线粒体基因组比较。我国科研人员整合了国内外 48 个高粱品种的全基因组重测序数据，建立了首个高粱全基因组结构变异数据库，为数据资源的高效整合及利用提供了平台。这些研究进展，为高粱功能基因遗传机制解析和资源创新奠定了基础。

二、技术创新

（一）遗传转化技术

通过对谷子核心种质的大批量筛选鉴定，找到了易于转化的基因型 Ci846，并利用该基因型构建了谷子高通量遗传转化技术体系，转化成功率超过 20%，实现了谷子转基因研究真正的突破，为谷子成为模式植物搬掉了最后一块挡路石。利用这个体系，谷子上已经完成了多个重要功能基因的克隆和功能验证。该体系的建立促进了谷子基因编辑技术和其他生物技术育种的快速发展，从而提升谷子的育种水平和国际竞争力，也使我国在谷子遗传育种领域继续处于国际领跑地位。

（二）分子标记辅助育种等新技术发展

2006 年以来，利用自然群体和构建的连锁群体，对谷子株高、生育期、穗长、穗粒重、黄色素含量、适口性、蛋白质、淀粉、脂肪、维生素、单宁、油酸、米色、低亚油酸等重要农艺和品质性状的相关基因进行了精准定位与解析，开发获得了多套实用分子标记。如利用关联分析发掘小米色泽的控制基因 *PSY1*，找到了这个基因的优异单倍型，开发了相关的标记并获得国家发明专利，形成了“选用高配合力和高遗传力的优质亲本＋田间外观商品性色选＋室内色差仪复选＋分子标记辅助选择”的优质谷子育种方法。利用这个方法，谷子品质育种水平快速提升，一批优质品种如中谷 19、中谷 25、中谷 28、长农 47、冀杂金苗 3 号等快速育成，夏谷区新品种的育种水平显著提升。同时完成了谷子单倍体诱导系的构建，为利用单倍体技术开展育种奠定了基础。

2006 年以来，利用自然群体和突变体，中国高粱农家种高质量基因组得以构建（红缨子），获得高粱籽粒高赖氨酸材料。抗丝黑穗病基因、高粱芒控制基因精细定位及基因克隆取得进展，高粱单宁控制基因 *Tan1* 及糯性相关基因 *Wax* 分子标记开发顺利，蜡质合成 *sb4*、磷转运 *Pho2* 下游 *E3* 基因精细定位及候选基因筛选取得进展。株高基因方面，利用分子标记初步明确了 *Dw1*、*Dw2* 和 *Dw3* 基因在骨干亲本系中的分布情况；*Dw4* 新基因定位取得进展。很多已克隆的基因分子标记正在逐步开发，将广泛应用于高粱种质资源评估、分子鉴定及分子育种。

三、品种创新

2006—2020 年我国谷子、高粱新品种选育取得了耀眼的成绩。谷子方面重点完成了中矮秆化和抗拿扑净除草剂品种的普及，实现了矮秆绿色革命的轻简栽培。高粱方面以适应机械化收获的矮秆育种成效最为卓著，株高由原来的 200 厘米左右降低到 170 厘米左右。中矮秆谷子和高粱品种在生产上完成更新换代，高秆型品种基本被取代。品种更新换代的重要意义是支撑了谷子、高粱的机械化产业化生产，使得规模化生产成为可能。

(一) 品种登记情况

谷子、高粱为非主要农作物，在2017年之前有品种审定、鉴定和认定。2017年实施非审定农作物品种登记，2017—2020年谷子登记品种483个（图7-11），高粱登记品种548个。

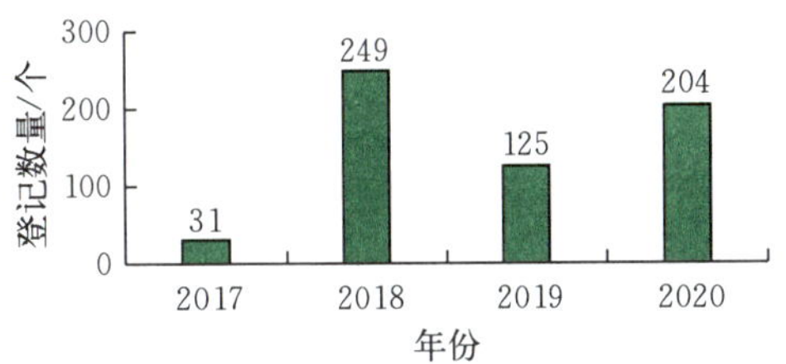

图7-11 2017—2020年谷子品种登记情况

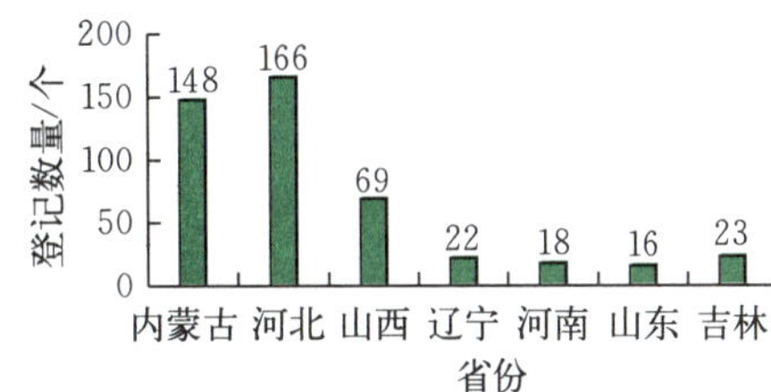

图7-12 2017—2020年谷子品种登记主要地区分布情况

基于品种登记地域情况分析，共计11个省份483个谷子品种完成登记，其中河北省最多166个，内蒙古自治区148个，山西省69个，辽宁省22个，河南省18个，山东省16个，吉林省23个（图7-12）。河北省、内蒙古自治区、山西省3省份谷子品种完成登记383个，占比79.29%，谷子育种的技术力量主要集中在这些省份。

2017—2020年共计16个省份548个高粱品种完成登记，其中，吉林省157个，内蒙古自治区116个，辽宁省71个，山西省57个，黑龙江省48个。这5个省份合计登记品种449个，占比81.93%，可见高粱育种的技术力量主要集中在这些省份。从品种登记申请人情况分析，44家科研单位登记谷子品种246个，占比50.93%；51家企业登记237个，占比49.06%。32家科研单位登记高粱品种276个，占比50.36%；68家企业登记272个，占比49.64%。从品种类型看，谷子以常规种为主，占比91.09%；高粱以杂交种为主，占比92.15%。谷子抗除草剂品种显著增加，抗除草剂品种176个，占比36.43%。

(二) 植物新品种权申请和授权量

谷子、高粱的植物新品种权开展申请及授权的时间相对较晚，高粱品种授权最早的为2008年龙杂5号及7050A；谷子品种授权最早的为2009年的赤谷10号。2006—2020年，我国谷子、高粱新品种权申请量、授权量均保持较快增长势头，谷子开展植物新品种权申请163件，完成品种授权67件，授权率41.1%；高粱开展植物新品种权申请133件，完成品种授权60件，授权率45.11%。

从申请人类型看，2006—2020年，谷子科研单位申请量136件，占总申请量

83.43%；企业申请量20件，占比12.27%；个人仅7件，占比4.29%。高粱科研单位申请量73件，占总申请量54.88%；企业申请量44件，占比33.08%。

（三）品种推广情况

育成的谷子、高粱新品种由于优质、高产、适合轻简化收获，在生产上，传统品种在这一时期被新育成优质品种所取代，谷子品种正处在品种类型更换的关键时期，谷子高粱品种基本实现中矮秆化，实现了中矮秆绿色革命。

（李顺国、刘猛、邹剑秋、刁现民）

第六节　马　铃　薯

一、资源创新

（一）种质资源鉴定与创新进展明显

我国目前保存有6 000份左右马铃薯种质资源，以国内外育成品种和品系为主，野生种资源偏少。系统完成了其中2 000多份资源的植物学特征和农艺性状鉴定。筛选、挖掘和创制了一批具有特异性状的种质资源并用于重要性状遗传分析和育种材料创新中，特别是筛选和鉴定出高抗旱材料和具有抗性分子标记的资源。评价了892个品种和资源的抗逆抗病性和块茎品质分子遗传多样性，分析了436个品种资源的细胞质类型和系谱关系，明确了我国马铃薯品种和资源遗传背景狭窄的现状。构建了300多个品种的DNA指纹图谱，在分子水平解析了优良亲本米拉全基因组范围内的遗传基础。利用原生质体融合方法创制了抗晚疫病新种质。

（二）遗传改良基础研究不断突破

基因组学研究世界领先。参与“国际马铃薯基因组测序协作组”，主导完成马铃薯基因组序列框架图并在*Nature*上以封面文章正式发表；揭示了马铃薯DM基因组序列，共获得727 Mb序列信息，预测出了39 031个蛋白编码基因；使用多种组合策略组装了RH两套单倍体型共1.67 Gb序列信息，两种单倍型的比较显示了约2.1%的基因组内多样性；在10 642个注释基因中预测了22 134个有害突变位点。

重要性状遗传解析和基因挖掘取得突破。解析了马铃薯自交衰退遗传机制，明确了有害突变是导致自交衰退的主要原因，鉴定了5个纯合致死位点以及4个影响长势的位点，图位克隆了其中的一个致死突变*ar1*并进行了功能验证。挖掘了一批重要性状关键基因，明确了赤霉素（GAs）是块茎化响应多种环境信号和激素因子信号通路的重要组成部分，并且*Stlnvinh 2*在块茎低温糖化中起重要作用；证明了*StPUB17*、

StRFP1 和 *StZFP1* 具有晚疫病广谱抗性。克隆了晚疫病抗性基因 *R3b*、耐寒基因 *FAD2*、晚疫病抗性相关的类受体激酶 *StLRPK1* 基因、花青素转录激活基因 *stmyc* 和 *stwd40* 等一批基因。揭示了马铃薯在响应干旱胁迫时通过调节 ABRE、MYB、CAAT-box 和 MYC 作用元件的甲基化水平，激活基因的表达以应对干旱胁迫。分析了马铃薯与晚疫病疫霉亲和性与不亲和性机制，发现 *StPopa* 基因可提高晚疫病抗性。对马铃薯中应对多种胁迫的 *Stpp2c* 基因家族进行了全基因组鉴定和表达分析，为全面解析马铃薯耐逆机制提供了参考。

二、技术创新

（一）倍性育种技术

马铃薯在自然界中以不同倍性的近缘资源存在，其中大部分是二倍体，倍性育种技术是利用野生资源的重要方法。我国科学家利用原生质体融合创制了抗晚疫病和抗青枯病新种质；利用 *SSR* 标记研究了五倍体马铃薯体细胞杂种遗传模式，并在一般线性模型的正交对比的基础上，提出了一个统计上可处理的四倍体数量遗传模型。高频率发生 $2n$ 配子的材料应用于分解合成倍性育种中并创制出各种优异四倍体育种材料。

（二）标记辅助选择技术

马铃薯育种标记辅助选择主要集中在重要农艺性状如抗病性和块茎品质方面。我国科学家开发和验证了薯形 CAPS、熟性和块茎蛋白含量 SCAR 标记，以上标记可用于相关性状的辅助选择。建立了同时检测抗病毒的分子标记 RYSC3 和 Rxsp 的辅助育种技术，同时定位了淀粉含量、单株产量、薯块大小、块茎比重等多个基因或 QTL，为进一步分子标记开发和标记辅助育种提供了条件。

（三）基因组选择技术

在世界范围内，基因组选择技术在马铃薯育种上的应用尚处起步阶段。我国科学家通过对 201 份材料进行基因组测序，获得许多重要农艺性状相关基因的分子标记，确定了 609 个受选择的基因，包括丢失的苦味基因及块茎化基因，涉及马铃薯重要驯化性状的 2 个基因，鉴定了马铃薯全基因组范围内 SBP、FIF70 转录因子家族，分析了其进化和表达特征，为进一步开展基因组选择技术在育种上的应用提供基础。

（四）生物育种技术

我国科学家获得了马铃薯抗虫基因 *Bt185* 的转基因材料对鞘翅目害虫暗黑鳃金龟和华北大黑鳃金龟幼虫表现出抗性、转蛋白激酶 AtCIPK23 马铃薯能提高对土壤中钾元素的摄取；获得薯条加工品种 Shepody 抗晚疫病基因 *R1* 和薯片加工品种 Atlantic

晚疫病菌融合基因 *C1234* 转化的抗性植株。利用基因编辑技术对马铃薯自交不亲和基因进行了定点突变获得了自交亲和的二倍体马铃薯，建立了二倍体栽培马铃薯的高效遗传转化体系；另外，获得了直链淀粉合成相关的颗粒结合型淀粉合成酶基因（*GBSSI*）的基因编辑再生株系，定向编辑与马铃薯 Y 病毒复制、侵染和移动相关的4 个基因并获得了抑制 PVY 积累的突变体。

（五）二倍体杂交育种技术

在杂交马铃薯育种方面，我国科学家在自交不亲和与自交衰退机制研究方面取得突破，培育了第一代高纯合度自交系和首个具有显著杂种优势的概念性杂交品种优薯1 号。然而，目前杂交马铃薯还存在抗病性弱、休眠期短、适应性差、产量低和外观品质不能满足市场需求等问题，难以应用于生产实践中。

三、品种创新

2006—2020 年，我国马铃薯品种审定（登记）数量和品种质量持续提升，植物新品种权申请和授权量不断增加，为保障国家粮食安全和推动脱贫攻坚胜利收官作出了突出贡献。

（一）育成新品种情况

育成新品种数量显著增加。2006—2020 年，我国累计审定、登记马铃薯新品种484 个，年际育成新品种数量呈不断增加趋势，其中 2006—2016 年，年均审定品种28 个左右，2018—2020 年，年均登记品种 59 个，育成品种数量有了大幅度增加。

品种类型日益丰富，但以鲜食品种为主。鲜食专用品种占比在年度间变化范围为50%～92%，淀粉、全粉、炸片炸条等加工专用品种年度间变化范围为 0%～25%，彩色、珍珠薯等特色品种年度间变化范围为 0%～14%，鲜食和加工兼用或鲜食和特色兼用品种年度间变化范围为 0%～38%。总体上，兼用品种显著增加、鲜食品种减少，但加工专用品种依然不足。

品种育成单位仍以科研单位为主。在育成的 484 个品种中，科研单位（含农业推广部门）育成 377 个新品种，企业育成 78 个新品种，科企合作育成 29 个品种。整体上看，科研单位依然是育种主体，育成品总数量占比 78%；企业育成品种数量较2006 年之前大幅度增加，育成品种总数量占比 16%；科企合作不断加强，联合育成品种数量占比 6%。

品种抗病性增强和品质提升。抗晚疫病、轻花叶病毒和重花叶病毒品种数量保持稳定增长，其中抗病品种占育成品种比例为“十二五”期间最高。高干物质、高淀粉、高维生素 C、低还原糖和高蛋白品种数量均保持增长，“十三五”较“十一五”

期间育成品种品质指标改善显著。

品种的主要品质指标显著改善。育成了高干物质品种（干物质含量≥25%）61个、高淀粉品种（淀粉含量≥18%）78个、高维生素C品种（维生素C含量≥30毫克/100克鲜薯）20个、低还原糖品种（还原糖含量≤0.15%）112个和高蛋白品种（粗蛋白含量≥2.5%）100个。

（二）植物新品种权申请和授权情况

2006—2020年，马铃薯植物新品种权申请量累计达到254件，授权量112件。国内科研单位申请110件，占比43%；国内企业申请79件，占比32%；国外科研单位或政府机构申请7件。总体上看，企业更加重视新品种权申请，值得注意的是国外企业申请品种权占比较大。植物新品种权申请结构充分表明，马铃薯企业知识产权意识在持续增强。

（三）品种推广情况

主栽品种面积变化。据统计，我国生产上应用的马铃薯品种近300个。根据全国农技中心统计，2020年我国种植面积超过5万亩的有107个，超过50万亩的有16个，超过100万亩的有15个。超过100万亩的以鲜食品种类型为主，加工品种仅1个，早熟品种2个，国外引进品种Favorita（费乌瑞它）、Unica和Tacna等种植面积较大。种植面积最大的是从荷兰引进的费乌瑞它，早熟、块茎商品性好，但抗病耐逆性差、种植成本高。全国种植面积前10名的品种种植总面积占全国种植总面积比例逐年增加，到2014年达到顶峰（占比86%），之后逐渐回落，2019年下降（占比67%），在全国总种植面积相对平稳的情况下，这说明主栽品种更加丰富了。

品种更替变化。2016—2020年全国种植面积前10名的品种中，20世纪60年代育成的品种克新1号和20世纪50年代引进的品种米拉，虽然抗病耐逆性好，适应性广，但由于其外观品质欠佳，种植面积逐年下降，而早熟鲜食品种费乌瑞它虽然抗病耐逆性差，但由于其外观品质和食用品质好，随着栽培技术水平的提高和市场需求的增加，其种植面积逐年扩大。

标志性品种变化。2006—2020年，有两轮品种更新换代。第一阶段（2006—2016年）：克新1号种植面积达到顶峰，年均种植面积达到1 175万亩。费乌瑞它和米拉紧随其后，年均种植面积分别为489万亩和467万亩。陇薯3号、威芋3号、会-2号和鄂马铃薯5号等品种年均种植面积均超过150万亩。优质高产品种不足。第二阶段（2017—2020年）：以取代克新1号成为种植最大面积品种为标志，费乌瑞它种植面积迅速上升。费乌瑞它年均种植面积833万亩，2018年到达顶峰979万亩。同时克新1号种植面积明显下降，青薯9号和冀张薯12号种植面积迅速上升，早熟高产品种中薯5号迅速推广，在2019年种植面积达到111万亩。

种薯繁育和质量控制成效显著。用椰糠替换蛭石的基质栽培原原种生产的效率和生产力显现优势，雾培生产原原种的规模逐渐扩大，与基质栽培相比，节省组培苗的用量和人工，但也存在基础设施投资大，微型薯的皮孔较大、不耐贮藏和易感病害的缺点。建立了多种马铃薯病毒的RT-LAMP和RT-PCR检测技术，不断完善其他重要病原菌的早期分子检测技术。2006年左右，马铃薯主产区的各省份基本上都建有脱毒快繁中心，财政投资建设繁种基地和原原种扩繁基地近百个。2008年开始农业综合开发，设立了原种繁育和良种基地建设专项，2009年以后国家出台马铃薯种薯补贴政策，连续支持5年。"十三五"期间，农业农村部已先后认定30多个国家区域性马铃薯良繁基地，其中10个基地县得到国家制种大县奖励资金，推动了马铃薯良繁基地建设，改善基础设施，优化生产秩序，打造基地产地品牌，有力保障种薯供应。据调查，2020年全国规模以上种薯企业360多家，生产原原种近31亿粒，全国繁种面积超过230万亩，生产各级种薯约400万吨，二级种薯以内覆盖率45.9%，较2006年增加了一倍。同时开展为期4年的种薯质量认证试点示范。

（徐建飞、金黎平）

第七节　甘　　薯

一、资源创新

（一）种质资源收集、保存与创新

甘薯种质资源的收集、保存。2006年以来国内甘薯资源保存一库两圃体系进一步完善（徐州国家甘薯种质资源试管苗库和田间保存圃，广州国家种质资源田间保存圃）。通过国内外合作交流，特别是国家开展了第三次农作物种质资源普查与收集行动，资源保有量逐步增加，新收集一批野生、濒危、珍稀和有重要价值的甘薯资源。截至2020年底，徐州圃（库）共保存甘薯种质资源2 149份，入库编目资源1 252份，其中国内资源991份，国外资源241份，野生种资源20份。广州圃保存2 198份甘薯资源，入库编目资源1 390份，包括地方种1 045份，育成种930份，引进种223份。

甘薯种质资源的鉴定与利用。2006年开始组织江苏徐州甘薯研究中心和广东省农业科学院作物研究所共同编写完成的《甘薯种质资源描述规范和数据标准》，对甘薯种质资源进行了数字化描述、标准化整理和信息化管理，为甘薯资源数据库建设和与国际接轨奠定了基础。"十一五"末初步构建30个甘薯品种DNA指纹图谱数

据库。

"十二五"时期，中国农业大学、江苏徐州甘薯研究中心等单位构建了中国甘薯"六五"以来通过审（鉴）定品种的DNA指纹图谱数据库。补充和完善亲本来源、生物学性状等方面的数据，更规范地建立数据库，用1对AFLP引物E53M19，即可将150多个甘薯主要品种完全区分。这对利用该数据库分析亲本资源的利用类型，提出亲本利用建议，用DNA指纹图谱鉴定甘薯品种，进行甘薯新品种保护均具有重要意义。广州圃采用EST－SSR标记构建了52份甘薯种质资源的DNA指纹图谱。利用甘薯体细胞杂交和诱变技术体系，获得一批具有抗旱、耐盐、高胡萝卜素含量的特异新材料；利用花粉粒SEM形态特征对甘薯及其近缘野生种进行了孢粉学鉴定，通过激素处理获得种间杂种四倍体新株系。

"十三五"时期，用SRAP引物建立了甘薯分子连锁图谱，并对我国303个甘薯地方种进行了遗传多样性和群体结构分析，构建了DNA指纹图谱及连锁图谱。利用毛细管检测技术将99个已登记甘薯品种分为三个亚组，同时聚类结果表明品种间的遗传基础较窄，部分生态薯区的品种相似性较高。利用表型及SSR标记对我国115个甘薯登记品种进行遗传变异与系谱分析，初步建立核心种质和登记品种指纹图谱。

值得一提的是"十三五"时期近缘野生种的利用取得新进展，河南省农业科学院等单位利用原生质体融合技术获得了可结薯的体细胞种间杂种，江苏徐州甘薯研究中心等单位利用植物激素处理获得了携带有野生种质优异性状的新型种间杂种。中国农业大学等单位利用伽马射线处理栗子香胚性悬浮细胞选育得到耐盐新材料。

（二）与甘薯性状改良相关基因挖掘

抗病虫草害基因的导入、克隆与功能验证。中国农业大学率先将*OCI*基因转入甘薯，转基因植株的抗病性获得一定的提高；将*bar*基因导入甘薯主栽品种徐薯18，获得了抗除草剂的转基因植株；之后又发现*IbBBX24*在调节JA生物合成和信号传导以及增加甘薯的枯萎病抗性和产量中起关键作用，过表达*IbMIPS1*显著提高甘薯茎线虫病抗性。中国科学院上海生命科学研究院植物生理生态研究所（以下简称"中科院上海植生所"）通过RNA干扰技术获得了抗甘薯茎线虫病较好的植株。

品质性状和非生物胁迫基因的克隆与功能验证。四川大学成功构建*IBGSTU1*的原核表达质粒，并表明该基因在甘薯的胁迫耐受中行使重要功能。中国农业大学等单位克隆分析了与逆境胁迫有关的*IbGGPS*、*IbMIPS1*、*IbCBF3*、*IbBT4*和*IbWRKY2*基因，研究发现甘薯基因过表达显著增加甘薯耐盐碱、耐旱性。中科院上海植生所等单位克隆出甘薯碳水化合物代谢、花青苷合成、类胡萝卜素合成*IbAPS*、*IbMYB44*、

IbLCYB2 等基因并进行了功能分析。利用圆叶牵牛花青苷合成基因 *DFR* 为探针从 cDNA 文库中克隆到 *IbDFR*，过表达互补拟南芥突变体；RNA 干扰发现转基因紫薯花青苷含量降低。过表达 *IbSnRK1* 基因增强了转基因甘薯中的氮吸收和碳同化，增加淀粉含量、降低直链淀粉比例、增大淀粉粒径、提高结晶度和糊化温度。*IbAGP1* 基因启动子区域的 SURE－like 和 W－box 元件对该基因受蔗糖诱导有重要作用。

组学研究。2017 年中德科学家合作绘制了六倍体甘薯的基因组图谱，并推测现今栽培甘薯为同源异源六倍体（B1B1B2B2B2B2）。2018 年，美国康奈尔大学和江苏徐州甘薯研究中心共同设计并联合多国科学家共同绘制了高质量甘薯二倍体野生种基因组图谱，再次揭示了其物种起源的复杂历史，为栽培种甘薯遗传改良提供了基因组学研究工具，为以后甘薯分子设计育种打下坚实基础。通过二代和三代测序技术，组装得到的三浅裂野牵牛和三裂叶薯的基因组大小均为 460MB 左右，各含有大约32 300和 31 400 个蛋白质编码基因。通过比较基因组学，揭示甘薯组植物在远古时期全基因组三倍化过程，并发现甘薯属三倍化造成某些基因拷贝数增加可能与甘薯块根发育相关。

利用不断更新的基因组及转录组信息库，我国科学家开展了深度的基因挖掘研究。四川大学等单位通过转录组分析，对甘薯花特有基因和开花相关调节基因进行鉴定，对甘薯叶绿体基因组进行测序，获得了 16.1Kbp 的环状 DNA 分子结构草图，发现有一对导入重复分成 LSC 和 SSC，甘薯叶绿体 DNA 含有 145 个基因。台湾中山大学等单位通过转录组分析，对甘薯花特有基因和开花相关调节基因进行鉴定，在甘薯中克隆了一个 *SPAP1* 基因，实验证明 *SPAP1* 是一个典型的天冬氨酸蛋白激酶基因，参加了乙烯利介导的叶片衰老调控。江苏徐州甘薯研究中心通过对徐紫薯 8 不同逆境处理下的转录组测序，挖掘了甘薯在抗旱和耐盐相关的大量调控基因。山西农业大学利用花青素靶向代谢组与转录组关联分析，研究紫肉甘薯与白肉甘薯差异代谢物和关键调控基因，结果发现飞雀素、佩特尼丁和松花苷是导致紫肉甘薯花青素沉积的关键代谢物。江苏师范大学分析了三浅裂野牵牛中 *ItGRPs*、*ItfbZIP* 基因系统发生关系；克隆了 12 个与盐胁迫响应的 *NAC* 家族基因；发现 *MADS－box* 家族基因 *IbFLC－LIKE* 通过调控细胞分裂素含量影响甘薯块根的发育。

二、技术创新

（一）分子标记及 QTL 辅助育种技术

2006—2010 年研发进展。本阶段前期开发出 RAPD 分子标记，并利用该标记结合农艺性状、品质性状对甘薯育种亲本进行评价，推荐骨干亲本。此后用 ISSR 和

AFLP 标记分析中国甘薯主要亲本和主要育成品种的遗传多样性。开发多个与甘薯抗茎线虫病和抗根腐病相关分子标记，其中 2 个抗茎线虫病 AFLP 标记是与甘薯重要基因距离最近的实用分子标记；中国农业大学、山东省农业科学院、四川省农业科学院等开展了甘薯淀粉含量 QTL 分子标记研究并获得较大进展。2013 年中国农业大学利用 AFLP 和 SSR 标记绘制了甘薯基因组覆盖最广、标记密度最大的与干物质含量相关的 QTL 遗传图谱。

2011—2015 年研发进展。中国农业大学等单位构建了具有中国甘薯重要遗传背景的世界密度最高的分子连锁图谱，9 个 QTL 中贡献度最大达 50.3%；利用一对 AFLP 引物建立了 98 个中国甘薯主栽品种的指纹图谱，获得了表现稳定的与甘薯干物质含量相关的实用 QTL15 个。定位了与甘薯淀粉含量和块根产量相关的 QTLs。

2016—2020 年研发进展。四川农业大学等利用 SSR 标记、农艺、品质性状对中国西南地区主要甘薯育种亲本材料进行遗传多样性分析，江苏徐州甘薯研究中心等单位采用 RNA - Seq 和 tetra - primer ARMS - PCR 技术开发了甘薯多个 SNP 标记，并利用毛细管检测技术将 99 个已登记甘薯品种分为三个亚组，同时聚类结果表明品种间的遗传基础较窄，部分生态薯区的品种相似性较高。筛选到一个 TRAP 分子标记 CHSRV1/AN4 组合用以分析甘薯资源花青素积累的遗传多样性。利用限制性位点相关 DNA 测序（RAD - seq）对甘薯遗传结构多样性进行了评价，并建立了相应的 SSR 标记。利用表型及 SSR 标记对我国 115 个甘薯登记品种进行遗传变异与系谱分析，初步建立核心种质和登记品种指纹图谱。

（二）材料创制和育种方法的改进

引进和创制了一批优异的种质。自 2006 年起逐步加大了国外育种材料的引进和优异育种材料的创制，如引进的紫肉甘薯种质绫紫成为我国紫肉甘薯的核心种质，创制的高抗茎线虫病种质徐 781 成为抗病淀粉型甘薯育种核心亲本，创制的优质食用型品种浙薯 132 成为食用品种选育的核心亲本。

育种技术的改进。自 2008 年起逐步完善甘薯主要病害的鉴定平台，截至 2020 年，共创建覆盖 11 种病害、19 个鉴定方法的抗性鉴定平台，甘薯品种抗病性评价逐步步入正轨。2016—2020 年共有 5 种抗性鉴定方法，3 种病菌分离方法，诱导甘薯开花、提高甘薯有性杂交效率、提高定向杂交结实率、特早熟甘薯品种选育、甘薯耐旱品种鉴定等方法获批国家发明专利。逐步建立甘薯块根主要营养品质的 NIRS 分析平台，明确最佳光谱预处理方法、谱区范围和主成分维数，快速准确进行甘薯淀粉、蛋白质、纤维含量等多种品质性状测定，同时研究表明甘薯品种磷含量可以作为粉条加工用品种育种的参考指标。

2006—2020年甘薯品种选育初步由经验型向科学化转变，性状变异由随机产生向定向设计转变，但仍以常规育种技术为主。山东省农科院、江苏徐州甘薯研究中心、四川省农科院、湖北省农科院、广东省农科院等单位在甘薯品种选育中涉及分子标记，但分子标记辅助育种技术方面没有突破性进展，分子设计育种停留在研发的初级阶段。甘薯育种明显的改变是定向杂交与集团杂交相结合，选择群体逐步扩大。

三、品种创新

2006—2020年，市场对甘薯品种的需求起到了决定性的引导作用，甘薯品种改良呈现多元化趋势，鉴定、登记的甘薯品种呈上升趋势，主导品种的推广应用速度加快，区域性品种、特用型品种种类繁多，自育品种种植面积占良种推广面积的95%以上，甘薯作为保障国家粮食安全的底线、丰富食物种类、促进人类健康的作物发挥了重要作用，特别是在脱贫攻坚中发挥了突出作用。

（一）甘薯品种鉴定和登记

鉴定品种数量和类型。2006—2016年通过国家鉴定品种共148个，其中2016年是国家品种许可制度政策调整的衔接年，通过鉴定品种较多。现以2006—2010年（“十一五”期间）和2011—2015年（“十二五”期间）两个阶段比较，可以看出“十二五”期间通过鉴定品种较多，且食用型、食用紫薯型和菜用型数量增加较快，一方面说明了育种水平的提高，另一方面也说明了甘薯品种选育由市场需求和产业发展所决定。

表7-7 “十一五”和“十二五”期间国家鉴定品种统计

单位：个

时间	品种数	淀粉型	兼用型	食用型	食用紫薯型	色素用紫薯型	高胡萝卜素型	菜用型
2006—2010年	43	19	8	8	0	2	2	4
2011—2015年	73	18	5	17	11	7	3	12
总数	116	37	13	25	11	9	5	16

登记品种数量和类型。自2017年起国家甘薯品种登记制度正式启动，至2020年共有381个品种申请品种登记，有241个品种被批准登记。登记品种中125个来自地市级科研院所，占比51.9%；23个品种来自企业，占比11.6%；77个来自省级农业科研院所，占比32.0%。从申请并通过登记品种的区域来源划分：福建52个、江苏42个、山东25个、重庆16个，省（市）较为集中。从登记品种类型的比例来看，食用型品种占比非常大，这与甘薯产业向多元化、餐桌食用化方向发展相吻合。

表 7-8　2018—2020 年甘薯登记品种及类型统计

单位：个

年份	申请品种数	批准登记品种数	淀粉型	淀粉、食用型	兼用型	食用型	鲜食、高胡萝卜素型	食用紫薯型	高花青素型	菜用型
2017	65	0								
2018	179	63	20	5		21	6	4	2	5
2019	84	78	12	13	3	28	3	12	5	2
2020	53	100	12	13		41	4	12	10	8
总数	381	241	44	31	3	90	13	28	17	15
占比			18.3	12.9	1.2	37.3	5.4	11.6	7.1	6.2

（二）甘薯植物新品种权申请和授权量

申请和授权数量。我国甘薯品种权保护申请从 2003 年开始，2006 年前仅有 6 个品种申请保护。2006—2020 年，我国甘薯植物新品种权申请量累计达到 244 件，授权量为 109 件。

申请结构。根据相关数据，在 2006—2020 年 244 件甘薯植物新品种权申请中，企业申请 4 件，个人申请 1 件，国外企业和科研单位申请 6 件，其余 233 件均申请自国内科研和教学单位。

（三）品种推广情况

鉴于国家对甘薯品种统计数据缺乏，其推广情况多以调研数据分析为基。

专家调研情况。2007 年中国作物学会甘薯专业委员会对国内主产区甘薯品种分布情况进行调研，调研结果为北方薯区种植的主要品种有商薯 19、徐薯 18、徐薯 25、冀薯 98、苏薯 18 等；长江中下游薯区种植的主要品种有徐薯 22、南薯 88、鄂薯 5 号等；南方薯区种植的主要品种有广薯 87、广紫薯 1 号、岩薯 5 号、龙薯 1 号等。

2015 年全国甘薯品种分布总体上以淀粉型品种为主导，食用型品种次之。国内甘薯种植品种全部为自育品种，新品种覆盖面积较广。据国家现代农业（甘薯）产业技术体系调查：北方薯区主栽品种为商薯 19、徐薯 18、徐薯 22、徐薯 27、北京 553、龙薯 9 号、烟薯 25、苏薯 8 号、济黑 1 号、宁紫 2 号、紫罗兰、浙紫薯 1 号等；长江中下游薯区主栽品种为徐薯 18、徐薯 22、商薯 19、万薯 7 号、南薯 88、南薯 99、苏薯 8 号、广薯 87、南紫薯 008、宁紫 1 号、万紫 56、绵紫薯 9 号等；南方薯区主栽品种为广薯 87、新普 6 号、桂薯 131、龙薯 3 号、金山 630、紫罗兰、福宁紫 3 号等。

2020 年全国甘薯品种淀粉型主栽品种为商薯 19、济薯 25、徐薯 22 等，食用型主栽品种为烟薯 25、普薯 32、济薯 26、龙薯 9 号、广薯 87 等。品种区域性特征十分明显，比如广薯 87、广菜薯 5 号被列入广东省农业主导品种；浙江省浙薯 13、心香种植面积分别占比约28%和17%；湖北省除徐薯22、商薯19外，鄂薯6号种植面积占比较高，菜薯种植面积稳步上升，品种以鄂菜薯10号、福菜薯18为主。据甘薯产业技术体系定点调查，2020年鲜食型甘薯种植种类最为丰富，数量达到130个，占比59.36%；淀粉型61个，占比27.85%；紫薯型28个，占比12.79%。当前淀粉型甘薯仍是我国甘薯种植主导类型，但是鲜食型甘薯同样占据重要地位，紫薯型甘薯种植占比不高。

根据统计资料，选取种植面积较大的品种，分析5年面积变化趋势，可以看出普薯32、烟薯25、济薯26和济薯25种植面积一直呈增加的趋势。

（马代夫、王欣）

第八章　油料作物科技创新

第一节　油　菜

一、资源创新

（一）种质资源收集鉴定与创新利用

2006 年我国国家作物种质库保存油菜种质资源6 501份，2020 年达到 9 448 份，增长 45.3%。“十三五”期间，在国家重点研发计划支持下，中国农业科学院油料作物研究所牵头对 1 650 份初选种质资源进行了多环境的重要性状表型鉴定和全基因组水平基因型鉴定，筛选出目标性状突出、遗传背景清楚的优异种质 177 份，创制出优异新种质 96 份，并得到育种利用。

中国农业科学院油料作物研究所系统开展了高含油量优异种质发掘和创制工作，创制出含油量＞55%的优异种质 186 份，最高含油量 65.2%，再次刷新油菜含油量世界纪录。华中农业大学利用芜菁等高抗根肿病资源，创制高抗根肿病甘蓝型油菜亲本系华双 5R。湖南农业大学等单位通过理化诱变创制出油酸含量＞85%的种质资源。江苏省农业科学院利用 EMS 诱变创制出抗磺酰脲类除草剂及抗咪唑啉酮类除草剂的突变体资源，并培育成抗除草剂亲本系。中国农业科学院油料作物研究所通过远缘杂交，创制出强抗裂角材料 OR88 并培育出抗裂角育种材料 10 余份。引入对核盘菌高抗的野生甘蓝珍稀种质，通过远缘杂交人工合成比中双 9 号的菌核病抗性提高 65.5%的突破性种质，为菌核病抗性品种的选育奠定了基础。多个育种单位针对长江流域冬闲田对短生育期油菜品种的需求，创制出一批在早熟性状上获得突破的优异新种质，为三熟制早熟油菜扩种提供了有力支撑。

（二）油菜重要性状基因资源挖掘

2006—2020 年，各相关科研单位陆续开展 SNP 芯片开发、基因组和泛基因组研究，在甘蓝型油菜起源与进化分析等方面取得了系列的突破性进展。通过关联分析、图位克隆和基因编辑等手段规模化发掘和鉴定高产、高油、优质、抗病、抗逆、杂种优势利用、养分高效和适合机械化等新基因，在油菜功能基因组研究领域确立了世界领先优势。中国已成为国际上油菜遗传育种领域发表文章数量和质量均位于第一的国家，有力支撑油菜产业的高效发展。

产量性状基因资源。中国农业科学院油料作物研究所王汉中院士团队图位克隆油菜首个产量构成因子 *ARF18*，可以调控油菜粒重且不改变角粒数。华中农业大学图位克隆调控雌配子体发育基因 *BnaC9. SMG7b*，该基因影响大孢子母细胞的减数分裂，正向调节每角粒数；*BnaA9. CYP78A9* 基因调控角果皮细胞大小，从而使油菜角果增长、籽粒变大和千粒重增加。油菜耐密株型的塑造是实现油菜高产的重要途径，中国农业科学院油料作物研究所利用基因编辑 *BnaMAX1*，创制出半矮秆、多分枝和多角果的优异种质，单株产量提高约 30%。这些研究成果为油菜高产品种的分子设计和培育奠定了基础。

含油量性状基因资源。对单位面积产油量而言，油菜含油量每提高 1%，相当于产量增加 2.5%。中国农业科学院油料作物研究所解析了油菜含油量母体调控基因并发掘出 4 条调控新途径，在国际上首次成功克隆了农作物种子性状的第一个细胞质调控基因 *orf188*，并揭示了该基因调控油菜种子高含油量的作用机制。近年来，随着基因编辑技术的快速发展，通过基因编辑克隆含油量调控基因的报道也屡见不鲜，如 *BnPMT6*、*BnLPAT2* 和 *BnLPAT5* 等。利用这些基因在甘蓝型油菜中创建了一系列理想的突变体，为高油育种和种质资源创建提供了宝贵的材料。

杂种优势利用基因资源。我国油菜杂种优势利用长期以来位于世界领先行列。华中农业大学自 2011 年以来，连续克隆油菜隐性细胞核雄性不育系统 S45A 的恢复基因 *BnCYP704B1*；7365A 的恢复基因 *BnaC09. Tic40* 和复等位位点 *Bnams4a*/*Bnams4b*/*Bnams4c*，利用该不育系统已经培育出多个优良的油菜杂交品种；克隆 nap 细胞质雄性不育恢复基因 *Rfn*；和中国农业科学院油料作物研究所共同揭示 Yi3A 类型的细胞核雄性不育系统 MS5a ＞ MS5b ＞ MS5c 的显隐性关系，可方便实现油菜的“三系化”制种。

广适抗病抗逆基因资源。我国油菜主产区分布在长江上、中、下游，黄淮流域和西北地区，挖掘广适多抗基因资源对油菜扩面增产意义重大。多个育种单位克隆的油菜开花期相关基因 *BnFLC. A2*、*Bnflc. a2*、*BnaFLC. A10*、*CO*、*C3H17*、*KHZ1*、*sBnFLD* 和 *sBnFCA*，有效促进短生育期油菜品种选育。油菜干旱胁迫响应基因 *Bn-LEA*、*BnVOC*、*BnCOL2* 等超表达不仅抗旱性增强，而且种子含油量或产量性状也有了显著提高。油菜抗根肿病基因 *CRb*、*NBS-LRR*、*CRA3. 7. 1* 和 *CRA8. 2. 4* 的挖掘与利用助力我国攻克抗根肿病油菜育种难题。

二、技术创新

2006—2020 年，我国已基本建立了油菜高效分子育种技术平台，主要包括全基因组范围内海量分子标记的开发、重要目标性状优良单倍型鉴定、高通量的标记检测、基因型快速纯合和繁殖加代、快速育种技术体系集成等。

（一）油菜分子标记辅助选育技术

自 2006 年以来，在国家 863 计划、973 计划等项目支持下，油菜优异性状基因/位点挖掘成效显著，加快了油菜产量（种子大小、籽粒数）、生物逆境抗性（根肿病和菌核病）、含油量、育性、生育期、油酸含量、除草剂抗性、株型和抗裂角等性状的分子标记开发及辅助育种，提高了选择效率。如中国农业科学院油料作物研究所通过标记辅助选择，聚合 15 个高油位点，创制出含油量达 64.8%的品系 YN171。华中农业大学将近源物种的抗根肿病基因 *CRb* 转育到油菜中，选育出了第一个抗根肿病的油菜常规种华双 5 号。利用与开花基因连锁的分子标记，各育种单位选育出了一批早熟油菜新品种圣光 165E 等；利用抗除草剂基因的分子标记，选育出了宁杂、惠农油系列等抗磺酰脲类除草剂的油菜新品种；利用与高油酸基因连锁的分子标记，选育出了华油 2133 等高油酸油菜品种。

（二）油菜双（单）倍体生产技术

油菜单倍体育种技术研发始于 20 世纪 90 年代，到 2002 年油菜各育种单位引进该技术，单倍体胚诱导、加倍、当代成苗和快速繁育技术不断优化。当前国内主要育种单位每年通过小孢子培养产生的 DH 系达到 50 万～100 万株，极大地促成了一批聚合了多个优良性状如高含油量、高油酸、大粒、抗根肿病、抗除草剂、早熟等的核心亲本系的快速改良。目前大面积推广利用的中油杂和华油杂系列杂交种的亲本系均是结合小孢子培养技术选育而成的。

（三）油菜全基因组选择育种技术

油菜全基因组测序选择育种技术目前仍处于起步和探索阶段，完成了上千份油菜种质资源的重测序工作，解析了油菜育种过程中农艺性状的基因组选择和遗传结构。2011 年，我国与加拿大合作开发第一款油菜 60K SNP 芯片，通过 948 项目引入中国开始用于品种指纹图谱构建、优异性状遗传位点挖掘。2019 年，华中农业大学进一步优化功能标记来源，研发了一款标记信息明确、功能标记位点更优的 50K SNP 芯片；2021 年西南大学研发全球首张油菜液相育种芯片——油菜 50K 液相育种芯片。一系列成果大幅提升了基因型分型效率，为开展高产优质油菜新品种的分子设计育种，促进油菜全基因组选择育种奠定了坚实的理论基础。

（四）油菜转基因技术

中国虽然还没有转基因油菜的商业化种植，但是对转基因油菜理论的研究却相当活跃。我国油菜转基因专利从2016年的不到20件到2020年的100余件，储备了一批不同类型的转基因品种（系），油菜转基因技术取得了快速发展。华中农业大学分别从放线菌属变异居白蚁菌和海洋菌株中克隆了具有自主知识产权的抗草甘膦基因和抗草铵膦基因，转化获得的抗除草剂转基因油菜新品种可以耐受4～6倍田间推荐剂量的除草剂，突破了国外基因专利限制，将极大推动我国转基因油菜育种技术的发展及产业化应用。

（五）油菜基因编辑技术

我国油菜基因编辑起步晚，还存在很大差距，主要改良高产（大粒、多粒、高含油量）、理想株型（半矮秆、分枝、叶形）、优质（黄籽、高油酸、低硫苷、低植酸）、抗裂角、抗病、抗除草剂、早熟、自交不亲和与雄性不育等。特别是在早熟油菜种质资源创建方面，通过同时敲除*BnaFLC*和*BnaFRI*位点，成功创制了*BnaFLC*和*BnaFRI*多基因敲除的油菜早熟突变体，后代表现出稳定、明显的极早熟特征。2020年，中国农业科学院油料作物研究所建立了一种不依赖遗传转化的油菜和甘蓝基因编辑技术，可快速地使优异基因变异在育种材料中累积，为高产、优质、多抗新品种的培育提供了新的技术储备。

三、品种创新

（一）油菜品种审定（登记）数量和质量

审定和登记品种数量。2006—2020年，油菜品种经历了从品种审定制度到品种登记制度的转变。2016年以前油菜品种执行审定制度，全国共审定934个品种，其中国家审定品种324个，省级审定品种610个。这些品种中，常规种约占23%，杂交种约占77%。2016年新修订的《种子法》将油菜纳入品种登记制的非主要农作物。2017—2020年我国共登记中油杂、华油杂、湘杂、青杂、赣油杂等油菜品种1 074个。

登记品种主体。油菜品种登记申请主体以高校、科研院所和种子企业为主。2017—2020年全国共有71家科研单位和170家种子企业登记油菜品种。其中高校、科研院所登记品种686个，种子企业登记品种512个，其他单位及个人登记品种22个，企业育成品种的比例呈增加趋势。

品种质量。杂交种替换常规种，产量逐渐提高。根据2006—2020年国家区域试验结果，中国长江流域油菜新品种产量年度波动较大，但总体呈上升趋势。2006—2020年，全国油菜籽单产从122.2千克/亩提高到138.5千克/亩，种植面积排名前三的湖北、湖南和四川三省油菜单产表现一致。杂交油菜大面积替换常规油菜品种，充分体现了杂交种的杂种优势作用，使产量得到了逐年提高。**品种含油量显著提高。**2006—2010年，油菜品种一般含油量约为43.25%，比“十五”期间育成品种含油量(41.06%)增加了约2.20%。目前，我国大部分油菜品种含油量已超过45%。中国农业科学院油料作物研究所王汉中院士育成的中双11号高含油量常规种，2008年通过审定，含油量49.04%，被华中农业大学、西南大学等21家单位作为育种亲本，培育并审定了一系列高油、抗倒、抗菌核病新品种。后续审定和登记的一批高含油杂交油菜品种中油杂19、大地199和秦杂油19含油量分别达到49.95%、48.67%和50.01%。**品种综合性状不断取得新突破。**在早熟方面，中国农科院油料研究所选育了能满足双季稻区冬季生产的极早熟油菜新品种阳光131，实现了三熟制早熟油菜单产突破。在抗根肿病上，华中农业大学育成了我国首批具有应用价值的两个抗根肿病品种华双5R和华油杂62R。在高油酸育种上，华中农业大学、湖南农业大学、浙江省农业科学院等单位已育成油酸含量超过75%的高油酸新品种。在抗除草剂育种上，江苏省农业科学院育成了我国首个非转基因抗磺酰脲类除草剂油菜品种宁R101。针对油菜功能多、适应性广的特性，先后开发出了油菜的菜用、花用、肥用、饲用、蜜用等多种功能，包括全球首个富硒高效菜用油菜杂交种硒滋圆1号，饲用油菜专用品种饲油1号、饲油2号等，以及不同花色、不同花期、不同生育特性的油菜品种(系)，促进了油菜三产融合发展。

(二) 品种推广情况

2008年国内推广面积超过5万亩的半冬型油菜品种208个，到2020年已经达到308个。2008—2020年，推广5年以上且当年种植面积超过100万亩的主栽品种有16个(12个杂交种，4个常规种)，分别是杂交种秦优7号、秦优10号、华油杂9号、华油杂12号、华油杂13号、华油杂62、德油8号、沣油730、沣油737、绵油11号、中油杂11号、油研10号、常规种中双9号、中双10号、浙油50和阳光2009，已经实现了油菜品种从高产到优质高产的升级换代。

(王新发、李先容、张椿雨、胡琼、顿小玲)

第二节 花 生

一、资源创新

(一) 种质资源收集、鉴定与创新

在种质资源收集和保存环节，依托中国农业科学院油料作物研究所的“国家油料

作物种质资源中期库”“国家野生花生种质资源圃”等平台，建立了完善的花生种质资源安全保存和繁殖更新技术标准，已收集和保存栽培种花生资源 10 861 份、花生属 7 个区组野生种 316 份，成为世界第三大花生资源中心。

在种质资源鉴定环节，入库种质资源已经基本完成了农艺性状、产量和品质相关性状的鉴定，并挖掘出一批高产、优质、高抗的优异资源。目前在农业农村部种质资源精准鉴定专项的资助下，正在开展 980 份种质资源表型和基因型的精准鉴定。

在种质创新环节，利用杂交聚合、远缘杂交、物理或化学诱变等技术创制出了高油、高油酸、高蛋白、抗黄曲霉、抗青枯病、抗果腐病、低饱和脂肪酸、高糖等优异种质。其中，高油种质的含油量最高可达 63.68%；高油酸种质开选 016 以其配合力高的优势，已成为国内高油酸花生育种的主要供体，利用该种质已育成高油酸品种 19 个。

（二）花生基因组研究

继 2016 年在多国科学家合作下完成栽培种花生两个“祖先”野生种（*A. duranensis* 和 *A. ipaënsis*）全基因组工作框架图并进行详细注释之后，我国还单独发表了这两个野生种不同系的基因组序列。2018 年河南农业大学又发表了四倍体野生花生 *A. monticola* 的基因组序列。2019 年广东省农业科学院发表了四倍体栽培花生“伏花生”全基因组测序结果。*Nature genetics* 在 2019 年同期发表了福建农林大学和美国佛罗里达大学分别完成的四倍体栽培花生“狮头企”和 Tifrunner 的全基因组测序论文。我国在花生基因组研究方面与国际先进水平处于并跑的水平。基因组研究的快速推进，将有助于花生遗传信息的解析和重要功能基因的挖掘，对花生重要性状改良和突破性品种选育具有重要意义。

二、技术创新

（一）远缘杂交育种技术

花生远缘杂交开始于 20 世纪 60—70 年代，到 2006 年，远缘杂交育种尤其是少数亲和性较高的野生种育种取得了一定的成绩。之后远缘杂交技术研发不断加快，2011 年，远杂 9102 累计推广 2 000 多万亩，成为世界上推广面积最大的花生远缘杂交品种。2016 年建立了试管苗染色体加倍技术，加倍成功率超过 20%，并形成了集杂交、胚拯救、试管苗快繁和染色体变异系创制技术于一体的克服花生种间杂交不亲和障碍的技术体系。截至 2020 年，利用该体系在栽培种与野生种的 25 个杂交组合中获得杂种后代，16 个组合经染色体加倍获得了异源六倍体花生，其中栽培种与 9 个野生种之间系首次获得杂种后代、与 2 个野生种之间系首次获得异源六倍体，并创制了一批来自野生种的外源染色体系。与远缘杂交技术创新过程同步，种间杂种后代染色体鉴定技术也获得了系列突破，包括花生寡核苷酸探针带型技术、Oligo-GISH 染色技术、区段或单染色体涂染技术和 DNA 分子标记鉴定技术，并构建了世界上清晰度最高的花生染色体核型和首个花生单拷贝核型，实现了花生基因组序列图染色体与核型染色体的对应，解决了花生染色体的精准识别和种间杂种的精准鉴定的问题。

（二）分子标记育种技术

近年来，在花生分子标记辅助育种方面，相继开发出花生脂肪含量、油酸含量、株型、内种皮颜色、开花习性等性状的功能性分子标记，并成功用于花生品种选育与改良。其中，中国农业科学院油料作物研究所开发出花生野生种的特异高油标记 2A5，创建了高效的高油分子标记辅助选择技术，通过远缘杂交创制出具有野生种特异高油位点的优异高油种质 13 份，创制出高油兼具高产等优良性状新种质 13 份，为高油高产品种的培育提供了技术支撑和特异种质。利用创制的高油种质和创建的高效育种技术体系，培育出中花 15、中花 16 等高油高产花生新品种。河南省农业科学院等单位建立了针对 F435 型 *AhFAD2A* 和 *AhFAD2B* 野生型及其突变型的等位基因特异 PCR 技术和 KASP 鉴定技术，开发出针对 C458 型 *AhFAD2B* MITE 型插入突变的分子标记，并与近红外技术相结合培育高油酸花生新品种。

（三）转基因育种技术

花生愈伤组织诱导率、植株再生率低下，属于难以遗传转化的农作物。经过多年努力，农杆菌介导法、基因枪转化法等花生遗传转化方法得到了系统优化，花生的遗传转化效率也得到进一步提高。2006 年河南省农业科学院利用 RNA 干扰技术、2018 年广东省农业科学院基于 TALEN 基因编辑方法创制了高油酸花生突变体。花生遗传转化效率的提高为基因编辑等新技术在转基因花生中的应用奠定了基础。

三、品种创新

（一）花生品种数量和质量

品种数量。2006—2020 年，我国共审（认、鉴）定、登记花生新品种 1 012 个。其中审（认、鉴）定 426 个，登记 586 个。历年审（认、鉴）定、登记花生新品种数量详见图 8-1。

2006—2016 年，每年培育的品种不足 100 个；2017 年以后，花生品种的数量呈大幅度增加之势，一跃上升到每年 200 个以上。

品种质量。一是花生单产水平逐年提升。花生单产从 2006 年的 217 千克/亩增加到 2020 年的 254 千克/亩。同时，2015 年，山东省农业科学院在山东平度创造了亩

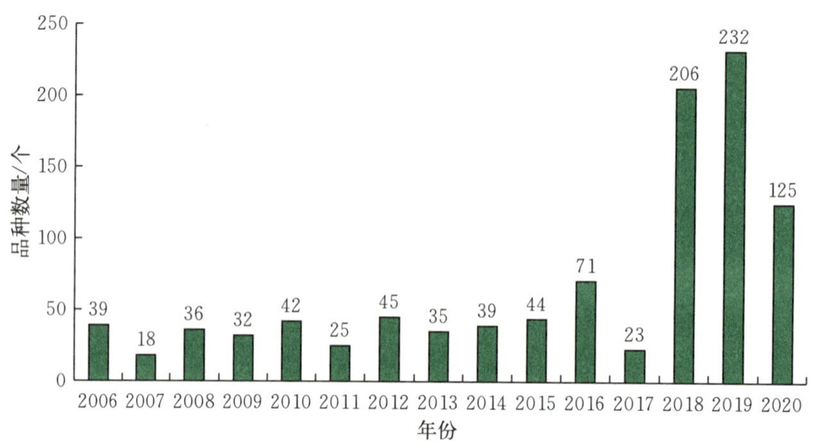

图 8-1　2006—2020 年审（认、鉴）定、登记花生品种数量

产 782.6 千克的世界花生高产纪录。历年单产水平详见图 8-2。

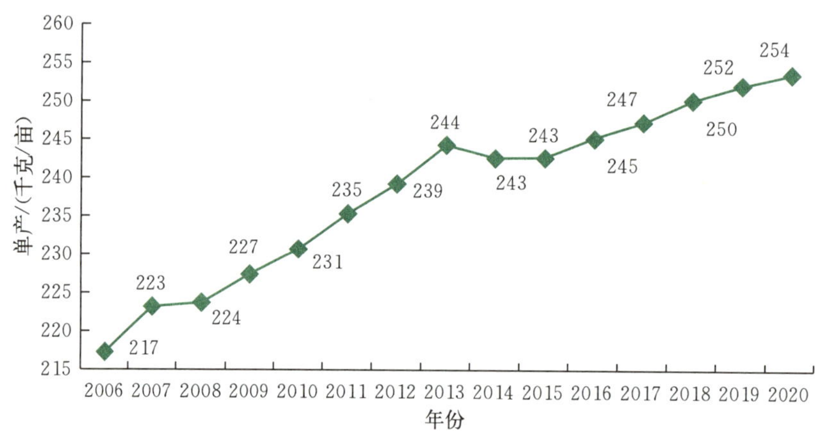

图 8-2　2006—2020 年我国花生单产水平

高油花生育种成绩斐然。据统计，2006 年前近 20 年间我国 30 多个主推花生品种含油量平均只有 51%左右。培育高油花生品种（脂肪含量≥55%），不仅将大大提高榨油企业的经济效益，而且有利于提高我国食用油自给率，高油因而成为花生重要的育种目标之一。2006—2020 年，我国共育成 170 个高油花生品种。其中 2017—2020 年，育成高油花生品种 135 个，占总数的 79%。河南、河北、湖北等省份具备花生高油性状的表达所需的花生生长季节昼夜温差小的环境条件，我国高油花生品种多出自这几个省份，且在这些省份得到推广利用。

高油酸花生育种进展迅猛。高油酸花生（油酸含量≥75%）具有营养丰富、保健功能强、花生及制品货架期长等优点。花生品种高油酸化是大势所趋。自 2007 年我国第一个高油酸花生品种开农 H03-3 问世以来，我国高油酸花生育种飞速发展。截至2020年，我国共培育出208个高油酸花生品种。其中2017—2020年，育成171个高油酸花生品种，占育成总数的82%。

（二）花生植物新品种权申请和授权量

2006—2020年，我国花生植物新品种权申请数量521件。其中，2017—2020年申请315件，占比60%；授权数量171件。其中，2017—2020年授权97件，占比57%。从申请单位来看，2006—2020年，申请的521件植物新品种权中，企业申请的数量为120件，占比23%；授权的171件植物新品种权中，企业授权的数量为24件，占比14%。与其他农作物比较，企业申请和授权的植物新品种权的数量占比还较小。这是由于花生种子属于常规品种，自留种比例高，经营花生种子成本高、风险大、效益低，花生种子经营利润远低于玉米和蔬菜作物，种子企业经营花生种子的意愿不强等因素决定的。

（三）品种推广情况

我国花生总产量和种植面积分居世界的第一位和第二位，单产为世界平均单产的2倍以上，地位举足轻重。2006—2020年，我国花生种植面积从5 934万亩增加到7 097万亩，年增长1.4%；总产量从1 289万吨增加到1 799万吨，年增长2.8%。花生产业的持续发展，是提高油料产能、保障国家食用植物油安全的“花生担当”。

根据2020年《全国农作物主要品种推广情况统计》，2020年种植面积超过50万亩的品种有27个，总种植面积2 856万亩，占全国种植面积的40%。年种植面积超过100万亩的品种有10个，分别为山花9号、豫花37号、花育23、山花7号、豫花23号、花育25号、开农71、濮花28号、冀花19号和远杂9 102，总种植面积1 799万亩，占种植面积超过50万亩花生品种种植面积的63%，占全国种植面积的25%。

根据中国种业大数据平台资料，2006—2015年年种植面积前10的品种累计推广面积出现先增加后减少的趋势，最高值年份出现在2009年，达到2 753万亩。出现这一局面的原因主要是2008年国家现代农业产业技术体系（以下简称“体系”）的启动。在体系成立之前很多科研单位在花生品种培育与推广方面能力不足，年推广面积较大的品种比较集中。体系成立之后，许多科研单位得到了持续稳定的经费支持，在品种选育与推广方面得到了显著加强，市场上推广的品种数量快速增加，种植面积愈加分散，呈现出百花齐放的发展局面。

中国花生品种更替的特点可以概括为：高产品种代替了低产品种；早、中熟品种代替了晚熟品种；高产优质专用型品种正在替代非专用型品种。

第一阶段（2006—2010年）：以白沙1016、丰花1号、海花1号、鲁花11号、豫花 15 号等为代表的高产稳产品种成为生产中的标志性品种。该时期的品种以大果型花生为主，在 2006 年种植面积前十的品种中，大果型品种占了其中 8 个。

第二阶段（2011—2016 年）：以山花 9 号、花育 22 号、远杂 9102、冀花 4 号、远杂 9307 等为代表的花生品种成为生产上的主导品种。随着耕作制度的变化，该时期的品种推广打破了大果型品种垄断的局面，在 2015 年种植面积前十的品种中，中小果花生品种占了其中 5 个。同时，高油花生品种的推广得到了进一步的加强，在 10 个品种中，包括了远杂 9102、冀花 4 号、豫花 15 号等 3 个高油品种。

第三阶段（2017—2020 年）：此阶段为高油酸花生产业快速发展的时期。截至 2020 年，共培育高油酸花生新品种 208 个，年推广面积 1 000 万亩以上。在 2020 年全国推广面积前十的品种中，包括了豫花 37 号、开农 71、冀花 19 号等 3 个高油酸花生品种，其中豫花 37 号年推广面积达 262 万亩，是全国推广面积第二大的花生品种。

（张新友、代小冬、雷永）

第三节　向日葵

一、资源创新

（一）种质资源收集、鉴定与创新

截至 2020 年，我国国家库收集和入库保存的向日葵种质资源达 3 346 份。其中国内资源 3 024 份，占 90%。向日葵种质中食葵资源 2 546 份（占 76%），油葵资源 680 份（占 20%），油食兼用型资源 95 份，野生及半野生资源 20 份，观赏型资源 5 份。各育种单位目前保存的向日葵种质资源 24 000 余份，其中油葵资源 10 000 份，食葵资源 13 000 余份，观赏型向日葵资源近 1 000 份。这些数字中，不排除重复保有部分。

种质资源鉴定方面，2006—2020 年，对引进、收集到的 2 200 份国外和地方种质资源进行了农艺性状、产量和品质等相关性状的鉴定，挖掘高油、高油酸、高蛋白、抗病抗逆等向日葵优异种质资源 288 份，如代表性资源抗锈病材料 HAR2、抗除草剂材料 2263 等。

种质资源创新方面，由内蒙古自治区农牧业科学院牵头，联合黑龙江省农业科学院、白城市农业科学院、新疆农垦科学院，于 2006—2020 年共创制资源材料 942 份，其中高油高蛋白材料 426 份，高油酸材料 24 份；抗列当资源 252 份，抗黄萎病资源 84 份，抗叶部斑病材料 60 份，抗锈病资源 51 份，抗霜霉病资源 15 份，耐菌核病资

源3份，其他抗病资源21份；抗咪唑类除草剂资源6份。

（二）重要性状基因资源挖掘

品质性状基因资源。优质是向日葵育种的重要目标。内蒙古自治区农牧业科学院自2016年开始将转录组测序、基因表达分析得到的特异表达DEGs映射到GO通路中，经GO功能富集，得到与脂质代谢相关的GO terms，如脂质生物合成过程（GO：0008610）、脂肪酸代谢过程（GO：0006631）、类固醇生物合成过程（GO：0006694）和类固醇代谢过程（GO：0008202）等，累计获得27个与向日葵脂质代谢相关基因。黑龙江省农业科学院利用转录组数据，筛选出可能影响向日葵种子油酸含量的脂肪酸代谢途径中7个关键酶基因*FAD2*、*FAB2*、*fabZ*、*ACSL*、*KAR*、*FATB*和*fabF*。其中*FAD2*和*FAB2*是与油酸合成直接相关的两个重要基因，通过qRT-PCR检测7个基因在发育不同时期的种子以及根、茎、叶、管状花、舌状花中的表达模式，发现只有*FAD2*是种子中特异高表达的基因且*FAD2*在低油酸种子中表达量明显高于高油酸种子，证明了向日葵*FAD2*是控制油酸含量的重要基因。

抗病基因挖掘。抗黄萎病基因挖掘。内蒙古自治区农牧业科学院2018年通过转录组测序分析、品种间共表达模式分析和KEGG通路分析，挖掘出69个向日葵抗黄萎病基因。其中在植物与病原菌互作通路中包含32个基因，调控15个关键节点；在植物激素信号转导通路中包含17个基因，调控8个关键节点；在类黄酮生物合成通路中包含13个基因，调控6个关键节点；另外7个差异表达基因参与了Benzoxazinoid生物合成通路。抗锈病基因挖掘。内蒙古农业大学2020年预测筛选到10个差异表达的新microRNA（miRNA）可能与锈病抗性相关，用实时荧光定量PCR技术做进一步定量验证，检测与预测结果的80%相一致。利用miRanda软件将10个miRNA预测到117个靶基因，其中86个靶基因获得其生物信息学功能注释。定量检测和验证miRNA作用靶基因的时候发现，抗病组表达量上调的Han-miR21对应的靶基因有1个下调，表达量下调的Han-miR43对应的靶基因有3个上调，符合miRNA与其靶基因互作的规律。另外，他们还利用生物信息学方法对向日葵基因组的蛋白质数据库进行搜索，共获得255个富含亮氨酸的重复序列和核苷酸结合位点（NBS-LRR）类抗病基因的蛋白质序列。对选取的6个NBS类基因经向日葵锈菌诱导后的表达分析表明，6个基因均可被向日葵锈菌诱导表达，说明其可能参与了向日葵响应锈菌胁迫的抗病反应过程。抗逆基因挖掘。西北农林科技大学2019年从向日葵转录组测序结果中获得了3个对盐胁迫有响应的谷胱甘肽S-转移酶（GSTs，EC2.5.1.18）GST基因，命名为*HaGSTU26*、*HaGSTU8*、*HaGSTU27*。克隆这3个基因进行不同组织和不同胁迫条件下的表达分析，实时荧光定量PCR分析表明，3个基因在不同组织（根、幼叶、成熟叶、茎、幼茎、苞叶）中表达量不同，其中 *HaGSTU26* 基因和 *HaGSTU27* 基因在根中表达量最高，而 *HaGSTU8* 基因在苞叶中表达量最高，但这 3 个基因在成熟茎中的表达量均最低。在不同胁迫条件下测定这 3 个基因在向日葵幼苗中的表达量，发现在盐及 ABA 胁迫下，基因表达量均随着处理时间的增加而呈现先增加后下降的趋势；在冷胁迫下，*HaGSTU26* 和 *HaGSTU27* 基因上调表达，它们分别在 3 小时、24 小时后相对表达量最高，*HaGSTU8* 基因下调表达，其相对表达量随处理时间的延长呈现逐渐减少的趋势；在热胁迫下，这 3 个基因的相对表达量随着胁迫时间的延长而增加，均在 24 小时后表达量最高。说明这 3 个基因对不同非生物胁迫（盐、ABA、冷、热胁迫）均有响应。

二、技术创新

（一）向日葵遗传转化技术

近年来，对向日葵遗传转化方法的研究主要集中在农杆菌介导的遗传转化系统的建立。2007 年，内蒙古农业大学建立向日葵高效遗传转化系统，将来自于小麦的草酸氧化酶（OXO）基因通过农杆菌介导转化向日葵，得到了卡那霉素抗性苗，转化率为 0.4%。2010 年，南京农业大学利用农杆菌介导法将百脉根 *LjCYC2* 基因导入观赏向日葵中，建立适宜的转化体系，为创建观赏向日葵种质资源提供基础。东北农业大学和重庆师范大学分别在 2011 年和 2014 年建立并优化了向日葵离体再生体系。2020 年新疆大学和新疆维吾尔自治区农业科学院建立了油用向日葵亲本旱矮大头的组织培养与植株再生体系，为利用转基因技术开展向日葵的遗传改良提供了依据。

（二）分子标记育种技术

随着 DNA 分子标记技术的兴起，传统育种方法结合分子辅助育种明显地加快了向日葵育种进程。目前应用在向日葵资源遗传多样性分析及指纹图谱构建的标记有 RFLP、RAPD 和 SSR 等。中国农业科学院油料作物研究所 2013 年利用 SSR 标记以 33 份同名的向日葵为试验材料，16 对 SSR 引物共扩增出 55 个条带，在遗传相似系数 0.75 处将 33 份向日葵种质分为四大类群，结果表明类群分布有很强的地域性。

利用分子标记构建遗传图谱并对向日葵优异基因进行 QTL 定位，对于向日葵基因克隆、分子辅助育种等相关研究具有重要意义。向日葵数量性状 QTL 定位主要集中在向日葵抗旱 QTL 定位、油酸含量 QTL 定位及抗病 QTL 定位等。黑龙江省农业科学院 2018 年利用高、低油酸向日葵材料对向日葵的四个表型性状油酸含量、株高、盘径和茎粗进行了 QTL 分析，共检测到 8 个 QTL。内蒙古农业大学 2017 年利用 SSR、SRAP、AFLP 三种标记对向日葵两种水分条件下芽期性状进行 QTL 分析，其中干旱条件下检测到发芽指数、发芽率、胚芽长、胚根长、胚芽鲜重和胚根鲜重 6 个性状的 14 个 QTL。

新疆农垦科学院 2017 年利用 SSR 标记对向日葵进行纯度鉴定，分子标记检测结果与田间鉴定结果基本一致，SSR 标记引物 521 和引物 563 可以有效鉴定新食葵 7 号杂交种子的纯度。

利用分子标记技术针对向日葵重要农艺性状进行优异基因挖掘，可以有效加速育种进程。内蒙古自治区农牧业科学院利用 RNA－Seq 技术筛选到两个油葵品种根、叶共表达差异表达基因 68 个，其中有 GO 功能注释和 KEGG 通路注释的 27 个，这些基因多数应答生物或非生物胁迫反应，为向日葵耐盐或抗逆相关基因。通过转基因过表达方法，对筛选出的 *HERC2*、*HB－12* 基因进行了耐盐功能验证，结果显示转基因植株的各项生理生化指标和抗逆基因表达量均高于野生型烟草，证实了这两个基因具有较明显的耐盐（或抗逆）能力。内蒙古自治区农牧业科学院与三瑞农业科技股份有限公司合作开发了分子标记 ORS1036 F1R1 和 SNP 分子标记 SF21。ORS1036 F1R1 标记可用于抗 E 级列当向日葵群体基因型的鉴定；SNP 分子标记 SF21 可用于鉴定含有抗 F 级列当向日葵的回交转育群体以及衍生的后代群体。

（三）向日葵幼胚培养技术

利用培养基进行向日葵幼胚培养可以加速农作物的育种进程，提高育种效率。但因其操作复杂、易污染、成活率低等因素限制，推广范围小。因为栽培向日葵品种杂交过程不存在“胚拯救”的问题，可以利用向日葵幼胚营养土培养技术进行育种。该技术是将培养基改成土壤，可因陋就简，操作性强，污染率低，成活率高，极大降低了育种成本。一年可以完成 4～6 个世代的转育工作，极大提高了育种效率和优良基因的选育概率，能扩大育种规模，加速育种进程。目前向日葵幼胚营养土培养技术已在多个育种单位广泛应用，白城市农业科学院利用该技术育成了骨干亲本 H－01A、07050A 等，已广泛用于杂交育种，育成的向日葵品种白葵杂 6 号、JK108 等已在生产上推广应用。

三、品种创新

（一）向日葵品种审定（登记）数量和质量

审定（登记）数量。2006—2020 年，我国共审（认、鉴）定、登记向日葵新品种 2 126 个。其中审（认、鉴）定 274 个，登记 1 852 个。2017—2020 年，全国累计登记向日葵品种 1 852 个，撤销登记 1 243 个，有效登记品种数量为 609 个。

品种质量。单产水平方面。我国向日葵平均单产从 2006 年的 121.69 千克/亩，提升至2020年的201.47千克/亩。15年间基本保持稳定增长，复合增长率为4.37%。**品质指标方面。**对2017—2019年登记的1 278个食用向日葵品种的蛋白质含量分析，籽实蛋白质平均含量为19.60%；对402个油用向日葵品种的含油率分析，平均籽实含油率为47.80%。**品种抗病性方面。**通过分析2017—2019年登记向日葵品种的抗病性发现，多数品种对盘腐型菌核病、根腐型菌核病、黄萎病、黑斑病、褐斑病的抗性均达到中抗及以上，品种数量分别占比87.40%、88.20%、88.50%、93.40%和94.80%。

（二）向日葵植物新品种权申请和授权量

申请和授权数量。我国现有登记的向日葵品种绝大部分由国内选育，但引进利用国外材料选育的品种占大多数，而具备自主知识产权的品种极少。2016—2020年，我国共申请向日葵植物新品种权180件，授权50件。

申请结构。根据中国种业大数据平台相关数据，2006—2020年总计180件向日葵植物新品种权申请中，企业申请占比98.33%，达到177件；在总计50件向日葵新品种权授权中，企业占比98.00%，达到49件。

（三）品种推广情况

规模化推广品种总体情况。根据中国种业大数据平台数据，2015年，种植面积超过10万亩的向日葵品种有12个，种植面积392万亩，占全国种植面积的65%。种植面积超过50万亩的品种有3个，分别为SH363、3638C、LD5009，其中SH363总种植面积103万亩，占种植面积超过50万亩向日葵品种种植面积的47%、占全国种植面积的17%。

大品种推广面积变化。根据中国种业大数据平台资料，2006—2015年，年种植面积前十位的向日葵品种累计推广面积总体上呈现先增后减的趋势，2008年推广面积最大，达到497万亩，如图8-3。2008年以前，很多从事向日葵研究的科研单位在品种选育及推广方面能力不足，年推广面积较大的品种比较集中。2008年国家向日葵产业技术体系的成立，使很多科研单位得到了稳定、持续的经费支持，品种选育和推广能力显著加强，市场上推广的品种数量快速增加，使得种植面积相对分散。

品种更新换代和标志性品种培育。2006—2020年，我国向日葵经历了约三个阶段的品种更新换代，每个阶段都出现一批有代表性品种，推动了我国向日葵产业的发展。**第一阶段**（2006—2010年）：以种植国内地方品种和国外进口杂交种为主。国内地方品种有三道眉、矮大头、“星火”系列、黑大片、黑白边、青花、牙签等；国外引进杂交种有LD5009、G101、S31、SH909、DK119等。2006—2010年，年推广面积前十位品种中以国外品种占大多数，进口杂交种占据了市场主导地位。**第二阶段**

图 8-3 2006—2015 年种植面积前十位向日葵品种累计推广面积

(2011—2016 年)：我国陆续选育出一大批优良自育新品种，以“科阳”系列、JK601、“天葵”系列等为代表。这些品种的抗性、品质和适应性均优于国外品种，一进入市场便快速推广，扭转了进口品种垄断市场的局面。第三阶段（2017—2020 年）：以 SH363、SH361、科阳 1 号、HZ2399、双星 6 号、JK601 等为代表的国内自主研发向日葵品种占据了市场主导地位。三瑞农业科技股份有限公司育成的优质品种 SH363 以其饱满的籽仁和香脆的口感成为我国原味瓜子炒货现选和备选的原料；高产型品种 SH361 的突出优点是高结实率。内蒙古自治区农牧业科学院育成的优质品种科阳 1 号产量高、抗性好、皮薄、粒大、籽仁酥脆，符合目前炒货加工需要。新疆维吾尔自治区农业科学院育成的 HZ2399、河北双星种业育成的双星 6 号对向日葵列当具有较好的抗性。吉林省白城市农业科学院育成的 JK601 高抗向日葵黄萎病。

（于海峰、聂惠、王文军、李慧英）

第四节 芝　麻

一、资源创新

（一）种质资源保护、鉴定与创新

截至 2020 年，我国收集、保存芝麻种质资源 11 058 份，其中国家油料作物种质资源中期库（武汉）保存各类芝麻种质资源 6 915 份。2008 年国家现代农业产业技术体系建成后，从国内外新收集芝麻种质资源 4 143 份，包括 6 个野生种。2006 年以来，我国创建了芝麻产量关联评价、近红外品质无损检测、抗枯萎病和茎点枯病、耐渍性等精准鉴定技术体系，对 9 470 份芝麻资源重要生物学和农艺性状进行了精准鉴定和评价，筛选出优异种质 361 份，其中抗枯萎病 103 份、抗茎点枯病 35 份、耐渍

43份、高油39份、高蛋白19份、高木酚素33份、抗旱8份、耐盐碱22份，耐低温25份，耐铝毒21份。构建了芝麻核心种质群和数据库。通过芝麻远缘杂交、理化诱变、遗传转化、基因编辑、群体改良等技术，创制出花序有限、短节密蒴、高油酸、抗裂蒴、抗落粒等自然界未有的优异新种质，丰富了芝麻遗传基础和资源类型，为培育优质高产突破性芝麻新品种奠定了材料基础。

（二）芝麻基因组与重要性状遗传解析

我国芝麻分子遗传研究起始于1999年，利用400个随机引物对19个芝麻品种RAPD标记进行了分析。2009年魏利斌等发表了首张基于AFLP、SSR、SRAP、RSAMPL标记构建的芝麻分子遗传图谱，含30个连锁群，284个标记。2010年我国启动了芝麻基因组计划，2011年建立了芝麻栽培种BAC文库，2013年1月公布了以豫芝11号为材料的首个芝麻栽培种全基因组图谱和叶绿体基因组图谱，2014年发布了中芝13全基因组图谱。2015年通过BAC-FISH技术建立了栽培种基因组连锁群与染色体的关系，在国际基因组学大会上公布了栽培种豫芝11号与13条染色体对应的基因组精细图谱。2015年我国公布了705份芝麻种质资源重测序结果，首次构建了芝麻高密度单倍型图谱。2018年发表了第一个芝麻泛基因组，揭示了地方品种和栽培品种演化规律。

自2006年以来，我国通过遗传图谱构建和自然种质资源重测序全基因组关联分析，发掘出与芝麻重要生物学和农艺性状相关的主效QTL 395个，其中与株型相关QTL19个，与生育期和花期相关的QTL 18个，与产量相关的QTL 121个，与品质相关的QTL 116个，与粒色相关的QTL 37个，与粒型相关的QTL 62个，与抗枯萎病和茎点枯相关的QTL 12个，与耐渍相关的QTL 3个，与抗旱相关的QTL 5个，与耐盐碱相关的QTL 2个。克隆出具有有限花序、短节密蒴、抗落粒、高油分、高油酸、抗病、抗逆、雄性不育等重要育种价值的基因45个。开发出与产量、品质、抗病、抗逆、抗落粒等重要性状相关的SSR、SNP分子标记213个并应用于育种实践。

二、技术创新

自2006年以来，随着我国芝麻基础研究的不断深入，育种技术取得了突破性进展，搭建了芝麻基因组和功能基因组学研究平台，创建了芝麻远缘杂交、理化诱变、遗传转化、基因编辑、群体改良等优异种质创制技术体系，芝麻产量、品质、抗病、抗逆等重要性状精准鉴定与评价技术体系，建立了复合杂交与分子标记辅助选择相结合的高效育种技术体系。

（一）芝麻远缘杂交育种技术

芝麻远缘杂交起始于20世纪90年代，到2020年已开展了栽培种（*S. indicum*）和6个野生种（*S. alatum*、*S. latifolium*、*S. calycinum*、*S. angustifolium*、*S. angolense*、*S. radiatum*）以及野生种间的远缘杂交，根据不同种间杂交情况，建立了染色体加倍、早期幼胚培养、诱导丛生苗扩繁、杂种后代分子标记鉴定等相结合的芝麻远缘杂交技术体系，克服了芝麻种间杂交不亲和、早期败育等技术问题，获得了大量远缘杂交后代，将野生种抗病、耐渍等优良性状导入了栽培种，显著提升了芝麻品种的抗病耐渍性。利用远缘杂交后代为亲本选育出了郑芝98N09等一批抗病耐渍、高产稳产新品种。

（二）芝麻遗传转化和基因编辑技术

2011—2012年，我国相继突破了芝麻子叶丛生芽诱导和下胚轴愈伤组织分化及植株再生的技术困难，创建了农杆菌介导的遗传转化技术体系，遗传转化效率高达42.7%。近年来，芝麻遗传转化技术，获得了稳定的T-DNA插入突变体，涉及叶型、籽粒和蒴果大小等性状，这为芝麻基因功能研究奠定基础。2018年，首次成功构建芝麻高效基因编辑载体。2020年，建立了芝麻*CRISPR-Cas9*基因编辑技术体系。目前，利用该技术编辑了芝麻*SiPDS*基因（八番茄红素脱氢酶）和*SiDWF1*基因（短节矮化），成功获得了白化芝麻突变体和矮秆芝麻突变体，分子检测显示白化编辑类型为靶位点多碱基的缺失，矮化编辑类型为靶位点单碱基的缺失或插入，为芝麻通过基因编辑创制优异突变体奠定了基础。

（三）芝麻分子标记辅助育种技术

自2006年以来，随着芝麻基因组及重要性状遗传解析的逐步深入，建立了芝麻分子标记开发平台PMDbase，开发出与产量、品质、抗病、抗逆等重要性状相关的SALF、SSR、SNP等分子标记213个。建立了蒴果及籽粒性状、高油、高蛋白、高油酸、高木酚素、抗枯萎病和茎点枯病、耐渍、抗裂蒴、抗落粒等分子标记辅助选择技术体系，显著提升了芝麻重要性状的选择准确性和选择效率。首次发现芝麻优质、抗病优异基因群，提出了以优异基因群为育种元件，聚合芝麻优异基因的育种策略。建立了芝麻复合杂交、修饰回交与分子标记辅助选择相结合高效育种技术体系，在品质、抗病、抗落粒等育种方面缩短育种年限3～4年。

三、品种创新

（一）育成品种数量和质量

育成品种数量。2006—2020年，我国共审（鉴）定芝麻新品种216个，其中河南省 61 个、湖北省 54 个、安徽省 46 个、江西省 15 个、辽宁省 17 个、河北省 10 个、山西省 10 个、吉林省 3 个。

育成品种产量和品质。2006—2020 年，我国芝麻品种单产水平逐年提升，从 2006 年 78.0 千克/亩增加到 2020 年的 106.7 千克/亩，提高了 36.8%。2015 年河南省农业科学院芝麻研究中心在新疆精河县郑芝 13 号高产示范中创造出亩产 268.8 千克的世界单产最高纪录。2006 年前近 20 年间我国芝麻主推油用型白芝麻品种的平均含油量仅 54%，目前育成品种含油量提高到 56%，其中高油品种粗脂肪含量达到了 60.1%。培育出世界首个高油酸芝麻新品种，油酸含量达到了 79.6%；高蛋白品种蛋白含量达 26.8%；高木酚素品种芝麻素和芝麻林素之和达到了 1.57%，显著提高了芝麻品种的品质。

（二）培育出抗落粒宜机收突破性芝麻新品种

河南省农业科学院芝麻研究中心张海洋团队，通过芝麻远缘杂交和化学诱变技术，创制出花序有限、短节密蒴、抗裂蒴、抗落粒等一批突破性优异新种质。2015 年选育出了世界上首个花序有限型芝麻新品种豫芝 DS899 和短节密蒴耐密植新品种豫芝 Dw607，在保证单株结蒴数的同时降低株高 30%，解决了传统品种植株高大、易倒伏、促控难、蒴果成熟不一致等生产难题。2020 年培育出世界首批抗落粒芝麻新品种豫芝 NS610 和豫芝 ND837，解决了芝麻成熟时落粒的技术难题，实现了芝麻成熟干燥后联合机收和全程机械化生产。

（三）品种良种繁育与示范推广情况

芝麻种植主要分布在河南、安徽、湖北、江西四省，这四个主产省合计种植面积占全国 75%以上，育成的品种数量占全国 81.5%。长期以来，芝麻被认为是自花作物，2010 年研究发现为常异花作物，通过以蜜蜂为主的大型昆虫的传粉，天然异交率达到 12%。自 2006 年以来，我国开展了芝麻良种区域布局，制定了《芝麻四级种子生产技术操作规程》和《芝麻核不育二系杂交制种技术规程》。建立了我国芝麻育成品种特征特性数据库和基于 SSR 和 SNP 的分子标记指纹图谱。2008 年国家现代农业产业技术体系成立后，芝麻新品种良种繁育与示范推广不断加强，生产上推广的品种数量和面积也在快速增加，目前良种覆盖率超过 90%。注册的芝麻种子生产经（兼）营企业 12 家。2006—2020 年我国在黄淮、江淮、华南、华北、东北、西北等产区的芝麻品种在抗病性、产量潜力不断提高的基础上，向优质专用、适于机械化生产的方向发展。不同阶段标志性品种主要有：

第一阶段（2006—2010 年）：以豫芝 8 号、中芝 13 号、驻芝 18 号、赣芝 5 号、冀 9014 等为代表的高产稳产品种为生产上的标志性主推品种。该时期品种的主要特点是，抗病性增强、丰产性显著提高。豫芝 8 号累计推广 1 800 万亩、中芝 13 号累计推广1 100 万亩。第二阶段（2011—2016 年）：以豫芝 11 号、鄂芝 9 号、中芝 23 号、赣芝 9 号等为代表的优质专用高产品种为生产上的标志性主推品种。该时期品种的主要特点是，在高产稳产的基础上，突出了优质专用，含油量显著提高。豫芝 11 号累计推广 1 500 万亩，也是我国白芝麻出口创汇的主导品种。第三阶段（2017—2020 年）：以豫芝 Dw607、中芝 75 号、赣芝 14 号、豫芝 ND837、豫芝 NS610 等为代表的优质高产、适于机械化种植的品种为生产上的标志性主推品种。该时期品种的主要特点是，短节密蒴、株高降低，抗倒伏，机收适应性增强。目前，抗落粒宜机收新品种豫芝 NS610 被农业农村部确定为我国芝麻主推品种。

（张海洋、苗红梅、王林海、乐美旺）

第五节　胡　　麻

一、资源创新

（一）种质资源收集、鉴定与创新

“十二五”期间，收集亚麻（胡麻）370 份，引进 187 份，入国家农作物种质资源长期库 1 487 份，入国家麻类作物种质资源中期库 1 417 份。2015 年农业部启动了第三次全国农作物种质资源普查，“十三五”期间，特色油料产业技术体系收集、鉴定和创制资源 500 多份。通过广泛的国内考察和国外引种，我国胡麻种质资源的拥有量已大大增加。品种资源主要保存在国家种质资源库以及各省级种子库或科研单位。据不完全统计，迄今为止，入国家长期库加上各省级库或科研单位保存资源数，合计保存资源近 1 万份。其中，整理编入《中国主要麻类作物品种资源目录》的胡麻资源（含油用）3 344 份，占麻类资源总数的 33.4%。胡麻野生资源 200 多份，包含垂果胡麻 6 个种，具有很大的开发利用潜能。广泛开展了胡麻的产量、品质、抗病、抗逆等重要农艺性状鉴定与评价技术体系建立；鉴定筛选出高油、高亚麻酸、高蛋白、高木酚素、抗病抗逆以及雄性不育系等优异资源。采用甲基磺酸乙酯（EMS）作为诱变剂，创制一批在株高、生育期、白粉病抗性等性状方面与原野生型对照具有明显差异的胡麻变异材料，其中早熟材料 4 份、大粒材料 1 份、矮秆和半矮秆材料 3 份、高秆材料 2 份、抗白粉病材料 17 份、白花材料 2 份、持绿性材料 2 份。作为亲本或者遗传材料用于育种。利用显性核不育建立了轮回选择育种体系，利用温敏雄性不育系建立了杂交种选育和制种技术体系。张家口市农业科学院广泛搜集了当地的野生胡麻资源，开展了胡麻野生种与栽培种种间杂交及种质创新研究，获得了具有野生胡麻遗传物质的远缘杂交苗，取得了种间杂交成功的突破。甘肃省农业科学院开展远缘杂交，得到了栽培亚麻和白亚麻（pale flax）的杂交后代，丰富了栽培种的种质。

（二）亚麻基因组研究

甘肃省农业科学院以油用亚麻陇亚 10 号、纤维用亚麻黑亚 14 号和近缘种白亚麻 x 为材料，利用 Illumina HiSeq2500 测序，分别组装出 306.0 Mb、303.7 Mb 和 293.5 Mb 的基因组序列，其中 *contig N50/scaffold N50* 分别为 131 Kb/1 235 Kb，156 Kb/700 Kb 和 59 Kb/384 Kb，利用 HiC 技术与遗传图谱辅助 Longya-10 基因组组装，将 434 scaffolds 组装至染色体水平，在每个基因组中预测到大约 43 500 个编码基因和 2 600～2 800 个非编码 RNA。我国在亚麻基因组研究方面与国际先进水平处于并跑的水平。基因组研究的快速推进，将有助于亚麻遗传信息的解析和重要功能基因的挖掘，对亚麻重要性状改良和突破性品种选育具有重要意义。

二、技术创新

（一）胡麻杂优利用技术

对胡麻新型雄性不育系多年研究表明，对于温敏型雄性不育系，两系杂交种最适宜的杂交制种区为花期温度较低保持不育系育性彻底，蜜蜂等传粉媒介丰富，隔离条件和自然生产条件良好。研究确定了制种的最佳区域、最佳播期、父母本行比、种植密度，建立完善了“两系法”杂交制种技术，在国际上率先实现胡麻杂交种规模化生产和应用。

研究明确了胡麻两系杂交亲本主要农艺和品质性状的遗传主要表现为加性基因效应，遗传的性状有：株高、工艺长度、分茎数、分枝数、每果粒数、千粒重和含油率、油酸、亚油酸、硬脂酸、棕榈酸。同时受加性和非加性基因效应共同影响的性状有：单株果数、单株产量和亚麻酸组分。杂交种主要农艺和品质性状存在广泛的超亲优势和竞争优势，其竞争优势与亲本一般配合力（GCA）和特殊配合力（SCA）呈极显著正相关，且与亲本 GCA 的相关性多高于 SCA，与恢复系的 GCA 相关性多高于不育系，强优势组合的特点是双亲或亲本之一具有较高的 GCA 效应，或具有较高的 SCA 效应。同时，恢复系的 GCA 效应对杂种优势的贡献要明显高于不育系。通过广泛组配和强优势组合筛选，先后选育审定和登记陇亚杂 1 号等系列胡麻杂交种 5 个。

（二）分子标记育种技术

近年来，先后建立了分子标记技术体系评价和对种质资源进行分型，构建了利高密度遗传胡麻连锁图谱。定位和解析了重要的农艺和品质性状。张建平等以油用和纤维亚麻为材料，利用基因分型测序（GBS）对2个油用和纤维亚麻杂交获得的2个重组自交系（RILs）群体的株高和纤维技术长度进行了QTL分析，建立1张包括15个连锁群，4 497个SNP标记的分子遗传图谱，定位与株高相关的QTL8个、与工艺长度相关的QTL7个，对不同环境下含油率和脂肪酸含量进行QTL定位，结果在甘肃定西、宁夏固原和河北张家口3个种植环境下共定位了1个棕榈酸、2个硬脂酸，3个油酸、1个亚油酸、3个亚麻酸和10个含油率QTL。挖掘胡麻抗盐基因2个。伊六喜和高凤云也利用不同群体分别获得了21个农艺性状显著的SNP位点和11个QTLs。宋夏夏等对株高进行了QTL定位，确定 *LuCWINVl-1* 为株高主效基因，并获得基因全长3 818 bp。伊六喜以269份胡麻为材料对胡麻品质相关性状全基因组关联分析，共获得了19个显著SNPs和43个候选基因。高凤云对品质相关性状进行QTL定位，共检测出15个相关QTLs。

三、品种创新

（一）品种数量及品种权

2006—2020年，我国胡麻品种审（认、鉴）定数量和质量持续提升，植物新品种权申请和授权数量不断增加，为保障国家油料安全和绿色发展作出了突出贡献。通过我国审（认、鉴）定、登记胡麻新品种45个，其中审（认、鉴）定30个，自2017年实行品种登记制度以来，截至2020年共登记胡麻品种35个，其中获得品种权授权4件，占比不到10%。

（二）品种推广情况

2006—2010年以丰产优质专用为主，并兼顾抗病性，育成了陇亚10号、陇亚11号、内亚5号、轮选1号，轮选2号、晋亚10号等丰产优质多抗胡麻新品种。这批新品种得到大面积推广，成为不同产区新的主栽品种。2010年以来，我国新育成的内亚9号、坝选3号，陇亚11、13、14号和陇亚杂系列胡麻杂交种等新品种，在丰产性不断提高的同时，含油率和亚麻酸含量有了进一步提高。通过产业技术体系组织的品种筛选、示范展示，这些品种推广面积不断扩大，正在成为各产区新的主栽品种。新品种的应用，支撑了我国胡麻单产的逐步提高，胡麻平均单产从2006年的65千克/亩提高到了90千克/亩左右，居世界第三位，为世界平均单产的1.27倍。

据不完全统计，2020年胡麻种植前10的品种分别为晋亚7号、陇亚10号、宁亚11号、定亚18号、宁亚17号、定亚22号、定亚17号、陇亚9号、晋亚8号、定亚23号、定亚21号等。其中，晋亚7号由山西农业大学（山西省农业科学院）高寒区作物研究所选育，主要优点为丰产性好，抗病力强，缺点是含油率中等；陇亚10号，由甘肃省农业科学院选育，主要优点为丰产稳产，高抗枯萎病，含油率较高，缺点是较晚熟；宁亚 11 号，由固原市农业科学研究所选育，主要在甘肃种植，早熟耐旱，丰产性较好，主要缺点是中抗枯萎病；定亚 18 号、定亚 17 号由定西市农业科学研究院选育，这两个品种丰产性好，抗旱性突出，主要在甘肃和内蒙古种植。

（三）育种单位情况

我国长期专门从事胡麻育种的单位较少。其中省级科研院所有 4 家，分别为甘肃省农业科学院作物研究所，内蒙古自治区农牧业科学院、宁夏农林科学院固原分院和山西农业大学（山西省农业科学院）高寒区作物研究所，地级科研单位 4 个，分别为定西市农业科学院、张掖市农业科学研究院、张家口市农业科学院和伊犁哈萨克自治州农业科学研究所；涉及院校为甘肃农业职业技术学院。近年来，一些原来主要从事纤维亚麻育种的单位例如黑龙江省农业科学院等单位也开展了相关油用品种选育工作。专门从事胡麻育种的企业很少，仅 3 家企业登记了 3 个品种。

（张建平、赵利、乔海明、贾霄云）

第九章　纤维糖料作物科技创新

第一节　棉　　花

一、资源创新

（一）种质资源保护、鉴定与创新、利用

自 2006 年以来，我国持续加大棉花种质资源保护力度，收集或引进了大量国内外优异种质。2012—2015 年，通过对广西、云南、贵州、广东、海南、西藏、新疆等六省（自治区）共 107 个县市的棉花地方品种的考察，收集到棉花种质资源 262 份。其中陆地棉 131 份、海岛棉 110 份、亚洲棉 21 份。2008—2017 年引进俄罗斯、塔吉克斯坦、乌兹别克斯坦、巴基斯坦等国资源材料 706 份；2011—2013 年收集巴西棉花种质资源 16 份、墨西哥 45 份、美国 239 份。所收集种质均已纳入国家棉花种质资源中期库保存。

截至 2019 年底，国家棉花种质资源中期库已保存来自世界 53 个产棉国棉花种质资源 11 752 份，其中陆地棉 10 115 份、海岛棉 1 012 份、亚洲棉 603 份、草棉 25 份；海南三亚国家野生棉种质圃共保存野生棉资源 799 份。

（二）棉花重要性状基因资源挖掘

在对保存的棉花种质资源进行精准鉴定的基础上，筛选出一批丰产、优质和抗逆性强的种质资源，对部分特异资源进行了基因组重测序研究，鉴定到大量与纤维长度、纤维强度、铃重、衣分、籽指、抗病性、油分、生育期等重要性状相关的基因资源。

棉花纤维品质和产量性状基因资源。自 2006 年以来，通过遗传作图、全基因组关联（GWAS）分析、比较基因组等多组学联合分析手段，鉴定了一批与棉花纤维品质、产量性状密切相关的主效 QTL 位点。先后克隆了一批重要基因，特别是纤维品质相关基因 *GhFL1*、*GhFL2*、*GhHOX1*、*GhHOX2*、*GhHOX3*、*GL1*、*MIXTA*、

GhJAZ2、*GhMYB212*、*GbML1*、*GhHD1*、*GhFSN1*、*GhBRI1* 等，产量相关基因 *GbPDF1*、*GhPIN3*、*GhHDA5* 等。中国农业科学院棉花研究所杜雄明团队分析了超过 3 000 份棉花种质资源，调查了近 80 000 个纤维品质数据，全面剖析和评估了与现存陆地棉种质资源中纤维品质相关的优异位点，并从远缘杂交渐渗系中鉴定到两个新的与纤维品质密切关联的优异等位变异，分别源自二倍体栽培种的亚洲棉（*G. arboreum*）和二倍体野生种瑟伯氏棉（*G. thurberi*）。其中源自亚洲棉的优异等位变异对纤维长度和纤维强度的提升影响接近 15%，拥有显著的纤维品质改良潜力，从基因组水平证实了远缘杂交对陆地棉纤维品质的影响。该研究结果发表于 *Nature Genetics*。河北农业大学马峙英团队联合中国农业科学院棉花研究所杜雄明团队，对来自于中国、美国、澳大利亚等主要植棉国 419 份陆地棉核心种质的基因组重测序，利用黄河流域、长江流域和西北内陆三大棉区的 6 个地点共 12 个环境进行品种种植，鉴定了纤维长度、强度、铃重、衣分等 13 个纤维品质和产量性状，进行全基因组关联分析，明确了不同性状遗传位点分布的重点染色体，发现与纤维长度显著关联的 SNP 主要位于 *Dt11* 和 *At10*，与纤维强度显著关联的 SNP 主要位于 *At07* 和 *Dt11*；与铃重、籽指显著关联的 SNP 分别主要位于 *At02* 和 *At07*；鉴定出棉花开花/纤维起始新基因 *GhCIP1*、*GhUCE*，纤维长度基因 *GhFL1*、*GhFL2*，以及 1 个纤维强度（次生壁加厚）新基因 *Gh_A07G1769*。该研究结果发表于 *Nature Genetics*。

棉花油分含量与成分基因资源。中国农业大学华金平研究团队研究了四个编码 ACC 的亚基：*GhBCCP1*、*GhBC1*、*GhCTα2* 和 *GhCTβ*，发现这四个亚基相互协调以提高含油量。在种子特异性 AGP 启动子的控制下，转基因植物在棉花种子中的含油量显著增加，证实 GhACC 各亚基的异源表达可以有效地提高陆地棉棉籽的含油量。山东省农业科学院柳展基与华中农业大学金双侠团队合作，以棉花 *GhFAD2-1A/D* 基因为靶标，分别在其 DUF3474 和 Fatty acid desaturase 结构域设计靶点，利用 pRGEB32-GhU6.9-NPT II 载体构建了 *GhFAD2-1A/D* 基因的双靶点编辑载体，获得基因编辑材料。通过脂肪酸组分分析发现，基因编辑突变体种子中的油酸含量由 13.94%（对照）提高到 77.72%，亚油酸含量由 58.62%（对照）降低到 6.85%，同时棕榈酸含量也显著降低。通过农艺性状分析发现敲除 *GhFAD2-1A/D* 基因并不影响棉花产量、纤维品质、种子总油分含量和种子萌发率。

棉花抗病相关基因资源。中国农业科学院棉花研究所李付广团队发现陆地棉核糖体蛋白基因 *GhRPL18A-6* 能调控细胞壁合成、木质素合成等与抗病相关通路基因的表达，并在多个生长阶段提高转基因棉花的抗性水平。转基因植株的苗期抗黄萎病鉴定及连续两年的病圃成株期抗病鉴定表明，*GhARPL18A-6* 的过量表达能够增强棉花的黄萎病抗性。华中农业大学朱龙付团队发现海岛棉的 *GbWRKY1* 在棉花和拟南芥中超量表达后均能显著钝化植物茉莉酸信号路径并削弱了转基因植株对黄萎病的抗性。该团队还鉴定挖掘了 *GbTSA1* 和 *GbTSB1* 等海岛棉抗黄萎病基因。中国农业科学院农产品加工研究所戴小枫团队基于 SLAF－seq 测序技术对棉花黄萎病抗性进行了全基因组关联分析，对 3 个环境获得的抗黄萎病性状值分别与 SNP 进行关联分析，共鉴定出 17 个抗性关联位点，其中 14 个为新发现的抗性关联位点，克隆出一个新的抗黄萎病主效基因 *CG02*，为棉花分子标记辅助抗病育种奠定了基础。南京农业大学郭旺珍团队发现，在陆地棉中过量表达海岛棉 *GbCYP86A1－1* 可参与木栓质合成、激活免疫相关通路，转基因材料根部的栓质化程度显著加强，这种结构的变化增加了植株对黄萎病菌的抗性。此外，在棉花中还挖掘了 *GhHB12*、*GhMLP28*、*GhCPK33*、*GhMYB108*、*GbSOBIR1* 等黄萎病抗性相关基因。

另外，2006—2020 年我国科学家还鉴定了耐盐相关基因 *GhSOP11*、*GhSnRK2.6*、*GhCIPK6*、*GhCPK5*、*GhC2H2*、*GhNHX1* 等，低酚相关基因 *GoPGF*、*CGP1*、*CGF1*、*CGF2*、*CGF3* 等，早熟相关基因 *GhCIP1*、*GhUCE* 等，对这些新基因的挖掘与利用，促进了我国棉花资源研究与育种应用接轨，推动了我国生物育种的进步。

二、技术创新

2006—2020 年，我国棉花生物技术与常规育种技术相结合，分子标记辅助选择、转基因、基因编辑、全基因组选择等育种技术创新在国内棉花产业的发展中发挥了重要作用。

（一）规模化转基因技术的应用

中国农业科学院棉花研究所首次在国际上建立了以田间活体棉株叶柄为外植体的再生技术体系，筛选出棉花组织培养“纯系”20 个，建立了棉花高效规模化转基因技术体系及快速功能验证平台，实现了棉花工厂化转基因，获得转基因棉花种质材料 1 000 份。2010 年，“棉花组织培养性状纯化及外源基因功能验证平台构建”获得国家技术发明奖二等奖。依托上述技术平台，中国农业科学院棉花研究所首次创制了棉花 T－DNA 标签突变体，克隆了调节棉花株型的基因 *GhPAG1*，为培育株高适当、减少化控、适合机采的棉花品种提供了遗传材料。

建立了跨越种间、种内、无基因型限制的棉花高效遗传转化体系（shoot apical meristem cell－mediated transformation，SAMT），破解了以当前主栽品种为受体、通过定向遗传转化进行品种改良的“卡脖子”难题，建立的 SAMT 转化体系成功打破了棉花种间和种内遗传转化的基因型限制，陆地棉、海岛棉和亚洲棉等多个棉种均成功进行了转化，获得的过量表达转基因材料和基因编辑突变体材料均可稳定遗传。SAMT 体系的转化周期为 2～3 个月，未发生转基因再生苗不育现象，也未出现畸形苗，为加速棉花基因工程育种进程提供了技术保障。

（二）分子标记技术的应用

我国在这一领域从 21 世纪初即开始居于世界领先的地位。近年来，建立了基于 PCR 的 RAPD、AFLP、SSR 等棉花大规模分子标记技术体系，已应用到作物的 DNA 指纹鉴定、辅助杂交亲本选配、构建遗传连锁图谱、定位和克隆控制主要农艺性状的基因、对杂交和回交后代辅助选择、作物基因组间比较等多个领域。其中河北农业大学首次利用基因芯片解析了棉花种质资源，筛选出性状优异的育种亲本，发掘了优质、高产等重要性状 SNP 标记和基因，育成了农大棉 7 号、农大棉 8 号、农大 601 等 7 个多抗、优质、高产“农大棉”系列新品种，荣获 2019 年国家科学技术进步奖二等奖。棉花二倍体雷蒙德氏棉（D 基因组）、亚洲棉（A 基因组）、四倍体（AADD）棉花基因组测序的完成以及功能基因组学、蛋白组学、代谢组学和生物信息学以及以 SNP 为代表的新一代分子标记技术的发展，都为进一步开展棉花产量、品质、抗逆等复杂、多基因控制的重要性状形成的分子机制研究奠定基础，同时也为阐明棉花的起源、进化、揭示四倍体棉种及其他多倍体物种形成过程奠定了坚实的基础。

（三）全基因组选择技术

2006—2020 年，尤其是棉花基因组序列相继发表以来，我国科学家利用基因组重测序结合多组学技术和表型精准鉴定技术，在棉花栽培种的全基因组选择技术的理论基础和实践应用方面取得了巨大进展，相继发表了一系列高水平研究论文。其中代表性的工作主要有：

华中农业大学张献龙团队对 352 份棉花种质资源进行全基因组重测序，发现了陆地棉驯化过程中的不对称亚基因组选择和顺式调控分歧，找到了 93 个受驯化选择的区段，并通过 GWAS 分析找到了 19 个候选位点与纤维品质性状相关。相关研究结果在 2017 年发表于 *Nature Genetics*。

浙江大学张天真团队联合中国农业科学院棉花研究所杜雄明团队对 318 份棉花品种（系）的全基因组重测序，鉴定出 25 个品种改良相关位点和 119 个产量、纤维品质、黄萎病抗性等关联位点，尤其是鉴定出能同时提高 2～3 个产量性状或纤维品质性状的关联基因，为棉花“精准育种”提供了优异的基因资源和理论指导，具有非常重要的应用价值。相关研究结果在 2017 年发表于 *Nature Genetics*。

浙江大学张天真团队等选用了147个四倍体棉种包括33个陆地棉半野生种、53个陆地棉栽培品种、58个海岛棉品种，还有毛棉、黄褐棉和达尔文氏棉等3个野生四倍体棉种进行基因组重测序，发现海岛棉和陆地棉之间存在大量染色体片段的渐渗，而且渐渗主要从陆地棉半野生种到海岛棉中，推测这种染色体片段的渐渗可能与海岛棉优异的纤维品质相关，进一步发现了基因组中109个选择性区域，其中的候选基因可以作为棉花育种研究的重要基因资源。相关研究结果在2019年发表于 *Nature Genetics*。

（四）基因编辑育种技术

2013年，华中农业大学金双侠团队开始创建棉花基因编辑系统，根据棉花自身的生物学特性，将调控元件改为棉花自身的元件，于2017年成功建立了棉花基因编辑系统，编辑效率高达85%，可以和水稻等模式植物中的效率相媲美。随后利用全基因测序的方法对基因编辑在植物中的脱靶效应进行了系统研究，证明棉花基因编辑系统非常精准、脱靶率极低。2020年8月，该团队又在棉花中首次建立了高效的CPF1和单碱基编辑系统，进一步充实了棉花基因编辑的工具库，该成果在2020年发表于 *Plant Biotechnology*。该团队创建的棉花基因编辑技术体系处于国际领先地位，形成了较大影响力。

近些年，国内的研究团队陆续利用基因编辑技术进行基因功能研究和创制新种质。如：河南大学宋纯鹏团队克隆首个棉花色素腺体定位基因 *CGP1* 并对其进行了基因编辑，显示在 *cgp1* 突变体中，棉酚合成路径相关基因表达量下调，棉酚的含量显著降低；华中农业大学金双侠团队利用CRISPR-Cas12a系统成功敲除棉花腺体合成基因，获得无腺体、无棉酚的棉花，其棉籽油可以直接食用；山东省农业科学院经济作物研究所柳展基团队与华中农业大学金双侠团队合作利用CRISPR/Cas9基因编辑技术创制出非转基因高油酸棉花新种质，该研究结果为改良棉籽油品质和高油酸棉花分子育种奠定了基础；中国农业科学院棉花研究所李付广团队创制了无转基因抗棉花黄萎病突变体，为培育棉花抗黄萎病品种提供了育种材料。

（五）基因芯片技术

南京农业大学郭旺珍团队构建了高密度的80K SNP棉花芯片，含有77 774个SNP位点，352个棉花材料分析，76.51%的位点具有多态性；通过对288个陆地棉材料的芯片GWAS分析，54 588个SNPs与10个耐盐性状有关，8个SNPs与3个耐盐性状显著关联。河北农业大学马峙英团队通过对719个陆地棉材料的美国63K芯片分析，发现46个显著的SNPs与5个纤维品质性状关联，涉及612个候选基因，有2个与纤维长度及强度有关的单倍型，有163个及120个纤维发育基因分别与纤维长度、强度有关。华中农业大学张献龙团队通过对503个陆地棉材料的芯片分析(63K)，鉴定了与16个农艺性状有关的324个SNPs及160个QTL，38个相关区域控制了2个及以上的性状。

三、品种创新

《种子法》颁布实施后，我国种业开始了市场化进程，棉花品种选育工作继续稳步推进。2006—2020年，我国棉花品种审定数量和质量持续提升，新品种权申请和授权不断增加。

（一）棉花品种创新情况

审定数量。2006—2020年，通过国家审定的棉花品种224个，其中转基因抗虫棉品种184个，非转基因棉品种40个。省级审定品种数量也在稳步增加，其中新疆、河北、山东、安徽、湖南、湖北审定棉花品种分别为247、184、105、72、86和92个。随着国家棉花生产“西进东移北上”布局的调整，非转基因棉花品种审定数量也呈逐年增加趋势，为打造以新疆为棉区中心的棉花生产基地奠定了品种基础。

品种类型。我国棉花品种类型主要分为两大类，一类是杂交种，另一类是常规种。常规种是我国棉花生产中最主要的品种类型。我国早期大面积推广的棉花品种大部分是常规种。棉花杂交种因具有产量高、生长势强、抗逆性强等突出优点，在我国棉花生产中一度占据重要地位。

自20世纪末转Bt基因抗虫杂交棉推广以来，我国科学家利用自主研发的抗虫基因，先后培育了适合长江流域的中棉所63、邯杂301等多个杂交抗虫棉品种；适合黄河流域的中棉所41、45，中棉所60等一系列常规抗虫棉新品种和中棉所29、鲁棉研15号等杂交抗虫棉品种；适合麦棉或油棉两熟的中棉所50、中棉所74和鲁研棉19号等多个早熟转基因抗虫棉新品种；适合纺织高支纱的中棉所70等。2010—2020年，我国在胞质不育三系杂交棉研究方面取得重大进展，尤其是在三系杂交种选育与应用方面走在了世界的前列，育成具有强恢复力的浙大强恢等恢复系和强优势三系杂交种中棉所83、中棉所99等。中棉所99通过国家审定，在产量上超过人工杂交制种对照（瑞杂816）2.9%；在纤维品质、生态适应性等方面较之以前的同类型品种均有所提高，在长江流域、黄河流域以及新疆棉区试验示范中表现突出。

品种演变。我国棉花品种选育，经历了以单纯追求产量、高产和抗枯萎病为主，高产、抗枯黄萎病与优质相结合的综合发展阶段，以及早熟、高产、优质、抗枯黄萎病、抗棉铃虫等综合性状相结合的选育阶段。自20世纪90年代至今，由于棉铃虫为害猖獗和市场需求，发展到以高强纤维和转基因抗虫相结合为主要育种目标，以转基因技术与常规育种技术相结合的选育方法，育成了高产、抗虫的国抗 12、SGK321、中棉所 41、鲁棉研 28 号等一系列品种。

据统计，2004 年全国转基因抗虫棉面积达 310.4 万公顷，其中国产抗虫棉面积达 186.7 万公顷，占 60%。2006 年国产抗虫棉面积已占抗虫棉总面积的 80%以上，至 2008 年国产抗虫棉种植面积已占 98%以上，打破了美国抗虫棉一度垄断的局面。

“十三五”以来，随着产业结构的调整，我国棉花生产转移到以新疆为主的西北内陆棉区，2020 年西北内陆棉区棉花播种面积已占全国棉花面积的 80%左右，总产量占比近 90%。从棉花品种布局来看，西北内陆棉区主要以早熟、早中熟常规棉品种为主；黄河棉区以中早熟常规转基因抗虫棉为主；长江棉区以中早熟杂交转基因抗虫棉为主。

近年来，我国长江和黄河流域两大棉区植棉面积缩减严重，新疆棉花种植面积、皮棉总产量持续增加。新疆机采棉的采收和加工对皮棉长度和断裂比强度造成一定的减损，促使当前棉花新品种审定对纤维品质提出了更高的要求，面向新疆的品种提倡纤维上半部平均长度≥30 mm、断裂比强度≥30 $cN \cdot tex^{-1}$（即“双 30”）。

2018—2019 年进行的全国范围内棉花推广品种纤维品质状况调查显示，各省棉花推广品种衣分和断裂比强度整体良好，平均有 60%以上的品种衣分≥40%，达到甚至超过了优质棉标准要求；60%以上的品种断裂比强度≥30 $cN \cdot tex^{-1}$，能够满足国家优质棉标准要求。年份间比较，衣分、纤维长度和断裂比强度 2018 年整体优于 2019 年，马克隆值 2019 年整体优于 2018 年，纤维品质指标受年份间气候影响差异较为明显。全国样品和新疆样品比较，新疆样品纤维品质达到“双 30”的陆地棉样品占比大幅超过全国平均水平。

（二）申请和获得新品种权的情况

2005 年为棉花品种权申请受理元年，当年共有 93 个棉花品种申请植物新品种保护，2009 年首次获得授权的有 45 个棉花品种。至 2019 年，棉花新品种权申请量、授权量累计分别为 685 件和 385 件。

（三）品种推广情况

主推品种情况。我国选育出了许多突破性品种，像 20 世纪 80 年代初的鲁棉 1 号，推广面积达 210.6 万公顷；20 世纪 90 年代初的中棉所 12 号，推广面积达 800 万公顷。

2018 年新疆棉区推广各类棉花品种 72 个，其中南疆植棉区 36 个，北疆植棉区 25 个，海岛棉品种 11 个。全疆推广面积超过 20 万亩的陆地棉品种有 27 个。

长江棉区推广面积超过 10 万亩的品种有 9 个，其中中棉所 63、中棉所 66、鄂杂棉10号、创075、华杂棉H318等5个棉花品种的推广面积达20万亩以上。目前，中棉所63、中棉所66两个棉花品种连续6年被农业农村部列为长江棉区主导品种。

黄河流域推广面积超过10万亩的品种17个，其中鲁棉研28号、冀863、农大601、国欣棉3号和鲁棉研37号等5个棉花品种的推广面积在30万亩以上。目前，鲁棉研37号、冀棉863等主导品种均是推广5年以上甚至10年以上品种。

标志性突破品种。2006—2020年，标志性的品种主要有：（1）**中棉所29**。由中国农业科学院棉花研究所选育，转Bt基因抗虫杂交棉品种，是目前国内推广面积最大、适应范围最广、经济效益最显著的棉花杂交种，曾被科技部列为重点推广品种，累计种植面积达200万公顷以上，占全国杂交棉一代累计种植面积50%左右，获2006年国家科学技术进步奖二等奖。（2）**中棉所49**。由中国农业科学院棉花研究所选育，非转基因常规棉花品种，连续10年被农业部推荐为西北内陆棉区主导棉花品种，累计推广面积达500万公顷以上，荣获2016年国家科学技术进步奖二等奖。（3）**华杂棉H318**。由华中农业大学选育，转Bt基因抗虫杂交棉品种，品种适应性强、高产稳产、品质优良，是长江流域棉区推广面积最大的品种之一，推广面积达200万公顷以上。入选农业部骨干型品种和阵型品种，获2013年国家科学技术进步奖二等奖。（4）**鲁棉研15号**。由山东省农业科学院经济作物研究所（山东棉花研究中心）选育，转Bt基因抗虫杂交棉品种，具有高产稳产、品质优良、适应性广的特性，是黄河流域棉区应用时间最长的品种，是国产抗虫棉推广之后影响力最大的品种之一。黄河流域和长江流域棉区累计推广面积达200万公顷以上，获2007年国家科学技术进步奖二等奖。（5）**中棉所41**。由中国农业科学院棉花研究所选育，双价转基因抗虫棉常规品种，高效广适，产量比同类品种高11.2%～14.1%，比美棉33B高22%～25%，一直是黄河流域主推品种，占陕西、山西种植面积的50%以上；累计种植面积达250万公顷以上，获2009年国家科学技术进步奖二等奖。（6）**农大棉7号**。由河北农业大学培育，转Bt基因抗虫常规棉品种，株型较紧凑，塔形，结铃性强。入选2012年农业部发布重大育种成果“主要作物推广面积排名前十品种”，入选国家科技成果转化重点项目，累计推广面积达230万公顷以上，获2019年国家科学技术进步奖二等奖。（7）**鲁棉研28号**。由山东省农业科学院经济作物研究所（山东棉花研究中心）选育，转Bt基因抗虫棉常规品种，在各级、各类区试中，比对照组增产12%～23%，生长发育稳健；自2006年通过国家审定以来，连续11年作为黄河流域棉区的主导品种，在黄河流域棉区累计推广面积超过450万公顷，是截至2020年底国内推广面积最大的转基因抗虫棉品种，获2015年国家科学技术进步奖二等奖。（8）**新陆中42号**。由新疆农业科学院经济作物研究所选育，早中熟常规陆地棉品种，在新疆早中熟棉区推广面积大、抗病广适、高产优质、经济效益显著，曾是新疆南疆棉区主推品种，累计种植面积达100万公顷以上。**(9) 新陆早41号。**由新疆富全新科种业有限责任公司选育，早熟常规陆地棉品种，在新疆早熟棉区推广面积大、品质优、丰产性好、抗病性强，经济效益显著，累计种植面积达100万公顷以上。

（李付广、李雪源、张军、王宇）

第二节 麻　类

一、资源创新

（一）种质资源保护、鉴定与创新

2006—2020年，国家麻类种质资源库（圃）共新增麻类资源4 000余份，鉴定与创新优异种质500余份，截至2020年底共保存有17 000份麻类种质资源；完成了500份种质资源的精准鉴定，构建了全球种质资源最丰富、系统性研究最深入的麻类种质资源研究体系。

2006—2020年，共收集苎麻种质1 000余份，通过分子标记技术对其遗传多样性进行分析，鉴定出优异种质资源30余份。建立了农业农村部剑麻种质资源圃，共收集保存剑麻种质资源130余份，制定剑麻种质资源鉴定技术标准，对80份种质的植物学特征、生物学特性、品质性状、抗病性状等进行系统的鉴定评价。新增罗布麻资源20余份，并对其耐受干旱和盐碱与次生代谢物合成特性进行了初步鉴定。新增红麻种质749份，入库保存量达到2 900份，增长近34.8%，其中新增优异高产资源、优质、抗逆和耐盐等核心种质材料200余份，鉴定近800份资源。保存黄麻种质资源共12种2 341份，其中珍稀濒危近缘野生资源8种25份。对1 000多份黄麻种质资源进行地理分类、栽培种、野生种、近缘种等分类统计，并进行重要性状评价与鉴定，筛选和创制出黄麻优异种质139份。制定了亚麻优质种质评价的行业标准，经收集、整理、剔除、鉴定，构建2 000份亚麻种质资源库。新增工业大麻种质1 100余份，发掘了一批高纤维率、高蛋白、高油脂、抗耐重金属、超富集重金属、高大麻二酚（CBD）和低四氢大麻酚（THC）等特异种质。

（二）麻类重要性状基因资源挖掘

苎麻重要性状基因挖掘。2018年中国农业科学院麻类研究所在国际上率先完成了苎麻全基因组测序。通过关联分析和群体定位等手段，挖掘了控制株高、皮厚、纤维产量、开花期等性状的基因和分子标记，构建了“兼顾多功能、分子辅助育种综合

改良”的育种路径，研发了纤用、饲用等多功能性状聚合的高效育种技术，破解了单株结籽数以亿计的高杂合、大群体苎麻种质筛选难题，大幅度缩短育种进程。利用泛素化组学、磷酸化蛋白质组学、差异蛋白质组学揭示了苎麻韧皮纤维生长的调控机理。发掘了 *BnALDH*、*BnMYB* 等对淹水、重金属胁迫等多种逆境响应的关键基因。

黄/红麻重要性状基因挖掘。发布了黄/红麻的高质量基因组序列，解析了黄麻起源于驯化过程，挖掘了提高次生纤维细胞壁生物合成有关基因和耐盐关键基因，初步鉴定了光周期诱导成花的关键基因。通过基因组、重测序和多组学基因型精准鉴定挖掘了一批优异基因。如黄麻主效耐盐基因，可显著提高耐盐性约 20%；茎抗倒伏主要基因，显著提高茎粗和抗倒伏能力，且转入拟南芥提升 30%的茎粗，增加了抗倒伏能力。

亚麻、大麻重要性状基因挖掘。通过 RACE 技术克隆 *4CL*、*CAD*、*LuF5H*、*MAPK*、*LuCesA8* 等亚麻纤维质量重要性状相关基因，以及亚麻韧皮部特异启动子 *fpp2*。通过转录组与代谢组的联合解析，分析工业大麻生育期的酚类等其他物质代谢调控情况，差异基因主要富集在内质网中的蛋白质加工、硒化合物代谢过程等通路中。

剑麻重要性状基因挖掘。通过剑麻酵母双杂交 cDNA 文库和荧光定量体系，鉴定到 2 个抗烟草疫霉病原菌基因（*AFP1*/*AFP2*）和一个诱导细胞程序性死亡的 CRN 效应蛋白（PnCRN0793）；开展了 H. 11648 全基因组测序及注释分析和遗传图谱构建工作，为深入挖掘剑麻功能基因奠定了基础。

二、技术创新

分子育种技术是提高种质创新效率的重要手段。2006—2020 年，我国麻类分子育种技术创新应用成效明显。

（一）诱变育种

黑龙江省亚麻原料工业研究所用钴 60γ 射线照射亚麻花粉愈伤组织，诱导分化出一批突变的单倍体植株，经加倍获得突变品系。将化学诱变与单倍体育种结合，利用化学诱变剂甲基磺酸乙酯（EMS）、秋水仙碱等处理亚麻单倍体植株获得突变个体，采用 0.3%EMS 诱变育成的品系 NK14、NK18、NK61 等高纤维含量品系，全麻率达 30%以上。航天化学复合诱变育种技术，即对 EMS 处理化学诱变的亚麻种子的后代进行优选，然后通过卫星搭载，利用空间环境诱变。利用该项技术育成高产、抗倒亚麻品种中亚麻 2 号和高产优质低木质素、高亚麻肽新品种中亚麻 4 号、中亚麻 3 号、中亚麻 7 号 4 个品种。通过核辐射诱变和航天诱变技术育成长果种黄麻福农 1—5 号。云南省农业科学院利用硫代硫酸银化学诱导性别分化技术，育成全球首个单雌性品种云麻雌 1 号，为全雌性花叶用和籽用品种选育、生产及监管提供了新路径。

（二）单倍体育种与DH诱导育种

利用多胚种子，胚胎观察、染色体观察，选择单倍体胚培养或单倍体植株培育、加倍及双单倍体（DH）自交后代遗传稳定性鉴定，建立了利用多胚种子的单倍体育种体系，并开展单倍体育种工作。育成一批双单倍体品系和种子纤维双高产华亚2号，利用该技术获得了苎麻单倍体植株。

（三）雄性不育育种技术

通过雄性不育技术，选育了一批三系配套的高优势杂交品种。例如高纤、优质、早熟新品种黑亚15号。通过核不育的转育与利用开辟了麻类杂交免去雄，以及自花授粉的麻类轮回选择育种的时代，丰富了麻类作物的育种理论与方法。开展了红麻雄性不育系的创制和三系杂种优势利用。其中选育了优良中熟不育系LC1301A、P3A、722A等、光钝感不育系261N5-18A和261N5-19A。通过多地育种和抗逆性相结合的方法，挖掘了红麻纤维壁厚度明显改善的优异种质资源YA，出麻率从6%提高到6.5%以上。采用分子生物学技术获得了苎麻雄性不育基因的SCAR分子标记，利用苎麻胞质雄性不育性和宿根性，首创雄性不育两系育种方法，育成川苎8号、川苎11号等高抗苎麻花叶病毒病、炭疽病苎麻品种，种源繁育系数提高到300倍，坡地适应性和水土保持性能突出。

（四）分子育种技术

主要包括分子标记辅助选择和转基因育种技术。在苎麻方面，建立了分子标记定向选择育种、转基因育种平台。以亚麻黑亚11号为受体，将载有*Bar*基因的EHA105根瘤农杆菌菌株，整合到亚麻基因组中。获得了抗除草剂Basta的转化亚麻植株，同时建立以亚麻单倍体为外植体的农杆菌介导法基因转化体系，并经分子检测证实获得了转基因再生阳性植株。利用工业大麻THC、CBD等关键成分相关分子标记，选育出云麻7号、云麻8号等9个云麻系列新品种。此外，以剑麻的悬浮细胞或细胞团为遗传转化受体，采用“冻融法”将表达载体（pCAMBIA3301-pUC57-Hevein）导入到了农杆菌EHA 105中，获得5株剑麻转化植株。

（五）麻类种苗快繁技术

在苎麻繁育上，实现了工厂化育苗。该技术体系涵盖消毒措施、营养液配制、光温环境管理、品种特性与水插密度、水培模式等环节，实现了水培育苗。通过穴盘加土定植炼苗，缩短了种苗应激适应期，便于运输，为苎麻机械化种植奠定了基础，避免土传病害，有效地提高苎麻扦插成活率，大田移栽成活率达到92%，将传统的季节性土壤扦插方式改变为全年连续种苗繁殖方式，可缩短生产周期，提高水土资源利用率和工作环境舒适度，显著降低劳动强度，提高育苗效率。在剑麻繁育上，结合剑麻组织培养繁殖方法，形成了剑麻种苗快速繁殖技术。

三、品种创新

2006—2020年，我国品种审定数量和质量持续提升，为增强麻类种业自主创新能力和产业支持力，推进麻类现代化种业变革提供了基础保障。

（一）麻类品种登记数量和质量

据统计，“十二五”“十三五”时期育成了96个麻类作物新品种，包括苎麻、亚麻、黄麻、红麻、工业大麻及剑麻6种麻类作物，覆盖了全国所有产麻区。通过审定（登记）的品种有18个，中苎3号、湘苎7号、华苎7号、中杂红328、中红麻16号、红优4号、福黄麻1号、闽黄麻1号、华亚1号等。省级审定品种有78个，包括云麻8号、中亚麻5号、华亚2号、H1501、中红麻17号、红综3号、中黄麻7号、中黄麻8号、庆大麻1号、汾麻3号、中大麻2号、中大麻3号、福黄麻10号等。

品种支撑麻类产业健康发展能力持续提升。例如，工业大麻品种首先关注THC含量，其次是产量、品质、关键成分含量等经济性状指标。我国工业大麻在2006—2014年主要是纤维用和籽用，出麻率从2006年的15%左右提高到2020年20%左右。麻籽亩产量从2006年的100千克/亩提高到2020年的近180千克/亩。花叶单产从100千克/亩提高到160千克/亩。

近年来，各育种单位提高了对植物新品种权的重视，麻类的新品种权申请数量有所增加。2006—2020年，苎麻仅川苎系列个别品种获得了国家植物新品种权。红麻目前已被列入植物新品种保护权名录。

（二）品种质量和推广情况

2006—2009年，苎麻主要栽培品种为中苎1号、川苎8号、华苎4号、湘苎3号。2010—2015年中苎2号、华苎4号、川苎12号等新品种进入生产。2016年后中苎3号、川苎15号等国家鉴定新品种逐渐取得了市场主导地位。在国家麻类产业技术体系“369高产创建工程”联合攻关下，主要苎麻品种纤维产量超过4 500千克/公顷，纤维支数高于2 050支，产量和品质获得明显提升。形成了湖南、江西依托中国农业科学院麻类研究所中苎系列，四川依托达州市农业科学研究院川苎系列为主，重庆兼有中苎系列和川苎系列，湖北依托华中农业大学以华苎系列为主的育繁推一体化发展机制，区域内产学研结合紧密。

2006年，我国黄麻单产为2 197.6千克/公顷，低于世界平均水平的2 242.1千克/公顷，我国黄麻单产水平是世界平均水平的98%；到了2020年，我国黄麻单产水平为3 908.7千克/公顷，较2006年提高1.78倍，是当年世界平均水平的1.48倍。

目前，红麻主要推广品种有中杂红系列、福红系列、红优系列和闽红系列。其中中杂红系列品种产量提高幅度大，抗倒伏能力增强，抗炭疽病和立枯病性能强。红麻主要种植在安徽六安、河南信阳、广西合浦等地，由于多用途开发（石墨烯、活性炭、环保板材），红麻产业向湖南、浙江、新疆和山东滩涂盐碱地延伸，主要推广的品种有中杂红 368、中杂红 318。中杂红 368 以高产稳产、秸秆粗细均匀、抗性较好、抗倒伏性强和适应机械化收获等特点，居全国推广面积首位。

亚麻品种华亚 2 号原茎单产达 10 669.5 千克/公顷，黑亚 14 号、黑亚 15 号、黑亚 16 号在黑龙江种植原茎平均产量为 5 922.5 千克/公顷，比 20 世纪 70 年代的品种提高 89.3%，接近翻了一番，长麻率提高 20.0%；亚麻原茎单产水平比 20 世纪末育成品种提高 27.6%，长麻率提高 16.2%；亚麻种子单产水平也大幅提升，由 547 千克/公顷提升到 758～875 千克/公顷。油用亚麻种子产量提升幅度更显著。从数据趋势看，2010 年前各年亚麻品种推广面积不定，品种丰富度差异不大；2010 年亚麻品种推广面积和推广品种均高于其他年份，呈爆发式增长，之后逐年降低，但品种丰富度有所提高。在众多亚麻品种中，晋亚 7 号在 2006—2015 年推广面积较大，且连续分布，2006—2007 年占据全国推广面积 50%以上，后续虽随着品种丰富度增加而有所降低，但作为老牌亚麻品种，仍占据全国 30%以上推广面积。

2006—2020 年，全国规模种植推广的工业大麻品种有 12 个。推广种植面积在 100 万亩以上的品种仅有云麻 1 号，而云麻 7 号为 60 多万亩，云麻 8 号为 20 多万亩。

剑麻高产品种 H.11648 是国内目前剑麻种植区首选推广种植品种，2008 年以来广东剑麻种植区受剑麻紫色卷叶病新病害严重为害，H.11648 正常生产受严重威胁，而选育的桂麻 1 号、热麻 1 号等品种也不抗剑麻紫色卷叶病，生产上难以推广种植。2007—2016 年经对 H.11648 麻园病区近 10 年病害跟踪观察筛选出抗紫色卷叶病的优良植株，繁育出的 H.11648 抗性种苗能有效缓解病害蔓延，“十三五”期间广东农垦致力于 H.11648 品种提纯复壮，新植麻园全面推广种植抗性种苗，推广种植 5 万亩，通过抗性种苗繁育与种植示范，提振了麻农的植麻信心，使广东垦区剑麻得到恢复和发展。

（朱爱国、陈继康、刘立军、赵浩含）

第三节 甘　蔗

一、资源创新

（一）种质资源收集、鉴定与创新

截至 2020 年，国家甘蔗种质资源圃收集保存编目的甘蔗种质资源 3 846 份。此

外，各主要研究育种单位还有各自的资源圃。

在种质创新方面，我国不但实现了甘蔗与细茎野生种（亦称割手密）、大茎野生种的属内种间杂交，而且实现了甘蔗与近缘属植物如斑茅、蔗茅、河八王、滇蔗茅的杂交利用，并进行了真假杂种鉴定及后代的染色体分析。

在甘蔗属间杂交方面，我国对斑茅的开发利用引领世界。斑茅（*Tripidium arundinaceus*）是一个在分类上比较复杂的种，曾归属于甘蔗属、蔗茅属（*Erianthus*），具有强抗病虫性、生物量大、适应性广等优点。但由于甘蔗与斑茅杂交 F_1 花粉高度不育，其进一步的开发利用又遭到严重阻碍。直到 2001 年海南甘蔗育种场以 F_1 为母本，通过大量回交才成功育出世界首例斑茅真实 BC_1，斑茅后代材料与甘蔗栽培种进行多次回交，目前已经得到大批优良后代材料。经过不断的回交和筛选，现已选育出抗病、抗逆的斑茅 BC_3、BC_4 和 BC_5 等一批高代材料作为杂交亲本供育种利用。这些后代材料的农艺性状已经很接近生产上的品种，斑茅的后代遗传了斑茅抗黑穗病、抗白条病、抗旱及适应性强等性状，特别在 BC_1 阶段有不少材料都还达到高抗的抗病等级。甘蔗和蔗茅属中的斑茅的属间远缘杂交后代崖城 06－61、崖城 06－63、崖城 07－71、崖城 05－64、崖城05－164 等已作为常用亲本。并有含斑茅血缘品种粤糖 15491 获得国家甘蔗品种登记，含有斑茅血缘的抗性甘蔗材料将在今后的甘蔗育种中占据重要地位。

在野生种质开发利用方面还进行了野生种之间杂交，如滇蔗茅与河八王间杂交，斑茅与割手密间杂交等。其中斑茅与割手密间杂交创制“斑割复合体”的目的是让割手密起桥梁作用，使后代更易与甘蔗杂交获得种子，改善后代的育性。该方向也取得较好进展，通过杂种真实性鉴定，获得 6 个综合性状较好的含斑茅和割手密血缘的 BC_1 材料；甘蔗品种分别与斑割复合体 GXAS07－6－1 杂交的染色体遗传方式为“$n+n$”。

割手密对甘蔗育种贡献大，但对其“高贵化”过程缓慢，且只能对一个割手密进行开发利用，致使甘蔗育种上虽然拥有大量的优异的割手密资源，但被利用的割手密基因型很少。云南省农业科学院甘蔗研究所改变常规高贵化育种思路，先把具不同优异性状的割手密间进行杂交，聚合优异性状，人工驯化野生种割手密，多次聚合后的材料再作亲本与甘蔗杂交。人工驯化割手密在茎径和锤蔗以及抗性方面都出现了较大的分化，割手密聚合体具有很好的育种潜力。

（二）甘蔗基因组研究

2018 年福建农林大学解析了一个同源八倍体甘蔗细茎野生种 SES208（$2n=8x=64$）的单倍体 AP85－441（$1n=4x=32$）的基因组。该研究开创性解决了在同源多倍体中解析等位基因的技术问题，单倍体 AP85－441 的基础染色体数为 8，组装的基因组为 3.13G，contig N50 为 45 kb。通过 Hi－C 染色体挂载技术，针对多倍体染色挂载最新算法 ALLHIC，进一步将 contig 水平提升至染色体水平，挂载率达到 93%。通过 BUSCO 和二代数据回比评估基因组完整性高达 97.3%。研究还发现割手密染色体在高粱（Sorghum）演变进化过程中经历了染色体断裂与融合后，发生了两次全基因组复制（WGD）。在对甘蔗基因组的多倍化研究中发现，通过两次全基因组复制的发生，导致了甘蔗染色体的自发加倍过程；在鉴定等位基因的同时，进一步分析研究了等位基因的表达模式，结果发现不同单倍型表达模式相似，并无明显差异。割手密为现代栽培甘蔗提供了抗病性基因，在对其研究中发现，甘蔗中的 80%的核苷酸结合位点区（NBS）编码基因位于四个重排染色体（Ss02，Ss05，Ss06 和 Ss07）上，其中 51%位于重排区域。该参考基因组为甘蔗育种者和研究人员提供了大量的基因组资源，可用于挖掘历史杂交品种染色体重排过程中的抗病性和其他等位基因。

二、技术创新

（一）远缘杂交育种技术

亲本开花花期调控技术：诱导热带种 Badila 开花，在甘蔗与斑茅杂交后代中，只有以热带种为母本与斑茅获得的杂交 F_1 代才能获得 BC_1；开花与花期调节技术还使热带种与野生种的花期相遇，才创制了一批含热带种或/和新割手密种血缘的新材料。

花粉保存技术：甘蔗野生种质资源一般都早开花，经各种调控研究，利用花粉保存技术使花粉保存一个月时间仍具活力。云南农业大学于 20 世纪 90 年代开展蔗茅（*Erianthus fulvus*）野生种与甘蔗栽培种/品种的属间远缘杂交利用，实现了甘蔗品种与蔗茅的杂交，获得 F_1、F_2、F_3 代，通过多年研究在 2012 年成功选育了云南省审定首个糖能兼用型甘蔗新品种滇蔗 01－58。

远缘杂交杂种鉴定技术与染色体遗传研究：在远缘杂交技术创新过程中，属间、种间杂种后代染色体鉴定技术获得重大突破，包括 DNA 分子标记鉴定技术、基因组原位杂交技术、染色体重复序列荧光原位杂交技术、甘蔗寡核苷酸探针涂染技术、区段或单染色体涂染技术等，解决了甘蔗染色体的精准识别和种间杂种的精准鉴定的问题。利用这些技术直观地鉴定了杂种的真实性，获得了甘蔗与斑茅、蔗茅、滇蔗茅的杂交 F_1 代染色体都是按 $n+n$ 遗传，热带种与割手密的杂交 F_1 代既有 $2n+n$，也有 $n+n$ 的遗传方式。特殊的是在以热带种与斑茅的 F_1 代为母本，商业品种为父本的 BC_1 后代中，斑茅染色体数量为 22～36 条。大部分材料（9/13）的斑茅染色体是按 $2n$ 传递的，而部分材料（9/13）是按超 $2n$ 的方式传递的。BC_2 又整体恢复至 $n+n$，斑茅染色体含量 9～16 条。BC_3 的斑茅染色体含量为 4～15 条。斑茅染色体因无法进行整套配对而造成染色体分离混乱，所以后代含斑茅染色体含量差异变大。同时，斑茅染色体和甘蔗染色体或斑茅染色体间还会出现染色体易位、染色体加倍的现象。

（二）分子辅助育种技术

我国利用分子标记或基因组关联进行目标性状选择的研究取得明显进展。与美国佛罗里达州立大学联合开发了“100K 甘蔗 SNP 芯片”，为“甘蔗重要育种目标性状关联标记的筛选与开发”，提供了高效、实用的遗传分析工具。我国在甘蔗基因编辑技术上也取得了明显的进展，这些为后续现代甘蔗育种技术的研发与育种水平提升奠定了良好的基础。

利用 Oligo FISH 技术研究了甘蔗属的原始种热带种、大茎野生种、割手密，以及甘蔗近缘属种质蔗茅、滇蔗茅、河八王和芒的染色体核型特点及可能的分化过程，深入研究甘蔗属割手密种由 $x=10$ 到 $x=9$ 再到 $x=8$ 的染色体融合及演化过程。

利用 Oligo FISH 结合 GISH 技术构建了新台糖 22 号、中蔗 1 号、云蔗 08－1609 等商业栽培品种的甘蔗染色体核型。为复杂的异源高倍体，非整倍体的基因组组装提供指导。

（三）转基因育种技术

甘蔗愈伤组织诱导率、植株再生率低下，属于难以遗传转化的农作物。福建农林大学、中国热带科学院生物技术研究所和广西大学都开展了基因转导工作，经过多年努力，基因枪转化法、农杆菌介导法等甘蔗遗传转化方法得到了系统优化，甘蔗的遗传转化效率也得到进一步提高。转导了抗除草剂、抗黑穗病、抗花叶病、抗螟虫的等多个转基因事件，并转导多价结合的株系。完成了部分抗花叶病、抗虫、抗黑穗病转基因甘蔗安全性评价的中间试验工作，包括分子特征、遗传稳定性及环境安全测试。甘蔗遗传转化效率的提高同时也为基因编辑等新技术在转基因甘蔗中的应用奠定了基础。

（四）经济遗传值和家系选择的应用

在澳大利亚甘蔗科技人员的指导下，国内育种人员利用经济遗传值评价了亲本组合以及育种材料，利用经济遗传值的评价筛选优良亲本，指导组合配制，对不同经济遗传值组合采取不同的入选率，降低了人力物力的支出，提高了育种效率。

（五）脱毒健康种苗

腋芽繁殖脱毒健康种苗可以提高产量和品质，极大地提高了良种繁育推广速度，经多年的良种繁育基地建设，利用甘蔗组织培养综合脱毒技术和种茎热水脱毒技术生产的脱毒种苗分别在广西和云南大面积产业化应用，到 2020 年全国脱毒健康种苗的生产能力达到 2 000 万株。

三、品种创新

2006—2020 年，我国鉴定或登记甘蔗品种近 200 个，以桂糖 42 和柳城 05/136 为代表的高产高糖品种应用面积进一步扩大，并使处于主导地位长达十几年的新台糖 22 号占比下降到不足 20%。

（一）甘蔗品种鉴定或登记的数量和申请机构情况

品种鉴定数量。 2006—2020 年，我国有 116 个甘蔗新品种通过国家鉴定和各省区的审定，共 78 个品种获登记（图 9－1）。

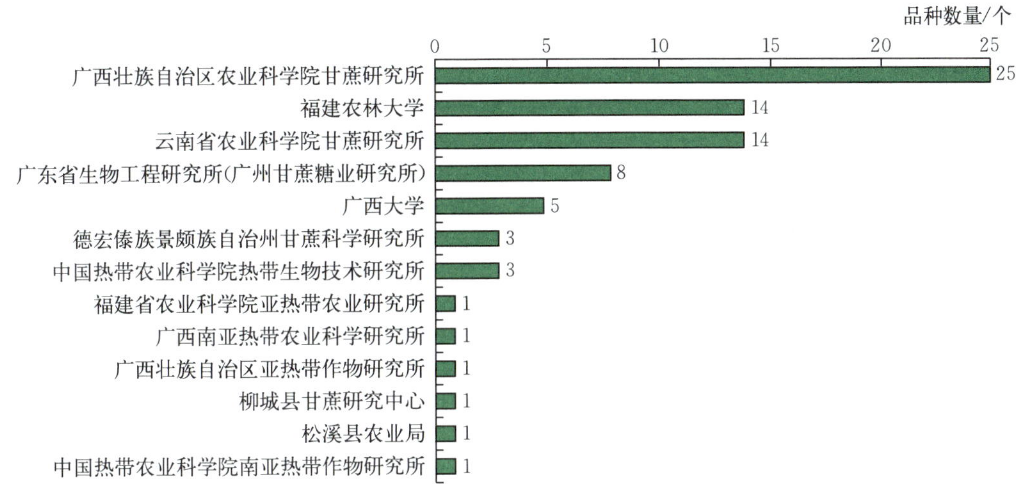

图 9－1　2006—2020 年登记品种的育种机构分布

品种质量。 福建农林大学甘蔗综合研究所从世界 27 个国家和地区引进甘蔗原种、重要亲本和品种，如新糖系列及美国 CP 系列等种质资源 300 多份，填补了我国甘蔗基因库多处空白，特别引进了高糖基因的亲本，缩小了我国与世界甘蔗研究进展差距。利用数量遗传学方法研究亲本及其组合的配合力，整合逐步回归、选择指数和稳定性分析方法，从引进的无性系中，分批筛选审定 3 个新台糖良种成为全国甘蔗主栽品种。

2005—2020 年，我国甘蔗品种质量特别是在甘蔗糖分上获得长足的进展。生产上的大甘蔗品种发生了较大的变化，首先是新台糖 16 号取代桂糖 11 号成为第一大品种，自育的高糖品种粤糖 93－159 成为主栽品种，蔗糖分提高 1 个百分点。2005 年，新台糖 22 号又取代了新台糖 16 号成为第一大品种，且在产量和品种抗旱性上均有较大提高。到 2020 年，以新台糖 22 号为亲本选育的桂糖 42 号和桂柳 05136 两个品种糖分较新台糖 22 号又提高了约 0.5 个百分点，这两个品种的甘蔗宿根性也较新台糖

22号强。

（二）甘蔗植物新品种权申请和授权量

2006—2020年，我国甘蔗植物新品种权累计授权量54件，申请者都为甘蔗研究单位。另有65件已申请但尚未授权。

（三）品种更新换代

新中国成立以来，我国甘蔗品种经历了4次品种更新：第一次主要由台湾地区选育的台糖134、台糖108以及印度选育的Co290和Co419等早期杂交种替代国内的地方老品种罗汉蔗、草甘蔗、芦蔗和第一代杂交种“蔗王”POJ2878等。第二次主要由桂糖11号，闽糖70-611，粤糖57-423、川糖61-408和粤糖63-237等取代了前一代品种。第三次主要由台湾地区选育的ROC16、ROC22和ROC25等新台糖系列甘蔗品种由于高糖、抗旱、抗风折等特性取代原先大陆自育的品种，高峰期台糖系列占大陆植蔗面积的85%左右。第四次则是由桂柳05136、桂糖42、粤糖93-159、云蔗08-1609、云蔗05-51、桂糖44号、福农41号等自育品种在2017—2018年榨季超过新台糖系列品种后，自育品种比例逐年增高。桂糖42号、桂柳05136的应用面积在2020年都超过新台糖22号，实现了品种更新。

（邓祖湖）

第十章 瓜菜作物科技创新

第一节 西　瓜

一、资源创新

种质资源是种业发展的核心。2006—2020 年我国在西瓜种质资源鉴定、挖掘与创新利用上取得了巨大的进步。

（一）种质资源保护、鉴定与创新

截至 2020 年，我国西瓜资源保存总量约 5 000 份以上（包含各单位之间重复的资源）。其中国家西瓜甜瓜种质资源中期库保存 2 900 份，国家蔬菜种质资源中期库保存 105 份，其他科研、育种单位也保存了数量不等的资源。如北京市农林科学院蔬菜研究所从美国与欧洲引进了西瓜种质资源 2 000 余份，新疆维吾尔自治区农业科学院保存了 250 多份西瓜种质资源。

2006—2020 年，我国育种专家通过将常规育种技术与分子标记辅助育种技术结合，在西瓜种质资源的创新利用方面取得了显著的成绩，创制出一批优质、抗病或具有特殊性状的优异种质，并育成一批新品种在生产上推广应用。利用美国野生硬肉种质 PI482307 与优良自交系杂交，通过分子标记辅助育种高效聚合高含糖量与野生硬果肉基因区段，获得硬脆果肉综合性状优良父本自交系京 RWF，培育出耐贮运丰产西瓜品种京美 10K03；利用少杈的资源安无杈培育成功无杈早及其他少杈品种，可以减轻田间整枝打杈的用工；此外利用雌性系材料 XHBGM 转育出一批优良雌性系母本，在杂交种简化生产中开始应用。利用抗西瓜枯萎病 1 号生理小种紧密连锁的分子标记，选育了多个抗枯萎病品种，如京美 10K02、龙盛佳力等。国内学者在野生抗西瓜白粉病资源 Arka Manik 的 2 号染色体上发现了对生理小种 2F 抗性的显性候选基因，采用高通量分子标记辅助选择技术，转育出抗白粉病京 RWF、M16、M11 和 M49 等西瓜材料，并育成抗白粉病优良西瓜品种。

（二）重要性状基因资源挖掘

果实糖含量和类胡萝卜素含量是西瓜重要的营养品质，也是西瓜育种的重点改良性状。北京市农林科学院蔬菜研究所明确了染色体 2 上两个控制西瓜含糖量主效 QTL 位点，证实果实维管束表达的碱性 α-半乳糖苷酶 ClAGA2 是从叶子运输到果实的寡糖水解关键酶，其表达受到了转录因子 ClNF－YC2 调控，ClAGA2 起到了快速水解果实库端韧皮部棉子糖系列寡糖为蔗糖的作用，并发现韧皮部蔗糖转运蛋白 ClVST1 将蔗糖从韧皮部卸载到细胞间隙。*ClSWEET3* 将糖分跨果肉细胞质膜转运到细胞内，为液泡膜表达的糖转运蛋白 ClTST2 提供原料，最终 ClTST2 将糖分转运并储存到液泡中。以上基因不但是西瓜糖分的调控基因，也是西瓜驯化过程中受到驯化选择的重要基因。这些具有驯化相关基因的鉴定，为高通量分子选育高糖分性状提供了技术支持。在以野生材料来源为背景的杂交组合育种中，可利用这些糖分相关基因的变异位点设计分子标记，实现对西瓜果实含糖量性状的早期高通量选择。

西瓜含有大量类胡萝卜素，为人类提供了良好的类胡萝卜素来源。因此，类胡萝卜素的种类和含量是西瓜营养价值的重要组成部分，番茄红素、八氢番茄红素、β-胡萝卜素、叶黄素和紫黄质是西瓜中主要的类胡萝卜素，也是西瓜不同瓤色形成的主要因素。现有研究发现，红瓤西瓜类胡萝卜素主要是番茄红素和八氢番茄红素，橙色西瓜则含有大量 β-胡萝卜素，黄瓤果肉西瓜主要含有叶黄素、新黄质和紫黄质。通过对红瓤控制位点的精细定位及西瓜属全部 7 个种的 221 份代表性瓤色资源的序列分析，发现了西瓜番茄红素环化酶 *ClLCYB* 是西瓜红瓤控制基因。发现 *LCYB* 基因上的 SNP 开发的 CAPS 标记在红瓤和黄瓤杂交后代中与表型共分离，可用于瓤色性状的分子选育。八氢番茄红素合成酶 PSY 是整个类胡萝卜素合成途径的“限速酶”。有色体磷转运蛋白 ClPHT4；2 高表达也是西瓜瓤色发育的必要条件。该系列基因是西瓜瓤色发育及红瓤驯化形成过程中重要的节点基因，可为西瓜瓤色分子选育提供新的工具。

西瓜农艺性状如株形、果形指数、条纹性状、果皮颜色、蜡粉和性别决定等相关基因的研究均取得了快速的进展。西瓜无杈和短蔓性状对西瓜生产意义重大，其中无杈性状可减少打杈用工需求，节约生产成本。河南农大发现 4 号染色体上单隐性基因 *Clbl* 控制无侧枝性状，其编码 *TERMINAL FLOWER 1* 蛋白。西瓜短蔓为单基因控制的隐性性状，通过 BSA 将短蔓候选区间定位于 9 号染色体 8.525 Kb 的区间范围内，发现 *Cla015407* 可能是控制西瓜节间长度的候选基因；另一短蔓基因 *Cldw－1* 定位在 9 号染色体上 107.00 Kb 的候选区域，其中 *Cla010337* 的表达水平在矮株系中显著低表达。这些研究为西瓜植株性状的遗传规律与基因调控提供分子选育依据。

北京市农林科学院蔬菜研究所通过构建 4 个遗传群体的整合图谱，发现 3 号和 10 号染色体 2 个西瓜果型指数相关 QTL 位点。中国农业科学院郑州果树所进一步发现，位于 3 号染色体 QTL 位点的西瓜果型决定基因是一个钙结合蛋白 *ClFS1*，且该基因含有 159 bp 缺失，这可能是控制西瓜果实长圆形状的关键差异位点，可用于分子选育果形性状。还发现果皮条纹和颜色相关 3 个 QTL 分别位于 4、6、8 号染色体上。中国农业科学院郑州果树所发现 *ClCGMenG* 可能是 8 号染色体上控制条纹颜色的候选基因，并根据该基因开发了分子标记用于条纹颜色的选择。6 号染色体上单个显性基因 *ClGS* 控制西瓜深绿色条纹。此外，对西瓜果实表皮蜡粉等外观性状的研究也取得了一定的研究进展，发现 1 号染色体 3.16～4.84 Mb 的候选区域为控制蜡粉的关键区间。

已发现西瓜雄花完全花同株性型与乙烯合成酶基因 *CitACS4* 的 SNP 位点紧密连锁，*CitACS4* 是在雌花和完全花发育两性期的雌蕊原基特异表达基因，能抑制两性期的雄蕊原基发育。通过生物信息学与 FISH 杂交等手段发现，染色体 2 的易位断点破坏了正常的 *ClWIP1* 基因，导致心皮原基发育无法抑制，最终造成全雌突变体性型的出现，*ClWIP1* 是西瓜雌性系的控制基因。

西瓜枯萎病是西瓜生产中最严重的土传病害，发病严重的情况下可导致绝产绝收。由于枯萎病菌难以通过药剂防治，培育抗病品种成为解决西瓜枯萎病的最有效途径。目前已定位了西瓜抗枯萎病 1 号和 2 号小种数量性状基因（QTL）。在 1 号染色体中发现了一个主效 QTL，该区间包含的一个几丁质酶基因可能是西瓜枯萎病抗病基因的候选基因，该基因的 SNP 可用于分子选育抗枯萎病基因，对西瓜枯萎病表型的分子鉴定准确率达 99%。通过采用分子标记技术转育，获得了西瓜抗枯萎病高品质西瓜育种材料，并将其应用于新品种的育种实践。

白粉病是西瓜生产中另一重要病害，韩国和美国科学家率先在 2 号染色体上鉴定到的主效 QTL pmr2.1 可解释对白粉病 1 W 生理小种 80.0%的抗性变异，pmr2.1 位点中的 2 个 NBS - LRR 候选基因（*ClPMR2* 和 *Cla97C02G042050*）在瓜类中表现出广泛的白粉病抗性特性。我国科学家根据其变异位点，开发了高通量分子标记用于抗白粉病性状的选育。

西葫芦黄花叶病毒是西瓜等葫芦科作物中影响产量的重要病害。西葫芦黄花叶病毒的西瓜抗原来自半野生材料 PI595203，该材料中位于真核生物翻译起始因子 *eIF4E* 的一个 SNP 位点与 *ZYMV* 抗病性紧密连锁。该 SNP 位点可导致一个蛋白结合区域的一个氨基酸发生改变。通过筛选该 SNP 的基因型，还发现野生材料 PI244018、PI482261、PI482299 和 PI482322 均具有 *ZYMV* 抗病基因型。并且通过

eIF4E 基因的这个 SNP 位点开发分子标记用于抗病性状的选育。该基因也位于番木瓜环斑病毒抗病 QTL 区间，推测 *eIF4E* 基因可能具备对西瓜病毒病的广谱抗性。

二、技术创新

（一）西瓜品质、抗病与农艺性状的分子辅助育种技术

2006—2020 年，我国分子育种基础研究取得了长足的发展，建立了一系列重要品质、抗病和农艺性状基因的分子选育技术。我国科学家发现西瓜糖分转运及卸载过程中的碱性 α-半乳糖苷酶 *ClAGA2*、糖转运蛋白 *ClVST1*、*ClTST2* 及 *ClSWEET3* 是西瓜驯化变甜的重要基因；八氢番茄红素合成酶 *ClPSY1* 是瓤色形成的限速酶，番茄红素环化酶 *ClLCYB* 是西瓜红瓤控制基因；同时明确了株形、果形指数、条纹性状、果皮颜色、蜡粉和性别决定等相关基因。通过对以上优异基因变异位点设计高通量的 KASP 分子标记，建立了以上多个性状的分子选育技术体系。

我国学者还从野生材料 PI296341FR 等资源中发现了抗西瓜枯萎病 1 号生理小种紧密连锁的分子标记，从野生资源 Arka Manik 的 2 号染色体上发现了对西瓜白粉病生理小种 2F 抗性的显性候选基因。并开发出与抗西瓜枯萎病、白粉病连锁的分子标记，建立了高通量分子选育西瓜抗病性的分子选择技术。

（二）全基因组选择育种技术

随着西瓜资源材料的基因组重测序完成以及高通量 SNP 分型平台的建立，可以快速、高通量、自动化识别遍布于整个基因组上的大量位点，已实现全基因组范围内的背景选择，极大提高了育种效率。通过从 332 份重测序西瓜基因组数据，全基因组筛选出 241 个均匀分布的 SNP 标记，已实现各类型西瓜品种的亲缘关系鉴定，并发现京欣 1 号、早春红玉、黄小玉和小兰这些品种是我国东亚类型西瓜的主要供体来源。这些标记为西瓜新品种和种质资源分子鉴定提供了有力工具。

（三）西瓜基因编辑和双单倍体技术

西瓜的遗传转化和基因编辑技术已经日趋成熟。基因编辑技术是通过改变西瓜品种自身 DNA 序列达到产生优良性状的目的，成功编辑目标位点后，外源的 *Cas9* 基因可通过回交手段去除，达到除基因编辑位点改变之外，无外源转基因的风险，因此理论上不存在外源基因的转基因安全性问题。目前已经成功通过基因编辑获得了西瓜对除草剂的抗性，首次获得了抗除草剂西瓜新类型，显示出基因编辑技术具有广泛的育种应用潜力。但由于发展时间较短、对基因编辑农作物的支持政策和法律等还未完善，目前尽管已经有基因编辑类西瓜在实验室取得培育成功，但还没有进入商业化新品种推广阶段。

西瓜双单倍体育种技术也取得了发展。单倍体植物体细胞染色体数与其配子染色体数相同，对其进行基因组加倍，可以快速获得纯合的双单倍体。据此技术可以从杂合子代中一步实现完全纯合单株的一种快速有效方法。通过基因编辑技术已经实现西瓜约千分之五的单倍体诱导效率，显示出双单倍体技术对西瓜育种未来可能的应用价值，但在育种实践中应用尚需进一步提高其双单倍体的诱导率。

三、品种创新

2006—2020 年，我国育成大量优异新品种，其中美都、华欣系列、甜王系列、京美系列、金城 5 号、庆发 8 号、农科大 6 号等已成为不同类型与生产方式的主导品种，推动了我国西瓜品种的更新换代。

（一）西瓜品种审定、登记数量

2006—2020 年，我国西瓜各类型新品种选育数量快速上升。2006—2016 年，我国审定 600 多个新品种，其中以河南、北京审定品种最多（图 10 - 1）。这些审定的品种大都在 2017—2020 年完成了品种登记。2017—2020 年新登记西瓜品种 2 744 个，其中河南和安徽登记数量最多（图 10 - 2）。实际推广主要以市场占有率较高的 8424、美都、京欣系列、华欣系列、甜王类型、京美系列、金城 5 号、庆发 8 号、农科大 6 号、郑抗无籽 1 号、雪峰花皮无籽等为主导。

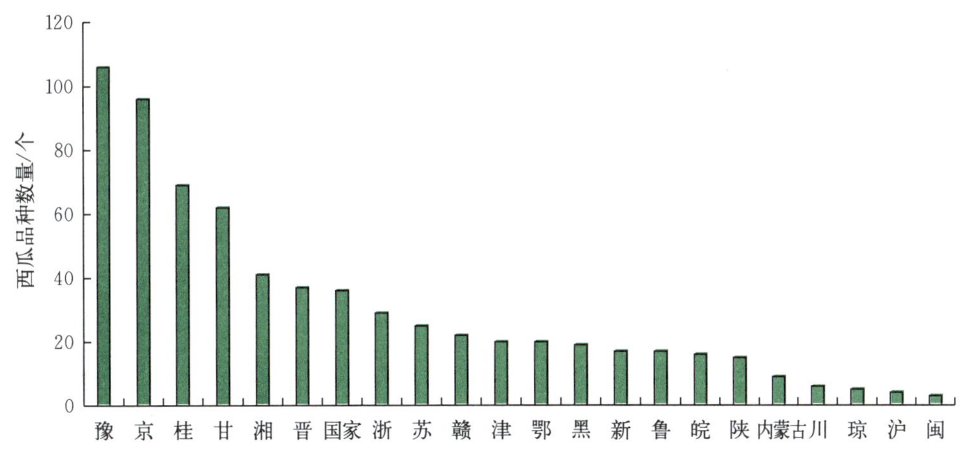

图 10 - 1　2006—2016 年国家级和省级审定西瓜品种数量

［数据来源：国家和各省（自治区、直辖市）发布审定新品种］

（二）西瓜品种审定、登记单位构成

从 2006—2016 年国审和省审西瓜品种数量分析，河南、北京等地申请的审定品种占比较大。2017—2020 年登记西瓜品种 2 744 件，从申请地域分析，河南、安徽和黑龙江位列前 3 名；从申请主体分析，民营企业申请占比 71.6%，达到 1 966 件；科

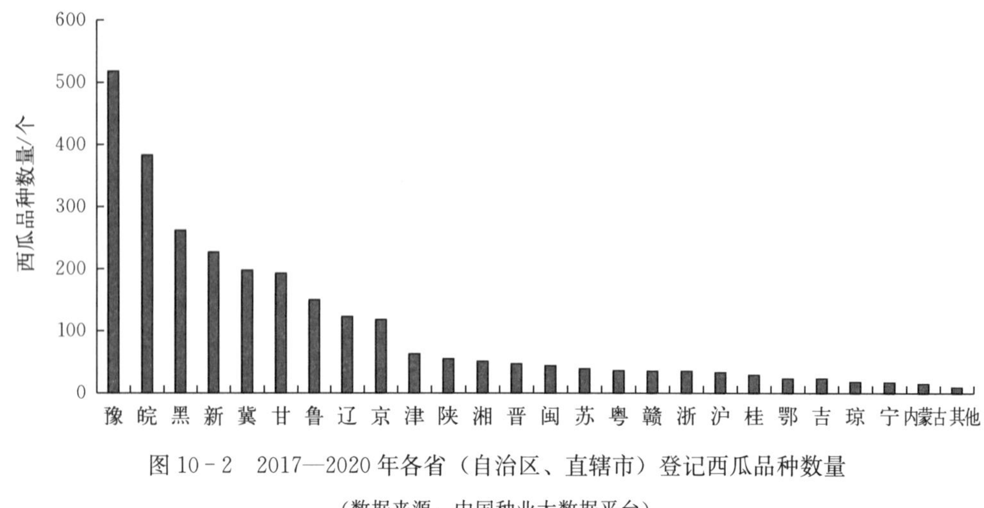

图 10-2　2017—2020 年各省（自治区、直辖市）登记西瓜品种数量

（数据来源：中国种业大数据平台）

研院所申请 481 件，占比 17.5%。

（三）品种更新换代及代表性品种

20 世纪 80 年代至 21 世纪初叶，我国西瓜品种中早熟类型以 8424 和京欣西瓜为代表，中晚熟类型以西农 8 号为代表，成为当时全国大面积推广的当家品种。进入 21 世纪以来，在提高 8424 耐裂性和耐储运性基础上，育成了美都、京嘉 301、强者 711 等类型新品种，并开始大范围推广，完成了麒麟瓜类型品种更新换代；京欣类型西瓜，则由新育成的具有更高耐裂性和耐储运的京欣 2 号、华欣系列与甜王系列等品种所替代；西农 8 号逐渐被适应现代生产和长距离运输条件的耐储运品种如：金城 5 号、庆发 8 号、农科大 6 号等替代；小型精品西瓜早春红玉、京秀逐渐被适应性更好、更耐储运的京颖、L600、京美 2K 和全美 2K 等替代；实现了我国近 20 年来的不同西瓜类型、西瓜品种一次轰轰烈烈的更新换代。

（任毅、许勇）

第二节　大白菜

一、资源创新

（一）种质资源搜集、保存、评价和利用

2006 年我国国家农作物种质库保存大白菜种质资源 1 691 份，到 2020 年我国入库保存大白菜种质资源达到 1 800 份，增长 6.5%。这些种质资源不仅被长期保存在国家种质库，而且完成了对农艺性状的初步鉴定，也对部分种质的抗病性及品质性状进行了

测试评价研究，鉴定筛选出一批丰产、优质及抗病等优良种质。建立了包含 248 份种质的中国大白菜核心种质库。北京市农林科学院蔬菜研究中心张凤兰团队对 203 个大白菜骨干自交系进行了霜霉病、病毒病、黑腐病、黄萎病和根肿病苗期抗性评价，获得单抗 1 种病害的自交系 82 个，兼抗 2 种病害的自交系 61 个，兼抗 3 种病害的自交系 28 个，兼抗 4 种病害的自交系 4 个。随着大白菜育种目标的进一步提高与多样化，各育种单位在耐贮、耐先期抽薹、抗病（抗干烧心、根肿病、病毒病、霜霉病、软腐病和黑腐病等）、耐热、优质、不同叶色特性等方面对大白菜种质资源进行研究和筛选，创制出了一批新的优良育种材料，同时对白菜类作物亲缘关系和起源进化等进行了深入研究。

在我国数以千计的大白菜地方品种中，不仅农艺性状存在着明显的不同，而且抗病性、适应性、生长期及品质等方面也有很大的差异。有的地方品种是非常好的育种材料，在多年的大白菜育种中发挥了重要作用，如早皇白、翻心黄、天津中青麻叶、李楼中纹、大青口、大白口、二牛心、肥城卷心、玉田包尖、胶州白菜、福山包头、黄芽菜、洛阳包头、冠县包头、城阳青、石特一号等。这些种质资源在大白菜杂种一代品种选育中，都选育成了骨干自交不亲和系材料，育成了生产上大面积推广应用的大白菜主栽品种。

（二）大白菜重要性状的基因资源挖掘

叶球颜色相关基因资源：叶球黄心、橘红心和紫色等是高品质大白菜重要性状。张凤兰团队对大白菜橘红心性状开展了精细定位和功能基因研究，明确了类胡萝卜素异构酶基因 *Bra031539* 的 3′编码区 1 个 501 bp 插入导致了基因功能丧失，造成番茄红素前体的大量积累，使得大白菜球叶呈现橘红色。该团队还将来源于普通白菜的紫色基因 *BrPur* 定位于 A03 染色体，获得了与 *BrPur* 基因连锁距离为 1.9cM 的 SSR 标记 BVRCP10－6。中国农业科学院蔬菜花卉研究所孙日飞团队将来源于红叶芥菜的紫色基因 *Anm* 定位在大白菜 A02 染色体上，开发了与之紧密连锁的 InDel 标记，并进一步分析了调控的候选基因。研究发现紫色白菜花青素合成调控因子主要为 MYB 类转录因子。

耐抽薹性相关基因资源：抽薹开花习性直接影响着大白菜的产量与品质。FLC 是参与大白菜抽薹开花的重要因子，近几年大量的研究进一步丰富了对 FLC 参与开花调控的认识，研究发现 VIN3.1 是调控 FLC1 表达的关键表观因子；FLC1 位于第 6 个内含子上第 1 个碱基的突变导致了其剪切方式发生改变，从而导致植物早花；FLC2 第 1 个内含子的长片段的缺失可导致早抽薹；而 FLC5 第 3 个内含子的可变剪切使植物早花。一些新的控制大白菜抽薹开花的基因如去甲基化酶基因 *BraELF6*、节律蛋白基因 *BBX32* 等也被陆续发掘。

抗病性相关基因资源：抗病性一直是大白菜育种的主要目标性状。随着大白菜产业模式的变革，连作和规模化生产等使得根肿病和黄萎病等土传病害频发，成为限制大白菜生产的主要障碍因子。抗病资源评价、基因定位、分子标记的开发及抗病分子机理的研究一直是大白菜育种研究的重点。在 TuMV 病毒病方面，定位、克隆了位于大白菜 A04 染色体 TuMV 隐性抗性基因 *retr02*。在根肿病抗性方面，明确了大白菜的抗根肿病基因的主要来源——欧洲芜菁，多个研究团队克隆到 8 个抗病基因（*CRa*、*CRb*、*CRd*、*CRq*、*Rcr1*、*CRk*、*CRc*、*Crr1*），并开发了分子标记。在霜霉病抗性方面，利用 DH 分离群体，在 A08 染色体上鉴定了抗霜霉病的主效 QTL *BraDM*，开发了标记 SCK14－825、SSR 标记 kbrb058m10－1 与 kbrb006c05－2。进一步鉴定了 4 个主效 QTLs *BrDM8*、*yBrDM8*、*rBrDM8* 和 *hBrDM8*，分别对应于苗期、幼苗期、莲座期和结球期的霜霉病抗性。在干烧心病抗性方面，利用 302 份白菜核心种质定位了控制白菜干烧心抗性的 QTL，进一步克隆了首个干烧心抗病候选基因 *BrCRT2*，通过转基因验证了其在大白菜干烧心抗性中的重要作用。

二、技术创新

育种技术创新是提高育种效率和突破性种质创制的重要手段。2006—2020 年，我国在大白菜基因组学、双单倍体育种和分子育种技术领域创新成果显著，大大提高了育种速度和选择效率。

（一）白菜基因组和重要性状驯化研究

2011 年 8 月 28 日国际权威学术期刊 *Nature Genetics* 在线发表了由中国农业科学院蔬菜花卉研究所王晓武团队主导、通过国际合作完成的白菜全基因组测序研究成果，并构建了十字花科基因组数据库 BRAD（http://brassicadb. org），为科学家和育种家充分高效利用大白菜基因组信息提供了有力工具。

大白菜重要性状的驯化选择分子机制研究取得重大进展。借助重测序技术以及芸薹属祖先的染色体核型，对芸薹和甘蓝结球形态的平行和趋同进化现象进行了深入研究，在国际上首次发现全基因组三倍化事件是导致芸薹属物种的形态多样化以及趋同驯化的原因；进一步挖掘出两个重要的农艺性状——结球和块茎形成的重要调控基因，在基因组及亚基因组水平分析了平行选择信号区域，揭示了这些重要生物学性状形成的分子机理，该研究内容于 2016 年也作为封面文章在 *Nature Genetics* 上发表。

通过对 194 份来源于世界各地系谱清晰的大白菜高代自交系进行深度测序和进化分析，明确了春白菜起源于中国山东半岛地区，后被引入朝鲜半岛和日本，被驯化选择改良后，育成了耐抽薹品种，发现了控制植物开花的关键基因 *VIN3* 和 *FLC1* 在春白菜育种过程中受到了强烈的人工选择，首次解析了春白菜驯化选择的分子证据和抽薹开花的分子调控机理，研究结果于2018年在*Molecular Plant*发表。

（二）双单倍体育种技术

花药培养和小孢子培养技术主要应用于双单倍体（DH）纯系创制和育种应用。大白菜游离小孢子培养技术研发始于1989年，中国最先应用这一技术改良大白菜品种，育成了一些大白菜优良品种。2007年“大白菜游离小孢子培养技术体系的创建及其应用”获国家科学技术进步奖二等奖。孙日飞团队对近300份育种材料、优良引种材料或多亲本杂交聚合材料进行游离小孢子培养，近一半材料可诱导出数量不等的胚状体，累计获得1 000余份再生DH系，再结合低温春化和长日照补光技术，诱导DH植株抽薹开花，收获DH系种子，创制了一批大白菜优异资源。经春、秋季田间筛选和抗病性、抗逆性分子标记辅助选择系统鉴定，快速获得一系列不同结球类型、耐抽薹、橘红心、紫色的优良DH系300余份。为提高大白菜品质，针对近年市场对橘红心和紫色大白菜的需求，利用聚合杂交和小孢子培养技术，获得颜色鲜艳、抗病、球型丰富、综合性状优良的橘红心和紫色大白菜亲本材料，其中叶片为紫色的大白菜富含花青苷等营养成分。对玉田包尖×橘红心杂交后代进行游离小孢子培养，获得系列橘红心大白菜DH系，其中最高糖度达到6.17%，并富含维生素C和β胡萝卜素。目前，利用双单倍体育种技术快速创制DH系已成为各单位的常规育种技术。

（三）分子标记育种技术

基因组测序和重测序为规模化标记开发奠定了良好基础。SSR、SNP和InDel成为大白菜分子标记研究的主流标记类型。王晓武团队2011年基于Solexa技术，利用RILs群体构建了1张包含465个bins、10 960个遗传标记的大白菜超高密度分子遗传图谱。基于白菜全基因组序列变异信息。张凤兰团队2018年开发了覆盖大白菜全基因组的571个SNP标记，建立了高通量标记检测技术体系，并将其用于遗传多样性分析和分子标记辅助育种中背景选择；该团队2019年还基于重测序大数据开发了用于大白菜品种真实性和纯度鉴定的50个核心SNP标记，为大白菜新品种的特异性、一致性、稳定性检测体系建立和新品种保护提供技术支持。

前景选择的高通量分子标记开发是近些年的研究热点，北京市农林科学院、中国农业科学院蔬菜花卉研究所、沈阳农业大学、青岛市农业科学研究院、河南省农业科学院园艺研究所、山东省农业科学院蔬菜花卉研究所、天津科润农业科技股份有限公司等单位开发了抗根肿病、抗病毒病、抗霜霉病、耐抽薹、叶片生长发育、自交不亲和、雄性不育、蜡粉等性状或基因的分子标记，逐步应用于大白菜分子育种，大部分标记获得了国家发明专利授权。

(四) 转基因和基因编辑技术

大白菜是最难遗传转化的作物之一，这也使得基因功能研究和基因编辑等分子育种技术难以取得突破。近五年来，白菜转基因研究得到高度重视，也取得较好进展。基于组培的农杆菌介导法、真空渗透法、基于基因枪的小孢子遗传转化体系和子叶注射瞬时表达都有成功的报道，遗传转化率显著提高，相继获得了 *DES1*、*VPE1* 等基因的转基因植株。青岛农业大学开发出一套利用大白菜成熟叶片进行再生和遗传转化的方法，转化效率可以达到 1.27%。在农杆菌介导的白菜转化体系中，目前已知采用下胚轴、子叶—子叶柄、花茎切段、花茎薄层细胞、原生质体、花柄、花粉胚和小孢子得到转化体，但由于无菌苗下胚轴和子叶外植体来源方便且取材不受季节的限制，被广泛地应用到白菜的农杆菌介导的转化体系中。

最近发展起来的 CRISPR/Cas9 基因编辑技术，能够通过定点编辑基因组来实现基因序列特异性的遗传改造。北京市农林科学院蔬菜研究所 2018 年在大白菜中利用基因编辑技术敲除了 *HisN2* 基因，解析了白菜内叶遇冷变黄的分子机理；2020 年在菜薹原位转化成功的基础上，结合 CRISPR/Cas9 系统，以四九菜心为试材采用真空渗透原位转化方法，获得了无外源片段插入的番茄红素脱氢酶基因编辑植株。马晓丽等于 2018 年采用 CRISPR/Cas9 基因编辑技术对大白菜 L-半胱氨酸脱巯基酶基因进行敲除，基因编辑植株中内源 H_2S 含量有不同程度的降低，为研究 H_2S 信号在大白菜中的生理作用及育种应用提供了理论基础。

三、品种创新

2006—2020 年，育成和推广一批满足生产和市场需求的大白菜新品种，带动生产上种植品种和类型发生很大变化，国内品种占主导地位，占生产用种 98%以上。

(一) 大白菜审（鉴）定、登记品种数量

据不完全统计，2015 年以前，通过国家和省级农作物品种审定、鉴定或认定的大白菜品种 581 个；2017 年以后，大白菜纳入非主要农作物品种登记目录，截至 2020 年底品种登记数量达 2 234 个。

登记品种数量较多的省（自治区、直辖市）依次为山东、天津、云南、北京、辽宁、贵州、河南，其中，山东省登记品种数最多，达到 912 个，占到登记品种总数的 46.8%。

从大白菜品种登记前后的品种来源看，品种登记前，审定（鉴定、认定）品种主要来自科研院所，占 54.83%，其次为企业（31.82%）和大学（13.35%）。品种登记后，申请登记的品种主要来自企业，占 80.35%，其次为科研院所（19.04%），大学最少，只占 0.62%。这表明，随着我国种业体制改革，企业的创新能力快速提升，

企业逐渐成为大白菜品种创新的主力军。

在全部登记的大白菜品种中，获得植物新品种权的品种只占 1.67%。这从另一个侧面反映登记的大白菜品种多，相似品种很多，因此，申请新品种保护的积极性不高。

（二）大白菜植物新品种权申请和授权情况

大白菜是首批（1999 年）被列入植物新品种保护名录的农作物种类。2006—2020 年，申请植物新品种保护品种 213 件，获植物新品种授权品种 77 件，授权新品种占申请品种的 36%。

（三）品种推广情况

规模化推广品种情况。我国大白菜种植总面积约 2 700 万亩，调查的品种合计推广面积 2 069 万亩，约占 76%。推广面积在 1 万亩以上的大品种有 266 个，合计推广面积 1 887 万亩，占种植面积的 70%。在这些大品种中，大球型品种 149 个，推广面积 1 146.8 万亩，占大白菜种植总面积的 42%；中、小型品种 55 个，推广面积 360.3 万亩，占 13%；快菜品种 42 个，推广面积 340.6 万亩，占 12%；娃娃菜品种 17 个、早皇白类品种 3 个，合计推广面积 39.5 万亩，占 1.5%。

推广面积前 20 个大品种，种植面积均为 20 万亩以上。依次为：改良青杂三号（104 万亩）、新三号（75 万亩）、早熟 5 号（75 万亩）、华良 2000（70 万亩）、华阳白（59 万亩）、秋季王（57 万亩）、华良 836 快菜（41 万亩）、西星 90（36 万亩）、小义和秋（35 万亩）、鲁白六号（34 万亩）、金黄白（33 万亩）、京秋 3 号（30 万亩）、德高 536（29.8 万亩）、青华 76（27.1 万亩）、西星 78（26 万亩）、胶研 5869（26 万亩）、华良金典五号（25 万亩）、京研快菜 2 号（23 万亩）、华良夏秋（22 万亩）、津青 60（20 万亩）。这些品种中，大球型品种 10 个，中型品种 1 个，小型品种 5 个，快菜品种 4 个，均为国内自主选育品种。

国外引进品种推广面积的变化。随着国内白菜基础研究的进步和育种水平的不断提升，国外品种的市场占有率逐年降低，由 2006 年的 15%降低到 2020 年 2%左右。目前生产上种植面积较大的国外引进品种有：春大将（日本米可多国际种子株式会社）、良庆、阳春三月（日本泷井种苗株式会社）、今锦、吉锦、梅锦（日本东北种苗株式会社，福州农播王引进）、傲雪迎春、黄洋洋、玲珑黄 012；四季王、秋宝、NH 金皇后（北京百欧通从韩国引进）、凝翠、阳春、金峰（韩国兴农种苗株式会社）、绿箭 70、夏阳白。2020 年国外品种在我国的销售量约 5 万千克，占生产用商品种子量的 2%左右。

（孙凤兰、孙日飞）

第三节 萝 卜

一、资源创新

（一）种质资源保护、鉴定与创新

种质资源的鉴定与筛选。通过国内收集与国外引进使国家种质资源库中的萝卜种质资源达到 3 000 余份，种质资源精准鉴定与深度发掘是各单位重点开展的工作，主要集中在资源鉴定和优异资源筛选方面。

在萝卜种质资源亲缘关系研究方面主要开展了基于表型和分子标记的萝卜种质资源的特异性鉴定和种质识别技术研究，构建种质资源分子身份证，获得了部分种质材料的指纹图谱和遗传关系。抗病材料筛选主要集中在抗三大病害：病毒病、根肿病和黑腐病。在病毒病中，芜菁花叶病毒（TuMV）为主要病原，其抗源材料也比较丰富。抗逆材料筛选主要集中在耐抽薹、耐热和耐盐等。我国萝卜种质资源中耐抽薹资源缺乏，尤其是绿萝卜和心里美萝卜。大部分耐抽薹资源来源于日本和韩国。其他方面主要集中在莱菔子素和花青素等次生代谢物含量上。

优异种质创新。我国不同育种单位通过回交转育获得了一大批耐抽薹材料和不同类型的雄性不育材料，并在育种上广泛应用。此外，利用氟乐灵、秋水仙素等化学试剂诱导获得四倍体涪陵胭脂萝卜、红心萝卜、满堂红、潍县青、小顶红、穿心红以及各类优质白萝卜。与二倍体萝卜相比，四倍体萝卜肉质根长和肉质根质量增幅可达 20%以上，差异明显。并且，不同学者利用种间杂交技术创制了萝卜与近缘物种白菜、甘蓝、芥蓝、埃塞俄比亚芥、甘蓝型油菜属间远缘杂交种或附加系材料。与亲本相比，大多数形态特征都处于中间状态。但通过远缘杂交技术将其他物种优良性状转育到萝卜中的研究尚未见报道。

（二）萝卜重要性状基因资源挖掘

品质基因资源。皮色或肉色是萝卜品质育种的重要性状之一，花青素不仅赋予萝卜鲜艳的外观品质，而且具有很高的营养价值，我国地方萝卜含有丰富的红皮或红肉萝卜资源。不同学者分别将控制萝卜红皮的基因定位在 2 号和 7 号染色体，并发掘了控制萝卜皮色的 3 个不同基因：*RsMYB1.1*、*RsMYB90* 和 *RsPAP2*。此外，在 7 号染色体定位了调控红肉萝卜花青素积累的候选基因 *RsMYB1*。

抗病基因资源。抗病性是萝卜品种选育的主要目标性状之一。国内学者主要在根肿病和黑腐病抗性基因定位与分子标记开发方面取得了进展。湖北省农业科学院甘彩霞等利用高密度遗传图谱对抗根肿病 QTL 定位，最终获得 5 个 QTL 位点，分别位于 8 号和 9 号染色体，最大贡献率为 31.38%。池鹏等利用 BSA - seq 方法将抗根肿病基因定位在 5 号染色体，表现为显性单基因遗传，并结合转录组分析，预测 *RGS3887* 和 *RGS23487* 为候选基因。中国农业科学院蔬菜花卉所李锡香等利用高密度遗传图谱定位到了两个与黑腐病抗性相关的 QTL，即位于 2 号染色体的 *qBRR2* 和 7 号染色体的 *qBRR7*，两个位点分别解释 26.97%和 27.06%的表型变异。

抗逆基因资源。萝卜中抗逆研究主要集中在耐抽薹方面。萝卜抽薹时间为主基因和多基因控制的数量性状，易受环境条件影响，且早抽薹对晚抽薹为不完全显性，给耐抽薹品种选育及种质资源创制带来较大困难。北京农林科学院张丽团队将控制抽薹时间性状的 QTL 定位在 2 号染色体，并认为 *RsFLC2* 是主效基因；甘彩霞等和曲丽君等则分别检测到 2 个和 4 个 QTL 位点与萝卜抽薹和开花性状相关。

二、技术创新

（一）单倍体育种技术

在单倍体育种研究方面，萝卜小孢子诱导成胚后胚状体的再生及成苗技术研究取得了重要进展。湖北农科院萝卜育种团队在单倍体育种技术上取得突破，获得了双单倍体纯系（DH 系）1 300 余份，其中优良纯系 480 份，建立了世界最大的萝卜 DH 系种质资源库，选育了双单倍体萝卜雪单一号等。北京农林科学院张丽等以银玉白萝卜小孢子胚状体为试材，研究了激素对胚状体再生的影响；之后以北京心里美和山东心里美为供体材料进行离体小孢子培养，获得了肉色整齐一致的心里美萝卜新品系，有效解决了常规自交易出现浅绿肉变异株的问题，为小孢子培养技术在萝卜育种上的应用提供了参考。

（二）分子标记育种技术

分子标记在萝卜种质资源遗传多样性分析以及标记辅助选择等方面得到应用。在萝卜种质资源亲缘关系研究方面，主要开展了基于分子标记的萝卜种质资源的特异性鉴定和种质识别技术研究，构建种质资源分子身份证，获得了部分种质材料的指纹图谱和遗传关系。在萝卜上建立了一系列基于 SSR、Indel 和 SNP 标记的高密度遗传图谱，应用于萝卜重要性状 QTL 挖掘和选择。开发出控制萝卜 Ogura 胞质雄性不育（CMS）、雄性不育恢复、晚抽薹、抗根肿病等性状的分子标记，并应用于分子育种研究。

（三）基因工程技术

在遗传转化方面，喻晓敏等采用浸花法，使用含有绿色荧光蛋白（GFP）报告基因的根癌农杆菌浸泡生长状态良好的萝卜花序，结果表明 GFP 能够在萝卜幼根中成功表达。中国农业科学院李锡香团队构建了 3 个萝卜特异性 CRISPR/Cas9 高效表达载体系统，并成功在萝卜细胞中实现基因编辑。由于萝卜再生困难，遗传转化研究进展缓慢，萝卜遗传体系的初步建立，一方面为解析萝卜基因功能提供方便，另一方面可极大提高萝卜种质改良及育种水平。

三、品种创新

（一）萝卜品种选育数量及质量

2006 年以来，我国选育萝卜新品种 70 个。总体上表现出以下特点：一是生态类型丰富，可分为 7 个类型，白萝卜数目最多，有 31 个；其次为绿萝卜，共有 26 个；其他类型萝卜包括叶用萝卜、红萝卜、红皮萝卜、樱桃萝卜和肥田萝卜。二是新选育品种 84.28%为杂交种，利用雄性不育系杂交选育的新品种较多（40 个），常规种较少。三是部分选育的白萝卜耐抽薹性强，达到进口品种水平，如国家大宗蔬菜产业技术体系萝卜品种改良岗位团队选育的耐抽薹、抗病优质的一代杂种浙萝 6 号，在浙江地区 3 月中旬露地直播一般不产生先期抽薹。

（二）地方品种改良情况

我国萝卜地方品种丰富，多为常规种。长期以来，地方品种一直是农民自己留种，品种纯度难以保持，萝卜外形大小不一，品质参差不齐，商品性差，甚至出现品种退化现象。育种单位在收集鉴定地方品种资源的基础上，对其加以改良选育，培育出更符合市场需求的品种，如改良满堂红、京脆 1 号、京红 3 号、超级郑研、云萝卜 1 号、云萝卜 2 号等。近年来，各地政府对地方品种也逐步重视，2008 年以来共通过国家地理标志保护登记萝卜品种 24 个，地理标志保护有力地推动了萝卜产业品牌化、特色化、标准化发展。

（三）品种推广情况

市场对萝卜品种的需求特点与地方消费习惯有关，如北京的心里美、天津的沙窝萝卜、山东的潍县青等，这些品种具有明显的地方特点。全国范围种植量和消费量最大的还是白萝卜，广为栽培的品种有 791、南畔洲萝卜、白玉春等。进口韩日耐抽薹萝卜，因其适应性广、生长速度快、产量高、商品性好，推广很快。

（包崇来、胡天华、汪精磊、胡海娇）

第四节　黄　瓜

一、资源创新

（一）种质资源保护、鉴定与创新

至 2020 年，我国拥有的黄瓜种质资源达 4 900 多份。已入国家库保存的黄瓜种质资源有 1 605 份，其中国内的资源 1 538 份，国外引进资源 67 份。没有入国家库保存的黄瓜种质资源有 3 300 多份，分散在各个育种单位，其中绝大部分是从美国和荷兰引进的，有 200 多份是近两年从云南和贵州考察收集得到的。

（二）黄瓜重要性状基因资源挖掘

抗病基因资源。 2006—2020 年，多个抗病基因或 QTL 位点被鉴定到，包括霜霉病抗性基因 *dm4.1* 和 *dm5.2*，白粉病抗性基因 *pm1.1* 和 *pm5.2*，靶斑病抗性基因 *cca-1*、*cca-2*、*cca-3*，黑星病抗性基因 *ccu*，枯萎病抗性基因 *Foc*，病毒病抗性基因 *CsVPS4* 和 *cmv6.1* 等。利用与抗病性状连锁的分子标记进行辅助育种和多抗性聚合研究取得重要进展，育成一批兼抗多种病害的黄瓜新品种。

抗逆基因资源。 2006—2020 年，抗逆的基因资源研究取得了初步进展。在全基因组范围内鉴定到 3 个发芽期耐低温的位点、4 个与幼苗耐低温相关位点、5 个发芽期耐高温位点、13 个与幼苗耐高温相关位点。与主要抗逆性状连锁的分子标记已经被开发并用于辅助育种，育成一批抗逆广适的黄瓜新品种。

品质基因资源。 2006—2020 年，我国科学家鉴定到了控制黄瓜果实长度的关键基因 *CsFUL1*；克隆了控制瓜把长度的基因 *CsFnl7.1*；揭示了调节乙烯剂量以控制果实发育中细胞分裂的机制；确定了黄瓜短果表型由黄瓜组蛋白去乙酰化酶复合体 1（HDC1）中的单个核苷酸变化引起；克隆了软刺基因 *ts*、超高密度果刺新基因 *fsd6.1*、黄瓜无毛基因 *Tril*、果刺颜色基因 *CsMYB60*。

产量性状基因资源。 近年来，雌性系品种选育研究取得重大进展，先后选育出一批华北型雌性系或强雌性系黄瓜新品种。花发育相关的基因资源挖掘工作也取得了突出成绩，发现 *CsWIP1* 基因与 *CsACO2* 的启动子结合调控心皮发育；*CsLFY* 基因与 *CsWUS* 互作调节芽分生组织并促进花的发育；*CsSPL* 基因参与生长素信号传导，调节黄瓜中花药和胚珠的发育；在开花位点 *CsFT* 上游的两个大缺失与其较高表达和更早开花有关；*CsGL2-LIKE* 基因调节黄瓜雄花发育。此外，还提出了完整的黄瓜单性花发育调控模型。

二、技术创新

育种技术是提高种质创新效率的重要手段。2006—2020 年，我国黄瓜单倍体和分子育种技术创新应用成效明显。

（一）单倍体育种技术

天津科润黄瓜研究所最先成功应用未受精子房培养技术获得黄瓜单倍体植株。他们研制出一步培养的诱导培养基，单倍体胚胎发生率和植株再生率提高 3 倍以上，而且80%再生植株为可直接应用于黄瓜育种的自然加倍单倍体，从而建立了高效、稳定的黄瓜未受精子房培养技术体系，最高胚胎发生频率达25%～80%，植株再生频率15%。北京蔬菜中心、中国农科院蔬菜花卉研究所、南京农业大学等也分别成功诱导出了黄瓜再生植株，并获得了不少育种材料。但是基因型间存在差异，诱导频率仍然有待提高。

（二）分子标记聚合育种技术

2009年，黄瓜全基因组测序完成，数据量达到17.2 G，测序深度72.2×，注释了26 682个基因，使得黄瓜成为第一个以二代测序技术为主完成测序的植物，也是世界上第一个完成测序的蔬菜作物，开启了黄瓜分子生物学和遗传育种快速发展的新时期。10年来，基于黄瓜基因组测序的带动和功能基因组学的迅速发展，在高密度遗传图谱构建、高质量分子标记开发、重要农艺性状基因挖掘、基因调控网络解析等方面取得了较大进展，发表了影响因子大于6的SCI论文25篇，其中影响因子大于8的高水平论文12篇。中国农业科学院蔬菜花卉研究所率先完成了15个黄瓜品质性状和6个抗病性状在染色体上的遗传定位，开发出紧密连锁的基因组SSR和Indel标记36个，用于抗病和品质分子育种的平均准确率达到92.3%，提高选择效率5倍以上，缩短育种周期2～3年。创建了高效的分子标记聚合育种技术，实现了育种技术的更新换代。

（三）转基因与基因编辑技术

2017年开始，中国农科院蔬菜花卉研究所成功完成多个重要基因的编辑，编辑了抑制黄瓜心皮发育的基因*WIP1*，成功获得雌雄同株的突变体；获得葫芦科特异的RING-type E3连接酶SF1、乙烯生物合成的限速酶ACS2的基因编辑突变体，并研究其调控乙烯合成和黄瓜果实长度的分子机制；获得*SF2*（编码组蛋白去乙酰化复合体）和*TEN*基因编辑突变体，并验证它们在黄瓜果实伸长和卷须发育中的作用。随着基因编辑技术的不断成熟和完善，该项技术的应用将给新种质的创制与定向改良带来更多的便利。

三、品种创新

2006—2020年，我国黄瓜品种审定和登记数量不断提升，植物新品种权申请和授权不断增加。

（一）品种审定情况

据不完全统计，2006—2016年，全国通过审定鉴定的黄瓜品种共计226个，排名前十的省市依次为：辽宁、天津、黑龙江、山西、吉林、上海、山东、北京、广东、福建等。

审定和鉴定的品种申请人共涉及 86 个单位及个人，其中国内 59 家科研单位申请审定品种 173 个，占比 74.6%；国内 26 家育种企业共审定品种占比 24.6%；个人申请者 1 人，共审定品种 2 个，占比 0.86%。

（二）品种登记情况

2017—2020 年，通过非主要农作物品种登记的黄瓜品种共有 1 291 个。其中 2017 年登记 32 个、2018 年 579 个、2019 年 366 个、2020 年 314 个。

已进行黄瓜品种登记的省市有 27 个，排名前十的为天津、山东、北京、黑龙江、辽宁、四川、广东、吉林、河北、河南。其中天津登记品种最多，达 434 个，占全部登记品种的 33.6%；山东排在第二，占 17.0%；北京排在第三，占 7.0%。

（三）黄瓜植物新品种权申请和授权情况

黄瓜是第二批列入植物新品种保护名录的植物种属之一。从 2002 年第一件黄瓜品种申请植物新品种保护开始，2005 年首次获得授权的新品种权有 2 件。据统计，2006—2020 年共有 283 件新品种权申请，其中 100 件获授权，占总申请量的 35.3%。

从申请人类型看，2006—2020 年企业、科研单位、个人申请量分别为 181 件、87 件和 15 件，占总申请量的比重分别为 64.0%、30.7%和 5.3%。从授权量分析，2006—2020 年企业、科研单位、个人授权量分别为 56 件、38 件和 6 件，占总申请量的比重分别为 56.0%、38.0%和 6.0%。

据国家大宗蔬菜产业技术体系的不完全统计，“十三五”期间，全国生产上主栽的黄瓜品种约 134 个。其中常规种 5 个，杂交种 129 个。从生态类型看，华北类型黄瓜 88 个，占 66.4%；华南类型黄瓜 36 个，占 26.8%；水果型黄瓜 9 个，占 6.72%。其中国内育种公司选育品种 80 个，占 59.7%；科研单位选育品种 45 个，占 33.6%；地方农家品种 5 个，占 3.73%；国外引进品种 4 个，占 2.98%。这些主栽品种均是在当地具有一定种植面积的品种，累计推广面积均在万亩以上。

2006 年以来，我国黄瓜年播种面积基本稳定上升，从 2006 年的 100 万公顷到 2020 年达到 128 万公顷，是世界排名第一的黄瓜生产国。在单产方面，过去半个世纪，黄瓜单产平稳增加，进入 21 世纪后，黄瓜单产大幅增加，单位面积产量从 2006 年的 32 950 千克/公顷提高到 2020 年的 57 014 千克/公顷，体现了我国优良新品种大规模推广和设施生产技术进步对黄瓜生产起到显著推动作用。

近年来，我国黄瓜生产逐步向优势产区集中。目前我国华北型黄瓜品种占主导地位，并形成了山东寿光、临沂、聊城、辽宁凌源、盘锦、河北乐亭、河南周口等黄瓜主产区，种植规模大，种植水平高。华南型黄瓜品种有所增加，在辽宁朝阳、绥中、河北唐山、山东青岛及四川、湖南等地区形成较为集中的生产区。

（四）品种更新换代和标志性品种

2006—2020年，由于我国黄瓜育种企业和科研单位在品种创新方面取得了较大进展，目前我国自主选育的品种市场占有率超过了98%，为我国蔬菜产业健康稳定发展做出了积极贡献。

第一阶段（2006—2010年）：育种技术和方法研究取得重要进展，先后育成多个优质专用的黄瓜新品种，如津优35号和中农26号黄瓜是温室黄瓜的两个重要代表品种。津优35号以其优良的适应性及早熟、丰产稳产特性迅速在全国各温室产区推广应用，实现了我国温室黄瓜品种的大规模更新。中农26号以其突出的抗病性和优良的商品性，成为辽宁省日光温室栽培面积最大的品种。目前，该品种仍作为我国北方地区温室主栽品种之一。露地黄瓜推广应用面积大、影响大的品种有津优1号、中农106号等品种。津优1号广适性好，仍在露地黄瓜生产上发挥着重要作用。中农106号以其优良的耐热性、抗病性成为我国南方露地黄瓜主栽品种，在南菜北运基地大面积应用。

第二阶段（2011—2020年）：育成品种商品性显著提升，果皮颜色和光泽度成为黄瓜品种选择的第一主要性状，抗病性、抗逆性进一步增强，产量明显提升，并实现了品种的系列化和多样化。天津德瑞特种业有限公司育成了德瑞特、博美、博新系列黄瓜品种，如越冬茬品种博美3913、中荷16，露地品种德瑞特Y2等，分别成为我国多个黄瓜主产区主栽品种；天津科润黄瓜研究所育成了一系列不同栽培类型的黄瓜新品种，如科润99、津优335号、津优49号等；中国农科院蔬菜花卉研究所育成的品种具有抗病性强、瓜把短、商品品质好等突出特点，如中农18号、中农37号、中农50号、中农56号等；北京农林科学院蔬菜研究中心育成水果型黄瓜，如京研迷你5号、京研翠玉迷你2号等；四川农科院育成露地黄瓜川翠13号等；广东省农科院、黑龙江省农科院、吉林蔬菜研究院、重庆农科院、青岛农科院等育成华南型黄瓜品种，如力丰2号、力丰3号、翠玉、绿剑、吉杂16、燕白等。

（张圣平、张文珠、苗晗、顾兴芳）

第五节　番　　茄

一、资源创新

番茄原产于南美，在原产地具有丰富的番茄野生种质，通常用于栽培的番茄是普通番茄；此外番茄还有小花番茄等12个野生种、类番茄等4个近缘野生种。番茄野生种质资源蕴含丰富的抗病、抗逆、优质等优异性状决定基因，是栽培番茄品质、抗性改良的重要遗传资源。持续、深入地挖掘野生资源中优异性状是番茄资源创新的重要途径。近年来，国内番茄育种单位在番茄种质资源创新方面做了大量工作，构建了一批遗传研究群体，创制了大量、宝贵的抗性育种种质，丰富了我国番茄育种资源，国家蔬菜种质资源库中期库中现保存番茄资源材料 3 349 份。

华中农业大学、中国农业科学院蔬菜花卉研究所等单位，构建了潘那利番茄、多毛番茄、契斯曼尼番茄、醋栗番茄等野生番茄的渐渗系，并利用这些渐渗系以及引进的国外构建的渐渗系，挖掘出了一批优异性状。华中农大从潘那利番茄渐渗系中挖掘出了抗旱、耐盐和耐寒的性状，并发现了主效位点。中国农业科学院蔬菜花卉研究所在契斯曼尼番茄渐渗系、醋栗番茄渐渗系和多毛番茄渐渗系中挖掘出了高β胡萝卜素、高可溶性固形物，以及耐盐的性状，并进行了遗传定位分析。

番茄青枯病是我国南方番茄产地的主要病害之一，是一种毁灭性的病害，主要的抗性资源是夏威夷 7996，但在该种质中抗性与小果紧密连锁。华中农业大学通过多年的努力，打破了青枯病与小果性状的连锁，创制出抗青枯病的大果番茄新种质。近十年，番茄黄化曲叶病毒病在我国大面积发生，危害性极强，严重影响番茄生产，抗番茄黄化曲叶病毒病已经成为现代番茄品种的必备抗性。利用含有黄化曲叶病毒抗性基因 *Ty-1*、*Ty-3* 和 *Ty-2* 的种质，已经创制了一大批园艺性状优异、抗病性好的材料；另外，至少聚合 *Ty-1*、*Ty-3* 和 *Ty-2* 中 2 个基因的新材料已经在育种实践中应用，隐性抗性基因 *Ty-5* 也已经被应用于抗性种质创制。随着番茄保护地面积增大及种植年限增加，番茄颈腐根腐病在我国山东、河北、黑龙江等地均有大面积发生，已成为影响番茄收益的重要病害之一。番茄颈腐根腐病的抗病基因 *Frl* 来自于秘鲁番茄，一些单位通过引进或分离获得了含有这个抗病基因的园艺性状优良的高代自交系材料。番茄灰叶斑病已经成为我国新流行的一种病害，给番茄生产造成严重危害，一些单位已经创制了对该病害抗病性良好的材料。番茄斑萎病毒病在一些地区时有发生，并有流行趋势，危害日趋严重，*Sw-5* 是一个显性的番茄斑萎病毒病抗性基因，对斑萎病毒有较好的抗性，国内育种单位已经创制出含 *Sw-5* 的育种材料；*Sw-7* 也是一个抗性基因，国内育种家也在积极创制含有该基因的育种种质。番茄褪绿病毒病是近几年在我国扩散迅速的新病害，对番茄产业构成了严重威胁，野生秘鲁番茄 LA0444 与野生契梅留斯基番茄 LA1028 对番茄褪绿病毒病表现出较好的抗性，已经鉴定出野生种中存在抗性基因，新种质创制的转育工作正在进行中。

二、技术创新

番茄育种技术进步较快，分子标记辅助选择育种技术在国内番茄育种上已经普及，国内各育种单位也正在研发效率更高、育种目标更明确、技术更为尖端的番茄分子设计育种技术和基因编辑育种技术。

通过多年的研究积累，我国番茄实用分子辅助育种技术不断发展完善。在越来越多的性状上，包括一些数量性状，实现了分子标记辅助选择，分子标记辅助选择技术全面进入实用阶段，番茄分子育种技术平台建设也得到进一步加强。开发出17种番茄主要病害的抗性基因/分子标记，如抗番茄黄化曲叶病毒病（*Ty-1*、*Ty-2*、*Ty-3*）、枯萎病（*I1*、*I2*、*I3*）、叶霉病（*Cf5*）、青枯病（*Bw*）、颈腐根腐病（*Frl*）和根结线虫（*Mi1*）等。并利用这些分子标记辅助选择获得了大量的抗性种质材料。分子标记辅助选择的多基因聚合技术在番茄育种上也在广泛应用，育成系列重大番茄新品种。

同时，国内育种单位还开发了一批与番茄品质、抗逆以及植株形态相关的分子标记。针对植物学性状，开发出了茎秆颜色（*atv*）、叶柄离层、植株高度以及高封顶植株花序数目等性状连锁的分子标记；开发出番茄耐旱（InDel86、InDel99）、耐寒（InDel86、InDel99）、耐盐分子标记，雄性不育基因*MS-26*和*MS-32*的连锁标记；品质基因标记有高糖（*STP11*）、高苹果酸（*ALTM9*）、高固形物（*lin5*）、高番茄红素（*hp-2dg*）、高果实硬度（*FIS1*）的SNP标记。

高通量分子标记系统、SNP芯片的研发取得较好的进展，并逐步应用于番茄育种。在基因分型研究方面，利用GBS技术成功对3 000多份番茄资源的50个位点进行了高通量、快速、准确的检测，其在分子标记辅助选择方面体现出较大的优势；还研发出番茄育种SNP芯片，可鉴定5万个等位基因的变异位点，已用于亲本系鉴定和基因组选择育种。

基因编辑技术在特异番茄种质资源创制上优势明显，进展迅速。利用CRISPR/Cas9基因编辑技术，北京市蔬菜研究中心用红果材料创制出了粉果材料，创制了雄性不育育种新种质；中国农业大学创制出了高γ-氨基丁酸的材料；新疆农业科学院园艺研究所创制出了长货架期的番茄种质；华中农业大学对抗番茄黄化曲叶病毒隐性抗病基因*Ty-5*编辑感病品种获得抗性植株；利用基因编辑技术消除了野生番茄开花的光周期敏感性，将醋栗番茄开花晚、坐果稀的无限生长型的株型变成了“双有限”生长型的紧凑株型，提高了坐果率、果实成熟的同步性和收获指数。

三、品种创新

（一）优良品种创新

进入21世纪以来，我国番茄品种创新取得了长足的进步。**一是在以耐贮运性为主的商品品质改良方面取得较大的进步。**我国以前蔬菜生产是“就地生产，就地供应”，所以番茄育种不重视耐贮运性，育成的品种果实软，不适宜长距离运输。2000年以后，特别是2005年以后育成的品种，大部分在果实硬度、果实整齐度方面都有了显著的提高，畸形果、裂果大幅度减少了，缩小了在商品品质上与国外品种的差距。二是在番茄黄化曲叶病毒病抗病育种上取得进步。2005年开始，黄化曲叶病毒病在我国多地暴发流行。科研院所、高等院校和种子企业相继育成了一大批主要含有*Ty-1*、*Ty-3*的抗番茄黄化曲叶病毒的品种，从根本上改变了生产上的抗病品种主要是国外品种的局面，这也使得国内品种的市场占有率开始逐年增加。现在育成的新品种60%左右都含有抗番茄黄化曲叶病的基因。三是在品质方面有了显著的提高。“十二五”以来，育成了一批商品品质和口感品质均表现优良的大果品种和樱桃品种。同时，还育成了一批可溶性固形物含量达到7%以上、果重80克左右的口感番茄品种并在生产上推广。

（二）品种鉴定情况

自2004年首批番茄通过国家鉴定，到2015年最后一批通过鉴定，共有74个品种通过国家鉴定。2004—2013年，各省市通过审定、认定、鉴定的番茄品种共340个。

（三）品种登记情况

2017年番茄品种登记开始，截至2019年底，共登记品种1 320个。其中，鲜食品种1 121个，占登记总数的84.9%，加工品种128个，占9.7%；兼用品种68个，占5.2%。按育成单位性质分，科研单位育成165个，占12.5%；教学单位育成22个，占1.7%；企业育成1 133个，占85.8%。企业育成中境外企业育成44个，占企业登记品种数量的3.9%。登记品种中抗黄化曲叶病毒病的有801个，占60.7%。

（四）植物新品种权授权情况

截至2019年底，番茄植物新品种权申请量为402件，获得授权数为115件。

四、国内外推广情况

（一）国内品种推广情况

进入21世纪，番茄品种要求早熟、果实硬度高、耐贮运、商品性好，国内一大批品种进入市场，代表性品种金棚1号，2003年就成为全国种植面积最大的粉果品种，一直持续至2013年。

自2005年开始，番茄黄化曲叶病毒病陆续在全国各番茄主产区大规模暴发，对我国番茄产业造成了毁灭性的打击。2010年秋季，浙江省农业科学院蔬菜研究所率先在山东寿光等地推广种植自主育成的抗TY粉红果番茄品种浙粉702、浙粉701；

上海菲图种业有限公司推出了瑞星 2 号，这些品种为国内首批拥有自主知识产权的抗 TY 粉果品种。2011 年，西安金鹏种苗有限公司推出了抗 TY 粉红果番茄品种金棚 10 号、金棚 11 号；2012 年，西安金鹏推出了果实硬度、商品性更好的抗 TY 粉红果番茄品种金棚 8 号，上海菲图推出了瑞星 5 号；2014 年，西安金鹏推出粉红果抗 TY 的越夏秋延品种金棚秋盛；此后，沈阳谷雨种业有限公司推出了天赐 575 等品种，武汉楚为生物科技有限公司推出了希唯美、吉诺比利、楚为 S350 等品种，寿光南澳绿亨农业有限公司推出了巴菲特、东风四号、东风 199 等品种。这些品种，都曾经是我国番茄主产区的主栽品种。

同时，中国农业科学院蔬菜花卉研究所育成的中杂 301、中杂 302，北京蔬菜中心的京番 401、京番 502，浙江省农科院的浙粉 712、奥美拉 1618，江苏省农科院的苏粉 14 号，华中农业大学的华番 12，东北农业大学的东农 722，西安禾嘉种苗的丽媛，西安金鹏的金棚 M6 等品种，在全国不同生态区域广泛种植，成为一些地区的主栽品种。

樱桃番茄品种有，浙江省农科院的浙樱粉 1 号，广西大学的西大樱粉 1 号，江苏省农科院的金陵梦玉，上海市农科院的沪樱 9 号，农友种苗（中国）有限公司的千禧、碧娇，北京北农绿亨科技有限公司的粉贝贝，西安番茄研究所的粉娇，绿亨科技集团股份有限公司的圣桃 6 号，西安桑农种业有限公司的粉贝拉等，在我国不同地区广泛种植。

目前，我国自主育成品种整体水平明显提升，市场接受度显著提高。黄淮海、环渤海湾、河南省等地区越夏、早秋设施栽培，以大棚栽培为主，品种要求高温条件下的抗 TY 能力较强，主栽品种有西安金鹏的秋盛、沈阳谷雨种业有限公司的谷雨天赐 595、山东鲁蔬种业有限责任公司的天正 1567、上海菲图种业有限公司的瑞星金盾等。黄淮海、环渤海湾、北京、河北、西北等地区秋延、越冬种植，主要以日光温室为主，主栽品种有沈阳谷雨的谷雨天妃 9 号、湖北楚天新科农业有限公司的吉诺比利、希唯美、北京开心格林农业科技有限公司的凯德系列、寿光南澳绿亨农业有限公司的东风 199 等。云南早春、秋延露地或保护地种植的大红果主栽品种为北京满田种子公司育成的满田 2199。广东、广西、贵州、福建、浙江等地区秋季、越冬、春季种植，南方热区以露地栽培为主，其他地区以塑料大棚栽培为主，栽培品种以大红果为主，近年粉果面积有所上升，主栽品种主要为国内公司的精品果类型品种，这些品种在国内其他地区也广泛种植。宁夏回族自治区、内蒙古赤峰、吉林扶余等地区越夏茬口种植中，主栽品种有北京博纳东方农业科技发展有限公司的赛丽、宁夏巨丰种苗有限责任公司的丰收 128、内蒙古赤峰的汉姆一号等。

（二）国外品种推广情况

欧美国家和以色列在番茄育种上一直非常看重果实的商品品质和耐贮运性，这也是欧美和以色列品种能够迅速在我国番茄种子市场占有较大份额的主要原因。例如：先正达集团股份有限公司的大红果品种倍盈、齐达利、拉比、SV4224TH、SV7845TH 和粉红果品种惠裕等，美国圣尼斯种子有限公司的粉红果品种欧盾、欧官、欧贝等，德国纽内姆种子有限公司的粉宴 1 号，荷兰德澳特种业集团公司（已被圣尼斯收购）的粉红果品种普罗旺斯等，韩国世农种苗有限公司的吉佳等。尤其是圣尼斯、先正达等公司的大红果番茄品种，目前仍然具有较大的优势，在我国的市场占有率较高。近年，日本坂田公司、日本泷井公司等企业的高风味番茄品种，受到消费者的喜爱，种植面积逐年增加。

20 世纪末，以色列海泽拉公司番茄品种 R－144 率先进入中国，开创了大红果、长货架期、耐贮运的国外番茄品种进入中国市场的先河；之后又推出了果色靓丽的 FA－189。此后，以色列泽文公司高产大果的加茜亚、美国 BHN 公司的好韦斯特等品种相继进入中国。

2006 年前后，大红果番茄方面，瑞士先正达公司的倍盈、保罗塔、瑞菲，以色列海泽拉公司的 FA－1420，以色列泽文公司的哈特，荷兰瑞克斯旺公司的百利等品种大量进入我国市场，并且影响了中国番茄品种市场多年；粉果番茄方面，美国圣尼斯公司推出了兼具红果的硬度和果形的粉果品种欧盾，德国纽内姆公司先后推出了宝莱、芬达等硬度很高的粉果番茄，荷兰德澳特公司则推出了非常耐寒、高产、好吃的普罗旺斯。这些品种，至今在中国的一些地区仍有种植。

2007 年之后，番茄黄化曲叶病毒病（TYLCV，TY）在我国全国各地相继大面积暴发流行，对番茄生产造成严重危害，严重影响我国番茄的正常生产。该病害先在国外发生，国外公司较国内更早地开始收集抗 TYLCV 的育种材料，抗 TY 番茄品种在国外的优势较强。这使得国外抗 TY 的番茄品种迅速在我国番茄生产上推广应用。最早进入我国大面积种植的抗 TY 大红果番茄品种是先正达公司的齐达利，至今山东早春和秋延温室栽培仍有较大面积种植；最早进入我国大面积种植的抗 TY 粉红果番茄品种是先正达公司的迪芬妮，为大果型品种。2010 年后，圣尼斯公司的欧官、欧贝，在我国华北、东北、黄淮、环渤海湾等地区广泛种植；先正达的拉比、奥诺和荷兰德澳特的 DRW7728 等品种，在我国一些地区有较大面积种植。2014 年后，先正达推出了思贝德、凯萨，以色列海泽拉推出了戴维森、沃特森、罗拉等，圣尼斯公司则推出了惠福、SV4224TH、SV7845TH 等品种，纽内姆公司推出了粉宴 1 号等品种。

目前，圣尼斯公司的大红果品种 SV4224TH，在甘肃省武威地区秋茬温室栽培；

云南省元谋、红河等地区秋冬茬口露地栽培，表现突出，栽培面积大，适合西北、西南等强光区域种植。圣尼斯公司的大红果品种 SV7845TH，山东省秋季温室、拱棚种植，云南省秋季露地种植，表现突出，栽培面积大，适合西北、西南等强光区域种植和山东省聊城秋季种植。先正达公司的大红果品种齐达利，山东温室栽培面积较大。圣尼斯公司最近推出的抗斑萎病毒病大红果品种 SVTH1366，云南秋茬露地和拱棚栽培、山东春秋茬口温室栽培，均有良好的表现；海泽拉公司的粉红果品种罗拉，耐高温性好，在北京、山东潍坊、河北石家庄、辽宁沈阳和海城等地区越夏、秋延保护地种植，云南楚雄地区秋季露地种植，表现良好；纽内姆公司最近推出的粉红果品种喜莱德1号，山东春季、秋季温室以及内蒙古、辽宁等地区冬季温室种植，均有良好的表现。

国外品种所占市场份额虽然越来越小，但不可否认，在我国番茄生产集中度高、面积大的区域，国外种业企业的种子仍然在市场上占有较大的比例。

（杜永臣、叶志彪、许向阳、周国治）

第六节　辣　　椒

一、资源创新

辣椒起源于中南美洲，但在我国分布很广，在五个栽培种中，除毛辣椒（*Capsicum pubescen*）和长柄辣椒（*C. baccatum*）外均有商品种植。我国自 20 世纪 80 年代开始收集、保存辣椒种质资源，目前已纳入国家种质资源库 2 200 余份，包括国内的主要地方品种及国外新引进的辣椒资源。以一年生辣椒（*C. annuum*）为主，包含其他栽培及野生种。以此为基础，国内育种家通过种内/种间有性杂交、诱变、筛选等技术，创制新的育种材料、培育出不同类型新品种，支撑了辣椒产业的发展。

国内辣椒种质资源的利用与创新，仍然集中在一年生辣椒。自“十一五”开始，除通过种内不同类型（或变种）间的杂交转育抗病、抗逆等特异性状外，另一明显变化是增加了新类型的创制，主要体现在果实性状的多样化，新类型的辣椒育种材料相继出现。果实大小、长度、色泽等可以用“连续变化”来形容，目前辣椒材料的分类已不限于传统的灯笼椒、羊角椒、线椒、指形椒、樱桃椒。

种质资源有效利用的前提是系统的鉴定和评价，自 2010 年起基于分子生物学对国家种质库的辣椒资源进行了系统研究。在获得的 459 个等位基因中，64%的等位基因频率低于 1%，表明了辣椒资源具有较高的多样性；构建了代表 81%的等位基因的核心种质；通过三年重复、多地（北京、新疆、云南）对核心种质的植物学、园艺学特性，以及主要病害的抗性进行了鉴定评价；根据表型数据和重测序的SNP结果，进行了全基因组关联分析，得到了稳定性、一致性较好的品质、植物学性状位点；对我国种质资源库中辣椒材料的 *pvr2－eIF4E* 基因进行测序分析，确定了抗病基因分布等。

辣椒属5个栽培种的商品性、适应性差异显著。因种间的亲和性差异，目前，种间杂交主要利用的是一年生辣椒（*C. annuum*）和多年生辣椒或木质辣椒（*C. frutescens*）、中国辣椒（*C. chinense*）。多年生辣椒或木质辣椒和一年生辣椒的亲和性较高，国内的供试材料相对较多，种间杂交应用较普遍，可提高新材料的生长势和耐热性；高辣度是中国辣椒的主要特定之一，但其主要适应热带/亚热带短日照地区，通过种间杂交已育成适应性较广、高辣度（＞十万 Scoville Units）的材料。“十二五”期间，利用中国辣椒的种间杂交和分子辅助选择，转育成了抗番茄斑萎病毒（TsWV）等4种主要病害的甜椒自交系（表10－1）。

表10－1　基因型材料统计

基因型	材料分布（份）	备注
pvr2＋	1 110	感病
pvr21	17	抗 PVY（0）
pvr22	1	抗 PVY（0，1）
pvr23	228	抗 PVY－LYE84
pvr24	415	抗 PVY－LYE84
pvr26	96	抗 PVY－LYE84、PVY－SON41
pvr27	1	抗 PVY－LYE84、PVY－SON41
pvr29	96	抗 PVY－LYE84、PVY－SON41
pvr1＋	96	
2种未报道基因型	26	

近20年来，国内的辣椒育种在种质的利用和创新方面做了大量工作，但资源的系统、精准评价有待深入；缺乏核心种质、转型核心种质信息，新创种质遗传背景趋同。

二、育种技术

2014年完成辣椒全基因组测序，获得两张精细序列图谱，初步揭示了辣椒的驯化过程；对辣椒基因进行了注释、转录分析及部分性状基因的进化分析等，为辣椒基因组学研究提供了参考。

辣椒的单倍体育种起步较早，不同研究团队都有成功应用的例子。但受供试材料基因型的限制，该技术未能达到普遍应用的效果。包括辣椒外植体再生研究仍在探讨中，一定程度地限制了辣椒的转基因、基因编辑的进展。

辣椒雄性不育系的应用自“十一五”以来有了显著进展，主要是胞质雄性不育在小果型（朝天椒等）辣椒品种中的应用。所以，干鲜两用的朝天椒杂交品种由原来的不足5%，提高到目前的50%以上。由于辣椒胞质雄性不育原的恢复性易受环境的影响而不稳定，在大果型甜辣椒品种中的应用不太普遍，恢复性的不完全，易造成果实发育不充分。部分大果型甜辣椒在应用核雄性不育，代表性的品种有“沈椒”和“冀椒”系列品种。

分子标记辅助选择在优异基因聚合中应用进展显著，包括基因标记和连锁标记。自2006年以来，成功克隆了多个辣椒抗病（抗逆）、产量、品质等重要基因（表10-2），支撑了辣椒高效、聚合育种技术。

表10-2 近年来克隆的部分辣椒农艺性状及抗性基因

性状	基因名称	染色体	基因组位点	功能
花期	*CaAP2*	2	142996114-142998685	抑制开花的主要转录因子
辣味	*pun1*	2	143426051-143427947	决定辣味的有无，控制辣椒特有的辣椒素（capsinoid）的合成
辣味	*pAMT*	Unknown	210314-221310	决定辣味的有无，编码β-氨基丁酸转氨酶，在催化香草醛转化成香草基胺过程中起作用
主茎茸毛	*Ptl1*	10	203993911-204005031	控制绒毛有无
花青素合成	*A*	10	13304688-13306361	控制叶片、花朵和未成熟果实中花青素的合成
抗细菌性疮痂病	*Bs2*	5	230138706-230139224	NBS-LRR类抗病基因，识别细菌中的avr-*Bs2*基因
抗细菌性疮痂病	*Bs3*	2	18923304-18931769	编码黄素单氧酶，启动子区的特定区域与avr-*Bs3*结合，启动子被激活进而诱导*Bs3*基因的转录引发抗病反应
马铃薯Y病毒	*Pvr2-eIF4E*	4	1193167-1199036	变异的eIF4E蛋白与病毒VPg蛋白的不亲和阻碍病毒的侵染
烟草花叶病毒	L^3	11	257680129-257684223	*L*基因与TMV互作符合基因对基因模式。病毒CP蛋白是诱导*L*基因表达的效应子
黄瓜花叶病毒	*qCmr2.1*	2	153018603-153011662	编码TIR-NBS-LRR类抗病基因，显著降低植株系统花叶

分子标记的应用，建立、完善辣椒主要病害的多抗性鉴定筛选技术（TMV、CMV、PMMoV、疫病、青枯病、炭疽病等）。辣椒抗TMV（*L3*、*L4*基因）、抗TSWV（*Tsw*基因）、抗PVY病毒（*Pvr4*基因）、抗根结线虫（*N*、*Me1*基因）、抗炭疽病（*P5.1*位点）等抗病基因（位点）的分子标记选择技术得以应用（表10-3）。

表 10-3 辣椒抗病分子标记辅助选择

抗病种类	基因名称	显/隐	位座	连锁标记	准确率
烟草花叶病毒	$L_{3,4}$	显	P11 - Brun	SCAR	98%
番茄斑点萎蔫病毒	*Tsw*	显	P10	CAPS	94%
黄瓜花叶病毒	*QTL*（2）	显		SSR	90%
马铃薯Y病毒	*Pvr4*	显	P10	CAPS	96%
疮痂病	*Bs2*	显		SCAR	98%
	Bs3	显	P2 - Jaune	AFLP/SCAR	98%
疫病	*QTL*（18）	显		AFLP/KASP	90%
炭疽病	*QTL*（P5.1）	共显	P5	SSR	90%
白粉病	*QTL*（5）	共显	P6	H6 - 96	92%
根结线虫	*N*	显	P9	SCAR	92%
	Me1	显	P9	KASP	98%

“十三五”时期，在辣椒高通量抗病检测技术攻关上有所突破。基于辣椒重测序全基因组SNP分析了遗传关系，在辣椒4种病害（TMV、疮痂病、疫病、PVY）抗病基因功能位点侧翼开发了特异捕获式引物组，基于靶向捕获测序建立了辣椒高通量分子辅助选择技术，可实现200个背景位点和4种病害位点的同时检测。

三、品种创新

进入21世纪，特别是“十一五”以来，辣椒新品种的培育目标发生了极大改变。基于生产中对品种的多样化、专一化需求日趋凸显，单一品种或同类型品种在原主栽区占比逐渐减少。华南“南菜北运”地区主栽的甜椒、羊角形品种减少，相继引进了薄皮“泡椒”、螺丝椒、特种线椒等类型；华北露地中晚熟甜椒减少，逐渐被适宜设施栽培或早熟甜椒以及适宜鲜加工的品种类型取代；华东则偏爱设施栽培的品种以及干鲜两用的“朝天椒”类型。

据不完全统计，至2006年，国家及地方审（鉴）定辣椒品种约360个，其中，由大专院校及研究院所培育的占74%，企业占16%，其他单位占10%；2006—2010年，国家及地方鉴定辣椒品种约600个，科研单位占62%，企业占33%，其他单位占5%。自2017年国家对辣椒实施登记制度（包括对旧品种的登记），目前全国共登记辣椒品种3 721个，其中企业登记占91.7%，科研单位占8.3%。

自2004年开始，辣椒属作物较早被列入为新品种权保护名录，至2019年全国共授权保护品种110个。其中，大专院校及科研院所36个、国内企业56个、国外企业18个。2020年申请保护品种537个，其中，大专院校及科研院所97个、国内企业

382个、国外企业58个。

中国有多个辣椒传统栽培地，各自名优地方品种仍有小规模种植，如山东的益都椒、河北的望都椒、鸡泽辣椒、湖南的樟树港辣椒、江西的余干辣椒等。名优地方品种基本是采用常规品种，目前有自留种的情况，但其种子的商品化程度也在提高。

大批新品种的育成有力支撑了产业发展，生产中具有自主产权的“国产”品种占有率在85%以上。国外辣椒品种在国内生产中占有一定的比例，主要是设施栽培品种，估计占40%以上，包括甜椒、牛角椒及部分加工型指形椒。

我国辣椒年播种面积基本稳定在3 200万亩左右。露地栽培为主，约占74.2%，设施栽培面积占25.8%（塑料大棚16.2%、小拱棚4.2%、温室5.4%），平均鲜椒亩产约2吨（变化幅度1.1～6.5吨/亩）。生产中以鲜食辣椒为主，占65%～70%，干辣椒占30%～35%（部分干鲜两用）。

辣椒产品主要供应国内市场，有一定的出口量，但数量不大。2010—2020年出口量基本在28万吨左右，其中，干椒18万吨、鲜椒10万吨，我国有部分辣椒进口，数量很少，但自2016年后，干辣椒进口量增加，据了解2019年进口干辣椒约8万吨，主要是来自南亚，用于加工，其产品以辣度高和价格低占优势。

自2006年以来，辣椒种质创新、新品种的培育与推广取得了显著成绩，据不完全统计，相继获国家科学技术进步奖4项、部门及省市科技奖20余项。

（张宝玺、王述彬）

第七节　冬　　瓜

一、资源创新

（一）种质资源收集、发掘与创新

冬瓜原产我国南部及印度，广泛分布于亚洲的热带和亚热带地区，为一年生草本植物。我国冬瓜种质资源的收集和创制处于世界领先水平。仅广东省农业科学院蔬菜研究所收集、创制的冬瓜种质资源就达1 000余份；如香芋冬瓜、甜冬瓜、迷你型冬瓜、绿肉冬瓜、空心瓜、香冬瓜、四倍体冬瓜、苦冬瓜、硬皮冬瓜、实心冬瓜、水果冬瓜、耐盐碱冬瓜等，是保存冬瓜资源数量最多、种类最齐全的单位。

在种质资源收集方面，重点是从国内外冬瓜产区收集种质资源，尤其是对起源于我国和印度，重点收集古老的地方品种、重要的遗传材料以及野生近缘种。

在种质资源鉴定评价利用方面，冬瓜研究领域主要有枯萎病、疫病、蔓枯病等主

要冬瓜病害抗性的鉴定与筛选，外观、食用风味、营养品质等品质性状，以及产量、籽型、休眠期、耐寒性、耐涝等抗逆性等。

在种质资源创新方面，采用系谱选育、双亲杂交、多亲杂交、回交、化学诱变、航天搭载变异等多种手段开展资源的创新，经苗期人工接种和田间综合性状评价鉴定、品质分析、分子标记检测等方法，挖掘和创制聚合了多种优良性状的优异纯合系新资源材料。

（二）冬瓜基因组研究

我国在冬瓜基础研究方面取得突破。2019 年国际权威学术期刊 *Nature Communications* 发表了广东省农业科学院蔬菜研究所、中国农业科学院蔬菜花卉研究所、青岛农业大学、中国农业科学院深圳农业基因组研究所等多家单位协作完成的题为"The wax gourd genomes offer insights into the genetic diversity and ancestral cucurbit karyotype"的研究论文。该研究阐明了黄瓜、甜瓜、西瓜、葫芦、冬瓜和南瓜等瓜类作物的基因组演化历史，并揭示了冬瓜等果实在驯化和育种改良过程中由小变大的分子机制。

该研究首次绘制了冬瓜的基因组精细图谱，含有 2.7 万多个基因，重复序列的大量扩增导致基因组比其他瓜类作物大 2～3 倍。通过比较研究，发现冬瓜是所有已知瓜类作物保留最多祖先基因状态的最保守作物，以此推断出所有瓜类作物起源于一个拥有 15 条染色体的祖先基因组，经过多次断裂和融合等事件形成了丰富多彩的瓜类作物。

二、技术创新

分子标记辅助选择技术是提高育种效率、缩短育种年限的重要手段。近年来，在冬瓜分子标记辅助育种方面已开发出果实重量、果实形状、果肉质地、果面蜡粉、果皮颜色、果肉颜色、果实心腔、籽型、枯萎病抗性等性状的功能性分子标记。广东省农业科学院蔬菜研究所利用冬瓜 12 号染色体上的一个多态性位点开发与冬瓜果肉质地主效 QTL 连锁的 SNP 分子标记（G/C，软质地为 G，硬质地为 C），利用 KASP 技术可在冬瓜种子或子叶长出的早期阶段鉴定出商品期的果实的质地；以果面有蜡粉材料 P131 和无蜡粉材料 BF3－1 为亲本，利用 BSA－seq 及 InDel 分子标记，进行果面蜡粉相关基因 BhWAX 的定位，并根据重测序信息，发现相关基因的外显子区域存在非同义突变 SNP 位点，利用变异位点设计 CAPS 分子标记，可用于苗期果实表面蜡粉性状的筛选。广西大学利用 BSA－seq 和 KASP 分析对调控冬瓜果实形状的候选基因进行精细定位，并以 *Bch02G016830* 基因的终止子开发了 InDel 标记（InDel－CD8），可用于鉴定冬瓜的果实形状等。另外，如冬瓜墨绿色果皮颜色基因连锁分子标记 M14OD24、冬瓜枯萎病抗性连锁分子标记 CGA－6380 等，都为利用分子标记辅助育种选育优质冬瓜品种奠定坚实的基础。

三、品种创新

(一) 冬瓜品种数量和质量

从 2000 年开始，广东、广西、湖南、四川等省的科研单位和企业，共有 39 个冬瓜、29 个节瓜通过审定或鉴定；获得植物新品种权 3 个。

冬瓜主要类型有粉皮冬瓜和黑皮冬瓜。其中，粉皮以长圆柱和短圆筒型为主，黑皮以长圆柱为主。各省各类型都有栽培，主栽类型相对单一。近十年来，杂交品种广泛应用，常规种（农家种）所占份额呈下降趋势。总的来说，我国冬瓜品种的迭代速度较慢。

大冬瓜方面，杂交黑皮冬瓜具有瓜形整齐一致、肉质致密、耐储运、抗病性强等优点，各省主栽品种包括广东省农业科学院蔬菜研究所选育的铁柱系列铁柱 2 号冬瓜和铁柱冬瓜、黑优 1 号冬瓜，湖南兴蔬种业有限公司的墨地龙、铁杆粉斯，广西农科院蔬菜研究所的桂蔬 1 号等。

小果型冬瓜适合家庭消费，如香芋小冬瓜，具有独特芋头浓香味，受市场需求影响，华南地区小冬瓜品种的品类、类型、品质均有所提高。比如广东省农科院的墨宝小冬瓜、金宝小冬瓜，广西大学的绿仙子，华绿种业公司的华枕小冬瓜等。

节瓜是冬瓜的一个变种。节瓜以华南地区，如海南、广西、广东种植消费为主。主推品种包括广东省农业科学院蔬菜研究所的粤农节瓜、夏冠节瓜，广州市农业科学研究院的冠华系列，广西农业科学院蔬菜研究所的桂优系列节瓜，浙江省农业科学院蔬菜研究所的粉星等品种。

加工瓜方面，冬瓜加工多以鲜食分级之后的次级产品，即商品外观不佳的冬瓜投放加工市场。加工品种与鲜食品种混用，尚无加工专用型品种。此外，冬瓜个头大，搬运装卸麻烦，冬瓜种植的机械化程度也低，市面上缺乏适合轻简化品种；冬瓜有储藏和长途运输的需求，需要提高耐震、耐裂、耐储性，减少损耗，培育耐贮存品种。冬瓜主产区连作障碍明显，市场急需抗疫病、抗枯萎病、抗枯萎病的冬瓜品种。

(二) 品种推广情况

规模化推广品种总体情况。从节瓜、小冬瓜到大冬瓜，从功能保健型、赏食兼用型到加工专用型，我国多样化、优质的冬瓜品种日益增多。

我国的杂交黑皮冬瓜种植面积较大。华南地区的种植类型以黑皮冬瓜为主，西南地区则以粉皮冬瓜为主，其他地区两者均有。黑皮大冬瓜杂交品种在海南、广东、广西、贵州、湖南、湖北、四川、重庆、河南、江苏、山东、赣南地区及安徽北部等省份和地区广泛推广应用；北方其他区域则以常规种种植居多。小冬瓜主要在广东、广西种植推广。节瓜种植区域逐渐由南向北发展，湖南、湖北、江西、山东、黑龙江等地先后引种节瓜并获成功，生产发展迅速。

加工瓜方面，种植面积排名靠前的省份依次为河南、江苏（主要是苏北）、山东（主要是鲁南临沂、济宁等地）、湖北、湖南。

在品种推广方面，种植冬瓜一般每亩地用种量大约为 0.025 千克，每亩用种成本为 50～100 元。全国常年冬瓜制种基地面积在 5 000 亩左右，大部分是杂交冬瓜种子生产基地，以及常规冬瓜繁种基地；还有相当一部分是农民自留种，冬瓜用种总量约 15 万千克。冬瓜、节瓜合计种植面积约 600 万亩/年，在瓜类蔬菜中仅次于黄瓜，年产量 5 800 万吨，鲜产品产值约 600 亿元；算上加工产品，年产值超 700 亿元。

针对黑皮冬瓜制种产量低、种子出芽困难及种子纯度鉴定耗时长等问题，广西农业科学院蔬菜研究所集成了一套冬瓜制种技术，亩产量达 16.24 千克，突破华南地区冬瓜制种量一直低下的现状。广东省农业科学院蔬菜研究所发明一种冬瓜种子快速催芽技术，能显著提高出芽率和缩短催芽时间，提高了瓜苗的齐苗率和壮苗率，节省生产用种量。广东省农业科学院蔬菜研究所以及广西农业科学院蔬菜研究所分别开发了 SSR 分子标记技术，能对刚生产的杂交种进行快速纯度鉴定，极大缩短了鉴定周期，为冬瓜新品种及早上市赢得了宝贵的时间。

大品种推广面积变化。以“铁柱 168”为例，由广东省农业科学院蔬菜研究所选育和繁殖，广东科农蔬菜种业有限公司进行推广销售。2016 年推广面积达到 30 万亩，在全国冬瓜品种推广面积中排名第一；2013—2020 年，累计推广面积近 150 万亩，一直占据全国冬瓜推广面积排名第一的位置。

品种更新换代和标志性品种。20 世纪 80 年代中后期，以长沙市蔬菜研究所为主的科研单位开始开展冬瓜选育种工作，主要工作是收集农家品种，主栽品种多是各地的农家种，但农家种存在诸多不足，品质、产量、抗性不稳定且有下降趋势。随着人民生活水平的不断提高，对冬瓜产品的品质提出了更高要求。农家种已难以满足生产和消费需要，缺乏市场竞争力。到 20 世纪 90 年代中期相继培育青杂 1、2、3 号，粉杂 1、2 号和黑杂 1、2 号等品种（系）。到 21 世纪初，全国冬瓜育种工作迅猛发展，以广东省农科院蔬菜研究所、广西农科院蔬菜研究所以及湖南省蔬菜研究所为代表的科研单位，短短 20 多年从农家种提纯复壮、杂种一代的利用，发展到分子辅助育种。品种以大型瓜为主，相继培育出迷你型、小型、中型、大型、超大型系列品种，从鲜销型到加工型、赏食兼用型、加工专用型、水果型等多样化品种。最小冬瓜 1 千克，最大冬瓜达 224 千克。育种单位也以科研单位为主，发展至种子企业与科研单位，如今全国开展冬瓜育种的单位近50家，其中广东省近20家，广西近10家，从事冬瓜育种的人员由几人发展至近100人，从而奠定了我国冬瓜研究在国际同行中的领先地位。

（谢大森、惠婷婷）

第八节 食用菌

一、我国食用菌种业技术与食用菌产业

食用菌像农作物那样采取“有种、有种、有管、有预期收获”的近代技术进行种植，不过才百年历史，我国则更短，仅60年左右。

我国20世纪60—70年代食用菌菌种的分离和扩繁技术逐渐成熟，并应用于生产。随之香菇、双孢蘑菇、黑木耳等出口种类的生产大幅增长。70年代，平菇、滑菇等其他种类形成生产规模；80年代初期形成了以香菇、平菇、双孢蘑菇、滑菇、草菇、黑木耳、银耳等为主的食用菌产业；90年代末，人工栽培种类达到50种；2020年人工栽培种类达到60种；目前，市面常见栽培种类达到30种左右。纯菌种分离培养的生产技术使我国成为世界上栽培食用菌种类最多、总产量最高的国家。

2000年之前，菌种技术各环节的研究缺乏整体设计和组织，缺乏系统性，处于分散研究、零散、零打碎敲的状态。2008年建设的国家食用菌产业技术体系启动了种质资源与鉴定评价、育种技术、重要农艺性状遗传规律、种源质量保障、良种繁育与质量控制等系统的种业技术研究。2018年，中国农业科学院农业资源与农业区划研究所食用菌团队研发了“种源维护—母种筛选—菌种扩繁”的三步质量控制法。至此，覆盖全种业链的公益技术体系基本形成。“种源维护—母种筛选—菌种扩繁”的三步质量控制法在工厂化金针菇生产中得以应用，摆脱了对外来种源的依赖；在农法生产的香菇菌种生产上应用，单产提高20.8%，优质菇率提高1倍。

二、食用菌种业与技术的主要进步与创新

（一）种质资源采集收集与鉴定评价

20世纪70年代以前，我国食用菌相关的研究报道多见于大型真菌的真菌学研究，如资源考察、自然分布、分类学鉴定，偶有野生种质资源的采集、驯化与栽培试验和应用。自20世纪90年代中期以来，驯化应用的资源采集工作逐渐增多，2008年建立的国家食用菌产业技术体系设专岗从事系统的食用菌种质资源采集和利用研究。

2006 年，在中国农业科学院农业资源与农业区划研究所建立国家食用菌标准菌株库（China Center for Mushroom Spawn Standards and Control，CCMSSC）。2010 年前后，科技部微生物资源平台建设项目的实施，促进了食用菌主产省种质资源的研究利用工作，各食用菌主产省相继开展了菌种收集鉴定和保藏工作。2012—2015 年，国家财政投资在中国农业科学院农业资源与农业区划研究所建设了国家食用菌改良中心，在福建农林大学建设了国家食用菌改良中心福建省分中心，系统开展食用菌种质资源的鉴定评价和食用菌种业技术的研发示范。截至 2020 年，福建、浙江、广东、黑龙江、吉林等数省建立了食用菌种质资源库，保藏食用菌种质资源 3 万份以上，鉴定评价 1.4 万份以上。2016 年，通过对大量栽培近缘种和栽培品种的研究，形成了属内物种、种内菌株、菌株性状、菌种质量等的多层级种质资源鉴定评价技术，并广泛应用于育种。“食用菌种质资源鉴定评价与广适性品种选育”获 2017 年度国家科学技术进步奖二等奖。

（二）新种质的发现与创新创制

在大量的野生种质资源采集鉴定和保藏的基础上，按照不同栽培种类开展的可利用性评价，2012—2020 年先后发现了丰产、早熟、抗逆、耐储运、耐温等多种农艺性状突出的新种质 300～400 株；发现毛木耳自然突变的白色菌株和爪状突变株，并将其应用于生产，分别形成“玉木耳”和“鸡爪菇”产业；创制色泽基因纯合型平菇、多芽型金针菇、硬柄型金针菇等育种材料。

（三）生产性状的遗传学研究与发现

1993 年，华中农业大学明确了香菇主要数量、性状、菇峰期的遗传率最高，鲜菇产量的遗传率最低，且菇峰期与产量负相关。进入 21 世纪以来，食用菌遗传学研究取得较快进展，先后完成了香菇、草菇、平菇、金针菇、猴头菇、杏鲍菇、白灵菇、蛹虫草、灵芝等数十种食用菌的基因组测序，构建了分子遗传图谱，建立了遗传转化操作平台，明确了菌丝长速、菇数、产量等诸多经济性状的 QTLs、遗传规律与调控机制。2007 年华中农业大学明确了香菇诸多数量、性状之间的遗传相关性。2011 年中国农业科学院农业资源与农业区划研究所明确了平菇的灰色是数量性状，主栽品种的色泽基因全部是杂合体，白色品种是 2 对以上基因控制的隐性突变。2016 年，福建农林大学发现了草菇控制结实性的交配型因子，开启了杂交育种新途径。2017 年，福建农林大学明确了调控金针菇的发生期、子实体原基形成、产量、柄长、菇数等综合农艺性状的转录因子 *PDD1* 和 *LFC1*。

（四）育种技术创新

系统选育。食用菌育种起源于通过子实体组织分离获得的菌种技术，并一直应用于系统选育。系统选育也是我国食用菌品种选育的主要技术方法。几十年来，我国栽培的黑木耳品种基本上都来自系统选育。20 世纪 90 年代，从引进的香菇段木品种 241 系统选育获得了香菇代料品种 241-4；2015 年前后，从引进品种香菇 808 系统选育获得申香 215，它们都在生产上得到了广泛应用。

杂交育种。我国 20 世纪 80 年代中期杂交育种技术成熟，通过利用有性孢子杂交，获得了香菇 Cr 系列品种、浅黄色金针菇系列品种。90 年代应用原生质体制备技术，从综合栽培性状优良的菌种中获得单核体，进行体细胞的单单杂交、体细胞的单双杂交、体细胞与有性孢子的杂交，建立了香菇的对称杂交和非对称杂交新技术，育成了香菇申香系列品种。2008 年，“香菇育种新技术的建立与新品种的选育”获国家科学技术进步奖二等奖。此后，四川省农业科学院推出金针菇川金系列品种。2010 年以来，应用杂交技术，利用基因池单核体，通过单单杂交、回交、测交等，创制重要性状基因纯合型材料，并应用于育种，选择效率显著提高。

诱变育种。20 世纪 80—90 年代应用紫外线诱变育种，先后育成平菇少孢品种 ACCC50313 和高抗丰产黑木耳品种冀诱 1 号。2005 年开展航天育种，育成丰产性、抗杂性、早熟性、耐高温性和品质均优于亲本的金针菇航金 1 号。2012 年，对灵芝原生质体进行化学诱变，获得高胞外多糖菌株。近年来，将化学诱变与物理诱变相结合的复合诱变，使突变概率和正向突变得到增强。

分子标记辅助育种。主要用于杂交群体的初期筛选，减少杂交群体的栽培检测工作量。主要有：应用与交配型因子紧密连锁的 DNA 片段检测无锁状联合种类的杂交成败；开发了与菌丝生长速度、菌龄、温型等性状显著关联的 InDel 分子标记以进行正向变异筛选；开发筛检杂交群体中负向变异的分子标记，如筛检香菇无菌褶的 SNP 标记，筛检香菇不具结实性的 InDel 标记。

建立定向育种高效筛选模型。传统食用菌育种，因无法预测目的性状，长期以来几乎完全靠田间栽培筛选，工作量大、效率低下。自 20 世纪 80 年代以来，育种科技工作者持续探索研究高效的育种技术。以同工酶标记为主的分子标记辅助育种技术育成的高产优质双孢蘑菇新品种 As2796 在全国推广，2012 年“双孢蘑菇育种新技术的建立与新品种 As2796 等的选育及推广”获国家科学技术进步奖二等奖。经过 20 余年的探索研究，2016 年形成了以结实性、丰产性、广适性“三性”为核心的室内预测“五步筛选”育种模型（图 10-3），突破了性状预测难、田间筛选量大、育种效率低的技术瓶颈，将食用菌育种从几乎全部的田间筛选变为室内性状预测初筛后的田间筛选。室内筛选时间缩短 90%，田间筛选量缩减 79%。定向育种高效筛选模型的应用，使育种效率显著提高，加快了我国食用菌新品种的选育和新品种的更新换代。

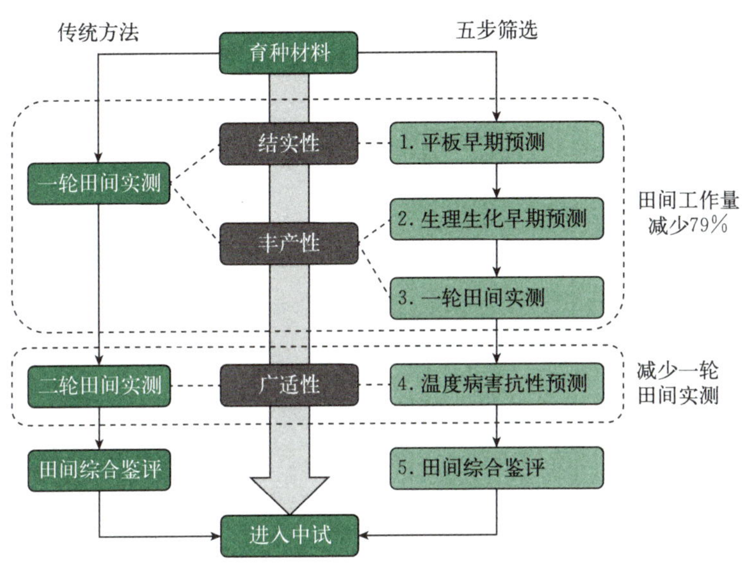

图 10-3 “五步筛选”育种模型

三、品种创新及菌种生产

（一）食用菌品种认定（鉴定）

食用菌产业发展较早的浙江省和福建省分别于 1993 年和 1999 年开始实施食用菌品种认定。2006 年实施的《食用菌菌种管理办法》将食用菌品种纳入全国性的管理，开始了国家级认定。2006—2015 年国家认定品种 130 个，涵盖香菇、金针菇、双孢蘑菇、大肥菇、平菇、秀珍菇、杏鲍菇、白灵菇、滑菇、鸡腿菇、茶树菇、草菇、竹荪、黑木耳、毛木耳、银耳等 30 种（变种）。截至 2020 年，实施省级品种认定（鉴定）的还有北京、上海、浙江、河南、山东、四川、黑龙江、吉林等省（市）。食用菌科技基础的薄弱，加之菌种无性繁殖和设施栽培的特点，使得品种的同物异名多，省间重复认定的情况频发，从而导致品种数量多。食用菌对环境敏感，其外观形态受环境条件变化大的特点，进一步加剧了重复认定的情况。据估计，省级认定（鉴定）品种在 300 个以上。

从国家认定品种数据看，申报认定的主要是科研单位和大专院校。通过认定的品种使用年限通常不长，实质性衍生品种占据多数，并在生产中被使用。这种实质性派生品种，有的仍使用原名称，多数情况下被随意冠名使用。

（二）食用菌新品种权申请和授权

《植物新品种保护条例》的实施促进了食用菌的新品种选育。2006 年白灵菇中农 1 号成为首个授权的食用菌新品种。2005—2020 年，全国申请食用菌新品种 165 件，授权77件。在此期间，2018年国家食用菌良种联合攻关项目的启动，攻关联合体内的大学和科研机构与企业的联合、联动、互动，极大促进了金针菇、真姬菇、香菇、平菇、草菇、鹿茸菇、黑木耳等育种进程。2018—2020年，短短3年时间申请量就达144件。

（三）菌种生产

我国食用菌菌种制作起源于20世纪50年代后期的大学和科研单位实验室。随着生产规模的扩大，60—70年代扩散到由供销社牵头的小型菌种厂。1997年，农业部颁布了《全国食用菌菌种暂行管理办法》，2006年颁布了《食用菌菌种管理办法》，对菌种生产和菌种质量的提高发挥了重要作用。条件过于简陋和生产技术水平不达标的小菌种厂逐渐被淘汰，菌种厂的设备设施条件不断提高，单位菌种生产规模不断扩大，生产规模从20世纪80年代初的年产万瓶（袋）左右扩大到2020年的10万～200万袋。

（四）专业化菌棒（袋）生产

食用菌的专业化菌棒（袋）生产其作用类似于蔬菜的工厂化育苗，能够为栽培者提供直接进入出菇期进行栽培管理的条件。随着食用菌产业升级，2010年以来，专业化集约制棒比例显著增加。2015—2020年，脱贫攻坚项目资金建设了一批产能1 500万～3 000万棒（袋）的工厂化制棒企业，主要生产香菇菌棒和黑木耳菌袋。截至2020年，全国专业化生产菌棒（袋）约20亿棒（袋）。制棒（袋）企业基础设施条件好，产中各环节的环控能力强，菌种质量条件保障水平得到极大提高。绝大多数专业化菌棒（袋、包）企业大多自行生产菌种，除供自身制棒使用外，还对外销售3万～4万吨，即3 000万～4 000万袋。在基础设施条件的保障下，应用“种源维护—母种筛选—菌种扩繁”的三步质量控制法，菌种质量和菌棒质量显著提高。

专业化菌棒（袋）厂的建设有力促进了食用菌菌种的专业化生产和菌种质量的提高。黑木耳液体栽培种生产及其使用技术的成熟，专业化菌棒（袋）的广泛使用，使用种量达到总用种量的70%～80%，即25万～28万吨。香菇专业化制棒厂成为专业化生产菌种的主要市场主体，自用和外供8万～10万吨，即0.8亿～1亿袋。截至2020年，在农法生产种类中，年总用种量约205万吨，专业化菌种生产33万～35万吨，占总用种量的16%～19%。

（黄晨阳、张金霞）

第十一章　果树种苗科技创新

第一节　苹　　果

一、资源创新

（一）资源收集与引进

种质资源又称基因资源，是育种的基石，对基因资源的占有决定了一个国家在农业生物技术产业发展中的地位，世界各国均重视基因资源对农业发展的重要意义。瑞士是当前世界上保存苹果资源最多的国家，保存总数为 8 878 份；美国保存苹果资源 7 064 份。保存方式主要采取田间保存、种子保存和休眠枝芽超低温保存。开展的资源研究主要集中于种质资源遗传多态性分析、抗性和品质分析与鉴定、苹果资源亲缘关系、苹果重要性状遗传解析等方面。

近年来，我国苹果种质资源收集、引进不断加强，奠定了苹果新品种选育的物质基础。截至 2020 年，国家果树种质苹果圃（兴城）收集、保存苹果属植物资源 2 039 份，公主岭寒地果树圃保存寒地苹果资源 438 份，新疆特有果树种质资源圃（轮台）保存当地特色苹果资源 154 份，云南特有果树及砧木圃（昆明）保存苹果属砧木资源 114 份，伊犁野苹果种质资源圃保存苹果资源 137 份，合计 2 882 份。材料保存主要采取田间保存方式。

（二）资源评价与利用

苹果属植物种质资源的鉴定评价，对生产、育种及种质创新工作具有关键作用。我国于 2005 年出版了《苹果种质资源描述规范和数据标准》，后制订了农业行业标准《农作物种质资源鉴定技术规程　苹果》（NY/T 1318—2007）和《农作物优异资源评价规范》（NY/T 2029—2011），进一步规范了苹果资源鉴定评价的标准化和准确性。

常规的资源鉴定评价主要是对农艺性状与品质性状、抗逆性（抗旱性、抗涝性及抗寒性等）、抗病性（腐烂病、果实轮纹病等）以及其他相关性状（矮化性状、无融合生殖）的鉴定评价。现已筛选出高抗腐烂病特性的山荆子、东北黄海棠、林芝海棠、雅江变叶、德钦海棠、泰山海棠和平邑甜茶；高抗斑点落叶病特性的太原海棠、富平楸子、早白海棠等；具耐缺铁黄化特性的小金海棠；具耐盐特性的朱眉海棠；可做矮化中间砧的河南海棠，可用于做抗寒、抗病、耐盐碱、致矮化的一系列苹果砧木。国家果树种质苹果圃（兴城），现已筛选出苹果品种中维生素C含量最高（为一般品种的2～3倍）的布瑞姆里。筛选出早熟种质38份（发育天数小于或等于85天）；大果型种质35份（果重大于200克）；高可溶性糖含量的种质113份（含量大于10.0%）。

目前，SSR分子标记技术已广泛应用于苹果种质资源的鉴定评价。通过该技术已经筛选到了一系列与苹果果实酸度、硬度、香气、抗病虫相关的基因和QTL位点。如苹果黑星病、白粉病、火疫病、腐烂病、早期落叶病、褐斑病等。Frankel在1984年首次提出核心种质的概念，指用最少的种质资源样品量最大限度地代表种质资源的遗传多样性。刘遵春等以300份新疆野苹果实生株系为试验材料，利用数量性状构建了新疆野苹果核心种质。

分子身份证构建方面，中国农业科学院果树所建立了苹果资源SSR分子身份证鉴定体系，构建分子身份证1 500份，有效保障了种质资源安全保存、科学评价与高效利用。

二、技术创新

（一）品质性状形成与调控研究

中国农科院果树所创新苹果基因组研究新方法与新技术，首次揭示了反转座子控制红苹果着色分子机制。基于苹果花培纯系（HFTH1），组装完成最完整参考基因组（挂载率99.2%），为苹果果色精准选择、遗传多样性解析和分子育种奠定重要基础。西北农林科技大学发掘抗逆、果皮颜色、果实品质等相关基因80个。

西北农林科技大学系统解析了*MdATG8i*、*MdATG10*、*MdATG18a*等9个自噬相关基因，响应干旱、高温、盐胁迫等不同逆境条件的调控功能。

中国农业大学围绕苹果砧木致矮性机理进行了研究，探究了多种激素协同影响根系产生的调控机制，主要集中于生长素、细胞分裂素和独角金内酯产生和转运方面。

（二）遗传演化研究

国家果树种质苹果圃（兴城）系统解析了苹果种质资源遗传多样性，将我国存量资源的遗传多样性水平提高10%，从分子水平证明中国是世界苹果属植物多样性中心的国际地位。国内外首次提出中国栽培苹果可能存在两条起源演化路线的新论点。

(三) 分子标记开发研究

中国农业科学院果树所基于苹果参考基因组开发了颜色、矮化、耐贮性等系列分子标记。其中红色标记简单、可靠、操作性强，可显著提高育种效率。利用红色标记，已筛选出优异单株 92 份。利用矮化分子标记，已筛选出苹果矮化砧木优异单株 485 份。西北农林科技大学针对抗旱和果实经济性状，开发了分子标记 5 个。

基因芯片研发方面，中国农业大学以苹果砧木早期选育为目标，开发了 1 项包含矮化、铁高效、耐盐、耐碱、耐盐碱、根角度等相关基因分子标记的芯片，并建立了苹果砧木深根性、耐盐性、耐碱性和耐盐碱等基因组选择模型。由此筛选出的苹果砧木抗逆矮化主效 QTL 和重要基因，为分子标记辅助育种工作提供了有效支撑。还研制出 1 套苹果优质抗病育种芯片，可对 14 个性状进行基因组辅助预测。

(四) 基因编辑研究

日本科学家将 CRISPR-Cas9 系统相继应用在苹果上，对推动苹果功能基因组研究起到了巨大推动作用。中国农业大学在苹果砧木材料中建立了 CRISPR-Cas9 技术体系，在实现调控验证的同时，获得了具有新性状的砧木材料。

(五) 苗木繁育技术研发

国内苹果病毒病的常用脱毒技术主要有 5 类，分别为茎尖培养法、微体嫁接法、热处理法、化学疗法和超低温法。病毒繁殖速度比分生组织细胞分裂速度慢，且病毒无法在分生组织扩散，使病毒在植株内分布不均匀，茎尖组织可能没有感染病毒，以此来脱除病毒。病毒检测是果树病毒病防控的关键环节。目前，苹果病毒的检测技术已经相当完善，普遍采用的鉴定方法包括生物学鉴定法、血清学鉴定法、分子生物学鉴定法。西北农林科技大学建立了苹果新品种病毒检测和脱毒技术体系，还优化了基于 RT-PCTR 法的病毒检测体系，采用热处理结合超低温处理的方法建立了苹果主要病毒脱除的技术体系。

砧木快繁技术研发方面，中国农业大学通过建立苹果矮化砧木叶片再生返童技术、完善矮砧绿枝扦插快繁体系、研发规模化扦插技术规程、建立苹果矮化自根砧独干大苗快速整形及配套栽培技术，最终提出苹果矮化砧木扦插快繁技术及配套栽培技术方案。应用此方案，苹果砧木返童时间可缩短至 3 个月，嫩枝扦插生根率达 80%以上，二年生苗木成花率 100%。

(六) 种质创新研究

中国农业科学院果树所充分利用资源优势，通过远缘杂交方式，创制抗病、高类黄酮等新种质 112 份，矮化、抗逆砧木新种质 7 份。早花性状种质创新方面，中国农科院郑州果树所创新早花基因转基因技术，国内首次获得嘎拉和 NAKB 转基因株系 5

株，显著提高育种效率。诱变方法创新上，西北农林科技大学首次在苹果上建立了重碳离子辐射诱变育种方法，获得一批在抗逆和果实性状差异的优异突变材料。国家苹果产业技术体系遗传改良研究室“十三五”期间，累计培育种质创新群体 33 734 株，评价种质 1 782 份次，创制优异种质 33 份，其中包括红肉优异种质 6 份，高酸、抗炭疽叶枯病等新种质 4 份，高抗枝干轮纹病新种质 1 份。

（七）花药培养研究

中国农科院果树所利用花药培养株系配置杂交组合 17 个，初选出 6 个花药培养植株杂交优系，选育的新品种华富成为世界上首个利用花药培养技术培育的苹果品种。

2001 年花药培养技术获得国家发明专利后，利用花药培养株系配置杂交组合 17 个，初选出 6 个花药培养植株杂交优系。华富通过辽宁省品种登记，成为世界上首个利用花药培养技术选育的苹果品种。通过用染色体数观察、流式细胞仪分析表明苹果花培植株存在混倍现象（1x，2x，3x，4x）；通过 AS－PCR 标记鉴定部分花培植株为单倍体起源。

三、品种创新

（一）新品种选育情况

自 2007 年以来，各育种相关科研院所、大学及企业选育/登记一系列苹果新品种，显著优化了品种，带动了我国苹果品种的更新换代。其中，2007—2017 年，新审定苹果新品种 89 个。自 2017 年开始，多数省份取消果树品种审定及备案，《非主要农作物品种登记办法》正式实施。2017—2020 年，全国共登记苹果品种 127 个。

从品种抗性看，多数品种抗斑点落叶病、枝干轮纹病、腐烂病、炭疽叶枯病；少数品种抗锈病。从产量看，38 个鲜食品种亩产 600～3 000 千克，多数品种亩产不足 1 500千克。从品质看，品种可溶性固形物含量为 12.8%～18.1%，平均单果重为 20～370克，且果型、果色的多元化差异较大。

（二）品种推广应用

目前，我国苹果种植主要集中在黄土高原和渤海湾两大优势产区，种植面积和产量均占全国的 80%以上。主栽品种以富士、元帅、嘎拉三大品系为主，75%品种具有国外血缘。种植面积前 10 名品种情况如下：

寒富：沈阳农业大学育成，亲本为东光×富士，成熟早（9 月下旬），果个大（最大单果重 510 克），品质优（与普通富士接近），耐贮性强（半地下式自然通风条件下贮藏 180 天），耐寒、抗旱，对腐烂病、粗皮病和早期落叶病有较强抗性。缺点是果肉较粗，与 SH 系砧木嫁接亲和性差。全国推广面积 248 万亩。

烟富 10 号：烟台市果茶工作站从烟富 3 号中选育出的红色芽变新品种。果实大型、长圆形，高桩端正；果实全面着浓红色，果面光洁；果肉细脆，风味酸甜爽口，品质上等；在烟台地区于 10 月下旬成熟。在陕西、山西、甘肃，以及山东烟台、威海、淄博等地累计推广 126 万亩。

烟富 3 号：烟台市果茶工作站选育，片红着色富士品种。果个大，果实圆形至长圆形；果实易着色，浓红艳丽；果肉淡黄色，致密脆甜，在烟台地区于 10 月中下旬果实成熟。在烟台地区推广种植面积约 60 万亩，全国各苹果产区推广种植面积约 220 万亩。

长富 2 号：日本在富士芽变系中选出的浓红型品种，1980 年引入我国。树势健壮，果个较大，果实全面条红，果肉脆细。该品种难管理，大小年现象普遍，干旱年份着色困难。豫西区域于 10 月中下旬果实成熟。该品种为豫西区域富士主栽品种，推广面积约 85 万亩。

元帅系：元帅系品种目前仍是陕西、甘肃、山西的主栽品种。据统计，甘肃省元帅系栽培面积达 145 万亩，约占全省苹果栽培面积的 22%，陕西、山西的元帅系栽培面积均约为 30 万亩。

嘎拉系：嘎拉系品种目前仍是我国陕西、甘肃、山西、山东等省的主栽品种，全国推广面积 220 万亩。据统计，陕西省嘎拉系的栽培面积达 102 万亩，占全省苹果栽培总面积的 10%，甘肃、山西、山东等省的嘎拉系栽培面积分别为 26 万亩、35 万亩和 21 万亩。

金红苹果：吉林农业科学研究所选育。果实中等大小。果皮黄红鲜艳，味酸甜香浓多汁，营养丰富。果肉黄色，松脆，酸甜，有香味，品质好。在牡丹江地区于 8 月下旬成熟。在吉林省内外累计推广面积 200 万亩。

秦冠：西北农林科技大学选育。树势强健，树冠高大，树姿开张。果个大，短圆锥形，颜色暗红，耐贮。在运城地区于 10 月中下旬成熟，在芮城、平陆高海拔冷凉地区果实全面鲜红，果皮较厚。经后熟，果肉细脆、汁多、味甜、风味芳香。全国推广面积 100 万亩。

华冠苹果：中国农业科学院郑州果树研究所选育，由金冠和富士杂交而成。华冠苹果是一个早果、丰产稳产、适应性好、抗逆性强、综合性状优良的中晚熟品种，其成熟期正值中秋、国庆两节时期，加之该品种外观艳丽，果肉汁多酥脆且有淡淡的香味，鲜食酸甜可口，很受市场欢迎。华冠果实的耐贮性超过秦冠，略优于富士。全国推广面积 78 万亩。

国光苹果：国光苹果具有适应性强、坐果率高、丰产、晚熟耐贮、无采前落果、更新易、寿命长等优点，深受果农欢迎，曾一度是日本、朝鲜、中国等亚洲国家的主栽品种。国光苹果个中等，扁圆形，大小整齐，肉质脆，味酸甜，抗逆性强。全国推广面积 75 万亩。

（丛佩华、张彩霞）

第二节　柑　　橘

一、资源创新

（一）种质资源保护、鉴定与创新

2006 年国家柑橘种质资源圃（重庆）保存有柑橘种质资源 857 份，到 2020 年该圃保存资源达到 1 990 份，资源保存份数位居世界第一。种质资源鉴定评价取得较大进展，对 800 多份资源进行了果实大小、糖酸、果肉颜色、种子数量、功能活性成分等表型性状和全基因组水平的基因型鉴定，筛选出目标性状突出、遗传背景清楚的优异种质 213 份，创制优异新种质 128 份，并在育种中得到利用。

柑橘种质资源创新紧密围绕果实品质、熟期、抗病性等持续开展接穗和砧木品种的创制和改良。在这期间柑橘芽变选种仍然是新品种选育的主要手段，不同柑橘产区围绕主栽品种加大了品种选育力度，获得了突破性的柑橘品种。福建省农业科学院果树研究所、福建农林大学从琯溪蜜柚中选育出了红肉蜜柚、三红蜜柚、红绵蜜柚等品种。四川省农业科学院园艺研究所从塔罗科血橙中选出了晚红、早红、硕红等不同血橙品种。湖南农业大学从冰糖橙中选育出了锦红、锦玉、锦蜜等不同冰糖橙品种。华中农业大学也选育出了鄂柑 2 号、华夷 1 号等温州蜜柑品种。杂交育种逐渐成为这个时期品种创新的重点，雄性不育系和单胚系材料逐渐成为主流的育种亲本。骨干亲本从 2006 年初的清见逐渐向南香、红美人、明日见等高糖、优质品种过渡；欧美杂交亲本从克里曼丁向默科特、沃柑等品种过渡。我国一些优良的地方品种如砂糖橘、青皮蜜橘、椪柑、沙田柚等在育种中得到广泛应用。中国农业科学院柑橘研究所杂交育成了金秋砂糖橘、阳光 1 号、华美 7 号、尚品 2 号、红韵香柑等品种，并开始在生产中逐步推广应用，显示出良好的经济效益。总体来看，日系杂柑在中亚热带柑橘产区得到广泛利用；欧美系杂柑主要在云贵高原和南亚热带产区得到广泛利用，本土地方品种的创新利用也在不断深化。

（二）柑橘重要性状基因资源挖掘

2006—2020 年，华中农业大学构建完成了伏令夏橙、柚、枳等柑橘高质量基因

组，建立了柑橘属下多个物种的转录组、变异组和表观组数据库，为基因资源的发掘奠定了重要基础。利用基因芯片、RNA - seq、基因组重测序等技术，并结合高密度遗传连锁图谱构建、表型和基因型 GWAS 分析、基因组比较分析等手段，加速了柑橘重要园艺性状基因的定位和挖掘。

单多胚性状基因。单胚亲本在柑橘育种中的广泛使用加速了柑橘育种的进程，单多胚性状的基因定位在 2016 年取得重大进展。西南大学柑橘研究所国家柑橘资源圃利用宽皮柑橘资源进行 GWAS 全基因组关联分析，定位了调控柑橘单多胚的关键区域。华中农业大学徐强教授课题组锁定了单多胚性状的调控基因 *CitRWP*，发现在多胚柑橘品种中，该基因启动子区域存在 MITE 转座子插入，并与多胚性状呈现完全共分离。

抗病基因资源。柑橘溃疡病、黄龙病、真菌性病害和病毒病是制约柑橘产业发展的重要病害。2006—2020 年，利用植物免疫系统细胞膜受体 PRRs 和细胞内受体 NLRs 两种模式，定位、分离和克隆了系列抗病基因。湖南农业大学克隆了抗柑橘溃疡病基因 *LYP2*、*FLS2*、*NBS - LRR* 类 *R* 基因；西南大学柑橘研究所陈善春团队发现植物细胞壁关联的类受体激酶 *CsWAKL08z*、*CsPrx25*、*CsWRKY61* 等是溃疡病的潜在抗病基因。众多参与调控植物抗病免疫反应的基因，如泛素连接酶基因、转录因子家族以及 *miR171b* 等也被陆续发现和鉴定。

抗逆基因资源。柑橘生产中常遭遇非生物逆境胁迫，挖掘抗逆基因资源具有重要的实践意义。2006—2020 年，华中农业大学发掘了与抗寒性相关的重要转录因子 *CsCBF1*、*PtrICE1*、*CsPIF8*、*ERF6*、*PtrERF109*、*PtrERF108* 以及抗寒基因 *COR*、*PtrBAM1*、*PtrA/NINV7*、*PtrGST U17*、*PtrRafS* 等，为柑橘抗性遗传改良和创新育种提供优质基因资源。在耐旱关键基因发掘方面，发现 *Dehydrins*、*LEA*、*CiFRI*、*CiBZR1*、*PtrABF3*、*BMA3*、*PtrADC*、*PtrMYB*、*WRKY70*、*CsNF - YA5*、*HATs*、*HDAC* 等系列重要的耐旱基因及调控基因；在耐盐性方面，挖掘到 *FcABF2*、*FcWRKY40*、*CrNCED1* 等关键基因。

熟期和品质相关基因资源。西南大学柑橘研究所利用柑橘杂交群体构建遗传连锁图，定位了与果实大小和发育相关的候选基因 *ARF*。柑橘黄酮和类胡萝卜色素含量与柑橘果肉、果皮颜色密切相关。华中农业大学和西南大学都发现类胡萝卜素合成途径关键基因及调控基因 *CsMADS6*、*LCYb*、*CCD4* 等。调控果实成熟的关键基因，如乙烯受体基因 *ETR3*、*MADS - RIN*、*PHYF* 等被陆续发现和鉴定。柑橘维生素 C 合成代谢相关基因 *GalUR - 12*，果实中糖含量相关基因 *CitSUS*、*SPS*、转化酶基因，果实中柠檬酸代谢的重要调控基因柠檬酸/H^+ 质子泵、PDH - E2 等被陆续鉴定。柑橘香气是由萜烯类、倍半萜的酯、醇、醛类化合物构成，发现倍半萜合成酶基因与果皮油胞的发育有关，从而影响果实的香味。发现柑橘果实花青素合成的调控基因R2R3型*Myb*基因，由于一个类Copia反转座子插入到*Myb*基因的启动子区，激活了该基因，从而导致血橙品种明显的颜色改变。华中农业大学通过对柑橘线粒体泛基因组组装和群体遗传分析，解析了柑橘雄性不育的遗传基础和关键变异基因。

二、技术创新

（一）短童期育种技术

采用种子胚芽高位嫁接，结合长枝牵引和多效唑应用，加速了杂交后代的提早开花，使宽皮柑橘杂交子代童期缩短到3年，大大加快了柑橘的育种进程。为获得提早开花的材料，一些与花器官发育相关的基因被鉴定出来，如*APETALA1*、*LEAFY*、*CiFT*、*MADS-box*、*miR156*等，这些与花发育相关的基因被用于构建转基因材料，促进了植株的提早开花。华中农业大学鉴定发掘了一份早花的野生山金柑，并构建其参考基因组，并将其作为早花模式材料，加速了基因功能的研究。

（二）柑橘脱毒容器育苗技术

中国农业科学院柑橘研究所构建了柑橘良种无病毒三级繁育体系，对国内外优良品种资源进行无病毒化保存、扩繁，并通过各地良种苗木繁育圃进行扩大繁殖，加大了无病毒柑橘良种的繁育速度，促进了柑橘产业的健康持续发展。柑橘脱毒容器苗由于栽植生活率高、树体生长快、产量高、寿命长、品质优等诸多优点，在生产中得到大面积推广应用。为应对柑橘黄龙病的危害，广东省农科院果树研究所推广了无病容器大苗种植技术，缩短了初结果时间，在黄龙病疫区获得良好的种植收益。

（三）分子标记辅助育种技术

利用柑橘EST、基因组数据研制开发了SSR、SNP、Indel等大量的分子标记，广泛用于品种指纹图谱鉴定、柑橘遗传演化研究、多样性分析、全基因组关联分析、分子辅助育种等方面。2019年SSR标记DNA指纹方法作为行业标准应用于柑橘属品种鉴定。利用SSR、SNP、转座子分子标记建立了多个柑橘高密度遗传连锁图谱，对重要园艺性状基因进行了定位和克隆。开发了与根线虫抗性、溃疡病抗性、单多胚性状、雄性不育相关联的SSR、SNP等分子标记，并用于分子辅助育种。

（四）转基因育种技术

我国柑橘转基因技术在2000年以后进入了快速发展期，建成了涵盖基因克隆、遗传转化、品种培育、安全评价等全链条的研发平台，形成了完整的转基因育种研发体系。系统优化了农杆菌介导的柑橘遗传转化方法，建立了基于柑橘胚性愈伤组织、上胚轴茎段、腋芽的高效、实用、规模化的遗传转化技术体系，和基于Cre/LoxP重组酶系统的柑橘 Marker-free 遗传转化技术体系。转基因技术在创新培育抗病材料上等得到广泛利用，比如利用农杆菌介导抗病基因 *Shiva A*、*Cecropin B*、*PR1aCB*、*D2A21*、*Xa21* 等转化柑橘，获得抗溃疡病的转基因柑橘材料。过表达拟南芥的 *At-NPR1*、烟草的 *NbFLS2* 等外源抗病基因也增强了柑橘的抗溃疡病、黄龙病的能力。利用根癌农杆菌介导 *MSPDS1* 转化柑橘，提高了柑橘的耐寒性。RNA 干扰策略（RNAi）也用于培育抗柑橘衰退病（CTV）、溃疡病的转基因材料，如沉默 *CsXTH04* 基因提高了柑橘对溃疡病的抗性。在柑橘转基因育种产品上，已经有 4 类 17 个株系获得农业部中间试验许可证书，为转基因柑橘产业化应用打下了坚实基础。

（五）基因编辑育种技术

自 2012 年以来，以 CRISPR/Cas9 为代表的基因组编辑技术已成为我国柑橘育种技术的创新热点。2016 年建立了柑橘的 CRISPR/Cas9 基因定向编辑系统，在柑橘基因组中实现了高效、精确的基因定点突变。CRISPR/Cas9 技术在抗病材料的创制上作用明显。利用 Cas9/sgRNA 修饰邓肯葡萄柚感病基因 *CsLOB1* 启动子区的 PthA4 效应子元件，获得了抗溃疡病的遗传转化材料。陈善春团队利用 CRISPR/Cas9 技术敲除 *CsLOB1* 启动子上 PthA4 结合位点的 EBS 序列，增强了突变体的溃疡病抗性。利用 CRISPR/Cas9 编辑晚锦橙的 *CsWRKY22* 基因，增强了晚锦橙的抗溃疡病能力。另外建立了 CRISPR/Cas12a（Cpf1）、PTG/Cas9 多靶点基因编辑系统，使得编辑更加高效且有更低的脱靶率。

三、品种创新

（一）柑橘品种登记数量和质量

登记数量。2006—2020 年，我国累计审定和登记的柑橘品种有 143 个，历年审定和登记的柑橘品种数量详见图 11-1。

从柑橘品种审定和登记数据的趋势看，2015 年以后由于非主要农作物品种登记办法的实施，柑橘品种的登记数量呈现明显上升趋势。

品种质量。登记品种对我国柑橘品种结构调整发挥了重要作用，如登记的红肉蜜柚、砂糖橘、塔罗科血橙新系、沃柑、广丰马家柚、新余蜜橘、黄果柑、早蜜椪柑、金秋砂糖橘、锦红冰糖橙等品种支撑了不同产区柑橘产业的发展。一些重要的柑橘产区加大了品种的自主选育，进一步丰富了品种类型。柑橘晚熟新品种不断涌现，大大延长了果实的成熟期和销售期，配合不同生态区域的品种布局，基本实现了我国柑橘的周年供应。从品种登记的质量来看，自主选育的品种逐年增多，2006 年前对一些国外引进、在国内栽培面积较大的品种进行了审定或登记；2015 年以后，自主选育

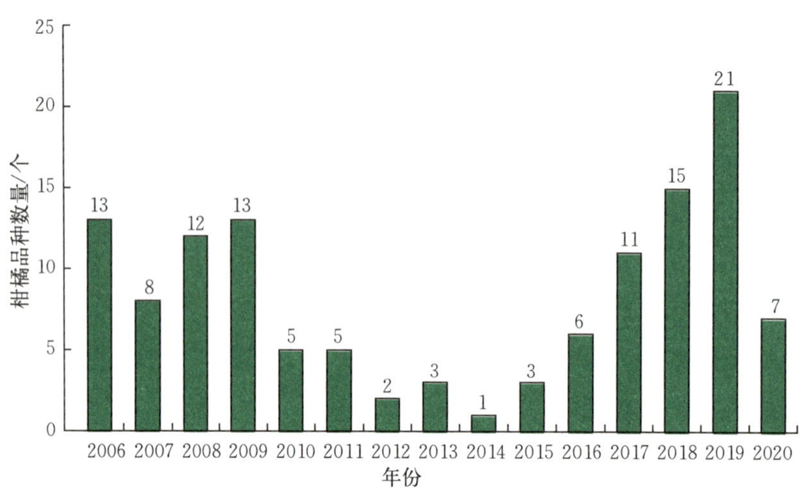

图 11-1　2006—2020 年审定和登记柑橘品种数量

（数据来源：中国种业大数据平台）

的品种逐年增多，一些高质量的登记品种在生产中的应用推广面积逐渐扩大。

登记柑橘品种的质量有所提高，主要表现在登记品种的栽培面积、果实糖度、无核性、产量、化渣性、可食率、耐贮运、抗病性等指标上，一些优异、特异的高质量品种引领了产业的发展。

（二）柑橘植物新品种权申请量和授权量

申请量和授权量。2006—2020 年，我国柑橘植物新品种权申请量累计达到 82 件，2015 年后申请和授权保护的柑橘新品种稳步提升，这与农业农村部在这一时期全面加强植物新品种权保护直接关联。

申请结构。从 2006—2020 年总计 82 件柑橘植物新品种权申请中可知，个人和企业申请者占比 34.1%，达到 28 件。申请用户结构组成的变化，说明柑橘种业企业已经具备一定的品种研发能力。

（三）品种推广

2020 年，我国柑橘种植面积 4 238 万亩，主要分布在长江以南的 18 个省份。推广面积在 10 万亩以上的柑橘品种有 30 个，推广总面积 3 560 万亩。推广面积超过 100 万亩的有 12 个，其中砂糖橘的推广面积最大，占 6.57%。前 10 位品种为砂糖橘、早熟温州蜜柑、沃柑、纽荷尔脐橙、南丰蜜橘、椪柑、春见、琯溪蜜柚、沙田柚、冰糖橙，推广总面积 2 160 万亩。

随着农业农村部优势柑橘产业带的确定和柑橘生产从东部沿海发达地区向西部地区的转移，品种结构发生了较大的变化。在这个时期，果园规模也从零散小户逐渐向适度规模方向发展。2013 年以后，我国北缘柑橘产区以及福建、江西、湖南等老产区栽培的温州蜜柑、椪柑、南丰蜜橘、蜜柚等受市场价格、冻害以及黄龙病等多重因素影响，种植效益下滑，面积和产量逐步萎缩，品种更替加快。高糖、低酸、早熟、化渣、丰产的品种较受追捧，如大分温州、红美人等。西南部地区的广西、四川、云南等地由于气候和劳动力价格优势，一些品质优良、种植效益相对较高的晚熟、高糖、易剥皮品种发展迅速，如砂糖橘、不知火、沃柑、春见等在 2018 年以前增长明显。沃柑在 2013—2018 年短时间内发展了 200 万亩，成为这个时期增长最快的晚熟杂柑品种。品质较好的橙类品种如纽荷尔脐橙、塔罗科血橙新系、冰糖橙以及柚类品种琯溪蜜柚等在经过前期高速发展之后，也进入持续调整期。

由于柑橘黄龙病等危险性病害的影响，柑橘产地也发生了重大调整和转移。2006 年后砂糖橘产区逐渐从广东向广西转移，2020 年广西跃居成为柑橘种植面积最大的省份。2013—2016 年，江西赣南脐橙由于黄龙病危害，面积缩减了 20 万亩。沃柑、冰糖橙等品种由于种植效益好，带动了云南高原特色柑橘产业的发展。各柑橘主产省在稳定巩固本省特色品种的基础上，逐步加大对市场认可度高、效益好的品种的引进和推广，同时也加大对药食兼用柑橘的种植。重庆铜梁、潼南，广东新会，江西新干等加大了药用枳壳、柠檬、茶枝柑、酸橙等品种的大面积种植。

2006—2020 年，我国柑橘经历了两轮品种更新换代，每个阶段均涌现出一批标志性品种，有效支撑了我国柑橘生产发展。

第一阶段（2006—2013 年）。2006 年以红肉蜜柚、三红蜜柚、黄肉蜜柚为主的柚类品种从福建平和向国内其他产区推广，带动了国内蜜柚的大面积种植发展；以砂糖橘、大雅柑、塔罗科血橙新系等中晚熟柑橘的推广，带动了广西、四川、重庆等地区晚熟柑橘产业的发展；川渝两地柑橘百万吨产业化工程的实施，推广了一批优质加工鲜食兼用甜橙类品种。其间宽行窄株栽植、营养钵无病毒大苗移栽、果园生草、果实套袋、树冠覆膜等技术的推广应用，使得果品外观品质、果实安全越冬性得到显著提升。

第二阶段（2014—2020 年）。椪柑、温州蜜柑、南丰蜜桔等老品种面积缩减明显。由于品种登记和品种知识产权保护意识的加强，品种登记数量激增，科研院所和企业自主研发品种的热情得到激发，企业选育品种在数量、质量上得到大幅提升，科企创新联合体等创新模式开始快速发展，柑橘种业产业的市场化要素被全面激活。典型代表为西南大学柑橘研究所与重庆绿康果业、重庆科正花果苗木、四川陶然农业、重庆果之王园艺等一批育繁推一体化企业的合作，加快了新品种的育出和推广，实现了科企融合发展和科技成果的快速转化。

（江东）

第三节　梨

一、资源创新

（一）种质资源保护、鉴定与评价

种质资源是育种的基础，从 20 世纪 50 年代开始，我国就开始了梨种质资源的收集与保存工作；80 年代建立国家级果树种质圃。2006 年以来，我国开展了梨种质资源的系统调查、收集、整理与鉴定工作，成效显著，为梨育种提供了丰富的遗传资源。“十二五”以来，对专门从事或涉及梨种质资源收集与保存的 5 个国家级资源圃进行了改造升级，保存了梨种质资源约 3 000 份。“十三五”以来，有针对性地对濒危、特异资源进行了搜集和保护，共收集资源 430 余份，建立了 800 多份梨种质资源分子身份证。出版了梨种质资源专著《中国梨遗传资源》和《中国梨树志》，发布了《梨种质资源描述规范》（NY/T 2922—2016），为梨种质资源的科学描述和鉴定提供了依据。在梨种质创新方面，通过杂交育种、芽变育种、实生选种等方法相继育成了具有代表性的梨新品种。

（二）梨基因组研究及重要性状基因资源挖掘

近年来，我国研究人员率先完成梨全基因组图谱、遗传变异图谱及单细胞基因组图谱等绘制工作，围绕梨自交不亲和性、抗性和果实色泽、糖、酸、石细胞、香气等重要品质性状开展了系统研究，挖掘出重要功能基因 50 余个，并明确了其功能和作用机制，为梨分子育种提供基因资源。

梨基因组研究。梨全基因组测序与组装对挖掘重要性状基因资源至关重要。2012 年，南京农业大学率先完成世界首个梨精细基因组图谱绘制工作，在植物上最先提出利用 BAC - by - BAC 与新一代测序技术相结合的策略，解决了高杂合植物基因组组装的世界性难题。研究成果发表在国际基因组学研究的权威期刊 *Genome Research*，被美国杂志 *The Scientist* 推选为最值得关注的基因组学研究成果之一。2018 年，该团队通过对 113 份亚洲梨和欧洲梨进行基因组重测序研究，明确了东方梨和西洋梨的独立驯化关系。研究成果在权威期刊 *Genome Biology* 发表。同时基于基因组重测序和表型数据结果，开发了 200 Kb 的 SNP 基因芯片，全面提高全基因组选择效率，为梨分子辅助育种提供技术支撑。2019 年，南京农业大学与美国乔治亚大学合作基于梨等 141 种植物的全基因组测序结果，构建了世界首个植物重复基因数据库，研究成果发表于 *Genome Biology*。此外，2019 年中国农业科学院果树研究所等单位完成首个野生梨高质量基因组图谱。2020 年，南京农业大学自主研发了“条形编码”（Bar-coding）的单倍型基因组组装技术，成功组装了梨的两套单倍型基因组。该成果入选《2020 年中国农业科学重大进展》。

梨自交不亲和相关功能基因。梨是典型的配子体型自交不亲和性果树，挖掘自交不亲和基因，培育出自交亲和的品种，对于实现梨轻简化栽培具有重大意义。南京农业大学和中南林业科技大学完成了 500 余个梨品种的 S 基因型鉴定。南京农业大学解析了大果黄花、早冠、沙 01、新雪等梨品种自交亲和变异的分子机制，挖掘出 *PbrAct1*、*PbrPLDδ1*、*PbrPA5* 等参与梨自交不亲和反应的重要基因。中国农业大学解析了鸭梨芽变品种闫庄鸭梨和金坠自交亲和变异的分子机制。

外观品质性状相关功能基因。红皮梨因其鲜艳的外观而备受消费者欢迎，因此，解析红皮梨的着色机制对于培育高品质的红皮梨新品种至关重要。近年来，南京农业大学已挖掘出调控梨花青素代谢的 *MYB*、*ERF*、*bHLH* 转录调控因子和 WD40 等蛋白，可形成复合体调控梨果皮花青苷代谢。浙江大学在激素和光调控梨红色果皮着色机理方面也取得系列成果。例如，该团队鉴定到一个受乙烯诱导表达的转录因子 PpERF105，其可形成 M（140）BW 抑制型复合体，从而负调控梨果实的花青苷积累；阐明了乙烯通过 PpERF9-PpTPL1 共抑制复合体抑制梨果皮花青苷合成的分子机制；发现 PpBBX16 蛋白能够与光通路下游转录因子 PpHY5 蛋白互作，正调控梨果皮花青素合成，解析了亚洲红梨和部分西洋梨红皮品种色泽的受光照着色机制。这些研究有助于我们更好地理解梨果皮色泽的形成机制。

内在品质性状相关功能基因。苹果酸和柠檬酸是梨果实主要的酸性成分。南京农业大学研究发现，梨果实中的苹果酸是在细胞质中通过 NAD-苹果酸脱氢酶（PbrcyNAD-MDH）合成的，而后通过铝激活苹果酸转运蛋白（PbrALMT）转运到液泡中储存。

梨果实可溶性糖主要包括果糖、葡萄糖、蔗糖和山梨醇等。南京农业大学研究发现，梨果实中的己糖激酶-1（PbrHXK1）和果糖激酶-1（PbrFRK1）可磷酸化葡萄糖或果糖；同时，液泡膜单糖转运蛋白-4（PbrTMT4）可在葡萄糖和果糖合成之后，将其运输到液泡中积累，而定位于质膜上的己糖转运蛋白-1（PbrHXT1）与液泡膜单糖转运蛋白-4（PbrTMT4）具有拮抗作用，能够促进果实中蔗糖的积累，同时降低葡萄糖和果糖含量。

梨果实石细胞是由薄壁细胞的细胞壁次生加厚而形成的，其主要成分是木质素。因此，研究石细胞形成的分子机制，可侧重于研究木质素的合成和代谢。南京农业大学发现了多个与木质素代谢相关的调控因子，例如：小 RNA（*PbrmiR397a*）能够抑制漆酶的表达，降低木质素含量；MYB 转录因子（PbrMYB169）是木质素生物合成的转录激活因子等。

梨果实香气是影响其内在品质的重要因素之一，然而与梨果实香气相关基因的功能研究起步较晚。目前，国内学者基于组学研究发现醇酰基转移酶（AAT）、脂氧合酶（LOX）、乙醇脱氢酶（ADH）等基因是梨果实香气合成的关键酶。近年来，部分关键基因的功能研究已取得了突破性进展。南京农业大学研究发现，PubZIP914 通过调控 PuLOX3.1 可显著提高梨果实中脂肪酸香气成分的含量；茉莉酸甲酯可诱导梨醛脱氢酶 PusALDH1 的高表达，进而促进梨果实中苯甲酸及苯甲酸衍生物含量升高，增加梨果实香气。

抗病、抗逆相关功能基因。病害是威胁梨树生长发育的重要产业问题。南京农业大学发现梨病程相关蛋白基因 *PbrPR1* 可调控树体对病菌侵染的抵抗力。西北农林科技大学发现早酥梨 *PbzsREMORIN* 可提高黑星病抗性。江苏省农业科学院在烟草中瞬时表达豆梨的 *PcNAC1* 转录因子，能够增强烟草对疫霉病的抗性。

梨树在其生长和发育过程中易受到非生物胁迫的影响。在抗旱性方面，南京农业大学发现梨 PbrWRKY53 转录因子可通过清除体内的活性氧提高梨树的抗旱性；梨转录因子 PbrMYB21 可通过调控多胺的合成增强对干旱的抵抗力。在低温胁迫方面，南京农业大学发现 PbrMYB5 可直接调控脱氢抗坏血酸还原酶-2（PbrDHAR2）的表达，提高抗坏血酸含量和抗寒性；揭示梨 PuICE1 与膜蛋白 PuHHP1 相互作用共同调控下游的转录因子 PuDREBa，增强了梨树的抗寒性。在耐盐碱方面，南京农业大学发现逆向转运蛋白 NHX2 通过清除体内的 ROS，提高了树体对盐碱土的耐受能力。

二、技术创新

近年来，我国在梨重要性状分子标记、遗传转化与基因编辑、花粉长期贮藏、促进种子萌发和嫁接缩短童程等技术研发方面取得了系列进展，为梨分子育种和种质创新提供了技术支撑。

（一）分子标记辅助育种技术

南京农业大学利用 SNP 和 SSR 标记对梨果实性状进行 QTL 定位分析，挖掘出与花梗长度、单果重、果实纵径、横径和可溶固形物 5 个性状连锁的 14 个 QTL 主效位点。青岛农业大学筛选出了与梨果形紧密连锁的 SSR 标记，可有效区分果实圆形或非圆形性状，准确率达 90%以上。南京农业大学利用满天红与红香酥的杂交组合，开发了与梨果皮红色相关的 InDel 标记，准确率为 97.87%。

（二）梨遗传转化与基因编辑技术

南京农业大学筛选出 *35S* –或 AtUBQ10 – Cas9 和 AtU3 – sgRNA 模块的 CRISPR/Cas9 基因编辑系统组合，在红早酥梨愈伤组织中编辑效率近 100%。在此基础上，该团队以 CRISPR – Act3.0 为基本骨架，构建了基于 CRISPR/dCas9 的梨基因转录激活系统（CRISPRa），使基因表达量提高 40 倍左右。

（三）花粉长期保存技术

南京农业大学通过比较研究不同贮藏方法对梨花粉萌发和花粉管生长的影响，形成了包含三个关键技术步骤的梨花粉长期贮藏技术。①花粉采集；②花粉保存（将花粉分成小份，使用硫酸纸包裹，埋入硅胶盒中密封干燥，密封保鲜盒，用保鲜膜包裹，置于冰箱冷冻室）；③花粉复苏（从冷冻室拿到冷藏室缓融后再放置室温，注意“速冻缓融”）。该技术可有效保持长期贮藏后梨花粉的活力。

（四）促进种子萌发技术

南京农业大学发明了用丙二酸钠解除梨种子休眠促进发芽的方法，主要步骤如下：种子的采集和清洗；清水浸种和种子消毒；化学药剂处理；播种。应用该方法，播种后 3 天开始萌芽，7 天左右全部萌芽，发芽率达 85%以上。该团队还发明了用氯化羟胺快速解除杜梨种子休眠的方法。步骤如下：搓洗剔除成熟果实果肉，用 20% 次氯酸钠（NaClO）浸泡处理种子，用 0.1%升汞溶液浸泡 8 分钟后清洗干净，在室温条件下，用 0.8%氯化羟胺浸种 24 小时；用清水冲洗干净后播种。该技术能够打破梨种子休眠，促进萌发，提高发芽率。

（五）嫁接缩短童程技术

南京农业大学发明了一种以梨杂交实生树顶芽为接穗，嫁接到 1 年生杜梨砧木上，缩短杂交实生树童程的方法。具体方法是将杂交实生树顶部饱满芽采用劈接的方法嫁接到 1 年生杜梨砧木上，达到人为缩短杂交实生树的童程，降低结果部位高度的目的。该方法可有效降低实生树结果部位，减小实生树的占地面积，节本增效。

三、品种创新

1949—2020 年，我国梨新品种的审定和品种权保护申请及授权数量均取得显著增长，自主育成梨品种的推广面积也持续扩大，系列新品种的育成优化了我国梨品种结构，丰富了消费者需求，取得了显著的社会经济效益。

（一）梨新品种认定

截至 2020 年，我国相继育成了翠冠、黄冠、玉露香、红香酥、早酥、中梨 1 号、新梨7号、宁酥蜜、夏露等特色鲜明、不同熟期搭配、耐贮性强的优质梨新品种近400个，其中257个通过了品种审（认、鉴）定、登记、备案。

（二）梨新品种保护权

申请和授权数量。中国种业平台大数据显示，中国农业科学院郑州果树研究所育成的中梨1号和早美酥是我国最早申请品种权保护的梨新品种，申请日期为2001年3月14日；而云南省农业科学院园艺作物研究所育成的云香梨为我国第1个获得授权的梨品种，授权日期为2003年3月1日。截至2020年底，我国梨新品种权共申请152件，授权83件。

申请单位。据统计，我国26个科研教学单位、企业和个人共申请梨品种权111件，授权62件，包括18家科研教学单位申请梨品种权94件，授权60件；6家企业申请梨品种权6件，暂未授权；个体户4人申请梨品种权8件，授权2件。其中，中国农业科学院郑州果树研究所申请量和授权量均居首位，分别为13件和8件。

（三）品种栽培、推广情况

初步统计，目前我国有100多个梨品种具有一定商业栽培规模，分属于白梨、砂梨、秋子梨、新疆梨、西洋梨等5大栽培种以及种间杂交选育的新品种。除原有的砀山酥梨、鸭梨、南果梨等传统地方品种外，还包括翠冠、黄冠、玉露香、早酥、新梨7号、翠玉、红香酥等我国自主育成的新优品种。如翠冠、黄冠分别是我国白梨和砂梨产区的主栽品种，种植面积均超过100万亩，均占全国梨总种植面积的7%以上，极大地推动了我国梨产业转型升级。根据农业农村部种植业司颁布的《全国梨重点区域发展规划（2009—2015）》，可将我国梨产区划分为3大优势产区及4个特色产区，分别为：华北白梨区、西北白梨区、长江流域砂梨区和东北特色梨区、渤海湾特色梨区、新疆特色梨区、西南特色梨区。各产区梨试栽品种差异相对较大。例如：华北白梨区的河北保定、邯郸、石家庄等地主栽品种为鸭梨、雪花梨、黄冠等。其中石家庄的赵县雪花梨种植面积达到13.7万亩，被誉为“中国雪花梨之乡”。西北白梨区的陕西黄土高原、甘肃陇东和河西走廊一带以砀山酥梨、早酥梨和雪花梨等品种为主。而长江流域砂梨区的浙江、上海及福建一带以翠冠、翠玉等早熟砂梨品种为主。新疆特色梨区的新疆库尔勒市等地主产库尔勒香梨。2020年，库尔勒市香梨种植面积达40余万亩。渤海湾特色梨区的辽宁大连、山东烟台、威海等地以秋月、莱阳茌梨和盘克汉姆等品种为主。东北特色梨区包括辽宁海城和辽阳的南果梨特色梨区，吉林延吉市龙井、图们苹果梨特色梨区等。西南特色梨区的云南以云红梨1号、巍山红雪梨、彩云红梨等红梨品种为主。

（张绍铃、殷豪）

第四节 葡 萄

一、资源创新

（一）种质资源收集保存、鉴定评价与共享利用

国家果树种质郑州圃、太谷圃、左家圃收集保存国内外野生资源、地方品种、育成品种等各类种质资源 3 395 份。

制定了《葡萄种质资源描述规范》（NY/T 2932—2016）《农作物种质资源鉴定技术规程 葡萄》（NY/T 1322—2007）等行业标准，促进了我国葡萄种质资源工作的标准化、系统化和信息化；构建了葡萄种质资源数据库系统。

对葡萄成熟期及果实糖、酸、花色苷、香气等重要农艺性状进行了鉴定和系统评价，挖掘出早熟、抗病、耐盐碱、香气浓郁、功能性成分等优异种质。创建了叶绿素荧光参数评价葡萄抗寒旱和耐热性的方法，优化了葡萄耐盐碱评价方法。发现了一批果皮着色非光依赖型、果实延迟采收糖积累型、高白藜芦醇、高花色苷、高萜烯类（玫瑰香味物质）、高酯类（草莓香味物质）、高酒石酸含量等优异种质，确定了一批优质骨干亲本，为种质资源的高效利用提供了科学依据。

中国科学院武汉植物所建立了高效稳定的葡萄抗寒性评价体系，评价了不同种质间抗寒性差异，对低温驯化过程中不同抗寒性葡萄的代谢组学进行了分析，利用 7 个种间杂交群体，研究了葡萄抗寒性的遗传规律。结果表明，葡萄的抗寒性属于多基因控制的数量性状，不存在细胞质遗传特点；抗寒性强的山葡萄后代的抗寒力与山葡萄相当，且抗寒性强的种间杂种杂交或自交，抗寒性具有超亲遗传，后代群体单株抗寒性呈正态分布，并偏向抗寒性较强方向。群体单株自然露地越冬后的萌芽力与其冬芽抗寒力无直接相关关系，不同亲本组合在田间越冬后的萌芽力表现存在显著差别，可能与亲本的抗寒旱（低温条件下干旱）能力相关。对北红×ES 群体抗寒性进行 QTL 扫描，获得 10 个 QTL 位点，包含 646 个基因。并结合转录组测序，对群体内强抗寒性植株 05－1－308 与弱抗寒性植株进行了研究。

仅国家果树种质郑州葡萄圃就为国内科研院所、大专院校、种植企业等提供了 8 992份次葡萄种质，有效支撑了葡萄育种、科学研究和生产示范。

（二）葡萄重要性状基因挖掘

抗旱基因挖掘。西北农林大学通过同源克隆法获得了抗旱的中国野生燕山葡萄 *VyP5CR* 基因的 cDNA 序列，定位在葡萄 8 号染色体上。燕山葡萄和河岸葡萄中

P5CR 基因均受干旱胁迫诱导，但二者 *P5CR* 基因的表达水平存在明显差异。*VrP5CR* 基因在干旱胁迫后 8 天达到最高峰，而 *VyP5CR* 基因在干旱胁迫后 16 天达到最高峰，表达量约为河岸葡萄最高表达量的 5.7 倍，说明燕山葡萄在后期通过高表达 *VyP5CR* 基因来抵御干旱胁迫，表现出对干旱胁迫较强的忍耐性。*P5CR* 基因除响应干旱胁迫外，也响应低温、盐、SA 和 ABA 胁迫。过表达 *VyP5CR* 能够提高转基因拟南芥的抗旱性。*VyP5CR* 通过与 *VyCOP9*、*VyRPS20* 互作，共同参与了燕山葡萄的抗旱过程。

抗寒基因挖掘。沈阳农业大学以赤霞珠×左优红群体为材料，构建了高密度 SNP 分子遗传图谱。获得了 8 个与葡萄抗寒性相关的 QTL 位点，分别分布于 LG1、LG3、LG4、LG14、LG15、LG16 连锁群上，并筛选出 9 个可能与葡萄抗寒性相关的候选基因。

抗白粉病基因挖掘。白粉病是葡萄四大病害之一。西北农林科技大学以高抗白粉病的中国野生华东葡萄白河 35－1、毛葡萄等为材料，克隆获得了 *VpPR10*、*VpUSP*、*VpRFP1*、*VpWDR*、*VpGLOX*、*VqSTS9*、*VqSTS11*、*VqSTS21*、*VqSTS23*、*VpUIFP1*、*VqTLP29* 等抗病基因。在拟南芥和红地球中过表达 *VpUIFP1* 增强了植物对白粉病的抗性。过表达 *VpUIFP1* 激活了水杨酸合成的关键基因 *ICS2* 以及超敏反应中的重要基因 *NPR1* 和 *PR1*，促进了 H_2O_2 的积累，抑制了白粉菌的生长。中国野生华东葡萄泛素连接酶 *VpUIFP1* 通过介导硫氧还蛋白 VpTrxz 经泛素/26S 蛋白酶体系统降解而正调控葡萄抗白粉病。*VqTLP29* 过量表达可以作为一种调节因子，通过影响 SA 或 JA/Eth 信号通路，诱发拟南芥对白粉病、灰霉病和 DC3000 的多种免疫反应。

筛选出了白粉菌诱导显著差异表达的 *VqWRKY52* 基因，建立了葡萄 *CRISPR*/*Cas9* 基因组编辑体系，实现了 *VvWRKY52* 基因的纯合突变，获得了 *VvWRKY52* 功能缺失的葡萄突变体材料，并利用过表达和 *CRISPR*/*Cas9* 基因组编辑获得的基因沉默转基因葡萄材料，开展了 *WRKY52* 基因抗白粉病功能研究及参与葡萄抗白粉病的调控机理的研究。

抗葡萄霜霉病基因挖掘。沈阳农业大学筛选出 28 个差异表达 TDFs，证实这些基因差异表达是霜霉病菌诱导表达的结果，发生在葡萄-霜霉病菌互作早期，与 cDNA－AFLP 表达一致。结合遗传图谱定位到 13 个与葡萄霜霉病抗性相关的 QTL 位点，并筛选出 *VIT _ 214s0081g00780*、*VIT _ 209s0002g06210*、*VIT _ 209s0002g06230*、*VIT _ 209s0002g06260* 等 4 个可能与霜霉病抗性相关的候选基因，呈现出抗病基因的表达模式。此外，还克隆了 *VIT _ 209s0002g06260*，其为 *CC－NBS－LRR* 基因。中国农业大学利用亲和与非亲和霜霉菌侵染双红的转录组数据，筛选出表达差异明显的 12 个 PRR。从双红中克隆出此 PRR 属于 LRR－RLK 蛋白家族中的 HAESA 亚家族，命名为 *VaHAESA*。*VaHAESA* 提高了葡萄的抗病性。*MrRPVl* 基因是第一个被克隆的霜霉病抗性基因，该基因编码的抗性蛋白为典型的 TIR－NBS－LRR 类型。西北农林对高抗霜霉病的留坝－8 和易感霜霉病黑比诺接种霜霉菌不同时期的叶片进行了转录组测序。筛选到 P 霜霉菌诱导上调表达的基因 *R4b*。利用 CRISPR/Cas9 获得无核白 *VvPR4b* 基因编辑葡萄苗，对基因编辑株系的叶盘接种葡萄霜霉菌，验证了 *VvPR4b* 基因突变葡萄材料对霜霉病的抗性。VpPR4b 启动子的活性受病原菌的诱导增强。通过酵母单杂交系统验证转录因子 WRKY40 和 WRKY75 可以结合 VpPR4b 启动子。

灰霉病抗性基因挖掘。沈阳农业大学以红地球×金星无核及其 1 后代为试验材料，构建了葡萄遗传图谱，定位到 6 个 QTL 位点，筛选出 6 个相关抗性候选基因：*TIR1*、*TIR2*、*DIS3*、*DIS4*、*SER5*、*PAT7*，其中 *TIR1*、*TIR2*、*DIS3* 在抗病品种中对抑制灰霉菌发挥着重要作用。

白腐病抗性基因挖掘。沈阳农业大学对葡萄白腐病抗性进行 QTL 定位，筛选出抗病候选基因 *7IFY6B*、*PR*、*RPM1*、*NB－ARC*。

性别决定基因挖掘。沈阳农业大学筛选到 6 个与山葡萄性别分化相关的差异表达基因，分别为 1 个腺嘌呤磷酸核糖基转移酶基因（APT3）、1 个玉米素合成相关基因、1 个参与植物激素信号转导基因、3 个与植物激素合成相关的基因。

果形性状基因挖掘。南京农业大学发现 *VvOVATE* 基因表达量和表达时间的差异会影响葡萄果实的形状。

质地性状基因挖掘。质地性状影响葡萄的贮运性能。沈阳农业大学研究表明，葡萄果皮硬度、果肉硬度属于多基因控制数量性状，受遗传因素影响。*VvWAKL8*、*VvGATL10*、*VvPG*、*VvPL*、*VvPE*、*VvXTH*、*VvEXP*、*Vvβ－Gal*、*VvbHLH* 基因在脆肉红地球和软肉玫瑰香中显著差异表达，间接或直接地调控葡萄果实细胞壁降解和不同质地形成。利用全基因组重测序技术构建了葡萄高密度遗传图谱，遗传图谱总长度为1 613.17cM，包含 19 条连锁群，由 2 725 个 Bin 标记（93，127 个 SNP 标记）组成，平均图距为 0.59cM。在 LG1、LG6、LG9、LG10、LG16、LG17、LG18 连锁群上定位到 15 个与果实质地相关的 QTL 位点，解释的表型变异在 14.2%到 21%之间，并筛选到 β－半乳糖苷酶基因（*LOC100254367*）、1，4－β 甘露聚糖内切酶基因（*LOC100244774*）2 个可能参与细胞壁降解和果实质地调控的候选基因。中国农科院郑州果树所筛选出相关候选基因 4 个，主要与内切葡聚糖、脱落酸、NAC 转录因子和 MADS－box 转录因子相关，qRT－PCR 试验表明，*Vit－18s0041g02410* 和

Vit-18s0089g00210 基因可能与葡萄果肉质地硬度有关，是与葡萄果肉质地硬度相关的关键候选基因。

草莓香候选基因挖掘。沈阳农业大学定位出 17 个与草莓香型葡萄果实香气物质相关的 QTL 位点，筛选出可能与草莓香型香气物质相关的候选基因 *GST*，发现 *GST* 可能是参与草莓香型葡萄果实香气物质邻氨基苯甲酸甲酯合成的重要基因之一。

二、技术创新

（一）分子标记辅助育种

抗病性状分子标记研发。获得中国野生葡萄抗白粉病基因 RAPD 标记 7 个、SCAR 标记 1 个，欧洲葡萄感白粉病基因 RAPD 标记 1 个。这些抗白粉病基因标记分别是 *OPVO3-1365*、*0PJ16-759*、*OPO11-964*、*0PY13-661*、*OPWO2-1756*、*OPB11-520*、*OPWO-766* 和 *SCOll-914*，欧洲葡萄感白粉病基因 RAPD 标记为 *OpvO6-1016*。黑痘病基因 RAPD 标记为 *0Ps03-1354*，成功转换为 SCAR 标记为 *SCSO3-1110*。开发了无核基因探针 *GLSP1-569* 和 SCAR 标记 *SCF27-2000*。

（二）无核葡萄胚挽救技术

胚珠培养阶段以 ER 固-液双相培养基胚挽救效果最佳，显著优于 NN 和 MS 培养基；培养基 pH 在 5.0～7.0，对胚的发育和成苗并无显著影响；培养基碳源以蔗糖效果最好，显著优于葡萄糖和果糖；半胱氨酸浓度不宜过高，以 1.0 毫摩尔/升培养效果最佳；水解酪蛋白以 500 毫克/升为宜；添加活性炭的用量以 1.5 克/升为宜。通过研究改良培养基（MM4）中微量元素、氨基酸、植物生长调节物质和抗氧化物质等不同添加物对胚挽救的影响，胚珠内胚培养阶段培养基添加物的作用在不同组合间存在差异。畸形苗数量受到杂交组合中母本品种基因型和培养基影响。胚发育培养基中添加赤霉素、吲哚乙酸、腐胺等外源生长调节物质显著增加畸形苗数量，添加一定比例的微量元素锌或硒可以减少畸形苗的发生；接种前进行低温处理（4 ℃，20 天）或在培养基中添加的锌元素，促进胚发育的同时可以有效减少畸形苗的发生，提高成苗效率。不同胚萌发培养基对畸形苗比例也有影响，WPM＋1.0 微摩尔/升的 6-BA 比 1/2MS＋0.5 微摩尔/升的 IBA 胚萌发率高，同时也容易发生畸形苗。胚珠内培养时间在 8～12 天对畸形苗百分率无显著影响。通过使用化学物质体外处理，并结合胚挽救培养基和采样时期等技术参数的优化设置，提高了无核葡萄育种效率。使用 10.0 毫摩尔/升的腐胺授粉后 6 周进行果面喷布，可有效延迟胚败育的发生。提出“田间杂交-化学物质处理-胚挽救”相结合的育种思路。移栽后采用 1/16MS 营养液连续浇灌盆栽效果较好；同时发现，有抗病亲本介入的组合杂种幼苗容易移栽成活。

幼苗在温室内锻炼 2～3 个月，即可顺利进入大田。

三、品种创新

（一）品种审定和登记

葡萄为非主要农作物，品种审定的主管单位为各省林业厅和国家林业局。2015 年，育成（审定）葡萄新品种 19 个。自 2017 年开始，农业部对葡萄等非主要农作物实行登记制度。2018 年登记葡萄新品种 31 个，2019 年登记品种 45 个，2020 年登记品种 21 个。

（二）新品种权申请和授权

葡萄属自 2003 年 8 月被列入第五批植物新品种保护名录。2004 年 2 月美国提交的蜜红葡萄作为我国第 1 个申请保护的葡萄新品种以来，2005 年申请量较多，这两年的申请人主要为韩国和美国的科研单位。之后各年度的申请量比较稳定，但数量始终低于 7 件，2012 年品种申请量最多，达到 14 件，仅国内申请量就达 11 件，国内育种单位开始重视品种权保护，2013 年、2014 年申请数量均为 7 件。2004—2014 年，共申请品种权 61 件，平均每年申请 5.5 件。授权 11 件，平均每年授权 1 件，最早授权的是 2008 年中国科学院植物研究所选育出的鲜食品种京蜜和京香玉。2009 年和 2010 年分别授权 1 件和 3 件。

（三）品种推广应用

截至 2020 年，我国葡萄栽培总面积为 73.07 万公顷，居世界第 2 位，仅次于西班牙；产量达 1 431.4 万吨，自 2010 年以后一直居世界第 1 位。我国的葡萄主栽品种以国外引进品种为主，巨峰、红地球、夏黑、阳光玫瑰等都为国外引进。但我国自主培育的新郁、早黑宝、春光、蜜光、金光、瑞都科美、巨玫瑰、紫甜无核、玉波二号、天工墨玉等品种在生产中具有一定的栽培面积，种植规模在逐步扩大。

（孙磊、姜建福、王军、郭印山、韩斌、马超、刘崇怀）

第五节　桃

一、资源创新

我国系统开展桃种质资源收集保存工作起始于 20 世纪 60 年代，在南京、郑州等地设立全国桃原始材料圃。

目前，我国桃种质资源已经形成了“国家圃＋地方圃”联动的保存保护体系。截至2020年底，郑州、南京、北京3个国家桃种质资源圃，保存了桃种质资源2 350份次；自2000年以来，在农业部种质资源保护与利用项目和科技部基础条件平台项目的恢复资助下，国家圃又开始了系统化的种质资源收集保存、繁殖更新、鉴定评价、种质创新、分发利用5个方面的工作，每年收集保存的数量约60份，繁殖更新数量约200份，分发利用数量约1 000份。

（一）鉴定评价标准的构建

1990年，南京、郑州和北京桃圃共同制定了我国桃种质资源记载项目与评价标准，奠定了我国桃种质资源描述规范的基础。2005年，郑州、南京和北京桃圃共同编制出版了《桃种质资源描述规范》（NY/T 2923—2016），规定了151个性状的描述符字段名称、类型、长度、小数位、代码等，建立了统一、规范的桃种质资源数据库。基于桃种质资源描述规范和评价标准，制定了农业行业标准《农作物种质资源鉴定技术规程 桃》（NY/T 1317—2007）和《农作物优异种质资源评价技术规程 桃》（NY/T 2006—2011）。桃描述规范的统一为后续表型数据库的构建和图片数据的采集提供了依据，也为桃新品种（系）的联合区试提供了依据。

（二）优异种质挖掘利用

通过种质资源的系统鉴定评价，桃资源和育种研究单位挖掘出优异种质资源，并在新品种选育或育种材料创制中应用，主要包括：①品质性状优异的资源：西山蟠桃、岭风、花玉露、扁桃、奉化蟠桃、喀什黄肉李光、P6、秋彤、西1、樱、意大利5号、顶香等；②红肉桃资源：野鸡红、如皋紫油桃、北京一线红等；③窄叶桃资源：Bydop7029、金蜜狭叶桃等；④低需冷量资源：泰国花桃、南山甜桃、台湾水蜜桃、Sunraycer、Coral、Chimarrita、Chirva、Cons758等；⑤抗性资源：南京白沙、酥红、帚形山桃、红根甘肃桃1号、红花寿星桃、珲春桃（抗寒性）、西伯利亚C（抗寒性砧木）、GF677等；⑥矮化砧木资源：樱桃李、黑刺李等。这些优异资源已经应用于多性状融合育种，创制获得一批新种质或新品种。

二、技术创新

（一）胚拯救技术不断优化

特早熟桃品种的选育离不开胚拯救技术。20世纪70年代开始了胚培养研究，通过不断的试验与改进，现已形成较为完善的胚培养技术体系，显著提高了早熟母本的成苗率。江苏省农业科学院采用极早熟桃的2步胚培养法（种胚经消毒处理接种到SH培养基中进行光照培养，后转接到WPM培养基中低温处理，冷量满足后再进行光照培养），胚拯救成活率达到85%以上；早熟桃的1步胚培养法（种子经消毒处理后接种到WPM培养基中进行低温处理，冷量满足后进行光照培养），胚拯救成活率达到98%以上。

（二）桃亲缘关系与遗传演化研究

随着分子生物学技术的发展，从20世纪后期开始，RAPD、RFLP、AFLP、SRAP、SSR等分子标记技术先后被用于桃种质资源亲缘关系、遗传多样性、群体结构等研究，并开启了桃种质资源的深入评价与基因挖掘。近年来，借助基因组学工具开展的桃种质资源相关研究，提升了桃资源研究水平。中国农业科学院郑州果树研究所、北京市农林科学院等单位利用高通量测序技术，开展了桃基因组重测序工作。通过比较基因组学研究，发现了观赏桃是野生近缘种向栽培桃进化中基因组被人类选择最少的类群，提出野生种质和观赏桃是恢复育成品种抗性和营养性状的主要基因来源。揭示了桃野生近缘种向栽培种的单一进化路线，即从光核桃到山桃、甘肃桃，最后到普通桃和新疆桃；研究还发现山桃基因组中渗入了一定量的扁桃基因；而在普通桃地理类群间，华南品种群和长江中下游品种群较为原始。首次提供了桃在中国西南地区起源和演化的分子证据，解析了栽培桃在驯化和改良过程中果实可食用的阶段性演化机制。为桃亚属种间、不同类型桃的演化与遗传多样性分析提供参考依据。

（三）分子标记辅助育种技术研发

桃分子标记辅助选择研究开始于20世纪末。近年来，通过桃基因组重测序和全基因组关联分析（GWAS）方法，定位了肉质、果肉硬度、黏核、需冷量、花期、成熟期等性状的QTLs，并鉴定到部分性状的关键基因，开发出部分性状的早期选择分子标记或模型。目前桃育种中，应用分子标记早期选择较为成熟的质量性状包括：果肉颜色（白/黄）、果皮毛（有/无）、果形（扁/圆）、非酸/酸、花瓣颜色、花型（铃型/蔷薇型）、花型（单瓣/重瓣）、抗蚜虫、抗根结线虫性等；数量性状包括：单果重、果肉花色素苷含量、可溶性固形物含量等。

（四）苗木繁育技术研发

我国传统桃种苗的繁育大多采用种子砧，后代性状分离广泛，影响了苗木一致性，不利于后期标准化生产。中国农科院郑州果树所、江苏省农业科学院、青岛市农科院等单位相继开展了桃砧木选育，围绕抗根结线虫、抗重茬、耐涝、矮化等关键目标，取得一定进展。国家桃产业技术体系也专门设立了桃砧木繁育技术岗位（甘肃省农业科学院林果花卉研究所），重点围绕桃无性系砧木的组培快繁和扦插繁育等开展技术攻关，目前采用无糖组培技术，组培增殖系数达到3.56，生根率达到100%；克服了桃扦插生根困难的瓶颈，绿枝扦插技术生根率达到95%以上。

（五）桃倍性创新研究

世界范围内现有桃倍性种质30余份，分别来源于诱变、杂交育种、实生选种等途径；大多数倍性种质减数分裂异常，育性较低。桃倍性育种存在种质资源少、倍性育种技术体系不完善等问题。北京市农林科学院林业果树研究所利用特有可结实单倍体、三倍体、四倍体、二-四嵌合体等桃种质资源，建立了一套倍性育种技术体系（秋水仙素诱导加倍、组织培养分离、2n花粉的利用等），每年可稳定获得一系列不同倍性（三倍体或三倍体的非整倍体）桃特异新种质。目前收集保存各类桃倍性种质近50份，为后续倍性创新积累了丰富的遗传材料。

三、品种创新

（一）国内桃主要育种单位

2006—2020年，全国桃育种单位或个人共有95家，其中主要育种单位（育成品种数量≥10个）有：中国农业科学院郑州果树研究所、北京市农林科学院林业果树研究所、江苏省农业科学院果树研究所、山东省果树研究所、中国农业科学院果树研究所、上海市农业科学院林木果树研究所、西北农林科技大学、河北科技师范学院、山东农业大学、甘肃省农业科学院林果花卉研究所。

（二）新品种选育情况

2006—2020年，各单位桃品种选育速度加快，共育成桃品种380个（占新中国成立以来育种品种的61%），体现了产业对不同成熟期和不同类型桃新品种的需求。从育种方式的角度：杂交育种205个、实生选育74个、芽变选育63个、偶然发现13个。该期间育成鲜食桃352个，观赏桃26个，砧木1个；鲜食桃中普通桃262个，油桃52个，蟠桃29个，油蟠桃9个。

砧木品种选育，从樱桃李实生苗中选育出极矮化、矮化、半矮化、半乔化、乔化新品系43个，并进一步筛选出华砧1、3、5号；从黑刺李实生苗中选育出2个矮化砧木；从山桃和毛桃的中间杂种中选育出中桃砧1号，该品种具有抗重茬的特性，已经在生产中应用。

（三）桃品种区试与推广

“十二五”期间共征集全国8个桃育种单位的桃新品种（系）65个，在15个试验站进行区试。通过对区试品种的性状观察调查与果实经济性状鉴定，结合各试验站所在地区的产业发展，经综合评价，各试验站提出了适宜本地区发展的品种（系），累计统计52个（表11-1）。

表 11-1 “十二五”期间桃新品种区试结果

综合试验站	优选品种（系）名称
大连	锦香、沪油 018、郑 33-20、中 98-2-30、中桃红玉、中油桃 4 号、中油桃 8 号、中农金辉、中农金硕、霞晖 5 号、金霞油蟠、瑞红、瑞光美玉
北京	霞脆、中桃红玉、中油桃 8 号、瑞光 39 号、早玉、华玉、瑞光美玉、瑞蟠 14 号、瑞蟠 21 号
昌黎	沪油 018、霞晖 6 号、中油金铭、瑞蟠 14 号、脆保 中桃红玉、郑 33-20
石家庄	霞脆、中油桃 4 号、中农金辉、中农蟠 10 号、瑞光 39 号、春美
青岛	霞脆、华玉、中桃红玉、霞晖 5 号、霞晖 6 号、中农金辉、瑞红、春艳、北京 52
西安	霞脆、锦园、秋月、霞晖 5 号、霞晖 8 号、郑州 5 号、夏至早红、瑞光美玉、黄金蜜蟠桃、中农蟠 10 号、玉霞蟠桃、金霞油蟠
兰州	早玉、华玉、夏至早红、陇蜜 9 号、陇油桃 1 号、郑 33-20、南方金蜜、中油金铭、黄金蜜蟠桃、瑞蟠 21 号、瑞光 33 号、瑞光 39 号、沪油 002、晚蜜、紫金红 1 号、银河、北京 48、北京 51
杭州	新玉、东溪小仙、春美、金霞油蟠、丹霞玉露
武汉	郑 33-20、霞脆、锦绣、早玉、春美
成都	霞脆、霞晖 6 号、霞晖 8 号、双喜红、晚湖景、春蜜、春美
昆明	霞脆、霞晖 5 号、霞晖 6 号、霞晖 8 号
南京	沪油 018、锦园、锦绣、霞脆、霞晖 6 号、霞晖 8 号、中桃红玉、黄金蜜蟠桃、玉霞蟠桃、金霞油蟠
福州	沪油 002、沪油 004、锦香、黄金蜜蟠桃、瑞红
泰安	霞晖 6 号、霞脆、中桃红玉、瑰宝、华玉
郑州	中桃红玉、霞脆、中农金辉、中油金铭、黄金蜜蟠桃、中蟠桃 10 号、锦香、锦园、霞晖 8 号、金霞蟠桃、金霞油蟠

2016—2020 年，各育种单位向 17 个试验站提供 52 个桃品种（系）和 3 个砧木进行区域试验，各试验站提出了适宜本地区发展的品种（系）累计 33 个（表 11-2）。

表 11-2 2016—2020 年桃新品种区试结果

综合试验站	优选品种（系）名称
北京	紫金红 3 号、金陵黄露、紫金黄脆、中桃绯玉、中油金冠、中油金帅、黄金蜜 1 号、中桃 11 号、沪油 005
昌黎	紫金红 3 号、中桃绯玉、中桃金阳、中油金帅
石家庄	紫金红 2 号、紫金红 3 号、金霞早油蟠、金陵黄露、瑞油蟠 2 号、中桃金阳、中桃金蜜、中油金冠、黄金蜜 1 号、美婷、美锦、金牛山 1 号
大连	金霞早油蟠、中油金冠、中油 15 号、中油 20 号
南京	紫金红 2 号、紫金红 3 号、金霞早油蟠、金陵黄露、紫金黄脆、中桃绯玉、中桃金阳、中桃金蜜、中油金冠、中蟠桃 13 号、锦春、锦枫

（续）

综合试验站	优选品种（系）名称
杭州	紫金红 2 号、金陵黄露、紫金黄脆、中桃绯玉、中桃紫玉、黄金蜜 1 号、沪油 005、锦春、锦枫、立夏红
福州	金陵黄露、中桃绯玉、中桃金阳、中油金冠、中油金帅、锦春、秦光 3 号
泰安	紫金红 3 号、金霞早油蟠、金陵黄露、黄金蜜 1 号、锦春
青岛	紫金红 3 号、金霞早油蟠、中桃金阳、中蟠桃 15 号、黄金蜜 1 号、中油 20 号、锦春、金黄金、华砧 1 号、华砧 3 号、华砧 5 号
郑州	紫金红 3 号、金霞早油蟠、北京 40 号、中桃紫玉、中桃金阳、中油金帅、中蟠桃 13 号、中蟠桃 15 号、黄金蜜 1 号、中油 20 号、锦硕、玉妃
武汉	黄金蜜 1 号、锦花、华砧 1 号、华砧 3 号、华砧 5 号
桂林	中桃金阳、中油 15 号
成都	金陵黄露、中桃紫玉、中蟠桃 13 号、中蟠桃 15 号、中桃 11 号、华砧 1 号、华砧 3 号、华砧 5 号
贵阳	金霞早油蟠、沪油 005、锦花、金黄金
西安	金霞早油蟠、北京 40 号、中蟠桃 13 号、中油 20 号、锦枫
兰州	金霞早油蟠、紫金黄脆、北京 40 号、中油金帅、黄金蜜 1 号、中油 20 号、锦枫、美婷、立夏红、03-31-022、玉妃、保佳红
昆明	华砧 1 号、华砧 3 号、华砧 5 号

（姜全、俞明亮、韩月鹏、王力荣、姜林、沈志军、任飞、王鸿、曹珂、许建兰）

第六节　荔　　枝

一、资源创新

（一）种质资源保护、鉴定与创新

我国荔枝种质资源，从北宋初年开始就有记载和研究。荔枝为多年生木本果树，主要采取圃地种植保存方式。1988 年初步建成广州国家荔枝种质资源圃，保存种质 124 份。到 2020 年入库荔枝种质资源达到 652 份。国外一些特色荔枝资源如泰国的热带生态型 Khom 和 Kaloka 等也已引进和保存。

除集中保存圃外，云南褐毛荔、广西香山鸡嘴荔和灵山香荔、广东黑叶、白蜡、白糖罂、鉴江红糯、进奉、新兴香荔、桂味、糯米糍、挂绿等，福建元红、宋荔、陈紫等，在各地均作为古树资源得到了较好的保护。

“十三五”期间，荔枝种质资源鉴定评价取得较大进展，广东省农业科学院果树研究所、华南农业大学等团队对荔枝种质资源进行重要性状表型鉴定和基因型鉴定，筛选目标性状突出、遗传背景清楚的优异种质，供生产和育种利用。特早熟与特迟熟、优质稳产、耐贮运、加工适应性等性状受到特别关注。

(二) 重要性状基因资源挖掘

产量品质性状基因资源。鉴定了鹅蛋荔、紫娘喜、侯仙、昌文、苹果荔等特大果种质资源 5 份，平均单果质量 45 克以上；鉴定了一批外观品质特异资源，如果皮白色的白皮荔，果皮深紫色的黑荔，果皮绿色的新球蜜荔等。

抗逆基因资源。按果核发育情况，荔枝有无核、焦核和大核 3 种类型。鉴定了无核荔、厚叶和禾虾串等单性结果资源 3 份，花期若遇上阴雨天授粉受精不良可结成无核型果实。

广适基因资源。荔枝成花坐果对环境条件要求严苛，鉴定了特迟熟种质马贵荔、东刘 1 号、下番枝、金钟和秀石荔等，可多季结果资源惠东四季荔、岭腰 1 号等。

抗病基因资源。荔枝主要病害有霜疫霉病、炭疽病、干腐病等，主要虫害有荔枝蒂蛀虫、荔枝蝽等。以发病率与病情指数相结合的评价体系，鉴定了对荔枝霜疫霉免疫的义桥蜜荔、鹅蛋荔和佳圆蜜荔种质 3 个，高抗 14 个，中抗 16 个。筛选出高抗霜疫霉种质裕荣 1 号。

二、技术创新

(一) 实生系与营养系变异选种技术

我国大规模种植的荔枝品种，多数是在资源普查期间优选的株系经扩繁所得，部分来自实生单株。营养系变异可能来自芽、枝甚至整株，焦核、早熟、晚熟等性状通过芽接、枝接、压条等方式扩繁，并得以保持。

现有的极早熟和极晚熟荔枝种质基本为大核类型。荔枝自原产地向外传播后，在海南演化出晚熟类型，之后逐步演化、选择，出现了不同花期和成熟期以及焦核果实性状。随着产量提升、供给量增加，人们更倾向于选择焦核果实，进而推动了焦核性状品种的选育和种植。迄今为止，焦核荔枝品种几乎都是通过营养系变异选择而来的。

(二) 杂交和分子标记育种技术

2009 年以来，华南农业大学、中国热带农业科学院、广东省农业科学院、广西壮族自治区农业科学院等多个团队，利用开放授粉和人工杂交创制杂交后代群体。龙眼和荔枝种间杂种也在开展中。

杂种后代选择仍以表型性状鉴定为主，应用 SSR、EST - SSR、SRAP、SCoT、InDel、SNPs 引物鉴定荔枝成熟期性状较为成功，主要应用于杂种早期鉴别及辅助选择，能够有效缩短荔枝育种年限，提高成熟期育种的效率。

我国率先完成荔枝基因组测序，对妃子笑 15 条假染色体水平进行测序和基因组组装，拼接序列（470Mb）覆盖基因组的 96.2%，杂合度 2.27%，注释蛋白编码基因 31 896 个；利用 34 份野生资源和 38 份栽培品种重测序分析，证明荔枝的起源中心在云南，并分别在大陆地区驯化成极早熟、在海南驯化成晚熟品种群；发现妃子笑荔枝基因组中一对 *CONSTANS-like* 基因出现一段 3.7 kb 的 DNA 序列缺失，该缺失与荔枝花期和果实成熟期高度连锁，可用于开发不同成熟期的分子标记。

用不同的杂交群体定位了与熟期等性状相关的 QTL，开发了与焦核、早花、早熟等性状相关的分子标记并初步用于杂交后代选择。但可用于荔枝辅助育种的分子标记数量仍然较少。

（三）荔枝转基因与基因编辑育种技术探索

在荔枝功能基因挖掘方面，围绕抗寒、成花、果实成熟期、果皮颜色、大小、胚败育、采后褐变等多个性状开展研究，获得了大量功能基因。先后建立了近 20 个荔枝品种的离体再生技术体系、5 个品种的转基因技术体系，并将成花、抗病相关基因转入荔枝，获得转基因植株；建立了花粉管导入转基因技术。初步建立了基因编辑技术体系，获得了一批移栽成活的荔枝 PPO 和 LAC 基因编辑植株。

仍存在如下主要问题：一是离体再生效率与遗传转化效率较低；二是围绕早/晚熟、焦核、优质、丰产、高糖、抗病虫、耐贮运等育种目标的基础研究不够，生物育种可用的靶标功能基因不足；三是细胞工程育种进展缓慢，基于原生质体培养的细胞融合、体细胞加倍和诱变等方式创制新种质的研究很少，不能为新品种选育提供足够的变异新种质。

三、品种创新

（一）品种审定数量

2006—2020 年，我国累计通过省审和国审荔枝品种 25 个。华南农业大学园艺学院、广东省农业科学院果树研究所、中国热带农业科学院热带作物品种资源研究所和环境与植物保护研究所、广西壮族自治区农业科学院园艺研究所是主要荔枝育种机构。

（二）植物新品种权申请量和授权量

自 2017 年以来，我国荔枝植物新品种权申请 21 件，授权 11 件，其中 12 个为实生系或营养系变异选种后代，9 个为杂交选种后代。全部申请均由科研院所和大学提出，表明系统性荔枝品种选育尤其杂交育种工作目前仍由公益性机构主导。

（三）品种推广情况

规模化推广品种总体情况。荔枝生产以传统老品种为主。据统计，体系试验站覆盖区域面积在10万亩以上的品种有12个，合计约540万亩，约占总面积的67%；产量1万吨以上的荔枝品种达14个。2010—2020年，妃子笑种植面积从约75万亩增加至112万亩，增加近50%；桂味由45万亩增加至62万亩，增加近38%；鸡嘴荔由18万亩增加至25万亩，增加近39%；白糖罂由18万亩增加至约20万亩，增加近12%。而黑叶由188万亩减少至147万亩，减少近22%，白蜡由28万亩减少至约18万亩，减少近36%，怀枝由76万亩减少至68万亩，减少近11%。预计黑叶、怀枝、双肩玉荷包、三月红和大红袍等品质一般品种的面积仍将持续缩减，以改换为优质新品种。

妃子笑是全国种植范围最广的品种，桂味主要种植于中高纬度地区，黑叶和怀枝主要种植于中纬度地区，它们构成了目前全国荔枝的主栽品种结构。其他品种则作为局地栽培的特色品种类型，如广东茂名白糖罂、增城挂绿、新兴香荔、广西灵山香荔等。

对荔枝砧穗组合的系统试验和高接技术优化大大推动了品种结构调整进程。黑叶与妃子笑、贵妃红、草莓荔、鸡嘴荔等亲和，双肩玉荷包与妃子笑等亲和，而怀枝具有广亲和性。

品种推广面积变化。我国荔枝产业以熟期结构调整为关键，而熟期由品种和产区共同决定。就主产区而言，海南、粤西、粤中、粤东、闽南、桂南和桂东南的荔枝熟期基本衔接；同一产区内通过品种搭配来延长采收期。四川产区荔枝主要在7月下旬之后上市，晚熟优势明显。云南产区早熟品种主要种植在低海拔地区，中晚熟品种主要种植在中海拔地区，荔枝产期最长。基于以上需求，优质特早熟荔枝新品种在各地发展空间都很大，而中晚熟产区则优质、耐贮运品种更有推广应用前景。

截至2020年，全国范围内部分荔枝新品种已达面积为：特早熟桂早荔1万亩、仙进奉15.1万亩、贵妃红1.75万亩、无核荔1.6万亩、紫娘喜1.05万亩、井岗红糯5万亩、凤山红灯笼0.5万亩、红绣球0.11万亩、特晚熟马贵荔0.11万亩。

品种更新换代和标志性品种。自2000年达到最大种植规模以来，我国荔枝经过了约两轮的品种更新换代，第一轮大致在2015年前，主要由黑叶、怀枝改换为妃子笑、桂味和鸡嘴荔等品种。

2016年之后，荔枝进入第二轮改种期，大范围改换的品种主要是仙进奉，区域性改换的品种有海南桂早荔、从化井岗红糯、汕尾凤山红灯笼、东莞冰荔和观音绿、增城北园绿等，有效支撑了我国荔枝生产发展。

新品种大大延长了全国荔枝上市期。如海南南部妃子笑高接换种为桂早荔，荔枝上市期从最早的4月中下旬提早到3月中旬；云南、四川引种马贵荔，把晚熟荔枝上市期从 7 月下旬延后至 9 月上旬。

为加快农业供给侧结构性改革，农业农村部 2018 年启动荔枝良种科研联合攻关，建立荔枝育繁推一体化模式，显著提升了荔枝优异品种的推广速度和质量。这一时期一批杂交新品种通过企业转化、区域整体推进等方式进行推广种植，如红巨人、红美人、迟美人、巨美人、仙桃荔等。

荔枝品种更新换代中，仙进奉称得上是一个标志性品种。该品种 2011 年由广东省农业科学院果树研究所邱燕萍与增城市农技推广中心廖美敬及增城市新塘镇农办等选育而成，成熟期在 7 月上、中旬，单果重 25 克，焦核率 85%，TSS 19.1%，可食率 79%。果实较大，果皮厚、色泽鲜红，果肉质细嫩，味浓甜有蜜香，裂果少、耐贮运、丰产稳产，比桂味和糯米糍晚熟 7 天以上。在广东、广西、云南、贵州、四川、福建等省区均有种植。

依审定时间其他重要品种有：

贵妃红：2005 年由广西农业科学院园艺研究所和钦州市钦北区水果局苏伟强、彭宏祥、朱建华等选育。成熟期 6 月中、下旬，单果重 35.4 克，焦核率 46%，TSS18.7%，可食率 73.5%。全国栽种面积达 1.75 万亩。

南岛无核荔：成熟期 7 月中、下旬，单果重 21.9 克，无核，TSS14.5%，可食率 79%。原产海南，2010 年由福建省种植业技术推广总站、厦门市农业技术推广中心、集美区农业局和海南大学在福建认定登记，现已广泛引种到福建、广东和云南东部地区栽种。

紫娘喜：成熟期 7 月中、下旬，单果重 42.3 克，大核，TSS13.1%，可食率 68.2%。为目前最大果型的特色荔枝品种，也称“荔枝王”。原产海南，2010 年由福建省种植业技术推广总站、厦门市农业技术推广中心、集美区农业局在福建认定登记，现已引种至大陆地区栽种。

凤山红灯笼：2011 年由广东省农科院果树研究所欧良喜与广东省汕尾市果树研究所叶建东和果农崔保国等共同选育。果实成熟期 6 月下旬，单果重 25.5 克，焦核率 82%以上，TSS 15.8%，可食率 80%。主栽广东汕尾市。

观音绿：2012 年由华南农业大学王泽槐与东莞市樟木头镇农办刘秀荣等选育而成。成熟期 7 月上旬，单果重 21.0～25.0 克，焦核率 95%以上，TSS18.5%，可食率 81.5%。成熟果实淡红色，品质优异。主栽广东东莞市。

桂早荔：2012 年由广西农业科学院园艺研究所彭宏祥、灵山县水果局曾世江等选育而成，成熟期比三月红迟 3～5 天，单果重 26.7 克，大核，TSS19%，可食率 67.2%。主要在海南南部地区栽种。

井岗红糯：2015 年由华南农业大学胡桂兵与从化区科技和信息化局、云南省农业科学院热带亚热带经济作物研究所联合选育而成。成熟期比怀枝迟 7～10 天，单果重 23.5 克，焦核率 80%左右，TSS19.2%，可食率 77.3%。为迟熟优质品种。

马贵荔：2015 年由华南农业大学胡桂兵、欧阳若、梁元冈与高州市水果局、高州市马贵镇联合，实生选育而成。成熟期 8 月中旬，单果重 39.6 克，大核，TSS 16.5%～18.2%，可食率 72.9%。为最迟熟荔枝特色品种，已在四川泸州、云南盈江等北缘地区种植。

北园绿：2018 年由广东省农业科学院果树研究所向旭与增城市农业技术推广中心廖美敬、广州市正旭农业科技有限公司等联合选育而成。成熟期 7 月上中旬，单果重 26.3 克，TSS 17.5%～18.9%，可食率 77.3%，大核为主。品质优异。

岭丰糯：2018 年由华南农业大学黄旭明与东莞市农业科学研究中心范妍和深圳职业技术学院联合选育而成。成熟期 6 月下旬至 7 月上旬，单果重 21.5 克，焦核率 90%以上，TSS19%，可食率 74.5%。品质优异，不裂果。

冰荔：2018 年由东莞市农业科学研究中心马锞、华南农业大学李建国和东莞市厚街桂冠荔枝专业合作社黄志强等联合选育而成。成熟期 6 月底，单果重 18～22 克，焦核，TSS 19.5%～22.4%，可食率 77.2%～81.4%。品质优异。

燎原 1 号：2019 年由云南省农业科学院热带亚热带经济作物研究所左艳秀、罗心平、张惠云等实生选育而成。成熟期 5 月下旬，单果重 23.5 克，焦核率 95%，TSS 19.5%，可食率 74.4%。

红巨人：2019 年由华南农业大学刘成明等杂交育种而成，成熟期 7 月上中旬，单果重 54.6 克，TSS 18.1%，可食率 71.3%，大核为主。

脆蜜龙眼：华南农业大学刘成明团队用石硖龙眼为母本，紫娘喜为父本，通过属间杂交育成。晚熟、抗寒，果实近圆形，果皮黄绿色，龟裂片明显，单果重 11.5 克，果肉较厚，蜡黄色，风味清甜多汁，具有香气。

（陈厚彬、胡桂兵、李鸿莉、王家保、严倩）

第七节 芒　　果

一、资源创新

（一）芒果种质资源收集与保存

自 20 世纪 50 年代起，我国已持续开展芒果种质资源考察收集、征集、引进和保存工作。2015—2020 年先后 3 次对全国农作物种质资源进行了普查。联合开展海南、广西、广东、云南、四川等 7 省（区）60 多个市（县）的种质资源考察，探明了我国芒果种质资源的地理分布和富集程度，查清了我国芒果种质资源的本底总量，抢救性收集龙井大芒、香蕉芒、冬芒、扁桃芒等优（特）异种质资源 460 多份。20 世纪 90 年代，我国通过出国考察、华侨引荐、留学生协助、援外专家筛选、驻外公司联络及商业购买等多种方式，从泰国、巴西、越南、哥伦比亚、美国、澳大利亚、斯里兰卡等 70 多个国家（地区）引进优异芒果种质 500 多份。首次引进香花芒等近缘种，丰富了我国热带果树种质资源类型和数量，部分种质如凯特芒果、金煌芒果、台农 1 号芒果、贵妃芒果等经鉴定评价后大规模推广，为我国芒果品种升级提供了支撑。

在资源收集的同时，我国芒果研究团队还系统开展芒果种质资源收集、整理、入圃保存技术研究，制定《芒果种质资源收集技术规程》《芒果种质资源整理技术规程》和《芒果种质资源保存技术规程》。创建了由种质圃与种质资源的收集、整理、保存技术相配套的芒果种质资源收集与保存技术体系，形成定期交流、自由交换、合作研究的共享机制，为我国芒果种质资源收集、整理、保存的标准化、规范化奠定基础。2017 年，中国热带农业科学院热带作物品种资源研究所和田东县人民政府联合在广西田东县建设国家芒果种质资源圃，种质圃占地面积 320.37 亩，设计圃容量 2 000 份以上，致力于打造成为设施完善、功能齐全、国内领先、国际上有重要影响的芒果种质资源收集、保存、评价和创新利用中心。同时，在我国 7 大主产区建设与国家芒果种质资源圃相衔接的地方种质资源圃和创新基地 7 个，收集、保存国内外各类种质资源1 000 份左右。我国芒果种质资源保存量位居世界第二位。

（二）芒果种质资源表型评价与鉴定

我国科技工作者从 20 世纪 50 年代就开始了芒果种质资源的评价与鉴定工作。评价的种质资源主要以原产地种质及华侨、科技工作者引进的部分种质为主。由于没有相关规范，评价极不系统，主要评价农艺学和经济性状。在科技部国家基础性工作平台等项目支持下统一了芒果种质资源鉴定评价实验设计、样本数、取样方法、计量单位、精度和允许误差等度量指标 10 个，统一规范评价技术指标 138 个，其中，首次确定评价技术指标 39 个，改进评价技术指标 44 个，创新炭疽病、白粉病和细菌性黑斑病等鉴定评价技术 8 项。通过研究、改进，规范一系列技术指标，研制评价技术，形成规范、标准，创建了我国芒果种质资源鉴定评价技术体系，规范了芒果种质资源的鉴定评价及利用，大大促进了种质资源工作走向系统化、标准化和现代化。研制出版了芒果种质资源数据质量控制规范、描述规范和数据标准 3 项，形成《芒果种质资源描述规范》农业行业标准，实现了芒果种质资源评价规范化，评价准确率达 99%。

（三）芒果种质资源基因型评价与基因发掘

进入 2010 年后，国家相继启动了物种资源保护、国家重点研发专项等重大项目，芒果种质资源评价进入纵深阶段，种质资源评价逐步由常规评价进入精准评价。中国热带农业科学院热带作物品种资源研究所率先开展了芒果全基因组测序研究，通过对世界芒果主栽品种阿方索进行深度测序和组装，获得了大小为 393Mb 的染色体级芒果精细基因组图谱，搭建了全基因组信息数据平台，为种质资源精准鉴定奠定了扎实基础。通过对组装和注释结果进行分析，结果表明芒果祖先于 3 300 万年前附近发生了全基因组复制事件；而复制后的双拷贝基因中，与能量代谢相关的基因被选择性保留了下来，在众多扩张的基因家族中，发现名为 CHS 的家族可能与漆酚合成相关，而漆酚是芒果等漆树科物种中特有物质，能引起人体强烈的致敏反应，这为阐明芒果过敏的分子机制提供基础。通过重测序，项目团队还发现多数商业品种出现了等位基因混杂，存在于中国广西、云南和东南亚国家的芒果农家品种，在东南亚类群中形成了独特的亚类群，海南等部分区域的农家种资源也出现了和商业品种类似的等位基因混杂。上述研究成果在基因组领域国际顶级杂志 *Genome Biology*（IF＝14.028）发表，是世界上目前芒果研究影响因子最高的代表性论文，标志着我国芒果种质资源基因组学研究已达到国际领先水平。在开展全基因组测序基础上，应用重测序和高密度 SNP 芯片等高新技术，研究香气、着色、成花等重要性状遗传机制。通过对不同类型种质染色体进行连锁不平衡分析、群体结构分析、亲缘关系分析和全基因组关联分析，开展全基因组水平的基因型高通量鉴定，获取海量基因型数据，阐明优异种质资源的群体结构和遗传多样性。应用关联分析等技术，阐明芒果种质资源品质性状的遗传规律。

二、技术创新

（一）常规育种技术

长期以来，芒果育种主要以实生选种、杂交育种为主，我国紫花芒、白玉芒、安宁红芒、乳芒等都是通过筛选实生变异培育而成的。2010 年以前，芒果人工授粉杂交育种结实率世界平均仅 3%，获得较大群体杂交后代难度大。此后，我国芒果育种团队创新了网罩控制授粉、高接促花等育种技术。利用隔行（或同株）嫁接亲本选配杂交组合，杂交座果率从世界平均 0.3%提高到 2.18%，显著提高杂交效率。开发了 SSR 标记杂种真实性早期鉴定技术，鉴定准确率达 98.5%，筛除自交单株，提高优株筛选比例及节省成本。利用我国南北气候差异，通过实生苗南繁（海南）、苗期北移（攀枝花）高接技术，构建了“高效杂交→后代快繁→早期鉴定→高接促花→优株筛选”芒果常规杂交育种“五步育种法”，使育种周期从世界平均15年缩短到12年。

（二）分子辅助育种技术

随着分子生物学技术的发展，RAPD、SSR、ISSR、AFLP、ScoT、CAPS等分子标记方法逐渐应用到芒果种质资源遗传多样性分析及亲缘关系鉴定、胚性分析、杂种真实性鉴定等方面的研究，促进了生物技术辅助育种与常规育种的结合，对加速芒果育种进程起到了一定的作用。然而，目前所开发的标记对于构建芒果基因组饱和连锁图谱和开发育种实用技术还远远不够。我国芒果育种技术整体上处于常规育种2.0到分子辅助育种3.0的过渡期，分子设计育种仍处于研发阶段。

（三）新品种换种技术

新品种换冠是芒果新品种推广应用速度快、周期短的高效品种更新技术，自2000年以来一直被推广应用。包括高接换种、低位截干换种。

该技术与原技术不同点在于直接嫁接，即不论高接部位的接口粗度多大，均可以直接高接。具体方法：高接部位枝条直径≤6厘米的，用切接法；高接部位枝条直径＞6厘米的，用劈接法，注意下部适当留辅养枝。

低位截干换种：包括截干、深翻断根、留芽抹芽及嫁接等内容。截干时间在采果后，截干高度50～100厘米。截干前后进行一次深中耕，在离截干处左右挖环状沟施肥，每株施农家肥＋尿素或油枯＋尿素。发芽后截干的不同方位保留2～4个生长健壮、长势良好的芽外，抹去多余的密集芽、弱芽。枝条老熟后，宜在10月或2—4月进行嫁接，采用短枝切接法，在砧木高度（截干上萌发枝的高度）10～15厘米处进行嫁接。

三、品种创新

20世纪90年代前，我国商业化种植的芒果品种多以从东南亚引进以及以这些品种为育种材料选育的品种为主，如青皮、秋芒、椰香、吕宋、白象牙、马切苏、圣心、红象牙、紫花、粤西1号等。这些品种或具适应性广，或具抗病、高产稳产等优点，对我国芒果产业的构建起到至关重要作用，但是上述引进、选育品种都存在酸度高、纤维多、可食率低、产量不稳定、鲜食性差等缺点，制约了我国芒果产业的发展。

为克服原有品种品质差、产期短、产量不稳等问题，80年代末从美国和澳大利亚、我国台湾引入了凯特、台农1号芒、金煌芒、贵妃、澳芒等新品种进行试种推广，并培育了桂热芒82、桂热芒120、桂热10号等优良新品种，为产业发展注入新的活力。与之前品种相比，这些品种具有纤维含量少、固形物含量高、可食率高、鲜食性佳等特点，有效支撑了产业，经过多年发展已成为我国当前主要栽培品种。然而，我国芒果优良品种储备少，优良品种区域布局不合理，且多以引进为主等问题仍较严重。

进入 2000 年后，在国家公益性行业专项等重大项目支撑下，我国芒果科研团队创制获得大量育种材料，并选育出热农 1 号、热品 4 号、热品 16 号和红玉等优良品种，有望近年开展区试和生产试验。随着对杂交后代材料的逐渐筛选鉴定，我国自主选育品种比例将会逐渐增大。总体来说，我国虽选育出了一批优良品种，但与我国台湾以及美国、澳大利亚等地的品种相比，在抗逆性、丰产性、稳产性、品质等综合性状方面还是存在较大的距离，因而推广面积占总种植面积的比例不大。

2006—2020 年，我国法定审定或登记品种共 22 个，分别为桂热芒 71 号、桂热芒 80－17 号、桂热芒 284 号、桂热芒 60 号、马亚、金煌、南逗迈 4 号芒、热农 2 号、热农 1 号、贵妃芒、凤凰芒、红玉芒、新红 2 号芒、椰香芒、桂热芒 3 号、桂热芒 60 号、桂热芒 10 号、桂七芒、帕拉英达、东芒 1 号、金桂香芒、圣德隆。

（陈业渊、党志国、黄建峰、朱敏）

第八节 香　　蕉

一、资源创新

香蕉资源创新在香蕉育种领域中扮演着至关重要的角色。2006—2020 年我国在香蕉资源收集、保存、鉴定评价与抗病抗逆基因挖掘方面取得了一些成绩。

（一）种质资源收集、保存及鉴定评价

我国的广东、海南、云南先后建立了香蕉种质资源保护资源圃。国家荔枝香蕉种质资源圃（广州）于 1988 年建成，1989 年被认定为首批国家级 15 个果树种质资源圃之一，由广东省农业科学院果树研究所管理运营，目前收集保存香蕉资源 358 份。2009 年，广东省农业科学院果树研究所的“农业部广州香蕉种质资源圃”由农业部正式认定并授牌。该资源圃收集保存的香蕉种质资源涵盖芭蕉属三个组，包括真蕉组（Eumusa/Rhodochlamys）、南蕉组（Australimusa）、美蕉组（Callimusa），由 14 个基因组类型和 25 个栽培品种类型构成，共计 412 份种质资源。中国热带农业科学院国家热带果树种质资源圃收集保存香蕉种质资源 245 份。广西农业科学院收集保存了特色蕉类种质 151 份。云南省红河热带农业科学研究所收集和保存了野生香蕉种质

131份。东莞市农业科学研究中心、云南热带作物研究所、福建省热带作物科学研究所等单位陆续建成一定规模的香蕉资源圃。2002年、2008年、2014年中国学者先后鉴定发表了 *Musa paracoccinea*、*M. tongbiguanensis*、*M. ruiliensis* 等多个新种。金志强等完成的“香蕉功能基因挖掘与应用技术研究”获得2009年海南省科技进步奖一等奖。

（二）抗病抗逆基因挖掘

抗香蕉枯萎病基因挖掘是香蕉育种领域的一项关键科技创新。2016年，研究人员从大蕉中克隆到两个抗寒相关转录因子 MaICE1、MaMYBS3，低温胁迫下，抗逆基因 *MaASR1* 在香蕉面临逆境胁迫时大量表达，这些为抗寒香蕉新品种的培育提供了基础。2019年，发现香蕉内源基因 *MaLYK1* 与抗香蕉枯萎病高度相关，这一发现为育种工作提供了重要的遗传资源。同年，中国热带农业科学院以双单倍体（double haploid PKW，DH-PKW）材料，进行了全基因组测序，测序结果于当年发布，被 Springer Nature 遴选为2019年亮点工作之一。

二、技术创新

育种技术是提高种质创新效率的重要手段。香蕉育种包括引种、人工诱变育种、杂交育种、分子标记、转基因和基因编辑育种等方法。2006—2020年，通过新技术育成的香蕉新品种不断涌现。其中，林贵美等完成的“香蕉新品种桂蕉6号的选育与产业化”获2012年广西科学技术进步奖一等奖；易干军等完成的“高产、优质、矮化、抗枯萎病香蕉新品种选育与应用”获得2016—2017年度神农中华农业科技奖科研成果一等奖；邹瑜等完成的“寒粉蕉新品种‘金粉1号’的选育与应用”获2017年广西科学技术进步奖一等奖；金志强等完成的“香蕉辐射诱变及定向育种新技术”成果获得2018年海南省技术发明奖一等奖。

（一）引种

目前，我国的香蕉主栽品种多从别的国家和地区引入。例如巴西蕉、威廉斯（8818）。另外，从我国台湾地区、东南亚引进的宝岛蕉（新北蕉）、贡蕉和海贡蕉等在我国热带亚热带地区均有种植。

宝岛蕉是中国热带农业科学院于2004年从我国台湾引进（台湾香蕉研究所编号：GCTCV-218），2012年通过海南省农作物品种审定委员会认定（编号：琼认香蕉2012003），该品种优质、丰产、耐贮、抗香蕉枯萎病。南天黄香蕉（AAA Cavendish）是广东省农业科学院于2002年从我国台湾香蕉研究所引进的宝岛蕉（新北蕉，Formosana，GCTCV-218）。经过多代选育培育而成，属于抗枯萎病品种，于2015

年通过海南省农作物品种审定委员会认定。

（二）人工诱变育种

香蕉的物理诱变主要采用 γ 射线辐射法，化学诱变主要采用甲磺酸乙酯、叠氮化钠、硫酸二乙酯和高水平的细胞分裂素等。诱变的对象主要为香蕉吸芽、组培苗不定芽、多芽体和 ECS 等。与其他材料相比，ECS 诱变后通过体细胞胚胎发生可获得单细胞起源的变异株，避免嵌合体的产生。对于香蕉育种而言，较难通过回交等手段纯化优良性状，育种人员往往将人工诱变和自然系选种相结合，通过单株扩繁、多代的评价和优中选优得到综合性状优异的株系。人工诱变选育简单、有效，广泛应用于香蕉育种中。漳蕉 8 号（原漳农 8 号）、中蕉 4 号、中蕉 12 号和佳丽蕉均由辐射诱变选育而来。

（三）杂交育种

传统有性杂交是重要的香蕉育种手段。我国香蕉杂交育种起步相对较晚、规模较小。广东农科院果树研究所选育出了杂交香蕉品种粉杂 1 号和中蕉 9 号。粉杂 1 号是广粉 1 号（ABB）×长梗蕉（BB）偶然自然杂交，于 2000 年获得 1 株广粉 1 号粉蕉的种子实生苗扩繁选育而来。通过杂交育种不仅成功引入含有抗枯萎病基因的 B 基因组的基因，而且保持了广粉 1 号的优异种质。该品种于 2011 年获得广东省农作物品种审定证书（粤审果 2011007），2018 年获得农业农村部非主要农作物品种登记证书［GPD 香蕉（2018）440004］。中国热带农业科学院南亚热带作物研究所利用野生蕉与大蕉或粉蕉进行杂交，获得 500 株杂交后代。广西农业科学院生物技术研究所以广西野生蕉为父本进行香蕉杂交，获得少量杂交后代。

（四）分子标记育种技术

分子标记育种在我国香蕉育种上应用比较晚。在 2006 年以前，几乎没有人将该方法应用于香蕉育种。2007 年科研人员应用 13 个 SSR 标记，初步构建了 34 份引进的香蕉品种的指纹图谱。2013 年科研人员发现 15 个位点与抗香蕉枯萎病菌 1 号种性状相关联，其中有 4 个位点的等位变异可能是抗香蕉枯萎病菌 1 号小种性状的优异等位变异，有 7 个位点与抗香蕉枯萎病菌 4 号小种性状相关联。2019 年科研人员开发出的 SCAR 分子标记的 SC4－F/SC4－R 引物可用于香牙蕉抗枯萎病分子标记辅助选择，帮助育种工作者选择抗枯萎病新品种。

（五）转基因和基因编辑育种技术

香蕉转基因和基因编辑育种周期短，目标性强，是培育优质抗逆新品种的理想途径。根据基因导入受体方法的不同，香蕉转基因可分为电击法、基因枪法和农杆菌转化法等。根据受体不同，香蕉转基因方法可分为 ECS 法、茎尖分生组织或多芽体横切薄片法和原生质体法等。CRISPR/Cas9 技术的出现给香蕉基因功能研究和香蕉育种工作开辟了新的路径。2017 年，胡春华等首次建立香蕉 CRISPR/Cas9 基因编辑技术体系，在巴西蕉 ECS 中对香蕉 A 基因组八氢番茄红素脱氢酶基因进行定点敲除，成功获得白化表型的突变体株系，创制了一系列基因编辑突变体。2017 年，易干军团队利用构建成的香蕉 CRISPR/Cas9 基因编辑技术体系靶向敲除矮化候选基因 *16380*，获得了 87 株抗性转基因株系。

三、品种创新

2006—2020 年，我国香蕉植物新品种权申请和授权不断增加，具有自主知识产权的香蕉品种开始在香蕉种植区域开花结果。

（一）香蕉植物新品种权申请和授权量

申请和授权数量。2006—2020 年，我国香蕉植物新品种权申请量累计 59 件，授权量 22 件。

申请结构。根据相关数据，截至 2020 年，总计 59 件香蕉植物新品种权申请中，企业、学会或个人申请者占比 5%，仅有 3 件；在总计 22 件香蕉植物新品种权授权中，高校和研究所占比 100%。植物新品种权申请结构充分表明，香蕉种业中以高校和科研单位为主，企业参与水平有待提升。

（二）香蕉品种登记数量和香蕉产量

登记数量。2006—2020 年，我国累计登记香蕉新品种 21 个次。2006—2016 年，没有香蕉新品种登记。2017 年以后，香蕉品种登记数量开始逐年增加。

香蕉产量。我国香蕉单产从 2006 年的 1 610.36 千克/亩，提升至 2020 年的 2 255.6 千克/亩，15 年复合增长率为 40.01%，历年香蕉产量见图 11-2。

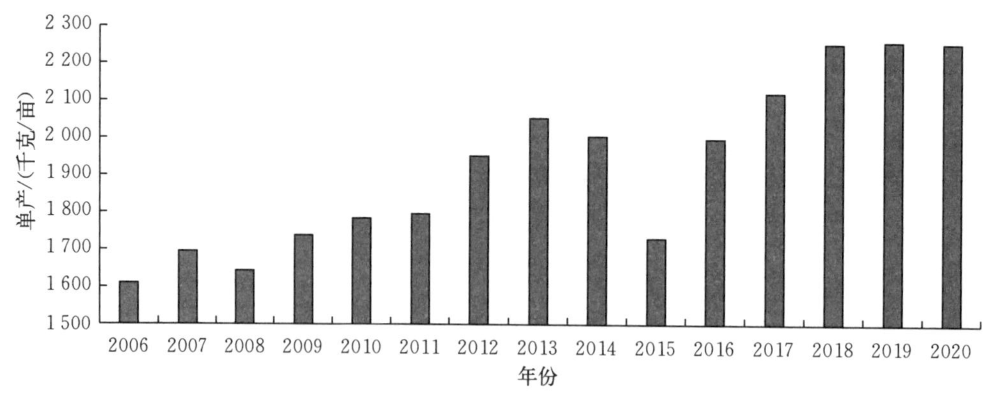

图 11-2　2006—2020 年中国香蕉平均单产

（数据来源：联合国粮农组织）

（胡会刚、胡玉林、谢江辉）

第十二章　企业发展

2006—2020 年，伴随着 2000 年《种子法》的全面实施，在国办发〔2006〕40 号文件、国发〔2011〕8 号文件、修订后 2016 年实施的《种子法》持续推动下，我国种业企业经历了政企分开、多元化、育繁推一体化、兼并重组等大潮的洗礼，涌现出一批经营管理能力强、品种选育水平高、种子产品质量优、市场占有率大、发展后劲足的现代种业企业。种子企业在种业发展中的主体地位逐步得到彰显、确立和巩固。与此同时，中国种子协会加强种业信用体系建设，于 2006 年评出中国种业 50 强企业；于 2011 年起陆续开展种子行业信用评价工作；进行种子企业信用等级评定、中国种业信用骨干（明星）企业认定，树立标杆，为通过评价认定的企业争取政策支持，助力种业企业做强做大。

第一节　发展历程

2006—2020 年，我国种子企业的数量呈现先增后减再增态势。2006—2010 年，我国种企数量延续 21 世纪以来的增长势头，到 2010 年达到顶峰，为 8 700 多家；此后逐年减少，2016 年降至 4 516 家；此后反弹回升，在 2020 年末达 7 372 家。

在这段时间内，尤其在国发〔2011〕8 号文件出台后，种业企业在科技创新中的主体地位得以明确，种业得到前所未有的关注与投入；兼并重组进入活跃期，众多种业企业通过并购持续做大做强做优，规模不断壮大；创新能力不断提升，科研投入不断加强，市场占有率不断提高。

一、企业数量变化情况

2006—2010 年，我国种子企业逐年增多，其原始推力来自 2000 年《种子法》的全面实施。2000 年《种子法》颁布后，农业部依法制定了《农作物种子生产经营许可办法》《农作物种子标签和使用说明管理办法》《主要农作物品种审定办法》，具备条件、达到资质要求的种子科研单位、其他国有和民营经济组织和个人纷纷依法注册公司生产经营种子。种子企业数量的加速增长源于国办发〔2006〕40 号文件，在该文件推动下，农业部门与其所属的国有种子企业彻底分开，种子区域市场壁垒彻底打破，进一步激发了社会力量办种子企业的积极性，种子企业每年以 800 家以上的速度增加，到 2010 年达到8 700 多家。种业主体多元化的格局在此后逐渐形成；但出现种子企业规模小、创新弱、管理散等新问题，维护市场秩序的呼声越来越强烈。

2010—2016 年，我国种业企业的数量持续下降。原推动力来自国发〔2011〕8 号文件。该文件明确了农作物种业的国家基础性战略性核心产业定位，要求着力解决准入门槛低、企业多小弱、竞争力不强等问题，培育具有核心竞争力和较强国际竞争力的“育繁推一体化”种子企业。为达成这一目标，农业部采取了三大措施，导致了种子企业数量迅速下降。一是提高市场准入门槛，于 2011 年修订《农作物种子生产经营许可管理办法》，在企业注册资金、固定资产、研发能力和审定品种等方面大幅提高要求，使部分有效期满的企业因达不到条件退出市场。二是推进兼并重组，通过市场机制优化和调整企业布局，整合农作物种业资源，支持大型企业通过并购、参股等方式进入农作物种业；鼓励大型优势种子企业对优质中小种子企业实施兼并重组；鼓励种子企业间的合并重组，大幅度减少了企业数量。三是重拳整治市场，从 2010 年起连续三年开展种子市场执法年活动，严格依法纠正和查处骗取审批、违法审批等行为，加大对种子基地和购销环节的管理力度，严厉打击抢购套购、套牌侵权、生产经营假劣种子等行为，一大批不合规企业和不再从事生产经营的种子企业被依法吊销营业执照。截至 2016 年底，我国持有效经营许可证的企业数量为4 316 家，较 2010 年累计降幅超过 50%。

2016—2020 年，我国种企数量持续回升。其原推动力来自修订后 2016 年实施的《种子法》，农业部对《农作物种子生产经营许可证管理办法》进一步修改，取消了申请生产经营许可证的注册资金、固定资产和先证后照等要求；实行种子生产许可证和种子经营许可证“两证合一”；将全国范围内经营的“育繁推一体化”种子企业生产经营许可证下放至省级发放。一些原来受注册资金和固定资产限制无法取得种子生产经营许可证的企业获得入市许可机会，导致纳入统计的种子企业数量大幅回升。至 2020 年底，全国纳入农作物种业统计的持有效种子生产经营许可证的企业数量为 7 372 家。其中，包装销售本企业种子的企业有 6 118 家，占比为 82.99%；销售其他企业商品种子收入占种子销售收入 50%以上的企业 787 家；有代制（繁）种子销售的企业 994 家；代制（繁）种子销售收入占种子销售总收入比例超过 50%的企业有 504 家。

二、企业经营范围变化情况

2006 年以前，绝大部分种子企业经营种子农作物类型比较单一。2006—2020 年，许多企业的业务范围与经营区域不断拓展，在做好主营业务基础上启动了企业多元化战略。从主营业务结构上看，水稻、玉米、小麦种子生产企业的数量变化不大，但瓜菜类企业数量增幅显著。

2016 年，按主要经营农作物品种分，全国经营玉米种子的企业数量为 1 578 家，经营常规水稻种子的企业 560 家，经营杂交水稻种子的 481 家，分别比 2015 年增加 17 家、32 家、32 家。经营大豆种子的 419 家，经营棉花种子的 276 家，经营油菜种子的 242 家，经营小麦种子的 1 191 家，经营花生种子的 238 家。

2020 年，全国经营玉米种子的企业数量为 1 789 家；经营杂交水稻种子的企业有 500 家、常规水稻种子 627 家、小麦种子 1 291 家、棉花种子 210 家、大豆种子 445 家、油菜种子 465 家、花生种子 273 家、瓜菜种子 2 393 家。从各企业销售本企业商品种子量看，销售本企业玉米商品种子的企业有 1 084 家、杂交水稻 329 家、常规水稻 530 家、小麦1 111 家、棉花 156 家、大豆 324 家、油菜 268 家、花生 188 家。

三、企业经营能力变化情况

（一）企业规模变化情况

2006—2011 年，我国农作物种子市值快速增长，市值由 500 亿元上升至 990 亿元。2011—2016 年，我国农作物种子市值缓慢增长，市值由 990 亿元增长至 1 230 亿元。2016—2020 年，我国农作物种子市值进入徘徊调整期，市值维持在 1 200 亿元左右。

2016 年，全国种子企业资产总额达 1 867.55 亿元，其中，净资产总额 1 239.35 亿元，固定资产总额 434.62 亿元。资产总额 1 亿元以上的种子企业达 373 家，其中 10 亿元以上的 18 家，5 亿～10 亿元（含）的 27 家，2 亿～5 亿元（含）的 123 家，1 亿～2 亿元（含）的 205 家。

2020 年，全国种子企业资产总额达 2 425.21 亿元，其中，净资产总额 1 429.32 亿元，固定资产总额 515.77 亿元。资产总额 1 亿元以上的种子企业达 432 家，其中，10 亿元以上的 27 家，5 亿～10 亿元（含）的 36 家，2 亿～5 亿元（含）的 142 家，1 亿～2 亿元（含）的 227 家。

种子销售收入上，2006—2020 年，种子企业的销售收入经历了从高速增长到上下波动的过程。2010 年，我国种子企业种子销售总收入为 429.1 亿元，2014 年达最高值794.44亿元，此后开始上下浮动。2020年全国种子企业共实现种子销售收入777.10亿元，其中代制（繁）种子销售收入77.47亿元，商品种子销售收入699.62亿元。商品种子销售收入包括销售本企业商品种子的收入和销售其他企业商品种子的收入。

企业利润上，2019年种业行业利润率和种子销售净利率结束了16年以来持续下跌趋势，出现上涨。2020年全国种子企业实现利润总额69.57亿元，其中种子销售利润49.34亿元，种子企业实现净利润总额66.98亿元。实现种子销售保本盈利的种子企业达5 764家，实现利润90.52亿元；亏损企业1 608家，亏损额20.95亿元；保本盈利企业和亏损企业占比分别为78.19%、21.81%。

（二）企业创新能力变化情况

研发能力的强弱是衡量种子公司核心竞争力的重要指标。2006—2020年，我国种子企业愈发重视科研创新，自主科研投入不断加大，已经成为种业科研投入的主导力量。2019年，规模企业科研投入达36.05亿元，占本企业商品种子销售额的8.12%，创历史新高。大量科研经费的投入，吸引了大批高水平育种人才加入种业研发队伍。2020年，企业选育通过国审的水稻、玉米、小麦、棉花和大豆品种数量达1 208个，占总数1 599个的75.6%；企业选育通过省审的水稻、玉米、小麦、棉花和大豆品种数量达2 224个，占总数3 604个的61.7%；均超过科研单位和其他机构的总和。

植物新品种权保护上，2020年种子企业申请植物品种权4 307件，占全年申请量的54.4%。其中，境内种子企业申请数量为3 863件，占全年申请量的51.9%，是申请植物新品种权最多的主体。2020年种子企业获得授权保护品种1 340件，占全年授权量的52.6%。其中，境内种子企业获得授权1 200件，占全年授权量的47.1%。在非主要农作物品种登记方面，截至2019年10月，已公告品种的企业申请者有1 291家，占总量的79%，为持续提供绿色优质新品种和高质量种子供给奠定了坚实基础。

（三）企业市场竞争力变化情况

头部企业的市场占有率持续提升。2020年种子销售收入超过1亿元的企业142家，是2005年24家的5.9倍；超过2亿元的49家，比2005年增加40家；超过5亿元的13家，比2005年增加6家；超过10亿元的6家，2005年尚没有达到10亿元的企业；超过20亿元的1家。种子销售收入前5名的企业实现销售收入76.63亿元，前10名销售收入113.52亿元，前50名销售收入218.00亿元。在种子销售利润上，2020年种子销售利润超过1 000万元的种子企业151家，超过2 000万元的75家，超过5 000万元的25家，超过1亿元的4家，超过2亿元的1家。

此外，种企“走出去”步伐加快。截至2019年，共有23家种子企业在国外投资成立公司，总投资额在1亿元以上，投资所得总额在1.5亿元以上，是2018年的2.7倍。种子企业国际竞争力不断增强，隆平高科稳居世界种业前十强。中国化工收购先正达、中信集团收购陶氏巴西玉米种子业务后，加快种质资源、育种人才、技术、产品及市场等方面的配置整合，蓄势待发。

（马淑萍、王玉玺、张植宏）

第二节　兼并重组

全球种业史是兼并重组的历史。2006—2020年，中国种业逐渐由产业化阶段迈进现代发展阶段，兼并重组也在持续推进。这一期间的兼并重组可分为两个阶段，大致以国发〔2011〕8号文件为节点，在此之前的兼并重组偶有发生；在此之后则持续活跃，并以2017年中国化工集团有限公司斥资430亿美元成功收购国际种业巨头瑞士先正达公司为最高潮。截至2020年底，中国种业形成了中国中化集团有限公司、中信农业、中国农业发展集团有限公司、北大荒垦丰种业股份有限公司等几大“系统”，中国种业的市场竞争格局愈发明晰。

一、发生背景

行业集中度低容易引发无序竞争。过去的经验表明，我国种子企业长期存在“多小散弱”的问题，种子市场上以次充优、以乙充甲、以价乱市、以死相拼的极端“竞底”现象时常发生，不利于种业良性发展。

2006年后，种业兼并重组苗头开始出现。2007年6月经国务院批准，中国种子集团有限公司并入中国中化集团有限公司成为其全资子公司。同年，袁隆平农业高科技股份有限公司全资收购当时负债累累的湖南亚华种业有限公司，后者在几年后迅速扭亏为盈。

2010年中央1号文件对种业着墨甚浓：“推动国内种业加快企业并购和产业整合，引导种子企业与科研单位联合，抓紧培育有核心竞争力的大型种子企业。”

2010年的种业并购更加活跃。中国种子集团有限公司控股湖南洞庭高科种业股份有限公司、四川川种种业有限责任公司、广东金稻种业有限公司，在为这些企业注入强大资金支持的同时，也为其完成体制改革打开了通道。隆平高科以3 600万元现金认购北京屯玉种业有限责任公司（山西屯玉种业科技股份有限公司的控股子公司）60%的股份，成为其新控股股东。

国发〔2011〕8号文件明确提出“推动种子企业兼并重组”的任务。要求在企业注册资金、固定资产、研发能力和技术水平等方面大幅提高市场准入门槛，优化市场机制，调整企业布局。支持大型企业通过并购、参股等方式进入农作物种业；鼓励种子企业间的兼并重组，尤其是鼓励大型优势种子企业整合农作物种业资源，优化资源配置，培育具有核心竞争力和较强国际竞争力的“育繁推一体化”种子企业。

此后，种业兼并重组进入持续活跃期，在产业政策和资本市场的双重推动下，隆平高科、中种集团、农发种业、垦丰种业等种业龙头企业通过外延并购打破瓶颈，进行资源整合，不断推进做大做强。中信集团、中国中化集团等国有资本以兼并重组方式入局种业市场。

二、典型事件

有了政策支持，加之上市公司和大型央企有拓展市场、增加多元业务的需求；中小企业有渡过难关、谋求发展的愿望，一旦条件合适、时机正确，并购对双方来说都是机会。自2011年前后开始，我国的种业并购大潮开始席卷，大企业并购、小企业联合成为行业发展“主旋律”之一。仅2010—2016年的7年间，全国公开披露的种业并购事件为86起，交易总金额73亿元，事件和金额年均增长率分别达到62.84%和191.64%。多家种企龙头持续兼并重组，各种大大小小的并购不断，尤以下列事件为典型代表。

（一）中种集团并入中化后掀起并购潮

中种集团全称中国种子集团有限公司，2007年，中种集团并入中国中化集团有限公司。自2010年起，中种集团积极实施并购战略，于2010年并购四川省农科院水稻高粱研究所下属四川川种种业有限责任公司、广东省农科院水稻研究所下属广东省金稻种业有限公司，2011年并购湖南省岳阳市农科所下属的湖南洞庭高科种业股份有限公司；于2013年与孟山都公司改组为中种国际种子有限公司。此外还先后与安徽农垦集团合作成立安徽皖垦种业股份有限公司，投资控股河南联丰中种小麦种业公司，与北京市农林科学院合资建立中种杂交小麦种业（北京）有限公司，与湖北省恩施州农业科学院合资建立湖北中种武陵种业有限公司，与现代种业发展基金携手投资山东农科院下属山东鲁研农业良种有限公司，投资控股四川省宜宾市宜字头种业有限责任公司。至此，中种集团的种业业务涵盖玉米、水稻、小麦、蔬菜和花卉种子等。

（二）隆平高科并入中信变身“国家队”

隆平高科全称为袁隆平农业高科技股份有限公司，于2007年收购湖南亚华种业有限公司，2010年控股北京屯玉种业有限责任公司（后剥离），2013年完全控股湖南隆平种业有限公司，2015 年控股天津德瑞特种业有限公司。2016 年，中国中信集团有限公司入驻隆平高科成为其最大股东，隆平高科先后于 2016 年控股广西恒茂农业科技有限公司，2017 年控股湖南优至种业有限公司、湖北惠民种业有限公司、三瑞农业科技股份有限公司、河北巡天农业科技有限公司、湖南金稻种业有限公司，收购陶氏益农在巴西的特定玉米种子业务。并在 2018 年控股北京联创种业有限公司。

（三）荃银高科并购做大后引入中化

荃银高科全称为安徽荃银高科种业股份有限公司，于 2010 年收购四川竹丰种业有限公司、控股安徽荃银欣隆种业有限公司，于 2011 年收购安徽华安种业有限责任公司、杨凌登峰种业有限公司（后剥离）、安徽省皖农种业有限公司、辽宁铁研种业科技有限公司等，实现水稻、玉米、小麦等作物种业领域全覆盖。2018 年，中国中化集团旗下中化现代农业有限公司收购荃银高科部分股份成为后者第一大股东。荃银高科由民营企业转向混合所有制企业。

（四）中国化工收购先正达后“两化”种业重组

2017 年，中国化工斥资 430 亿美元收购全球最大农化公司、第三大种子公司——瑞士先正达。同年又从中粮集团手中收购荷兰粮食与种子巨头尼德拉种业（Nidera）。此后于 2018 年入股荃银高科，2019 年收购三北种业有限责任公司。2020 年，中国中化集团有限公司和中国化工集团有限公司“两化”重整，双方将各自农化资产无偿划转至先正达集团。新架构下，先正达包含先正达植保、先正达种子、安道麦、先正达集团中国四大业务单元。截至 2020 年底，先正达集团中国旗下拥有中种集团、荃银高科、三北种业、金稻种业等种业企业。

（五）农发种业大量并购区域“尖兵”

农发种业全称中农发种业集团股份有限公司，自 2011 年起先后并购河南黄泛区地神种业有限公司、广西格霖农业科技发展有限公司、湖北省种子集团有限公司、山西潞玉种业股份有限公司、江苏金土地种业有限公司、山东天泰种业有限公司，自此种业业务涵盖玉米、小麦、水稻等作物。

（六）供销总社入局成立中农种业

中农种业全称为中农集团种业控股有限公司，中华全国供销合作总社下属中国农业生产资料集团公司的全资子公司，于 2012 年 4 月 9 日成立。此后该公司于 2012 年与山东汇德丰种业有限公司合资成立山东中农汇德丰种业科技有限公司。2012 年全资成立内蒙古中农种子科技有限公司。2013 年成功控股江西现代种业股份有限公司，中农种业成为供销总社布局国内种子业务的主体和平台。

（七）中林种子持续布局农作物种业

中林种子全称为中国林木种子有限公司。2014 年，国资委将张掖金象种业公司划拨给中国林业集团有限公司，公司名称变更为中林集团张掖金象种业公司，由中林种子实际管理，自此介入农作物种子行业。随后数年，中林集团通过资本运作，先后成为江苏中江种业股份有限公司和北京屯玉种业有限公司第一大股东，从此入局水稻、玉米种业。

（八）垦丰种业整合黑龙江垦区种业资源

垦丰种业全称为北大荒垦丰种业股份有限公司，由成立于 2001 年的黑龙江北大荒集团九三种业公司、黑龙江农垦垦丰种业有限公司于 2007 年合并后几经变更、增资扩股而来。在 2011 年全面完成黑龙江垦区内所有种业和资源整合，在 2012 年被北大荒农垦集团有限公司下属黑龙江北大荒现代农业服务集团有限公司收购后改为现名。于 2014 年与德国科沃施公司合资成立垦丰科沃施种业有限公司。

三、市场格局变化

世界种业史上出现了三次并购的大浪潮，第一次浪潮在 1997—2000 年，第二次在 2004—2008 年，第三次在 2015—2018 年。21 世纪初的中国种业市场化程度仍然偏低，企业兼并重组受政策影响明显。国发〔2011〕8 号文件的出台，得到国家各部委支持、地方政府响应、种子企业拥护，种企商业化育种体系的主体地位得以明确，它们得到前所未有的关注与投入，不仅推动中国种业进入现代发展阶段，而且兼并重组在 2011 年后也尤为活跃。

从国内看，在一系列兼并重组中，种业企业进一步提效降本，产生了协同效应，扩大了规模经济，形成了市场控制力，最终提高了收益，也对国内种业格局乃至世界种业格局产生了深远影响。截至 2020 年底，隆平高科、登海种业、中种集团、荃银高科、垦丰种业、农发种业、丰乐种业、大北农等共同形成中国种业的新竞争格局。

从国际上看，以隆平高科为代表的“中信系”、以先正达为代表的“中化系”正式登上世界种业舞台，直接参与全球竞争。据全球农业市场调研公司 Kynetec 统计数据，在 2020 年全球种子行业市场中，市场占有率排名前三位的企业依次为拜耳、科迪华、先正达，市场份额分别为 20%、16.8%、6.9%。目前，先正达稳居世界种企前三强，隆平高科多次入围前十，来自中国的两大种业集团通过兼并重组进军全球市场，未来还将靠自主研发和创新能力立于全球市场潮头。

中国化工成功收购先正达，标志着我国正式站上世界种业舞台。在全球第三次种业并购潮中，2017 年 6 月，中国化工以 430 亿美元成功收购先正达，是中国迄今为止最大的海外收购案，受到全球广泛关注。通过收购先正达，中国化工拥有了完整的农资产业链，先正达的种子业务弥补了中国化工的空白，符合世界农化与种子结合发展的潮流。2017 年 8 月，美国化工业巨头陶氏化学和杜邦公司正式完成合并，合并后的陶氏杜邦市值超1 500 亿美元，其农业事业部于 2018 年更名为科迪华。2018 年 6 月，德国拜耳公司以 630 亿美元收购美国孟山都公司。自此，世界种业形成以农化集团为基础，以拜耳、科迪华、中化+先正达、利马格兰为首的四大集团。

“两化”重组，新先正达集团稳居世界种业前三。在中国化工收购先正达后，拥有中种集团的另一“国家队”中国中化也在持续并购，特别是在 2018 年 12 月，中国中化战略入股荃银高科，全资子公司中化现代农业有限公司受让荃银高科 21.5%的股份，成为第一大股东。2019 年收购三北种业。同年，中国中化董事长宁高宁兼任中国化工董事长，“两化”合并正式浮出水面。2019 年，中农科技注册成立，为全面接盘“两化”的农业资产做准备。2020 年，“两化”将各自农化资产无偿划转至先正达集团。新的先正达集团在种业板块的实力得到极大增强，坐实全球最大农化公司和第三大种业公司的名头。

以隆平高科为代表的“中信系”日益成为中国种业最重要的势力之一。隆平高科作为我国较早上市的种业企业，发展过程中通过兼并重组持续扩大业务规模，延伸产业链上下游，最终提升了市场竞争力。据中国种子协会发布的历届中国种业五十强（中国种业骨干企业）榜单，隆平高科在 2006 年排名第十，此后在 2010、2013、2016、2019 年长期“霸榜”。隆平高科由民企“蝶变”为国企，凭借雄厚的国企资金优势持续频繁开展并购。2017 年 12 月 1 日，中信农业产业基金与隆平高科以 11 亿美元共同完成陶氏巴西玉米资产并购交易，显著增强了隆平高科的玉米研发能力和全球市场拓展能力。2018 年，隆平高科进入全球种业十强，这也是我国本土种企首次登榜。

（马淑萍、王玉玺、张植宏）

第三节 企业评价

中国种子协会开展企业评价工作，始于 2003 年中国种业五十强企业创建活动。经过近 20 年的发展，逐步形成了包括中国种子行业信用企业评价、中国种业信用骨干企业认定、中国蔬菜种业信用骨干企业认定在内的三种企业评价类型，累计评价企业 1 000 余家（次）。

一、种业五十强企业创建

2000 年《种子法》颁布实施，经营主体多元化，种业进入快速发展阶段。但在全球经济一体化浪潮中，我国种子企业经济实力和国际竞争力与国际大型种业企业相比还有很大差距。为了促进我国种业的发展，做大做强种子产业，提高我国种业的综合实力和国际竞争能力，2003年农业部发布《关于创建种业五十强企业的通知》（农农发〔2003〕3号)，委托中国种子协会开展种子企业评价认定工作，种业五十强的认定工作从此开始。

种业五十强企业申报对象为在我国境内依法登记，取得种子生产经营许可证，进行农作物种子生产经营活动的中国种子协会会员企业，有违法、违规行为和拖欠制种款的企业不得申报。申报内容包括企业净资产规模、经营收入、研发投入、利润、自育品种、基地建设、种子质量保证体系、诚信经营等方面。

种业五十强企业认定坚持在会员企业内自愿申报的原则。申报材料经过省级协会［种子管理站（局)］初审，再报送中国种子协会秘书处。中国种子协会秘书处组织专家对申报企业按标准进行评价。评价结果经过中国种子协会五十强评价领导小组审定后，向社会公示，同时向农业部汇报。最后，由领导小组做出认定“五十强企业”的决定，并发布公告。

中国种业五十强企业有效期为三年，2003年、2006年，开展了两次“五十强企业”认定。种业五十强企业认定活动，有力促进了种业发展，企业实力显著增强。2003年前十强种子企业销售额28.6亿元，2010年增加到63.7亿元，增长1.2倍；2003年只有1家企业经营额超过5亿元，2010年增加到8家，其中最高达到9.7亿元。

二、企业信用评价

为落实党的十六大提出的“整顿和规范市场经济秩序，健全现代市场经济的社会信用体系”指示精神，2010年，中国种子协会向商务部信用工作办公室和国务院国有资产监督管理委员会行业协会联系办公室申请开展种子行业信用评价工作。2011年2月，商务部信用办、国资委协会办批准中国种子协会开展种子行业信用评价工作的申请；又经请示农业部种植业管理司、人事劳动司和全国农业技术推广服务中心同意后，2011年6月，中国种子协会第四届第九次常务理事会审议通过了《开展种子行业信用评价议案》，自此，中国种子协会正式开展种子行业信用评价工作。

种子行业信用评价工作自开展之始，就明确在会员企业中开展，并健全了组织机构，制定了评价制度和标准，取得了多方支持。

（一）健全组织机构

协会成立了信用评价领导小组，负责与有关部门沟通协调，监督指导信用评价工作；审议信用等级评价结果，对信用评价工作行使解释权；研究与信用评价工作相关的其他重大事项。设立信用评价工作办公室，负责信用评价日常工作。创建省级信用联络员群，负责组织本省范围内种子企业申报、初审申报材料、监督信用企业等工作。建立信用评价专家库，负责评价申报材料。

（二）完善评价制度

一是制定管理办法。在开展信用评价工作之始，协会常务理事会就制定了《中国种子协会行业信用评价管理办法》，对信用企业的申报条件、评价原则、评价机构组成和职责任务、评价内容、程序、结果应用、监督检查等作了具体规定，为评价工作的规范开展提供依据。二是完善标准。评价工作伊始，协会遵循商务部信用工作办公室、国资委行业协会联系办公室的评审模板，制定了《信用评价指标所含要素分值及等级判定标准》（以下简称"《判定标准》"）。2017 年之后，商务部和国资委明确各行业协会可以自行开展信用评价工作。协会依据"突出行业特点、突出信用指标、注重客观公正"的原则，对原《判定标准》进行了调整完善，提高了自育品种推广面积的分值比重，鼓励企业培育好品种大品种；将信用记录指标分值由原来的 320 分提高到 340 分，突出信用的导向作用；细化评审标准，增强可操作性。

（三）创建奖惩机制

协会坚持让守信者处处受益、让失信者寸步难行的原则，建立了信用奖惩机制。加大对信用企业的宣传，在协会官网、期刊和中国种子大会等平台，宣传信用企业；将信用企业推荐给政府机关、金融机构，作为其支持种子企业的参考要素。对有不诚信情形的企业，按其违法违规程度做出警戒、降级、撤销信用等级等惩处措施，截至 2020 年，共撤销了 60 家企业的信用企业资格，降低了 13 家企业的信用等级。

（四）取得多方支持

协会开展信用评价工作，有政策、法律、财政支持。国发〔2011〕8 号文件明确规定："发挥行业协会作用……加强行业自律，规范企业行为，开展种子企业信用等级评价，帮助企业做大做强。"为协会开展信用评价工作提供了政策依据。修订后 2016 年实施的《种子法》第五十条规定："种子生产经营者依法自愿成立种子行业协会，加强行业自律管理，维护成员合法权益，为成员和行业发展提供信息交流、技术培训、信用建设、市场营销和咨询等服务。"为协会开展信用评价工作提供了法律依据。农业部种子管理局（现农业农村部种业管理司）在每年的预算中，为协会开展信用评价工作专项列支了工作经费，保障了信用评价工作的经费支出。种子行业信用评价不向企业收取任何费用，保障评价工作公平、公正。

截至 2020 年，中国种子协会已评价企业 840 家（次），评定信用企业 720 家

(次)，有效期内信用企业 353 家，其中 AAA 信用等级 111 家，AA 信用等级 167 家，A 信用等级 74 家，BBB 信用等级 1 家。

三、骨干企业认定

根据农业部原监察局的建议，“种业五十强企业”改名为“种业骨干企业”，2010 年认定骨干企业 54 家。自 2013 年开始，种业骨干企业认定和信用企业评价结合，申报种业骨干企业必须为中国种子行业信用企业。申报大田作物种业骨干企业的，必须是中国种子行业 AAA 级信用企业，被认定为骨干企业的，授予“中国种业信用骨干企业”称号，其前十名为“中国种业信用明星企业”。为适应蔬菜种子企业的特点，2014 年开展了中国蔬菜种业信用骨干企业认定工作，申报对象为中国种子行业 A 级信用企业。

种业骨干企业认定工作，每三年开展一次。2016 年，中国种子协会同步组织中国种业信用骨干企业和中国蔬菜种业信用骨干企业认定。

为做好种业骨干企业认定工作，协会建立了一套完善的管理办法和评分标准。根据《中国种业信用骨干企业认定办法》规定的程序和条件组织申报，根据《中国种业信用骨干企业评分标准》和《中国蔬菜种业信用骨干企业评分标准》组织评审，并接受社会监督。

截至 2020 年，中国种子协会累计评价企业 209 家（次），认定中国种业信用骨干企业 170 家（次），有效期内中国种业信用骨干企业 57 家；累计评价蔬菜种业企业 86 家（次），认定中国蔬菜种业信用骨干企业 50 家（次），有效期内企业 20 家。

（马淑萍、孙立华）

第十三章 种子生产经营

第一节 基地建设

种子基地是集适宜光热水土等自然条件和人力、物力等资源禀赋于一体的重要战略资源，是保障良种有效供应的基础。2006—2020 年，种子生产基地建设进入又一个黄金时期。政策支持力度大，中央 1 号文件连续多年对国家种子基地建设提出明确要求。特别是国发〔2011〕8 号文件，把加强种子生产基地建设列为重点任务。修订后 2016 年实施的《种子法》要求，“对优势种子繁育基地内的耕地，划入基本农田保护区，实行永久保护”。种子生产基地建设进度加快。

一、国家级三大育制种基地

2012 年《全国现代农作物种业发展规划（2012—2020 年）》对国家级三大种子基地建设作出顶层设计。2012 年 7 月 26 日，农业部在甘肃省张掖市召开全国现代种业制种基地建设现场会，要求以提高种子生产基地规模化、机械化、标准化、集约化水平为主要目标，大力改善制种基地设施条件，努力提升种子生产科技水平，切实加强制种环境建设，加快推进制种产业化，为打造现代种业强国提供有力支撑。

（一）甘肃国家杂交玉米制种基地

甘肃河西地区光热水土条件优越，是我国重要的玉米制种优势基地，自 2000 年国内外种子生产经营单位相继建立制种基地，到 2006 年甘肃省杂交玉米制种面积已发展到 150 万亩。

2013 年，农业部认定张掖市为全国杂交玉米制种基地大市，临泽县为全国杂交玉米制种基地超级大县，肃州区、甘州区、高台县、永昌县、凉州区、古浪县为全国杂交玉米制种基地大县。2015 年 5 月，国家发展改革委印发《关于国家玉米制种基地（甘肃）建设项目可行性研究报告的批复》（发改农经〔2015〕1083 号），项目总投资 5.7 亿元，中央专项资金 3.41 亿元，建设规模 30 万亩，建设期限 2015—2017 年。同时，农业部组织甘肃省张掖市采取了一系列整治措施，严把基地准入关口，严厉打击无证生产、套牌侵权等违法行为，有力推动了种子基地生产秩序明显好转。2015 年 6 月，甘肃省发展改革委、财政厅、农牧厅、国土资源厅、水利厅、林业厅、审计厅印发《国家玉米制种基地（甘肃）建设项目管理办法（试行）》。截至 2020 年底，甘肃省共获得国家制种大县奖励资金 3.45 亿元，支持甘州区、临泽县、高台县、肃州区、凉州区、永昌县等地用于基地建设。建成成套加工线 400 余条，种子生产加工能力达 7 亿公斤以上，成为全国重要的种子生产、加工技术中心，形成了制种产业集群。按照“四化”建设要求，甘肃以多种形式的土地流转为突破口，大力推广标准化生产、机械化操作，实行“公司＋基地”“公司＋合作社＋基地”“公司＋制种大户＋基地”等新型基地建设模式。在张掖、酒泉和武威三市推进玉米制种示范基地建设，建立了企业与基地长期稳定、互利双赢的合作机制；打破了一家一户经营模式，提高了基地组织化程度，为国家级制种基地建设提供了成功经验。但是，随着时代发展和环境变化，甘肃制种基地劳动力转移和人口老龄化，用工成本不断增长，在去雄、收获等关键时节，面临用工荒，全程机械化制种技术亟待突破。此外，种子企业基地不稳定问题依然突出，企业每年都为落实基地发愁，需要探索更加长期稳定的利益联结机制。

（二）四川国家杂交水稻制种基地

四川省拥有得天独厚的自然生态条件，是我国“三系”杂交水稻种子生产的优势区域，曾创造了全国“四个第一”：一是面积第一，四川省杂交水稻常年制种面积稳定在 30 万亩左右，2006 年达到 54 万亩以上，占全国水稻制种面积的 30%以上；二是平均亩产第一，杂交水稻制种稳定在 200 公斤/亩，高于全国平均水平；三是国内省际调剂量第一，每年调出杂交水稻种子 5 万吨以上，占全国省际调剂量的 60%；四是杂交水稻种子外贸销售居全国第一，杂交水稻种子年出口 1.2 万吨以上，占全国出口总量 55%以上，出口对象从东南亚扩大到非洲、欧洲。

2013 年，四川省绵阳市被认定为国家杂交水稻制种大市，梓潼县、德阳市罗江区、绵阳市安州区、江油市、泸县、邛崃市、眉山市东坡区、眉山市彭山区等 8 个县（市、区）被认定为国家杂交水稻制种大县。2013 年 8 月 9 日，四川国家级杂交水稻制种基地建设工作推进座谈会在成都召开，农业部副部长余欣荣出席会议并讲话，要求推进规划项目化、加强规划沟通、强化基地管理、推进机制和政策创新、加快制种关键技术研发、全力以赴推进国家级制种基地建设。2016 年，国家发展改革委印发《国家杂交水稻制种基地建设项目》，规划建设国家杂交水稻制种基地 27 万亩，以及配套的种子监管服务体系，8 个国家杂交水稻制种大县、大邑县、绵阳市游仙区、射洪县共 11 个县，以及四川省种子站、绵阳市种子管理站等 13 个县（单位）获得中央投资 2.633 4 亿元。截至 2020 年底，四川省共获得 3.06 亿元国家制种大县奖励资金，支持梓潼县、安州区、东坡区、邛崃市、泸县等地开展基地建设，良种供应能力不断增强。四川各基地县约 65%以上的种子均通过基地烘干加工，较 2012 年提高 30%，改变了种子干燥主要靠晾晒的传统模式。杂交水稻制种单产达 223.5 公斤/亩，较项目实施前增幅达 9.7%。利益链接机制更加紧密，各基地县推行“公司＋专合社＋农户”制种模式，通过土地流转、务工报酬、股份分红等方式，制种农户的参与度更高，每亩纯收入增加 180 元，成为带动农户增收的重要来源。基地监管能力不断提升，各基地县种子管理机构得到不同程度强化，三分之二的县设有种子质量监督检验站，为基地监管提供了可靠的人员和充裕的物资、经费保障。但是，由于制种成本快速上升、亩收益逐年下降，挫伤了农户制种积极性；同时，制种基地生产风险增大，农民收益不稳定，增加了社会稳定风险；制种面积不稳定，基地管理困难，种子质量很难保证；加上在品种更新换代、三系杂交稻面积减少等多重因素影响下，四川杂交水稻制种规模逐年下降。

（三）海南国家南繁基地

海南南繁基地是国家独一无二、不可替代的宝贵战略资源，被喻为中国种业的“硅谷”。2006 年 1 月，国家南繁工作领导小组在三亚市组织召开了有史以来第一次全国性南繁工作会议，分析形势，总结经验，表彰先进，明确思路，部署安排南繁工作。同年，农业部和海南省政府修订了《农作物种子南繁工作管理办法》，农业部批准立项四个南繁基地建设项目，总投资 2 530 万元。2009 年 11 月 3 日，国家发展改革委发布《全国新增 1000 亿斤粮食生产能力规划（2009—2020 年）》，提出建设海南南繁科研制种基地。2009 年 12 月 31 日，《国务院关于推进海南国际旅游岛建设发展的若干意见》（国发〔2009〕44 号）指出，要充分发挥海南热带农业资源优势，使海南成为全国南繁育制种基地，南繁基地建设上升为国家战略。2011 年国务院 8 号文件提出，加强海南优势种子繁育基地的规划建设与用地保护。2012 年中央 1 号文件明确提出“加强海南优势种子繁育基地建设”。2012 年 5 月 3 日，农业部与海南省政府在海口市签署《关于加强海南南繁基地建设和管理备忘录》。2012 年 12 月 26 日，国务院办公厅正式印发《全国现代农作物种业发展规划（2012—2020 年）》（国办发〔2012〕59 号），确定以海南为国家级种子基地建设重点。2013 年 12 月 20 日，国办发〔2013〕109 号文件提出，在海南三亚、陵水、乐东等区域划定南繁科研育种保护区，实行用途管制，纳入基本农田范围予以永久保护。2014 年 12 月 19 日，海南省人民政府颁布了《关于深化种业体制改革推进现代农作物种业发展的实施意见》（琼府〔2014〕68 号），专门提出了要规划建设好国家南繁育种科研基地，并指定各厅、局以及三亚、乐东、陵水等地方政府配合南繁保护区规划。2015 年 10 月 28 日，经国务院同意，农业部、国家发展改革委、财政部、国土资源部和海南省人民政府联合印发《国家南繁科研育种基地（海南）建设规划（2015—2025 年）》，对南繁基地建设与管理作出全面部署。2015 年 11 月 25 日，全国南繁工作会议暨现代种业发展工作会议在三亚市召开，强调要根据《国家南繁科研育种基地（海南）建设规划（2015—2025 年）》，力争用 5～10 年时间，把南繁基地打造成为服务全国、用地稳定、运行顺畅、监管有力、服务高效的公共科研育种平台。2018 年 4 月，习近平总书记在海南调研时强调，“国家南繁科研育种基地是国家宝贵的农业科研平台，一定要建成集科研、生产、销售、科技交流、成果转化为一体的，服务全国的‘南繁硅谷’。”至此，南繁工作迈入了南繁硅谷建设的新阶段。2018 年 11 月，中央深改委第五次会议审议通过的《海南省创新驱动发展战略实施方案》中明确提出，支持编制南繁硅谷规划。根据农业农村部和海南省签署的《共同推进海南全面深化农业农村改革开放备忘录》，农业农村部指导海南省编制《南繁硅谷建设规划》，做好与《国家南繁科研育种基地（海南）建设规划（2015—2025 年）》等规划的衔接，共同推进中央部委层面的相关政策协调。2019 年，农业农村部已落实相关资金，通过国家现代农业产业园项目和现代种业提升工程，支持海南建设“一带一路”种业开放先行区，大力支持“南繁硅谷”建设；海南省政府已成立《国家南繁硅谷建设规划（2020—2025 年）》编制工作领导小组，由刘平治副省长任组长。

二、制种大县

2012 年 7 月 26 日，农业部在甘肃省张掖市召开全国现代种业制种基地建设现场会，总结交流种子生产基地建设经验，决定开展国家级种子生产基地认定，提出将国家级种子基地纳入粮食生产大县奖励政策。

2013 年 5 月，农业部启动国家级杂交水稻和杂交玉米种子生产基地认定。同年 8 月，根据种子生产基地面积、产量、发展环境等因素，农业部认定了四川省绵阳市等 31 个市县为国家级杂交水稻种子生产基地，甘肃省张掖市等 26 个市县为国家级杂交玉米种子生产基地。农作物种子生产基地建设的重点任务是，加强田间基础设施建设，推进制种全程机械化和种子加工技术装备升级，构建种业信息化平台体系，强化基地监管与产业服务，充分调动地方、社会、企业的积极性，鼓励多元化投入，建设可示范、可推广的规模化、标准化、集约化、机械化、信息化的种子生产基地，带动种子产业快速发展，保障我国农业生产供种安全。

（一）国家级杂交水稻种子生产基地名单

江苏省盐城市、四川省绵阳市、湖南省怀化市、福建省建宁县、湖南省绥宁县、江苏省大丰市、四川省梓潼县、贵州省岑巩县、江苏省建湖县、海南省乐东黎族自治县、四川省罗江县、湖南省靖州县、江苏省金湖县、湖南省武冈市、四川省彭山县、海南省临高县、湖南省溆浦县、湖南省攸县、四川省东坡区、四川省邛崃市、四川省安县、湖南省洪江市、湖南省零陵区、江西省宜黄县、江苏省阜宁县、四川省江油市、湖南省芷江侗族自治县、重庆市垫江县、四川省泸县、湖北省公安县、海南省三亚市。

（二）国家级杂交玉米种子生产基地名单

甘肃省张掖市、新疆维吾尔自治区昌吉州、甘肃省临泽县、甘肃省甘州区、甘肃省凉州区、甘肃省肃州区、甘肃省高台县、甘肃省永昌县、甘肃省古浪县、新疆维吾尔自治区昌吉市、新疆维吾尔自治区玛纳斯县、新疆维吾尔自治区呼图壁县、新疆维吾尔自治区奇台县、新疆生产建设兵团第十师、新疆生产建设兵团第四师、新疆生产建设兵团第九师、新疆生产建设兵团第六师、新疆生产建设兵团第五师、黑龙江省林口县、黑龙江省依兰县、黑龙江省宁安市、黑龙江省依安县、吉林省洮南市、宁夏回族自治区青铜峡市、内蒙古自治区松山区、四川省西昌市。

2014 年，农业部会同财政部，将国家级杂交水稻和玉米制种大县纳入产粮（油）大县奖励范围。2015 年，财政部首次将制种大县奖励资金单列，实行切块管理，会同农业部通过竞争择优方式，实施制种大县奖励。2015—2020 年，共计在 23 个省（区、市）支持 280 个县（次）开展制种基础设施建设、基地管理等工作。2015 年启动时项目规模3 亿元，经逐年增加，到 2020 年资金增加到 10 亿元。

6 年来，中央累计投入近 34 亿元（33.962 8 亿元），其中水稻 12.966 亿元、玉米 10.696 8 亿元、马铃薯 4 亿元、大豆 2.1 亿元、小麦 1.1 亿元、油菜 1 亿元、青稞 0.2 亿元，南繁基地 1.9 亿元。通过项目实施，建成的高标准种子田面积共约 278.63 万亩，包括建设田间道路 2 639.2 千米，沟渠 15 818.4 千米，机井 2 951 眼，配套机电设备 2 752 个，仓储约 158 万平方米，晒场约 1 005.3 万平方米，机械化作业设备约 65 197 台套。各级地方共出台包括建设、税收、人才、奖励等多项内容扶持政策 300 多项。除中央投资外，地方财政配套资金 5 亿多元，整合有关项目资金近 29 亿元，撬动企业投资或社会投资近 28 亿元。

另外，为有效化解制种自然灾害风险，保障制种农户利益，稳定粮食生产，2011 年，农业部会同保监会等部门，指导支持中国人保等 9 家保险公司，在海南、甘肃、四川等 10 多个省份的制种基地开展杂交水稻、玉米、小麦制繁种等保险业务试点。

2016年，中国人民银行、农业部等5部门联合印发《关于做好现代种业发展金融服务的指导意见》，鼓励保险机构在国家级制种基地和龙头企业积极开展制种保险试点，深入研究开发保险责任宽、保障水平高、理赔程序简的制种保险专属产品。2018年，农业农村部与财政部、银保监会联合印发《关于将三大粮食作物制种纳入中央财政农业保险保费补贴目录有关事项的通知》，将水稻、小麦、玉米三大粮食作物制种纳入中央财政保费补贴目录。

三、区域性良繁基地认定

2017年，根据农业供给侧结构性改革和国家"十三五"规划纲要推进区域性良种繁育基地建设工作的要求，农业部在全国认定了第一批区域性良种繁育基地49个，涵盖大豆、马铃薯、油菜、棉花、蔬菜、柑橘、苹果、西甜瓜、茶、甘蔗等20多种作物，推进区域性良种繁育基地保护和建设，提升特色农作物供种保障能力。

2019年，农业农村部认定了第二批区域性良种繁育基地68个，作物涵盖常规稻、小麦、大豆、马铃薯、青稞、甘薯、杂粮杂豆、棉花、油菜、花生、甘蔗、大宗蔬菜、西甜瓜、食用菌、茶叶、苹果、柑橘、梨、香蕉、中药材等。通过各省指导各区域性良种繁育基地制定建设规划，并将这些基地建设项目纳入现代种业工程建设规划，标志着我国种子基地建设将进入全面协调发展的新阶段。

第二节　种子生产

一、杂交水稻

2000年《种子法》颁布实施后，种子行业逐步走向市场化，传统的种子生产模式被打破，种子生产产业化、市场化开始形成并不断完善，新的种子生产体系逐渐建立并发展。在市场经济推动下，育繁推一体化企业实力稳步增强，制种规模迅速扩大，制种基地不断向优势区域集中，四川、湖南、江苏、海南、福建、江西杂交水稻制种产业步入快速发展阶段。

2006—2020年，全国杂交水稻制种面积呈六年周期波动态势。2007—2009年，杂交水稻种子生产面积下滑。2008年种子生产面积降为94.6万亩，仅为2005年的63%。2010—2011年，杂交水稻种子生产面积恢复性增长，分别达到148万亩和161万亩，在2012年达到181万亩的顶峰后，再次进入下滑阶段。截至2020年，全国杂交水稻制种面积120万亩，福建、湖南、四川、江西、江苏和海南六省制种面积共计

100.9 万亩，占全国杂交水稻制种面积的 83.78%。

杂交水稻制种技术也在不断发展进步，先后经历三系制种技术、两系制种技术和机械化制种技术。自 20 世纪 70 年代初期起，三系法杂交水稻研究成功，经过 10 多年的研究与实践，形成了杂交水稻制种基本技术体系，三系法制种成为使用最广泛的种子生产技术。1995 年，两系法杂交水稻制种在湖南怀化成功试验，相继建立了水稻光温敏核不育系核心种子和原种生产技术、两系法杂交水稻制种母本育性监测技术、控制母本群体育性稳定的培养技术等安全制种配套技术。2012 年编制了国家技术标准《两系法杂交水稻种子生产体系技术规范》，为两系法杂交水稻安全高效制种提供了技术保障。随着中国社会经济的快速发展，农业劳动力日益减少，农村土地流转相继加快，杂交水稻制种逐步向规模化发展，机械化制种势在必行。2018 年，杂交水稻机械化制种技术开始在主要杂交水稻制种基地示范应用。2020 年，农业农村部发布了中华人民共和国农业行业技术标准《杂交水稻机械化制种技术规程》（NY/T 3767—2020）和《杂交水稻种子机械干燥技术规程》（NY/T 3768—2020）。

近年来，受气候异常因素影响，自然灾害频发，对江苏、四川、海南、湖南、江西及福建等基地造成不同程度的减产和制种质量下降等问题，特别是 2009 年江苏等地两系杂交稻制种受气候异常影响，致使正处于育性转化期的两系制种不育系育性恢复，自交结实，种子生产遭受重大灾害，给种子企业、制种农民带来较大损失，两系杂交水稻种子市场供应出现紧缺。2015—2019 年，江西、湖南、四川等地接连在 6 月下旬至 7 月上旬遭受持续降雨，春制正碰上抽穗扬花期，导致开花授粉受阻，异交结实率低，产量大减。

二、玉米

随着杂交玉米种子的全面推广应用，我国玉米种子生产基地布局调整速度加快，种子生产进一步向优势区域集聚。自 2010 年以来，甘肃、新疆等西北地区玉米种子生产面积在全国占比稳定在 70%左右。

2006—2020 年，全国杂交玉米制种面积呈周期波动态势。2006 年全国杂交玉米制种面积 487 万亩，达到顶峰，2007 年种子严重供过于求。2007 年制种面积 345 万亩，2008 年制种面积 301 万亩，2009 年制种面积开始回弹，2012 年达到 435 万亩峰值，之后开始新一轮下调。截至 2020 年，全国杂交玉米制种面积 233 万亩，比 2019 年减少 23 万亩，甘肃和新疆制种面积合计 175.64 万亩，占全国玉米制种面积的 75.38%。

玉米种子生产技术主要为单交种和杂交制种，2011 年中国农业大学、全国农业技术推广服务中心牵头修订了国家标准《玉米种子生产技术操作规程》，简化了亲本生产程序。玉米种子生产中去雄和收获环节使用人工较多。从 2013 年开始，以黑龙江垦丰种业为代表的龙头企业相继引进国外整套机械设备，尝试探索玉米制种全程机械化，积累了耕、种、管、收等环节大规模应用的经验和技术，完善配套加工设施，到 2020 年新疆玉米制种机械化水平走在全国前列。甘肃基地仍以“满天星”种植方式为主，加之地块较小，大型机械无法使用，机械化水平相对较低。

从近 10 年各类灾害发生的频次来看，高温干旱和低温冻害是杂交玉米制种面临最为多发的灾害类型。2015 年、2016 年，西北主要玉米制种基地普遍遭受苗期低温、去雄授粉期高温干旱和灌浆期阴雨寡照等灾害性天气影响，整体造成减产 15%左右。2017 年、2018 年，西北主要玉米制种基地普遍遭受去雄授粉期高温干旱天气影响，整体造成减产 10%左右。2018 年，主要玉米制种基地在去雄授粉期普遍遭遇高温或干热风天气影响，整体造成减产 2%左右。2019 年、2020 年，西南主要玉米制种基地遭遇干旱，造成成苗率低。

三、小麦

根据自然资源条件和小麦种业发展特点，小麦种子生产基地主要分布在小麦生产大省，河南、山东、河北、安徽、江苏、新疆等省区，繁种面积占我国小麦繁种面积的 90%。其中，冬小麦常年繁种面积在 1 000 万～1 100 万亩，主要集中在河南省、山东省、江苏省、安徽省、河北省等 5 个冬小麦种植大省；最大的繁种大省是河南省，每年约 400 万亩，其他大省也都在 100 万亩以上；由于新疆冬小麦的亩用种量是其他地区的 2 倍，所以新疆冬小麦繁种面积也接近 100 万亩。其他地区如甘肃、陕西、山西、湖北、四川等地冬小麦繁种面积都在 20 万亩以下。春小麦种子基本上是本地繁种本地用，区域市场间种子流通并不多，全国每年繁种面积 70 万～80 万亩，主要分布在内蒙古、新疆、甘肃、青海和黑龙江等地。

2011 年，中国农业科学院、全国农业技术推广服务中心（以下简称“全国农技中心”）牵头修订了国家标准《小麦原种生产技术操作规程》，增加了利用株系循环法生产原种的方法。为保持种子纯度和品种特性，企业普遍采用的为四圃制繁种方法，即育种家种子→原原种→原种→良种，有效保障了种源纯度，保持了品种特征特性。

从近 10 年各类灾害发生的频次来看，小麦繁种面临的灾害类型多样，主要包括干旱、低温、冻害、风雹和干热风等。其中，干旱是持续时间较长、影响范围较广的灾害，高标准农田的建设有效提高了小麦繁种抗旱能力。此外，条锈病、叶锈病、白粉病、纹枯病和赤霉病等病害也呈上升趋势。2016 年，安徽中部、江苏淮安、河南南部、湖北江汉平原地区冬小麦繁种赤霉病偏重发生和麦收阴雨，造成小麦穗发芽和穗萌动，种子田成灾面积250万亩，其中因灾报废110万亩，造成小麦繁种减产6.7亿公斤。

第三节 种子加工

种子加工是提高种子质量的重要手段，是提高种子商品化、促进种子市场流通的基本技术措施，是种子产业发展的核心内容之一。通过对农作物种子采取干燥、脱粒、精选、分级、包衣、称量、包装等工艺，种子净度可提高2%～5%，千粒重提高5克左右，用种量减少10%～20%，一般可增产4%～8%。种子加工机械设备经历了引进、消化、吸收与自主创新阶段，通过种子工程、综合开发项目建设，我国种子加工技术取得了长足发展，逐渐由传统的机械与人工相配合的半自动化向全自动生产线转型，机械设备也实现了优化升级，烘干机、清选机、精选机、包衣机、精量包装机等设备基本实现了数字化控制，生产线的排列方式和工艺之间的匹配度实现了明显升级。

2006年，我国种子加工机械生产企业20多家，一些企业引进先进生产加工机械设备，成立加工机械研发中心，具备了相应的研发能力，人员素质也有提高，有能力提供合格种子加工机械产品。全国种子加工成套设备保有量达800多套，加工机械供应数量和加工能力能满足种子生产要求。随着种子市场开放后，种子生产资源得以重新配置，种子生产规模不断扩大，种子加工机械生产率由每小时4吨～5吨增加至8吨～10吨，“大型化、自动化和人性化”成为我国种子加工成套技术装备的新特点。种子企业更加注重种子加工机械的生产效率和安全环保，并较好地解决了除尘、降噪和种衣剂防毒等问题。种子加工机具的规格从小到大，机型品种从脱粒、预选、清选、分级、包衣到包装；作业对象从粮油种子、棉籽、菜籽到牧草种子，产品基本覆盖了种子加工的各个领域。

随着种业全球化进程加快，种子商品化程度越来越高。种子公司对大型种子加工设备及种子加工机械技术要求变得越来越高。以酒泉奥凯为代表的一批种子加工机械企业开始自主研发，系统开展了种子保质干燥、柔性脱粒、特征选别、表面抛光、包衣、生产线智能控制等技术与装备的优化提升，创新脱粒预清复合功能柔性揉搓脱粒技术，实现种子脱粒、预清处理能力达到50吨/小时，满足玉米种子工厂化加工要求。创新种子精细高效加工技术装备集成，研制10～15吨/小时种子精细化选别加工成套装备，实现种子规模化、精细化、智能化高效生产，创新小粒种子智能化加工技术系统集成，实现蔬菜种子全程机械化加工。成功研制了大型智能化种子加工成套装备、20 吨/小时智能化批次式环保包衣机、自清种提升输送设备等新产品，部分达到国际先进水平，出口东南亚、非洲等地。同时，种子加工机械向自动化、信息化、智能化方向发展。其中，智能化种子加工成套设备是重点，借助单片机技术和软件技术等，实现智能化控制。

精量包装技术也成为种子加工处理的重要技术之一。与传统的粗放型农业相比，精量包装能够实现种子的单粒包装，能进一步提高种子的利用率，有利于降低种子用量，实现精量播种过程的单粒精确位置播种，有效降低农业生产过程中人工间苗的工作量，保证了农作物的苗齐和均匀生长，且易于实现合理密植。应用的精量包装技术主要有两种：一是针对小颗粒种子采用的集中真空包装；二是针对包衣处理的大直径种子采用的单粒密封包装，部分包装过程还配套有精量称重设备，以保证种子用量的精确性。

登海先锋、隆平高科、奥瑞金、北京德农、三北种业等一批种子企业率先在甘肃张掖建成了国际一流水平的玉米种子成套加工生产线，包括玉米果穗的自动接收、扒皮选穗、果穗烘干、脱粒、仓储和精选等环节，实现了电脑全自动化管理，提高了种子处理的精确性和种子质量，为精量包装、单粒播应用奠定了坚实基础。

自 1996 年农业部实施种子工程以来，种子包衣技术得到推广应用，实现迅速发展。2008—2012 年，种子处理剂市场从 8 亿元快速增长到 16 亿元；2013—2020 年，逐步进入平缓增长期，种子处理剂市场从 16 亿元增长至 20 亿元。种子处理剂品类更加丰富，分为固体制剂和液体制剂两大类，共 5 种剂型，包括种子处理干粉剂、种子处理可分散粉剂、种子处理乳剂、种子处理悬浮剂、种子处理液剂；因安全性高，我国市场上多数产品主要是悬浮种衣剂剂型。种衣剂发展初期，国内公司主要利用国外过期专利进行仿制，随着国外农化巨头专利化合物优势逐渐消失，再加之国内研发能力、加工工艺的成熟，国内种衣剂迎来了黄金发展期。从 2010 年开始，各种种子处理产品如雨后春笋般涌现出来，国内企业也在登记上呈现井喷发展的趋势，目前国内种衣剂厂家约 170 个，登记的产品超过 600 个，但登记作物相对集中，主要集中在玉米、小麦、棉花、大豆、花生、水稻六大作物上。小麦、玉米的比例相对比较大，花生次之。经过前 10 多年的快速发展，种子包衣技术在玉米和棉花上应用较成熟，已经超过 90%。因小麦种子为常规种，销售不完可就地转商，小麦种子包衣以农户包衣为主，占比 80%。因水稻种子要浸种出苗，水稻种子包衣主要由农户自行包衣，占比约 30%。

种子加工设备操作人员技术水平不断提高。为落实行政审批责任制，根据《种子法》和《农作物种子生产经营许可证管理办法》的要求，各省级种子管理部门相继开展了申请领取所辖区域内种子生产经营许可证企业的种子加工贮藏人员的考核工作。

为了规范对农业部核发种子经营许可证企业的考核管理，受农业部种植业管理司委托，全国农技中心自2002年起，组织开展大型种子企业种子加工贮藏技术人员考核工作，考核合格者领取上岗资格证书，作为农业部本级行政审批的必备条件，全国范围有效。先后下发了六个相关文件，包括《关于认真做好种子经营单位加工技术人员、贮藏保管人员培训考核工作的通知》《种子加工技术人员上岗培训考核要求》《种子贮藏保管人员上岗培训考核要求》《种子加工技术人员资格考核大纲》《种子贮藏保管人员资格考核大纲》《关于印发种子加工、贮藏技术人员资格考核大纲的函》等。考核采取理论和实践相结合的形式，共计考核种子加工贮藏技术人员千余名，通过企业技术人员的持证上岗，有力地促进了企业种子加工贮藏工作的开展，提高了企业的加工贮藏技术水平。2014年，根据《国务院关于取消和调整一批行政审批项目等事项的决定》（国发〔2014〕50号）的精神，资格证书不再作为种子企业申领种子生产经营许可证技术人员资质审查的必要条件。2016年，全国农技中心与温州科技职业学院联合组织编写了《种子生产技术》《种子加工技术》《种子贮藏技术》《种子检验技术》等九本系列教材，作为全国高等职业教育种子专业和种子行业技术培训兼用的全国通用系列教材，为促进我国种子行业优秀人才培训发挥了重要作用。

第四节 种子经营

2000年颁布实施的《种子法》规定，符合第二十一条、第二十九条有关要求的单位和个人，均可申请领取种子生产、经营许可证。《种子法》彻底打破了政策壁垒，激发了民营资本投资种业的活力。

为改变政事企不分，国办发〔2006〕40号文件要求，全面推进国有种子企业脱钩改制，实现政、事、企分设，形成国有企业与民营企业公平竞争格局。

2011年国务院8号文件提出坚持企业主体地位、坚持产学研相结合、坚持扶优扶强，建立以企业为主体的商业化育种体系，推动种子企业兼并重组；支持从事商业化育种的科研单位或人员进入种子企业开展育种研发，开启了我国种业新一轮改革进程。国办发〔2013〕109号文件要求事企脱钩，鼓励科研院所和高等院校科研人员到企业从事商业化育种工作，鼓励育种科研人员创新创业。企业主体地位日益提升，企业科研投入占销售的比例从不足1%上升到5%以上，其中安徽荃银高科超过10%、北京金色农华达到18%；全国有700多位科研人员到企业任职兼职，企业品种审定数量占比超过50%。我国以企业为主体的现代种业发展格局基本形成。

2006—2020年，我国种子企业数量经历了“V”字形变化。2011年，为了改变我国种业企业“小、散、弱”，劣币驱逐良币的不利发展局面，农业部修订《农作物种子生产经营许可管理办法》，提高了固定资产比例、注册资本额度和自主品种数量要求等准入门槛，我国种子企业数量从2011年的8 700多家降到2016年的4 316家。2016年修订的《种子法》及配套规章全面取消了注册资本和固定资产要求，种子企业数量在2016年达到低谷后又较快回升。

产业集中度不断提高。从国际种业发展趋势看，产业集中是必然趋势。从总体上看，我国种业市场发育时间短，还比较分散，存在企业“多、小、散”的现状，但从近15年的发展历程和未来发展趋势看，产业集中仍是这一时期我国种业发展的重要特点。2006年育繁推一体化企业达到97家，2020年达到113家。大企业的核心竞争力不断提升。从种子销售额前50家企业的经营额来看，2006年接近100亿元，2015年223.96亿元，2020年206.76亿元。

种业兼并重组持续活跃发展。据统计，2010—2020年10年间，全国公开披露的种业并购事件181起，交易总金额184.5亿元。通过兼并重组，初步形成了中国中化、隆平高科、中农发三大种业集团。

种子经营模式向提供全程解决方案转变。在提升育种创新能力的同时，种子企业开始探索经营模式的创新。中化现代农业有限公司推出现代农业平台（MAP），围绕规模种植效益提升，搭建优势要素整合平台，为规模种植者提供综合解决方案。登海种业与经销商共建发展平台，合作成立区域性种子销售公司。很多企业打破原有经销网络，将销售渠道下沉到村镇。有的企业瞄准合作社、种田大户等新型农业经营主体，开展服务定制型销售，不断拓展发展空间，实现产业链内生增值。

第五节　种子储备

我国现行的种子储备制度是在国家救灾备荒种子贮备制度的基础上发展起来的，是为恢复灾后农业生产，防止种子价格剧烈波动，确保国家粮食生产安全和灾区人民基本生计而建立起来的一项重大农业政策。我国实行国家和省级两级种子储备体系，截至2020年，全国已有20个省建立省级种子储备。国家种子储备5 000万公斤，财政支持5 000万元；省级种子储备总量4 000万公斤，财政支持资金7 733万元。

一、历史沿革

（一）国有企业供种时期（1989—2000年）

1989年5月实施的《中华人民共和国种子管理条例》规定，国家建立种子贮备制度，第一次将推行 40 年的三级贮种备荒制度列入国家颁布的条例。当年国家储备 900 万公斤，之后每年储备 5 000 万公斤，中央财政给予 50%的贴息，费用不足部分由国有种子企业负担。1996 年，财农两部联合印发《国家救灾备荒种子储备贷款贴息资金管理办法》（财农字［1996］202 号）将贴息比例提高到 100%，按 11.4%的利率计。自 1996 年起，国家补贴资金一直在 5 000 万元左右。这一时期的特点，一是调用率高，年均 45%，供种单位基本为国有；二是种子价格相对较低，补助相对较高。

（二）贷款贴息时期（2001—2014 年）

2000 年，《种子法》将该项制度上升为法律条文："国家建立种子贮备制度，主要用于发生灾害时的生产需要，保障农业生产安全。对贮备的种子应当定期检验和更新。"这一时期基本沿用储备量 5 000 万公斤、5 000 万元贷款贴息补贴的做法。这一时期特点：一是调用率显著降低，年均 8.34%。原因是供种市场化，企业占有市场的冲动容易导致种子积压。二是大企业承储积极性不高，运营好的企业，不贷款，承担任务后拿不到补贴。三是管理有风险，贷款利率快速降低，资金审核、拨付有风险。

（三）补助经费包干时期（2015—2020 年）

在 2016 年实施的《种子法》中，总则部分进一步明确了省级以上人民政府建立种子储备制度的法定义务和余缺调剂的内容，规定"省级以上人民政府建立种子储备制度，主要用于发生灾害时的生产需要及余缺调剂，保障农业和林业生产安全。对储备的种子应当定期检验和更新"。2015 年 11 月 20 日，农业部印发《国家救灾备荒种子储备补助经费管理办法》，将贴息改为补贴，资金包干使用，降低了管理风险，提高了企业承储积极性。储备量仍然是 5 000 万公斤，财政补贴 5 000 万元。调用率没有明显变化。

这一时期特点：一是和企业生产经营相结合落实储备任务，育繁推一体化等大型企业承储积极性高。二是储备种子分为救灾（1 000 万公斤）和备荒（4 000 万公斤），补贴标准分别是 3 元/公斤和 0.5 元/公斤。存在的问题是，备荒种子补助经费较低。以种子保管费用为例，在北方气候干燥地区，1 公斤种子 1 年的保管费一般在 0.6 元，而在南方则达到 1 元。在此情况下，企业"以压代储"情况较为普遍。

二、制度运行

国家救灾备荒种子重点储备以下三类品种：一是适宜灾后改种补种的玉米、水稻、马铃薯、杂粮、杂豆、蔬菜等短生育期作物品种；二是生产需求大且繁制种风险高的品种及其亲本；三是其他适宜备荒的作物品种。

承储单位须具有种子生产经营资质，具有拟储备品种的生产经营权，具有相应的种子仓储能力，有良好信誉，近3年无违法生产经营种子记录；承担杂交玉米、杂交水稻种子储备任务的原则上应是育繁推一体化种子企业。

我国农业年度农作物受灾面积在4亿～8亿亩，成灾面积大约在1亿亩，1989年农作物亩均用种量在10公斤左右，需10亿公斤种子，当时确定中央储备5 000万公斤。随着科技进步，亩均用种量已下降到5公斤左右，但种子商品化率同时也提高了1倍，到2020年已经达到75%左右，特别是杂交种的广泛推广，农民已经不可能自己储备种子。国务院提出完善种子储备调控制度，在“市场失灵”的时候，有必要通过政府调控，平衡种子供求关系，平抑种子价格，维护农民利益。因此，近十多年来，中央储备规模仍为5 000万公斤，其中救灾1 000万公斤、备荒4 000万公斤。

根据救灾和备荒功能区隔，农业农村部确定2018年中央储备救灾种子1 000万公斤，补助标准为2.5元/公斤，备荒种子4 000万公斤，补助标准为0.55元/公斤；2019年中央储备救灾种子1 000万公斤，补助标准为3.0元/公斤，备荒种子4 000万公斤，补助标准为0.5元/公斤。

国家救灾备荒种子储备计划按以下程序确定：

1. 农业农村部每年1月上旬下达翌年国家救灾备荒种子储备计划，明确各承储省份储备的作物种类类型、数量、补助标准。

2. 相关省级农业主管部门根据农业农村部下达的储备计划，公开、择优确定作物品种及承储单位，于2月上旬报农业部审核。

3. 农业农村部审核后，于3月上旬下达国家救灾备荒种子储备任务，并与相关省级农业主管部门签订一级储备合同。相关省级农业农村主管部门根据下达的种子储备任务，于3月中旬前与承储单位签订二级承储合同。

4. 农业农村部于4月上旬公开发布翌年国家救灾备荒种子储备相关信息，包括储备作物品种、承储单位、承储数量、承储地点等。

5. 承储单位根据下达的种子储备任务和签订的承储合同安排种子生产，做好种子收储、加工和保管等工作，并专账记载。承储单位不得擅自改变储备作物种类、品种和数量，确需进行调整的，必须报农业部批准。

储备种子的质量和贮藏要求，应当符合国家或行业规定的标准。承储单位应当定期检查，并做好记录，确保储备种子质量。国家救灾备荒种子储备期一般为1年，从上年10月1日至当年9月30日，其中马铃薯储备期为8个月，从上年10月1日至当年5月31日。

国家种子储备资金仅对种子储备过程中发生的贮藏保管、种子检验、自然损耗、转商亏损或贷款贴息等费用进行补贴，所以国家储备种子的物权仍然归属承储企业，国家仅获得种子储备期间的动用权，动用时灾区农民依然要购买种子，国家限定承储企业在储备期间不得擅自动用种子，在国家动用种子时必须按成本价提供。

农业农村部在储备期内定期开展储备种子数量及品种检查、质量检测和安全检查。各有关省（区、市）农业农村部门把好储备种子入库关、数量关、质量关和出库关，确保本区域内承储单位按照任务要求保质保量落实好种子储备任务。承储单位要严格履行合同，按照品种、数量、质量等要求落实好储备任务，要实行专库存储，建立项目实物明细账，严格执行政府购买服务管理制度相关规定，认真履行《政府购买服务合同》约定。任何单位或个人不得以任何名义挪作他用。

因救灾、调剂市场余缺等原因需要调用国家救灾备荒储备种子的，由拟调用省（区、市）农业农村部门向农业农村部提出书面申请，经批准后，方可按批准动用通知要求从承储企业调用储备种子。

三、调用情况

自 1989 年救灾备荒种子储备制度建立以来，农业农村部共组织落实国家储备种子超过 15.7 亿公斤，储备种子的种类包括杂交水稻、杂交玉米、杂粮、大豆、马铃薯、棉花和蔬菜等作物种子，因灾调用 3.17 亿公斤，救灾面积 2.67 亿亩，挽回直接经济损失 305.4 亿元，在恢复灾区农业生产、赢得民心、保障粮食生产安全中发挥了重大作用。

2020 年，共落实国家救灾备荒种子储备任务 5 000 万公斤，其中杂交水稻种子及其亲本 1 331.5 万公斤，常规水稻种子 483.25 万公斤，杂交玉米种子 2 284.5 万公斤，杂粮杂豆种子 139.75 万公斤，大豆种子 275 万公斤，马铃薯种薯 330 万公斤，油菜种子 153 万公斤，蔬菜种子 3 万公斤。

2020 年，受疫情、种植结构调整等因素影响，南方地区双季稻及东北地区大豆种植规模扩大，早稻、优质稻、大豆种子需求量显著增加，部分地区市场供应短缺，东北地区大豆种子价格明显上涨。农业农村部及时调用国家储备种子，共批准调用储备种子 12 批次，涉及黑龙江、湖北、湖南、江西、安徽、内蒙古等重要粮食产区，累计调用水稻、大豆、玉米、油菜等作物种子 711.6 万公斤，调用率达 14%，有效保障了约 480 万亩大田的生产用种，可生产粮食（油料）约 12.5 万亿公斤。

其中，动用大豆储备种子 70 万公斤，迅速平抑了疫情防控前期东北大豆种子价格暴涨局面；先后批准湖北、江西、安徽等地调用水稻储备种子 483.6 万公斤，对疫情防控过程中稳定早稻面积、抗击南方洪涝灾害、恢复灾后生产发挥了重要作用，有力支撑了全年农业生产再夺丰收。

（马文慧、张力科、宁明宇、刘春青、马振国、唐嘉城）

第十四章　南繁工作

第一节　发展历程

一、探索实践阶段（20世纪50年代末至60年代）

1950年，河南农学院吴绍骙教授把在郑州秋季收获的玉米育种材料送到广西柳州农业试验站，由程剑平在当地秋季或冬季种植，收获的种子第二年春季再在柳州种植成功。吴绍骙由此提出冬季利用南方的光热资源开展异地培育，加快育种进度，缩短育种周期的设想。1956年，吴绍骙与广西柳州农业试验站程剑平、河南省农业科学院陈汉芝共同主持“异地培育玉米自交系”课题。1957年春，吴绍骙等在广西柳州沙塘培育玉米自交系，探讨是否可以利用南方生长季节长的条件来为北方培育玉米自交系，以缩短玉米自交系培育时间。由此拉开了我国南繁实践探索和理论研究的序幕。经过三年实验，1960年，《异地培育对玉米自交系的影响及在生产上利用可能性的研究》在《河南农学院学报》创刊号上发表。论文用数据论证了异地育种方法是可行的，可以普遍应用于育种实践。

中国农业科学院院长丁颖充分认可异地培育方法，1961年2月，发表在《中国农业科学》上的《关于一九六〇年农业科学研究的情况和一九六一年试验研究的意见》指出，异地培育可成为各地探索缩短育种年限、加速良种选育的重要方法。同年12月，吴绍骙在中国作物学会第一次全国代表大会上提出进行异地培育的建议。异地培育实践和研究结果，开辟了我国南北穿梭育种的先河，改变了在固定地点进行新品种选育的传统方法，促成了我国农业科研生产新模式——“南繁育种”的形成，同时也为南繁育种奠定了理论基础。

20世纪60年代，在异地培育理论的支持下，浙江、上海、甘肃、陕西、湖南、湖北、黑龙江、吉林、北京等省市农业科研单位和农业院校组团来到南方，开展异地育种科研实践。广东广州、广西南宁以南、云南元江和西双版纳、海南都可以看到科研人员的身影。特别在崖县（现三亚市）、陵水、乐东等县，繁殖的玉米材料都获得了预期的效果。到60年代末，在农业部和各省农业科研机构的推动下，前往海南南繁的人员来自21个省市，其中科研人员达3 500多名；育种繁种面积达8.2万亩，农业南繁工作逐步确立；南繁农作物品种已涵盖水稻等粮食作物、棉花等纺织作物、花生等油料作物、烟草等经济作物和豇豆等蔬菜作物。

南繁实践探索阶段，加代、组配、鉴定、评价等南繁工作内容已经确立，试验地点基本转移到崖县崖城、陵水县和乐东县。这一时期多为“游击式”南繁，一般是临时租用农户土地，各个作物分散不稳定，没有形成统筹管理，不同单位之间缺乏交流与沟通。1965年，农业部和广东省人民政府要求广东省有关部门和南繁基地县做好南繁工作的接待安排、粮食划拨、种子运输等工作，这才出现南繁管理的雏形。

二、迅速扩张阶段（20世纪70—80年代）

20世纪70年代初，南繁育种人员大幅增加，人员最多达到6万余人，南繁育制种面积超过25万亩，创历史新高。同时，南繁育种成果硕果累累，南繁育种呈现快速扩张趋势。

1970年11月23日，袁隆平的助手李必湖和南红农场技术员冯克珊在崖县南红农场的水沟边发现了一株野败不育株（普通野生稻）。这株“野败”为我国杂交水稻的三系配套打开了突破口，经过杂交选育出野败型籼稻不育系（二九南、二九矮），为我国杂交水稻研究奠定了基础。1971年春天，袁隆平及其团队又在南红农场进行第二次试验，培育出生产上需要的不育系和保持系。此后，国内涌现出了南优、矮优、威优、汕优等系列籼型杂交水稻组合品种，水稻产量得到大幅度提高，“吃饱饭”不再遥不可及。1975年，南繁杂交水稻种子绿遍神州，在全国推广杂交水稻208万亩，相较于矮秆水稻，这些杂交水稻产量的增产幅度普遍在20%以上，中国的粮食产量实现了一次飞跃。1976年冬，谢华安在海南培育出了明恢63。1981年，明恢63和珍汕97 A组配，选育出了杂交水稻良种汕优63。据统计，汕优63从1986年到2001年连续16年是我国种植面积最大的水稻良种，累计种植近10亿亩。1978年，朱英国的红莲型杂交水稻研究取得重大突破，成功实现三系配套。1978年，李登海培育出紧凑型玉米杂交种掖单2号，创下当时中国夏玉米单产776.9公斤的最高纪录，在全国第一次突破亩产1 500斤大关。70年代初，西甜瓜也开始在海南开展育种试验，在短短的十多年时间内迅速在全国范围内实现了杂种优势化。

随着南繁事业的快速发展，南繁人员数量急速增加、育制种面积迅速扩张，开始出现争地、隔离纠纷、物资供应短缺、南繁种子运输受阻以及危险性病虫害发生等问题。为加强南繁管理，解决南繁出现的问题，相关部门采取了一系列措施，并取得了积极成效。

在遏制用地肆意扩张方面，1972 年 10 月，国务院批转农林部《关于当前种子工作的报告》，明确“南繁种子原则上只限于科研项目”“需要到海南岛繁育少量贵重种子，应由省统一办理”，南繁工作被纳入规范化管理轨道。1976 年，农林部种子局印发（76）农林（种经）字第 12 号文《关于搞好海南岛南繁工作的意见》，强调南繁种子原则上只限于科研项目和少量珍贵种子的加速繁殖，把各省、自治区、直辖市的南繁任务以省为单位分别固定在五个片区。1983 年 3 月，农牧渔业部颁布《南繁工作试行条例》，对南繁范围、组织领导、南繁计划、基地选择、经济政策、专用化肥、农药管理、种子检疫、运输等都做出具体规定。

在解决南繁工作无人管方面，1978 年，农林部批准成立中国种子公司海南分公司，具体负责南繁组织、管理工作。与此同时，成立了海口、三亚植物检疫站，对进出海南岛的农作物种子开展检疫工作。1984 年，农牧渔业部、商业部、水电部、国家计划委员会和地方联合投资，在海南岛建成种子、水利、技术体系，建立了 12 个南繁服务站。1988 年，经农业部批准，中国种子公司海南分公司变更为中国种子海南公司，受中国种子公司和海南省农业厅双重领导，由原来的事业单位改为自负盈亏的企业性质，继续赋予公司分配南繁种子专用肥、办理《南繁种子准运证》等南繁管理职能。这一时期，黑龙江省、江苏省和北京市等也先后成立了专门的管理机构。

在农业部和地方政府的共同努力下，从南繁种子入岛开始，到用地安排、物资供应、产地检疫、治安管理、种子出岛等一系列工作实行有序管理。

三、稳定发展阶段（20 世纪 90 年代）

1990 年后，南繁基地建设进一步加强。1990 年 4 月，全国有 87 个南繁单位在南繁基地投资建设，总建筑面积 26 949 平方米。5 月，国家农业综合开发领导小组批复同意拨款 1 000 万元，用于建设南繁基地。1995 年，农业部在三亚投资兴建了国家南繁科研中心南滨基地，为南繁工作创造良好的生产生活环境。

这一时期，南繁育种成果突出。生物技术育种丰富了南繁内容，1993 年，中国农业科学院生物技术研究所郭三堆研究员育成了拥有中国自主知识产权的转 Bt 基因抗虫棉。1994 年，进入田间试验，并通过了中国农科院植保所的鉴定。1995 年申请了国家专利，使中国成为世界上第二个成功培育抗虫棉的国家，打破了美国抗虫棉对我国市场的垄断格局。1995 年，袁隆平主持的两系法杂交水稻研究再获成功，杂交水稻平均亩产再增10%。此外，转基因番茄、转基因玉米、转基因水稻等试验开始进入南繁领域，自此南繁进入分子育种与传统育种结合的时代。在瓜类方面，中国工程院院士吴明珠经南繁培育出“9818”黄皮甜瓜，在美国加州试种成功，这是国产甜瓜第一次在国外种植成功。

这一时期，我国正处于计划经济向市场经济转轨阶段，随着市场经济发展，南繁从政府计划管理逐步向南繁单位市场化自主经营转变。中国种子海南公司成立后，公司性质由原来的事业单位改为自负盈亏的企业，没有了管理南繁的职能，南繁管理机构处于实质空缺状态，导致出现很多问题。一度出现南繁手续繁杂、南繁收费“多乱杂”、南繁基地治安混乱、南繁纠纷多等问题。

为进一步加强南繁管理工作，1995年9月26日，农业部和海南省政府在海口召开南繁工作座谈会，成立国家南繁工作领导小组，统一规划、协调、管理南繁工作。同时，设立国家南繁工作领导小组办公室，负责具体工作，办公地点设在三亚。1995年10月，农业部转发国家南繁工作领导小组《关于南繁工作管理的暂行办法》，明确国家南繁工作领导小组及其办公室职责。自此，南繁工作有了省部共建的管理机构。1996年，海南省人民政府发布了《关于禁止扰乱南繁育种基地生产秩序的通告》，三亚市、乐东黎族自治县、陵水黎族自治县政府专门成立了南繁治安领导小组，南繁基地社会治安明显好转。1997年9月，农业部、海南省政府印发《农作物种子南繁工作管理办法（试行）》。

省部共管机制的建立和南繁管理办法的出台，使南繁存在的主要问题得到解决，南繁基地社会秩序明显好转。同一时期，全国有20个省、自治区、直辖市也相应成立了农作物南繁工作领导小组，并有28个省、自治区、直辖市在海南省南繁基地设立了南繁指挥部。

四、全面提升阶段（2000—2012年）

这一时期，市场化进程加快，种企身影活跃。2000年，《中华人民共和国种子法》颁布实施，为打破国有种子公司垄断经营、推动多元市场主体发育提供了法律保障，种业进入从计划经济体制向市场经济体制转型发展阶段。种子企业在市场竞争中逐步成长。企业的研发投入不断加大，创新能力快速提升。越来越多种子企业也加入南繁的队伍中，市场为南繁发展注入新动力。

这一时期，南繁属地化管理得到加强。对于在南繁工作期间遇到的用地难、育种材料被盗等问题，农业部和海南当地采取了积极的措施。2006年4月，为加强种子南繁管理工作，促进南繁事业持续、健康、有序发展，保障农业生产安全，农业部和海南省政府修订了《农作物种子南繁工作管理办法》。同年6月，为加强南繁管理机构建设，协调解决南繁基地建设中的有关问题，经海南省政府同意，成立海南省南繁管理办公室筹备领导小组。2008年3月，海南省南繁管理办公室作为正处级事业单位在三亚市挂牌成立，标志着延续近13年的南繁管理体制从长期临时管理机构向常设管理机构逐步转变。

这一时期，南繁出现新困难。随着生物技术与南繁融合，以及海南省城镇化进程加快、冬季瓜菜迅猛发展，除南繁基地防护设施差、育种材料易丢失，农田水利设施差、科研生产易受旱涝影响，科研人员生活无保障等老问题以外，南繁还出现了南繁科研育种用地难、保障生物安全难、科研生产生活配套设施合规难等问题。

这一时期，国家高度重视南繁基地建设。2009年11月3日，国家发展改革委发布《全国新增1000亿斤粮食生产能力规划（2009—2020年）》，提出建设海南南繁科研制种基地。2009年12月31日，《国务院关于推进海南国际旅游岛建设发展的若干意见》（国发〔2009〕44号）指出，要充分发挥海南热带农业资源优势，使海南成为全国南繁育制种基地，南繁基地建设上升为国家战略。国发〔2011〕8号文件提出，加强海南优势种子繁育基地的规划建设与用地保护。2012年，中央1号文件明确提出“加强海南优势种子繁育基地建设”。2012年5月3日，农业部与海南省政府在海口签署《关于加强海南南繁基地建设和管理备忘录》，旨在共同规划好、建设好、利用好、保护好南繁育制种基地，促进南繁事业发展，为我国农业发展提供有力支撑和保障。2012年12月26日，国务院办公厅正式印发《全国现代农作物种业发展规划（2012—2020年）》（国办发〔2012〕59号），确定以西北、西南、海南为重点，初步建成国家级主要粮食作物种子生产基地，主要农作物良种覆盖率稳定在96%以上。

五、战略升级阶段（2013—2020年）

2013年12月20日，国务院办公厅文件要求，在海南三亚、陵水、乐东等区域划定南繁科研育种保护区，实行用途管制，纳入基本农田范围予以永久保护。

2014年8月29日，海南省机构编制委员会批复整合海南省南繁管理办公室和海南省南繁植物检疫站，设立全额事业单位“海南省南繁管理局”，承担国家南繁工作领导小组办公室日常事务，专门开展南繁管理服务工作。同年12月19日，海南省人民政府颁布了《关于深化种业体制改革推进现代农作物种业发展的实施意见》（琼府〔2014〕68号），专门提出了要规划建设好国家南繁育种科研基地，并指定各厅、局以及三亚、乐东、陵水等地方政府配合南繁保护区规划。

2015年10月28日，经国务院同意，农业部、国家发展改革委、财政部、国土资源部和海南省人民政府联合印发《国家南繁科研育种基地（海南）建设规划（2015—2025年）》（以下简称“《规划》”），对南繁基地建设与管理作出全面部署。2015年11月25日，全国南繁工作会议暨现代种业发展工作会议在三亚召开，强调要根据《规划》，力争用5～10年时间，把南繁基地打造成为服务全国、用地稳定、运行顺畅、监管有力、服务高效的公共科研育种平台。《规划》正式从国家层面将南繁基地定位为农业科技平台，农业科技平台主要服务于农业科技创新、科技合作、科技示范和科技服务等科技活动。

2018年4月13日，习近平总书记在庆祝海南建省办特区30周年大会上发表重要讲话，强调要加强国家南繁科研育种基地（海南）建设，打造国家热带农业科学中心，支持海南建设全球动植物种质资源引进中转基地，打造南繁硅谷。同年颁布的《中共中央　国务院关于支持海南全面深化改革开放的指导意见》（中发〔2018〕12号文件）予以再次强调。

这一时期，在中央的高度重视和部委的多方支持下，海南省加快落实《规划》，南繁基地建设进入高速发展阶段。2019年4月，农业农村部与海南省签署《共同推进海南全面深化农业农村改革开放备忘录》，把南繁硅谷建设列为共同推进海南全面深化改革开放的重要内容。将农作物种子进出口生产经营许可核发和进口审批权下放海南。国家发展改革委积极支持生物育种专区和乐亚片区南繁水利设施建设，强化对项目实施的指导监督。财政部支持陵水南繁水利项目建设，落实核心区供地农民定金补贴资金，将三亚、陵水、乐东纳入国家制种大县奖励范围。自然资源部指导划定南繁基地保护区，实行用途管制。截至2020年底，海南省在三亚、陵水、乐东共划定了26.8万亩南繁基地保护区（其中含5.3万亩核心区），作为基本农田永久保护，全部上图入库。新建核心区和南繁科技城周边共完成土地流转超3万亩，满足了当前时期各南繁单位对南繁育种用地的需求。南繁基地农田水利建设取得积极成效，建成了南繁高标准农田15万亩。生物育种专区一期田间工程基本完工，陵水一期水利工程已投入使用，乐东、三亚灌区已于2020年8月开工建设，南繁基地配套服务区一期建设进度过半，部分已具备入住条件。南繁管理服务水平也不断提升，其中《海南省农作物种子管理条例》于2018年实施，《海南省南繁登记办法（试行）》印发，公共实验服务平台已投入运行。基本实现南繁基地植物检疫全覆盖，做到了“不检疫不落地，不检疫不离岛”。

2019年12月，农业农村部在海南省三亚市召开全国现代种业发展暨南繁硅谷建设工作会议，农业农村部部长韩长赋、海南省省长沈晓明出席会议并讲话，研究部署推进南繁硅谷建设。南繁硅谷建设取得阶段性新成效。一是南繁硅谷建设规划编制加快推进。已编制完成《国家南繁硅谷建设规划（2021—2030年）》（征求意见稿）。二是种业产业生态链发展格局初步形成。已引入中国科学院海南种子创新研究院、中国农业科学院南繁研究院等科研机构，引进隆平高科（隆平生物）、敦煌种业、大北农集团金色农华、九圣禾种业等国内外优质种业企业。三亚南繁种业科技众创中心、中国科学院海南种子创新研究院科研楼项目、三亚中国农业科学院国家南繁研究院国家南繁农作物表型研究设施等重点项目加快推进。三是全球动植物种质资源引进中转基地建设初见成效。进境动植物种质隔离苗圃、动物隔离舍和水生隔离场已选址，国家（三亚）隔检中心（一期）工程项目等加快推进。四是举办海南自贸港种业发展论坛。中国工程院院士戴景瑞、胡培松、邹学校和20名国内外种业业内顶级专家参加，建言献策海南自贸港种业发展。

第二节　管理与服务

紧跟南繁发展的脚步，南繁管理和服务协调机制逐步健全，形成了国家南繁工作领导小组、国家南繁工作领导小组办公室（海南省南繁管理局）、各省管理机构、三亚、乐东、陵水三市县南繁管理部门、乡镇专职人员、村级联络员组成的“国家、省、市县、乡镇、村”五级管理体系，实现了南繁“难事有人解、烦事有人管、好事有人推”的工作局面。

一、国家级南繁管理服务机构演变历程

1978年至1995年9月，由中国种子公司海南分公司（1988年更名为中国种子海南公司）具体负责南繁组织管理工作。1995年9月，为强化南繁基地的管理和服务，农业部和海南省人民政府等单位联合组成国家南繁工作领导小组，统一规划、管理、协调南繁工作。下设国家南繁工作领导小组办公室，办公室成员由农业部和海南省农业厅选派，每年在三亚集中办公。1995—2000年，主任由农业部相关人员担任，先后有马志强、张首都、万永红、赵汉阶任南繁领导小组办公室主任。2000—2008年，农业部不再派员，主要由海南省农业厅和中国种子集团公司三亚分公司派员在三亚集中办公，南繁办主任由海南省农业厅副厅长兼任，专职副主任为梁安琼。

2008年1月，为了加强属地管理，海南省人民政府成立海南省南繁管理办公室（自收自支正处级事业单位，编制10人），加挂国家南繁工作领导小组办公室牌子，

同时对外行使国家南繁工作领导小组职责，主任由海南省农业厅副厅长兼任。2014年8月，海南省南繁管理办公室与海南省南繁植物检疫站合并成立海南省南繁管理局，正处级公益一类事业单位，局长由海南省农业农村厅副厅长兼任，编制25人。先后兼任南繁办主任、南繁管理局局长或分管南繁的海南省农业厅副厅长有王宏良、吴晓玲（挂职）、郭立彬（挂职）寇建平（挂职）、谢焱（挂职）王宏良、黄正恩、周燕华、莫正群、罗东（挂职）、刘忠松（挂职）。农业部还先后选派处级干部储玉军、彭钊、陈应志、唐浩挂职任海南省南繁管理局副局长。

二、各省级南繁管理服务机构演变历程

1969年，黑龙江省成立南繁指挥部。

1971年，吉林省成立南繁指挥部。

1976年，浙江省成立南繁指挥部。

1977年，全国南繁座谈会议召开，要求凡到海南育种，应以省、自治区、直辖市为单位，组成统一的南繁育种队，指派一名负责同志带队，并抄报全国南繁领导小组。同年，河北省成立南繁领导小组。

1978年，新疆维吾尔自治区成立南繁工作领导小组，在原自治区农林局农业种子站常设南繁工作指挥部办公室。

1986年，河北省建立南繁指挥部。

1991年，江苏省建立永久性南繁基地，成立“江苏省南繁基地（省南繁联络组)”。

1992年，北京市建立北京市南繁指挥部和北京市南繁植物开发中心。

1995年，山东省建立山东省海南种子繁育工作站。

2000年，新疆生产建设兵团建立海南农作物种子繁育中心。

2002年，浙江省设立省南繁办事处。

2004年，上海市建立南繁工作站。

2006年，上海市、山西省、甘肃省、辽宁省先后成立南繁工作领导小组。

2009年，湖南省建立湖南省农作物种子南繁中心。

2011年，广西壮族自治区、陕西省、重庆市先后成立领导小组或办公室。

2014年，按照农业部健全省级南繁工作领导小组的通知要求，北京市、天津市、河北省、浙江省、安徽省、福建省、江西省、山东省、广东省、四川省、云南省、甘肃省相继成立了南繁工作领导小组。内蒙古自治区种子管理站加挂自治区农牧厅三亚南繁办事处牌子，新疆维吾尔自治区将南繁工作指挥部办公室变更为自治区海南良种

繁育基地。

2015年，江苏省建立江苏省种子南繁南鉴站。

2017年，辽宁省成立了南繁工作领导小组。

2020年，山东省南繁工作领导小组改为山东省南繁工作联席会议。

第三节 基地建设

据统计，我国生产上推广应用的农作物品种有70%以上都经南繁加代选育而来。随着以丁颖、吴绍骙等为代表的老一代专家提出南繁加代理论，辽宁、湖南、山东、河南、四川等省份专家及技术人员开始了南繁的探索与实践。南繁事业发展至今，经历了理论探索与实践的南繁1.0时代及南繁工作逐步受到重视、南繁工作稳定发展的南繁2.0时代，现步入国家南繁规划落实、加快建设“南繁硅谷”及国家种业科创高地的南繁3.0时代。作为保障南繁发展的根基——国家南繁科研育种基地也实现了从无到有，从基础薄弱到逐步提升的飞跃式发展。

早期的南繁基地，条件艰苦，设备简陋，土壤贫瘠。为了改善南繁基地条件，国家最早在1965年投资35万元，在崖县南红农场建设种子仓库、宿舍、晒场及农田排灌系统。1984年，国家投资1 821万元（其中，中央投资1 500万元，广东省投资321万元）建设南繁基地。1990年，国家投资农业综合开发1 000万元，建设仓库、晒场、种子加工等南繁设施。各地也纷纷投入南繁基地建设，到1990年4月，有87个单位投资南繁基地建设，总建筑面积达26 949平方米。福建省、江苏省1996年就在海南省三亚市藤桥镇建设了省级稳定的农作物南繁科研育种基地（海南），结束了其长期以来农作物南繁没有固定基地的历史。北京、黑龙江、山东、湖南、新疆等省（区、市）各南繁单位自发组织、自主建设南繁基地，分散在三亚、陵水、乐东三市县。形成了农业科研院所、大专院校、种子企业、个人组织的多元化发展格局。

在2015年之前，由于南繁基地建设没有统一的规划，南繁基地建设仍然面临着几个方面的问题。一是基地基础设施薄弱。尽管许多省份已对其南繁基地进行了投资建设，但由于对南繁工作的重视度不够，投入不足，建设标准较低且分散，导致南繁基地基础设施建设水平参差不齐。许多南繁科研人员只能在条件简陋的科研站点或临时租赁的民房内生活和工作，有的南繁单位甚至需要在田间“搭窝棚”开展南繁工作，严重制约了南繁育种工作的效率和质量。二是科研用地不稳。南繁规划印发前，南繁科研育种用地中租期10年以上的约2.8万亩，其余均为临时租用。随着近年来经济社会的发展，城市发展建设用地需求和冬种瓜菜产业用地需求日益增长，其与南繁争地的矛盾也越来越明显，许多农民不愿意将自家土地供给南繁使用，导致南繁租地难度越来越大，许多南繁用地面临租约到期后难以续签的问题。三是生物安全风险日益突出。南繁的种子“来自全国，又走向全国”，客观上为有害生物传播提供了通道。历史上曾发生的水稻凋萎型枯心病，1974年在海南岛发现，1977年就传播到浙江、江苏、江西、广西、湖北、湖南等省（区）。由于监管力量不足，缺乏配套设施设备，超过1/3的南繁材料未经检疫自由出入南繁基地，生物安全隐患严重，存在较大的有害生物扩散风险。四是科研配套设施违建较多。南繁单位配套建设的科研、生产、生活设施，是保障南繁工作正常开展的必备条件。但由于南繁基地多处于农田保护区内，无建设用地指标，大部分南繁单位建设的科研、生产、生活配套设施属违章建筑，存在一定隐患，制约了增量资金投向南繁基地建设。五是南繁管理任务重难度大。南繁涉及各省南繁单位、南繁基地所在地各级政府以及南繁土地承包农民等，单位多、分布散，各方利益不同，诉求各异，服务任务重，监管难度大。以海南省为主的南繁管理模式，缺乏协调各省、各方利益的权威性，难以满足日益繁重的南繁公共管理服务要求。

为此，2015年，经国务院同意，农业部、国家发展改革委、财政部、国土资源部和海南省人民政府联合印发《国家南繁科研育种基地（海南）建设规划（2015—2025年）》（以下简称“《规划》”）。对南繁基地建设管理进行统一规划，作出全面部署。近年来，各地各部门各单位按照职责分工积极推进南繁基地建设，实施《规划》取得了较好成效，南繁科研育种基地已基本成为服务全国用地稳定、运行顺畅、监管有力、服务高效的科研育种平台。

根据《规划》要求，将海南省三亚市、乐东黎族自治县、陵水黎族自治县26.8万亩适宜南繁育制种的耕地划定为南繁科研育种保护区（含5.3万亩核心区），其中三亚市10万亩（含生物育种专区0.5万亩、核心区1.5万亩）、陵水黎族自治县8万亩（核心区1.5万亩）、乐东黎族自治县8.8万亩（核心区2.3万亩），并将全部南繁保护区耕地规划为永久基本农田，纳入“一张蓝图”，通过海南省“多规合一”信息管理平台实现常态化用途监管。同时，结合农村土地经营权确权登记，将南繁保护区的农田落实到户，登记造册，落实国家对核心区土地用于南繁给予定金补助，基本解决了南繁与其他产业发展“争地”的矛盾，保障了南繁科研育（制）种用地的长期稳定。另外，协助全国各省上百家南繁单位在已有南繁用地的基础上，新流转土地超过3万亩；在海南省落实南繁育（制）种面积超过30万亩，满足了现阶段南繁单位科研育（制）种用地需求。

在建设用地指标非常有限的情况下，在海南省三亚市、乐东黎族自治县、陵水黎族自治县共划定783亩南繁配套服务区建设用地，计划投资超26亿元，支持建设南繁基地所需的配套设施，涵盖科研、生活、办公、实验、仓储等各方面功能，就近解决科研、生产、生活保障跟不上的问题。截至 2020 年底，三亚市落根洋配套服务区 570 平方米的临建设施已完成，江苏省农科院等南繁单位已经入驻。陵水黎族自治县安马洋配套服务区一期生活楼已具备“拎包”入住条件，部分南繁单位已投入使用。乐东黎族自治县抱孔洋配套服务区已启动建设超七成，部分住宅（公寓）基本具备使用条件。生物育种专区综合服务区 3 栋科研生产生活楼已基本完工，已经进入试运行阶段。同时，在海南省生态环境六大专项整治联合指挥部办公室和省南繁工作领导小组办公室、南繁三市县自然资源和规划、农业农村（南繁管理）、林业、执法等多个单位和部门联动共推协作下，按照“尊重历史、分类处置、服务南繁、规范管理”的原则，推进南繁建筑设施备案，基本解决了南繁发展 60 多年来南繁建筑设施合规化难的历史遗留问题。通过新建南繁配套服务区和对已有南繁建筑设施进行分类处置等措施，既为南繁专家改善了住宿、科研、办公等条件，又彻底解决了临建设施没有合法手续而面临被违章建筑拆除的风险，为南繁专家安了“新家”又保了“老家”。如今，南繁科研人员生产生活条件得到了明显改善和提升。南繁配套设施基本建成，意味着南繁科研人员入住“新家”指日可待，同时“老家”的后顾之忧也得以消除。

《规划》还提出，要对 26.8 万亩南繁保护区（含 5.3 万亩核心区）里符合高标准农田建设条件的土地进行高标准农田建设或升级改造，并优先完成 5.3 万亩核心区的建设，推进南繁基地达到“路相通、渠相连、旱能灌、涝能排”的标准。目前，已基本达到建设目标。要推进南繁水利设施建设，陵水片区南繁水利设施建设一期已竣工验收，涉及灌面超 4 万亩，已发挥灌溉效益；二期工程总投资超 3 亿元，预计 2025 年 3 月底前完成建设；三亚、乐东片区水利设施涉及灌面超 15 万亩，于 2020 年 8 月开工，部分渠段已经功能性通水。

为了更好地服务于我国南繁生物育种、推进南繁种业创新和保障南繁育种安全，《规划》强调，要下大力气建设国家南繁生物育种专区，涵盖田间工程、生产生活服务配套设施建设及农机仪器设备购置等。目前，生物育种专区基本建成并投入运行，已有一批公司获得农业农村部转基因试验批准在专区开展田间试验，涉及大豆、玉米、水稻、棉花等。

同时，《规划》中要求“建设南繁公共实验服务和执法管理基础设施”，包括建设南繁公共实验室、南繁生物安全实验室、种子检测检验中心等内容。南繁公共实验室的主要定位是建成集植物检疫、转基因检测、重要病虫草害及外来入侵生物监测防控和种子种苗检测于一体的南繁公共实验服务和执法管理平台。该实验室已于 2018 年底建设完成，2019 年 1 月投入试运行。中国热带农业科学院作为技术支撑单位，派驻相关科研人员开展科学研究及技术支撑服务。自运行以来，实验室在南繁基地转基因检测和监管、植物检疫、南繁重大病虫草害监测防控及种子检验检测等方面提供了有力的科技支撑，也为隆平生物技术（海南）有限公司等其他南繁单位提供了公共开放实验平台。

总体来看，自《规划》实施以来，南繁基地建设进展顺利，基本达到预期成效。南繁基地基础条件和服务保障能力已有大幅提升，有力地促进了全国育种工作的科研创新。

（郭涛、王磊、钏秀娟、刘光明）

第十五章　市场监管

第一节　能力与标准样品库建设

一、检验机构队伍建设

（一）机构考核制度的建立

2008 年以前，种子检验机构考核采用《中华人民共和国计量法》规定的计量认证。2008 年 1 月，农业部公布了《农作物种子质量检验机构考核管理办法》（农业部令第 12 号，以下简称“《办法》”）。《办法》明确了农业部和省级农业行政主管部门两级考核的工作分工，按照统一考核要求、统一考核程序、统一证书标志、统一监督管理“四个统一”原则。规定了考核方式，明确能力验证由“国家机构”统一负责，考评员由“国家机构”评定，农业部考核发证。2008 年 12 月，农业部印发了《农作物种子质量检验机构考核准则》《能力考评工作规范》《考评员考核管理办法》《能力验证办法》《能力验证样品制备和能力验证技术规范》等文件，为统一规范考核认定奠定了互认基础。

（二）国家检验机构的设立

2008 年 12 月，农业部印发《关于设立国家农作物种子质量检验中心的通知》（农农发〔2008〕15 号），明确了国家农作物种子质量检验中心的职能，与全国农业技术推广服务中心（以下简称“全国农技中心”）种子检验处合署办公。

国家种子检验中心这一机构的建立，符合市场经济发展和国际惯例的要求；能够发挥“传递信任”的作用，实现国内外种子检验结果互认，对于促进旨在“服务发展”的种子检验体系规范健康发展具有重大意义。

（三）全国检验队伍发展

随着 2008 年《办法》的发布，2009 年种子检验机构考核开始实施。截至 2020 年底，全国通过考核的种子检验机构共有 298 家。其中，挂靠部省级种子管理机构的种子检验中心28家，挂靠地市级机构的162家，挂靠区县级机构的96家，挂靠科研单位的14家，挂靠企业和社会组织的9家。2005—2020年，种子检验体系的发展变化主要呈现三个特点：检验机构以公益类为主、经营类为辅；主要保障实施《种子法》监管检测的需要；规模不大、集中度不高。

（四）考核认证制度的变化

2013年11月，国务院印发《国务院关于取消和下放一批行政审批项目的决定》（国发〔2013〕44号），将农作物种子检验员资格认定下放至省级考核。2014年12月，农业部办公厅印发了《关于做好种子检验相关行政审批下放和取消后续衔接落实工作的通知》（农办种〔2014〕31号），对于原属农业部考核的省级以上人民政府有关主管部门依法设置的检验机构，由检验机构所在地省级农业行政主管部门组织开展，具体工作可委托省级种子管理机构承担。2016年实施的新《种子法》，取消了主管部门对种子检验员资格的考核制度。2016年农业部发布《农业部决定废止的规章和规范性文件》（农业部令2016年第3号），废止《农作物种子检验员考核管理办法》。

2019年8月，农业农村部发布了新的《农作物种子质量检验机构考核管理办法》（农业农村部令2019年第3号），自2019年10月1日起施行。新办法按照简政放权、严格落实“三减”要求、进一步优化考核服务和强化事中事后监管要求修订。

二、检验能力设施手段建设

2001—2006年，“种子工程”和“国家优质粮食产业工程”投资4.5亿元建设了140个设在地市一级的种子检测分中心，并对14个粮食主产省的省级种子检测中心，开展了以能力拓展提升为主的改扩建工作。与前一时期的种子检验投资项目并在一起，搭建起了以国家种子检验中心为龙头、省级中心为主体、市（地）级中心为骨干、县级中心为基础的检验网络，具备了对种子发芽率、纯度、净度、水分等常规指标进行大规模监督、抽查、检验的能力。

“十一五”末至“十二五”，进入了增强分子检测能力、调整优化检验体系的功能布局阶段。

2010—2012年，“种子工程”投资1.2亿元资金对全国大部分省级种子检测中心，进行以SSR检测平台为主的分子检测能力提升建设，实现了由常规检验水平向分子检测水平的跨越。2016年，“现代种业提升工程”安排约1.6亿元资金，对17个种子检测中心进行了新一轮投资建设，重点配备更为先进的SNP检测设备。

2012—2020年，随着生物技术、计算机技术等快速发展，种子检验的数字化、智能化、高通量、半自动化仪器设备得到普及，覆盖审定作物和登记作物的全国统一的农作物品种 DNA 指纹数据库建成和开放，种子检验的服务品种管理和创新的功能逐步展现出来。

三、种子质量方法标准建设

截至 2020 年底，共有农作物种子标准（不含种质资源、牧草种子标准、品种 DUS 和转基因成分检测标准）263 项。其中，国家标准 82 项，农业行业标准 181 项。由种子标准化委员会归口和制定的种子标准有 110 项。

从内容上看，种子质量标准 72 项（国家标准 36 项、农业行业标准 36 项），种子检验方法标准 57 项（国家标准 12 项、农业行业标准 45 项），种子生产、加工、包装、贮藏标准 67 项（国家标准 28 项、农业行业标准 39 项），品种审定和区域试验标准 67 项（国家标准 6 项、农业行业标准 61 项）。

（一）种子质量标准的完善

种子质量标准由数据待定标准（种子标签标注值）、种子质量国家标准、种子认证方案、合同约定标准等四种方式组成。2000 年《种子法》颁布，国家对商品种子实施种子标签真实制度，数据待定标准成为主流，国家种子质量标准成为补充；2016 年实施的新《种子法》要求推行推荐性种子认证制度。

基于上述背景，2006—2020 年，这一时期的种子质量标准的工作重点是制修订数据待定标准，修订种子质量标准，探索种子认证方案。全国农技中心于 2006 年牵头制定了《农作物种子标签通则》（GB 20464—2006），对标签标注内容、制作要求和使用监督等原则做了规范、指导和示例。同时，全国农技中心再次牵头全面制修订种子质量标准 13 项，包括《粮食作物种子 第 1 部分：禾谷类》（GB 4401.1—2008）、《经济作物种子 第 1 部分：油料类》（GB 4407.1—2008）等 13 项标准，于 2008—2014 年先后发布实施。这次制修订，全面取消了质量分级，只规定最低质量要求，从而与《种子法》规定一致。修订后，总体上形成了我国历史上最严格的一套种子质量标准。通过 TBT 通报，得到全世界认可，并逐渐成为国际上一些国家借鉴参考的对象。

（二）种子检验规程的补充

种子检验方法标准，在我国主要是以国家标准《农作物种子检验规程》的形式发布实施。2015 年只以标准修改的形式对《农作物种子检验规程 真实性和品种纯度鉴定》（GB/T 3543.5—1995）进行了修改，加入了品种分子检测的内容。

为了满足种子市场快速鉴定的需要，随着分子检测技术的发展和成熟，农业农村部发布了一批以SSR分子标记技术鉴定品种的农业行业标准，如《玉米品种鉴定技术规程 SSR标记法》（NY/T 1432—2014）、《水稻品种鉴定技术规程 SSR标记法》（NY/T 1433—2014）、《主要农作物品种真实性SSR分子标记检测 普通小麦》（NY/T 2859—2015）、《水稻品种鉴定 SNP标记法》（NY/T 2745—2015）等。

（三）转基因种子检测标准的引用

2014年5月，农业部印发《农业部关于进一步加强农业转基因生物安全监管工作的通知》（农科教发〔2014〕2号）。该通知明确种子管理机构承担转基因品种审定、种子生产经营阶段的监管工作。现行有效的与种子有关的转基因标准包括通用3项、调控元件3项、基因特异5项，涉及农作物转化体的有100多项标准；常用的有《转基因植物及其产品成分检测 调控元件*CaMV* 35S启动子、*FMV* 35S启动子、*NOS*启动子、*NOS*终止子和*CaMV* 35S终止子定性PCR方法》（农业部1782号公告-3-2012）、《转基因植物及其产品成分检测 抗虫和耐除草剂玉米Bt176及其衍生品种定性PCR方法》（农业部869号公告-8-2007）、《转基因植物及其产品成分检测 抗虫玉米MON810及其衍生品种定性PCR方法》（农业部869号公告-9-2007）等。

四、国家标准样品库和品种DNA指纹数据库的建立

标准样品和品种DNA指纹数据库，属于一种实物标准。2010年，以《农业部办公厅关于做好品种标准样品征集工作的通知》（农办农〔2010〕79号）为标志开始构建。2010—2014年，全国农技中心组织开展标准样品征集、信息核对、真实性承诺书材料的整理等工作。共收集玉米、水稻、小麦、油菜、棉花、大豆6大作物样品1.2万余份；并核对了1.4万余份审定品种信息，整理出了已提交标准样品清单、未提交标准样品清单、不合格标准样品清单、同品种多个标准样的样品清单等，标志着品种标准样品管理迈出了实质性的一步。截至2019年底，国家品种标准样品库已保存涉及玉米、水稻、小麦、棉花、大豆5大作物的主要农作物品种标准样品19 389份。

2016年修订的《种子法》明确规定：国家农业（林业）主管部门建立国家品种标准样品库，用于种子市场监管；建立了品种登记制度。2017年4月农业部印发的《非主要农作物品种登记指南》（农种发〔2017〕2号），明确了马铃薯等29种非主要农作物的标准样品的提交要求。从2017年开始，国家品种标准样品库开始接收非主要农作物的标准样品。截至2019年底，国家品种标准样品库已保存涉及18种农作物实物种子的非主要农作物品种标准样品18 556份。

自2010年以来，受农业部委托，全国农技中心组织有关种子检验机构和科研机构开展玉米、水稻DNA指纹数据构建技术研究。于2013年底构建了玉米、水稻

DNA 指纹数据比对平台，应用于种子监管。

2015 年，农业部种子管理局会同全国农技中心、农业部科技发展中心等单位组织编制了《农作物品种 DNA 身份鉴定体系构建实施方案》（农办种〔2015〕18 号），明确了农作物品种 DNA 指纹图谱构建工作方案。2016 年，农业部种子管理局印发了《农作物品种 DNA 指纹图谱构建技术方案》（农种市函〔2016〕15 号）。2017 年 10 月，农业部种子管理局组织召开农作物品种 DNA 指纹库建设座谈会（农种市函〔2017〕33 号），再次明确了该项工作由全国农技中心牵头组织。

2017 年，全国农技中心依托国家农作物种子登记认证检测中心项目（2016 年申请），投资 545 万元研发农作物品种 DNA 指纹图谱数据比对数据平台。

截至 2020 年，各作物建库制标工作进展顺利。棉花、大豆、甘蔗、甘薯、向日葵等作物完成建库，2021 年建成 DNA 指纹平台。项目建成后，可直接将各作物品种的 DNA 指纹图谱数据整合到统一的平台，对社会开放服务。

第二节　市场监督检查

一、监督抽查制度建立

（一）出台监督管理办法

2005 年 3 月，农业部令第 50 号《农作物种子质量监督抽查管理办法》（以下简称“《办法》”），确立了依法行政等 6 项基本原则，规范了抽查规划计划制定、扦样、检验和结果报送、抽查结果处理等环节的实施程序；明确了种子企业在监督抽查工作的知情权、拒绝权、申诉投诉权和接受依法抽查、免费提供样品、接受有关部门对不合格种子依法处罚的义务，还明确了监督抽查的组织管理。

（二）建立部省联动机制

从 2006 年开始，在农业部种植业管理司的组织下，正式建立了由全国农技中心牵头，联合省级种子管理机构建立了部省联动种子质量监督抽查工作机制。在组织实施过程中，按照统一工作质量标准、统一检验方法、统一判定规则、统一汇总口径和统一发布结果的原则，建立和完善相应的工作制度和措施，督促落实各环节的工作要求。在定期例行检查、突击检查基础上开展专项检查、跟踪检查。

（三）建立检打联动机制

自 2009 年以来，农业部在推动种子质量检验机构与种子行政处罚联动的同时，还与市场监管、公安等执法部门建立了部级、省级联合监管执法机制，切实做到依法、严格、及时、高效地完成对不合格种子及其生产经营企业的后处理工作，严格落实后续整改措施，强化监督抽查的威慑作用。

二、种子执法年与打击套牌

（一）开展全国“种子执法年”活动

2010 年，农业部决定重拳出击，在全国开展为期三年的全国“种子执法年”活动，全面清理经营主体，注销或吊销许可证 1 300 多个，全国持证企业由 8 500 多家减少到7 200 多家。严厉打击制假售假等违法行为，各地各级共组织市场检查万余次，查处案件 2 600 多起。其中跨省区大案要案 50 多起，依法吊销许可证 42 个，收缴种子 150 多万公斤，挽回直接经济损失近 5 亿元。同时，修订《农作物种子生产经营许可管理办法》，提高生产经营许可的品种、资本、固定资产和生产加工条件门槛，使种子市场环境得到初步净化。

（二）开展套牌侵权专项整治行动

连续三年开展“种子执法年”活动后，套牌侵权成为市场主要问题。2013 年 9 月 29 日，国务院副总理汪洋在考察北京通州国际种业科技园时，针对当时种子市场套牌侵权、制售假劣种子扰乱市场、危害种业发展的突出问题，强调要依据有关法律规定，加大打击假冒伪劣种子的力度，保护好知识产权。按照汪洋副总理的指示要求，农业部、公安部和国家工商行政管理总局三个部门决定在全国范围联合组织开展为期一年的打击侵犯品种权和制售假劣种子行为专项行动，联合印发了《关于进一步做好打击侵犯品种权和制售假劣种子行为的工作意见》。品种真实性 SSR 分子标记检测成为种子质量监督抽查、打击套牌侵权的利器。2014 年，专项行动扎实开展，全国共出动检查人员 48.9 万人次，检查企业 2.2 万个（次）、市场 4.9 万个（次）、经营户 52.5 万个（次），制种基地 1 500 多万亩，抽样 1.3 万余份，达到 2013 年的 3 倍以上。专项行动检查发现的套牌、无证生产以及社会举报案件被依法进行行政处罚；公安部对重大案件进行了督办查处。全国共查处案件 6 400 多起，查获涉案种子 980 多万公斤，没收种子 279 万公斤，没收违法所得 433 万元，罚款 2 200 万元，吊销生产经营许可证 31 个，移送司法处理的 115 起，依法惩处罪犯 34 名。

三、建立监督抽查长效机制

2010—2012 年，连续三年开展“种子执法年”之后，种子监督管理在实践中逐步形成了按照种子生产季度划分的年度四大督查活动，包括冬季种子企业质量检查、春季种子市场质量检查、夏季种子基地巡查、秋冬季种子质量检查。

（一）开展冬季种子企业监督检查行动

冬季种子企业抽查是在种子生产经营企业生产加工时，检查人员赴企业仓库对包装好的种子进行抽查检验。冬季检查每年 12 月前后开始，目的主要是监控销售源头的质量关，对象是持有经营许可证的种子企业，检查的内容在传统四项指标的基础上重点转向真实性和转基因成分检测。目前，由农业农村部每年直接进行检验的样品规模有 400～500 个，冬季抽查样品种子质量合格率稳定在 98%以上。

（二）开展春季种子市场监督检查行动

春季种子市场检查是春耕播种前，检查人员去种子交易市场对种子经营门店进行的监督检查。主要检查品种、种子标签和使用说明的真实性与合规性，门店备案和档案建立情况；同时随机抽取部分种子样品做检测。从 2008 年开始，农业部每年都组织一次检查行动。2008 年抽取 200 多份样品，2010 年达 1 200 多份，2015 年以后稳定在 2 000 份以上。涉及农作物种类拓展至 30 多种，质量合格率稳定在 97%左右。

（三）开展夏季种子基地巡查行动

2012 年，农业部根据“种子执法年”活动方案，首次组织开展了夏季种子基地巡查。在玉米、水稻制种关键时期，赴新疆、甘肃、湖南等重点制种基地抽检制种亲本的真实性、检查制种企业的种子生产档案和种子生产技术规程落实等情况。夏季种子基地巡查有效地从源头上遏制套牌种子和非法转基因种子的生产扩散。种子基地巡查需要乡镇政府配合，通常这项工作由农业农村部种业管理司统一安排。

（四）开展秋冬种种子质量检查行动

秋冬种期间的种子质量检查行动，从 2010 年“种子执法年”开始。在秋冬种前期，检查人员赴种子交易市场或者种子生产经营企业进行检查，检查农作物以小麦、油菜为主。当年首次在秋季种子质量检查中开展小麦品种真实性和小麦、油菜品种纯度小区种植鉴定。2017 年抽查种子样品 205 份，抽查结果显示品种纯度问题突出，油菜品种纯度不合格率达 6%，小麦品种纯度不合格率达 7.4%。2018 年共抽查种子样品 443 份，油菜品种纯度不合格率为 3.9%，小麦品种纯度不合格率为 9.0%。

四、种子市场监管实化深化

2018 年，农业部办公厅印发《农作物种子质量年专项行动实施方案》，按照“监管推动、标准引领、制度保障、宣教促进”的思路，开展推进种子市场常态化监管。随后，农业农村部办公厅每年印发全国种业市场监管工作方案，深化推动专项治理和常态化监管。

2018 年，全国累计抽查门店近 18 万个，抽取样品近 5.2 万份；查处案件 4 800

件，移送司法处理33件；查没种子近246万公斤，种子质量合格率稳定在95.9%；各地共铲除转基因玉米制种田1.6万亩，有效遏制了非法转基因种子的生产经营。同时还为DNA指纹库建设、地方直接办案等调用标准样品24 616份，为做好市场监管提供了有力技术支撑。

2019年，全国累计抽查门店超25.4万个，抽取样品4.7万份；查处案件3 062件，移送司法机关处理19件；查没种子超过77.5万公斤，种子质量合格率稳定在98%以上，继续保持较高水平。

2020年，在做好新冠疫情防控的同时，全国累计检查门店基地等29.66万个，出动执法人员48.09万人（次）。查没假冒伪劣种子106.1万公斤，立案查处种子案件5 023件，移送司法机关处理47件；抽取种子样品9.05万个开展质量检测，种子质量合格率稳定在98%以上。农业农村部还指导推动冀鲁豫、黑吉辽等地建立区域联合执法监管机制，推进苏鲁豫皖四省建立大豆打假维权区域联合执法机制。

第三节　生产经营管理

伴随着我国种业的发展，种子生产经营许可制度在2011年和2016年进行了两次较大的变革。

根据《种子法》规定，2001年2月，农业部颁布实施《农作物种子生产经营许可证管理办法》（以下简称"《办法》"），将"两杂"种子生产经营权由指定单位经营改为按条件许可经营。2004年7月，根据《中华人民共和国行政许可法》对《办法》进行了修订。《办法》的实施，为规范种子生产经营行为提供了法律保障，为促进种业发展发挥了重要作用。并随着形势发展要求分别于2011年和2015年进行了两次修订。

一、2011年修订

《办法》实施10年，种业发展的外部环境及产业自身结构发生了很大变化，企业多小散、竞争能力弱等问题逐步显现，影响了种业的健康发展，也难以应对全球化带来的挑战，难以满足保障粮食安全和发展现代农业的要求。上述问题引起了社会各界的广泛关注和国务院领导的高度重视。国发〔2011〕8号文件明确提出"在企业注册资金、固定资产、研发能力和技术水平等方面大幅提高市场准入门槛"和"严格种子生产、经营行政许可管理"的要求。为了贯彻8号文件要求，促进我国种业做大做强，农业部组织修订《办法》，在准入门槛、企业责任、许可监管等方面进行了调整，以促进种子企业兼并重组、做大做强，从根本上解决企业多小散的问题。主要修改内容：一是提高种子生产经营准入门槛。将育繁推一体化种子企业的注册资本由3 000 万元提高到 1 亿元，其中固定资产5 000 万元以上；将经营杂交稻、杂交玉米种子企业的注册资本由 500 万元提高到 3 000 万元，固定资产 1 000 万元以上；对种子企业应具备的设施设备、人员资质等条件提出了具体要求。二是强化种子生产经营全程监管。《办法》的名称由《农作物种子生产经营许可证管理办法》改为《农作物种子生产经营许可管理办法》，强调对种子生产经营全程的监管，要求种子企业建立种子生产经营档案，并按规定报告年度种子生产、经营情况。同时，对种子经销户的经营行为进行了规范，以便农业部门加强监管，全面掌握种子生产、经营情况。三是鼓励企业向育繁推一体化发展。根据当时的《种子法》，生产和经营两个环节是分开的，不利于种子企业发展，《办法》加强了生产和经营的衔接，对已有经营许可证的种子企业申请办理生产许可证时，可以简化申请手续，免于提交企业固定资产和种子贮藏、检验技术人员资质证明等相关材料，促进企业生产和经营有机结合，最终形成种子企业的育繁推一体化。

2011 年 8 月 22 日，农业部发布 2011 年第 3 号令，正式颁布《农作物种子生产经营许可管理办法》，自 2011 年 9 月 25 日起施行。

2011 年 9 月 6 日，农业部印发第 1643 号公告，发布《转基因棉花种子生产经营许可规定》(以下简称“《规定》”)。《规定》将转基因棉花种子生产经营企业许可证注册资本由 500 万元提高到 3 000 万元，固定资产不少于 1 000 万元；同时对企业应具备的设施设备、人员资质等条件提出了具体要求。《规定》自 2011 年 10 月 7 日起施行。

2011 年 9 月，农业部办公厅印发《关于贯彻实施〈农作物种子生产经营许可管理办法〉和〈转基因棉花种子生产经营许可规定〉的通知》(农办种〔2011〕1 号)，种子管理局组织举办全国《农作物种子生产经营许可管理办法》培训班，对新修订的《办法》的主要规定和要求进行集中培训。

二、2015 年修订

根据党的十八届三中、五中全会提出的发挥市场在配置资源中的决定性作用和更好发挥政府作用、持续推进简政放权、放管结合、优化服务，提高政府效能，激发市场活力和社会创造力的总体要求，2015 年 11 月 4 日，第十二届全国人大常委会第十七次会议表决通过了《种子法（修订草案)》。新修订的《种子法》于 2016 年 1 月 1 日起实施，将种子生产许可证和种子经营许可证合并为种子生产经营许可证。同时，将核发实行选育生产经营相结合（即“育繁推一体化”）的种子企业的种子生产经营许可证权限，从国务院农业、林业行政主管部门下放到省、自治区、直辖市人民政府农业、林业行政主管部门。

按照简政放权、放管结合、优化服务、提高效能的原则，由事前许可向事中事后监管重心转移；建立种子可追溯制度，推动种业发展、促进种业创新的指导思想，农业部全面改革种子生产经营制度。**一是实行两证合一。**将基本设施、检验仪器、加工设备、专业人员、生产环境等方面的许可条件合并，总体上标准水平不低于 2011 年修订的两证办法；种子生产经营许可证由种子企业注册所在地农业主管部门按相关权限核发，持证企业可以在许可证载明的有效区域外委托种子生产或以购销方式销售种子，不需再次申办种子生产经营许可。**二是下放许可权限。**从事种子进出口业务的种子生产经营许可证由农业部核发；将常规种原种种子生产经营许可证审核、核发权下放到县级以上农业主管部门。**三是取消注册资本和固定资产金额的要求。**要求申请种子生产经营许可证的种子企业，在种子加工、检验、仓储等设备设施方面要具有自有产权。同时，强调企业应当具备一定的品种条件。**四是取消先证后照。**不再将取得种子生产经营许可证作为办理营业执照的前提条件。**五是分设主证副证。**在实际工作中，有些事项，如生产品种、地点极易发生频繁变更，为此分设副证。企业按照程序向原发证机关提交申请即可。

（支巨振、金石桥、赵建宗、傅友兰、晋芳、刘丰泽、任雪贞、景琦、孙全）

第十六章　信息与服务

第一节　信息服务

一、种子行业基础信息统计

1991 年，农业部依照《中华人民共和国统计法》的有关规定，将全国种子财务报表统计升级为《全国种子行业统计报表制度》。统计内容涉及种子管理机构（部门）履职情况和种子企业年度经营情况。自此，种子行业统计正式被纳入国家统计制度系列，种业有了全面掌握行业发展状况的工具，以及制定行业政策的第一手资料。

1995 年，全国种子总站和植保、土肥、推广 3 个总站合并成立全国农业技术推广服务中心（以下简称“全国农技中心”），全国种子行业基础信息统计就一直由全国农技中心组织实施，各省种子管理机构负责辖区种子行业基础信息统计工作。

2006 年，为适应种子市场化和种子企业多元化形势，全国农技中心更新了报表格式，并开发了统计软件。种子管理机构统计报表包含机构性质报表、人员情况统计表、种子检验情况统计表、农作物救灾备荒种子储备情况表、经费收支报表。收到除西藏自治区和海南省以外的 29 个省（自治区、直辖市）、新疆生产建设兵团等 2 183 家单位的报表。种子企业统计报表包括企业性质分类表、企业基本情况统计表、企业人员情况表、种子进销存情况表、资产负债表、利润表、利润分配表、费用明细表等。2006 年统计到 5 032 家企业上报数据。

2008 年底，农业部召开全国种子工作会议，危朝安副部长明确要求“加强信息管理，提高宏观指导能力”，种业信息体系建设得到领导重视和支持。2008 年农业部种植业管理司首次将种业信息管理工作经费列入工作预算，从经费上保证了信息统计工作的正常开展。

2009 年 11 月，全国农技中心在广东召开首次全国种子行业信息统计管理工作会，总结经验，分析问题，探讨加强种业信息管理工作、推进种业信息服务体系建设的对策和措施，有力推动了种业基础信息统计管理工作。

2010 年，全国农技中心组织完成了 2009 年度种业基础信息统计任务，统计完成率较往年有了很大提高。同时，组织各地首次对行业统计数据进行系统分析，形成了《2009 年度全国种业基础信息统计分析报告》。

2011 年 3 月，新版种子行业基础信息管理系统正式启用，全国农技中心举办全国省级种子行业基础信息统计培训会，对省级信息员和管理员进行系统培训，安排了本年度种子行业基础信息统计管理工作。

2014 年，根据现代种业发展的需求，全国农技中心对种子管理机构和种子企业统计报表再次更新、完善、细化，逐一明确各项统计指标含义。同时，委托第三方重新设计开发了统计软件，建立临时调度和应急调度机制，实现调查统计的规范化、快速化和批量数据智能化处理。种子管理机构报表增加到 10 张，涉及单位基本情况、人员、基础设施、职责履行（种子检验、品种引进、审定、展示示范、市场管理）、经费保障和辖区农作物种子使用（亩播量、商品化率和主栽品种面积）、救灾备荒种子储备情况；将种子企业报表调整为大中型种子企业报表和小微型企业报表，其中大中型企业报表 9 张，涉及企业基本情况、企业人员、科研与兼并重组、品种审定与品种权保护、种子生产与经营、资产负债和利润等；小微企业报表 4 张，内容仅涉及企业基本情况、种子生产与经营、资产负债和利润等。

2014 年，根据种子行业基础信息统计，农业部种子管理局、全国农技中心、农业部科技发展中心三家联合首次正式出版《中国种业发展报告》，并在系统内首次发行《全国种业信息数据手册》，实现了种业信息从零散到系统、从微观到全局、从表象到本质的升华，为政府推进种业体制改革、制度创新和政策创新提供了决策依据；为企业准确把握种子市场动向、做大做强提供了强有力指导；为农业行政主管部门组织指挥农业生产和农民选种购种提供了重要参考，标志着种业信息服务水平迈上了一个新台阶。

2018 年，农业农村部种业管理司组织修订《全国种子行业统计报表制度》，将畜禽种业统计也并入其中。

近 40 年来，全国种业统计实现了全国种业工作机构和持有效种子生产经营许可证的企业全覆盖统计，是目前最全面、最翔实、最权威的种业信息来源，是种业管理部门和社会各界了解种业发展状况的“基本盘”，判断产业趋势动向的主要依据。全国种业统计工作一直依托全国各级种子管理站开展，虽经历了“政事分开”和“事企分开”几次改革，但种子管理体系一直是完整的，所以工作一直可以顺利开展。但新一轮机构改革后，我国种业管理机构变动较大，种业各项业务工作随改革分散到不同机构或部门，很多种子事业站被撤并撤销，市县基层种子管理站50%以上已不存在，统计网络出现严重缺口，原有工作体制机制已不能满足新形势下做好种业信息工作的需求，迫切需要创新工作机制。

二、种子市场运行动态监测

2008年，为及时调剂种子市场供给余缺，确保种子市场价格稳定，全国农技中心开始组织各省对水稻、小麦、玉米、大豆、棉花、油菜、马铃薯等7种主要农作物种子市场进行动态监测。重点监测种子市场销售的主导品种、种子价格、销售进度、市场秩序等数据。在全国用种大县设立主要农作物种子市场价格观察点，在全国主要制繁种基地设立种子生产观察点，观察点设在县级种子管理站。首次对市场信息员和生产基地信息员进行培训，并给每个点每年补助监测经费2 000元。

2009年，在"两杂"种子销售旺季，全国农技中心通过全国50个种子市场监测点，在2月15日、3月15日和4月15日分别向社会发布了种子市场价格、品种等监测信息。同年，启动了100个全国"两杂"种子生产监测点，积极开展"两杂"种子生产监测。

2012年，全国农技中心共设立249个主要农作物种子市场价格观察点，240个种子生产观察点，每年每个点国家补助监测经费增加到5 000元，监测项目经费总额达到400万元。

2018年，全国农技中心将种子生产观察点和市场价格观察点合并，统一命名为全国种子市场观察点。将观察点从基层种子管理站调整到"备案规范、规模较大、信誉良好、热心公益活动"的种子经销商。进一步扩大监测农作物种子范围，开发了种子市场监测信息采集App和网上信息发布平台，实现了种子市场信息实时采集、自动入库和实时发布。根据农作物布局确定894个全国种子市场观察点，开始新监测网络试运行。观察点最多的是湖北省、云南省、山东省和江西省，每省超过60个。

2019年，新的全国种子市场监测网络正式运行，全国农技中心改革了种子市场监测项目经费的支付方式，直接以劳务费的形式向绩效考核合格的种子市场观察点支付信息采集费，同时为绩效考核优秀的种子市场观察点颁发"全国种子市场观察点"牌匾。

2020年，正值春耕备种关键时节，新冠疫情暴发，种子加工运输销售严重受阻。2月4日，全国农技中心印发《关于做好疫情防控期间种情监测工作的紧急通知》，迅速开展体系应急调度、企业应急调查、种子市场观察点应急填报。针对农时不等人、加工任务紧迫、零售交通中断等重大问题，提出优先安排种子企业复工、销售环节要变通、避免疫情耽误农业生产供种的措施建议。这些建议得到了农业农村部和各级政府的及时采纳。1 000 余个全国种子市场观察点密切监测各地春耕备种进度，每周向农业农村部春耕保供专班上报种子市场信息，协调开通种子运输绿色通道，确保全国春耕农业生产供种用种安全。

通过不断改革完善，种子市场监测效能大幅提升，2020 年采集到的信息数据超过 50 万条，比 2008 年开展监测之初增加 100 倍，涵盖 12 大类、273 种粮经饲农作物，及时反映了农业供给侧结构性改革的动向。同时，全国农技中心组织各省加大采集信息的分析挖掘力度，在春、秋两季用种高峰期，及时汇总、分析种子市场运行监测信息，发布全国和区域种情通报，准确反映种子市场价格走势与农民购种动向，服务种业主管部门和有关产业链主体决策的能力发生质的飞跃。

三、种子产供需形势调度分析

种子供需工作起始于计划经济时期的“四化一供”阶段，农业生产用种主要依靠县种子公司统一供应，各地根据供需调度情况，开展跨区种子余缺调剂，确保用种安全。2000 年《种子法》施行，种子流通由计划经济进入市场经济阶段。但种子具有当年所需的种子必须提前一年安排生产、当季所需种子必须在播种前供给到位两大鲜明特征；同时农业用种结构年年在调整，需求的不确定性不断增强。为确保农业生产供种安全，从 2005 年开始，全国农技中心逐步建立健全全国主要农作物种子生产供需形势调度分析工作机制。

2008 年，全国农技中心在“两杂种子”工作基础上，增加棉花种子生产供需形势分析；同时关注大豆、油菜、小麦种子供需形势，为种子生产提供指导意见。

2010 年 1 月，农业部办公厅印发《关于报送种子供需信息的通知》。明确报送内容、采集方式和报送时间，明确全国农技中心牵头组织实施；各省级种子管理机构要按要求完成种子信息的采集、分析和报送工作，种子供需形势调度分析工作制度化。

2011 年，全国农技中心将种子产供需形势调度分析制度规范化，每年分春夏秋三季召开全国主要农作物种子产供需形势分析例会。组织各省种子管理机构，按照春夏播和秋冬种农作物，调查各主要农作物当年的播种面积、亩用种量、种子商品化率；预测下一生产年份各农作物的播种面积、种子需求量以及品种结构变化趋势；调查各主要农作物制繁种面积、产量、期末种子有效库存，研判供需形势，发布种子生产指导意见。

2012 年，全国农技中心在全国种子供需形势调度春季例会上，针对企业玉米制种计划将超过 2013 年用种需求的 2 倍，针对玉米种子已经出现积压的情况，及时发出预警通报。指导全国种子企业大幅度调减玉米制种面积，有效遏制了玉米种子过剩继续猛增的势头，在保证用种安全的同时，降低了种业的系统性风险。

2017 年，全国农技中心按照农业供给侧结构性改革要求，与时俱进地加大种子产供需调度力度，将调度农作物范围从 7 种扩大到 29 种。组建花生、辣椒、向日葵、西甜瓜、谷子、高粱六大协作组，撰写 6 篇专题报告，首次摸清了这些农作物种子的产供需状况；将“两杂”种子供需形势调度细化到品种、基地、市场品种结构演化动态，加强对制种灾情与重点基地、重点企业的调度分析，调度信息的准确性与及时性迈上新台阶。

2020 年，全国农技中心组建水稻、玉米、小麦三大农作物种业市场发展研究组，开展三大主粮种业市场发展研究，探索主粮种子供需形势调度分析精准化路径。研究组分别由北京金色农华、先正达集团中国、中农发种业牵头，联合龙头企业、管理机构、研究机构共同搭建种业交流合作平台，共商年度市场动态，共议市场变化趋势，共话行业热门话题。

全国种子产供需形势调度分析工作成果已成为每年全国种子双交会信息发布的重磅信息，是企业种子生产经营决策的重要依据，农业行政主管部门研判农业生产形势的重要参考。

四、种业发展报告

2013 年，全国农技中心对农业部和各地种子管理工作数据、全国种子行业基础信息统计数据、全国主要农作物种子生产供需形势数据、全国种子市场观察点种子价格监测数据、全国种子生产观察点制种信息数据等资料，进行汇总分析，撰写了首个《中国种业发展报告》。从种业发展政策与管理、种子市场与产需、种子企业与经营、种业支撑与服务等方面反映年度种业的发展变化。报告主要执笔人为时任全国农技中心种业信息与技术处处长王玉玺。

2014 年，农业部种子管理局委托全国农技中心研究提出一套衡量种业年度发展的指标体系，确立各项指标的计算方法。在此基础上，种子管理局决定全面调度种业行政、事业、科研、企业各方面的情况，由全国农技中心牵头编制年度《全国种业信息数据手册》和年度《中国种业发展报告》。同年底，《中国种业发展报告》正式由中国农业出版社出版，报告从种业发展环境、种业科技创新进展、种子生产与推广、种子企业发展状况、种业管理与服务等五个方面全面反映了我国农作物种业的年度进展。农业部当时主管种业工作的余欣荣副部长为报告作序言。年度《全国种业信息数据手册》也于同年作为内部资料发行。

此后，每年农业农村部种业管理司、全国农技中心、农业农村部科技发展中心联合出版年度《中国种业发展报告》，内部发行《全国种业信息数据手册》，两本资料已成为社会资源投资农作物种业的风向标、引导行业健康发展和研究制定项目的重要参考。

（刘春青、张力科、邱军、宁明宇、马文慧、景琦、唐嘉城、马振国、王玉玺）

第二节　大数据平台

2015 年，农业部印发《关于推进农业农村大数据发展的实施意见》（农市发〔2015〕6 号），明确“建立种业大数据信息系统，实现农作物种业全产业链信息查询可追溯”的具体要求。同年，农业部种子管理局着手建设“中国种业大数据平台”，将分散在农业部种子管理局、全国农技中心以及农业部科技发展中心等不同单位的涉种业务系统进行整合。2016 年，申报 2017—2019 年中国种业大数据平台项目构建与运维项目；2018 年，根据机构改革后的职能调整，将畜禽种业大数据纳入建设规划。2019 年，农业农村部种业管理司将种业大数据平台建设与维护管理任务交给全国农技中心。

截至 2020 年，中国种业大数据平台已实现重点工作办理全链在网，关键领域数据实时可查，“品种、种子、主体”三线可追溯，基本具备智能分析、科学预测、辅助监管的种业数字化能力。业务系统可归类为品种、主体、市场和行业信息四大板块。

品种板块涉及 7 个业务系统，包括农作物品种审定管理系统、农作物品种审定材料申报管理系统、非主要农作物品种登记管理系统、农业植物新品种保护办公自动化系统、农业品种权申请系统、植物品种权审查信息管理系统、国家农作物品种试验信息与运行管理系统。

主体板块涉及 2 个业务系统，包括种子生产经营许可管理系统、农作物种子生产经营备案管理系统。

市场板块涉及 5 个业务系统，包括种子市场监管系统、种子（苗）进出口管理系统、农作物种质资源出口管理系统、种子基地监管系统、全国农作物品种鉴定信息系统。

行业信息板块涉及 5 个业务系统，包括种业综合信息调度平台、种业基础信息统计系统、全国种子市场监测平台、主要农作物种子供需信息直报系统、全国农作物主要品种推广情况统计系统。

上述核心业务的各个环节，在部级层面，分属种业管理司、全国农技中心、部科技发展中心等多个单位，各子系统的总数据量已经达到5T左右，各类注册用户超过20万，其中种业企业5 000多家，各级种业管理机构3 000多个，科研单位700多家，科研育种人员20 000多人，公众查询浏览日均访问量11万次。

种业大数据平台建设主要从三个方面展开：一是业务系统完善与新业务系统的开发，包括核心业务流程的梳理和优化、系统功能的拓展和改造、系统数据的挖掘分析和展示发布的改进、用户体验的改善和提升、数据安全性的优化和增强等。二是业务系统整合与业务数据融合，包括制定数据融合标准、进行业务系统的数据标准化、采集和构建大数据平台数据库、建立数据逻辑关系和融合数据等。三是大数据平台功能的实现，包括种业通App、一网通办、一号通关、一网统管、一点通查以及建立以品种、企业、地域、时间等元素为主线的数据链，提供数据共享、决策参考、技术服务等。

通过多年的努力，种业大数据平台基本建成，并发挥了重要作用。

一是为品种创新提供了信息技术支撑。从育种创新的种质资源整合，到育种过程的科学管理，以及最后形成的品种试验评价，都实现了数字化、信息化。在基础环节，目前建成的世界上第二大的农作物种质资源数据库和信息系统（涉及生物数据资源，内部运行系统），已整合200种农作物的50.23万份种质信息，总数据量达230GB，累计共享了3 000多万个数据项值的种质信息，为育种创新提供源头活水。在过程管理环节，具有自主知识产权的商业化农作物育种信息管理平台“金种子育种平台”已经在多家龙头企业和科研单位应用，通过建立分析模型连接基因型数据与表型数据，为育种家提供辅助决策的数据依据，大幅提升品种创新效率。在成果评价环节，建成了国家品种区试信息管理平台，实现了品种试验数据采集的实时录入、智能审核、自动计算、全程留痕；改变了以往品种审定的眼看手写心算的状态，极大提高了区试数据的公信力和优良品种选择效率。

二是显著提升了规范种子市场的能力。通过融通农作物种子生产经营主体数据库、品种数据库、标准样品数据库等数据，基本掌握5 000多家企业以及20多万种子门店生产经营的品种，为各级种子管理部门现场开展监管核查提供重要依据。还有推进以种子标签二维码为桥梁的种子全程可追溯管理，近年来种子质量逐年上升，市场劣质种子已经基本绝迹，假冒种子也得到有效遏制。

三是大幅增强种业管理科学决策能力。种业大数据平台每年产生700多万条种业企业生产经营数据、130多万条品种田间测试数据、800多万条种畜禽生产性能数据、上万条畜禽遗传资源保种数据、1 000多万条种子市场和品种田间表现数据。通过对海量数据的综合分析，编制了年度种业数据手册、种业发展报告和一些专题数据挖掘报告，对我国种业创新能力、企业竞争力、供种保障能力和市场监管能力做出准确评估。以此为依据来制定种业政策措施，基本做到了用数据说话、用数据决策、用数据管理、用数据创新。

四是有效提升种业公共服务能力。种业大数据平台的构建，使种业主体，无论是办理生产经营许可证、种子进出口业务，还是办理品种审定、品种登记、品种保护等，都能一网通办。通过“种业通”手机 App，农户可以随时随地随手查询品种或企业的相关信息。种业大数据平台的应用简化了公共服务流程，实现了让数据多跑路、让群众少跑腿，有效缩短了公共服务的时空传输距离，优化了公共服务业务流程，强化了公共服务业务协同水平，极大提升了公共服务效率。

（刘春青、张力科、邱军、宁明宇、马文慧、景琦、唐嘉城、马振国、王玉玺）

第三节　交流平台

一、全国种子信息交流与产品交易会

为加速我国种子产业市场化进程，促进新品种选育、种子生产经营和技术推广的有机结合，大力推广优势农作物新品种，促进中国种业健康发展，全国农技中心和中国种子协会决定创办全国种子信息交流暨产品交易会，搭建信息交流和产品交易平台。经农业部批准，由全国农技中心和中国种子协会主办（举办单位以下省略），安徽省种子管理总站、安徽省种子协会承办的首届全国种子信息交流暨产品交易会（以下简称“种子双交会”）于 2003 年 10 月在安徽合肥成功举办，2 000 多个单位近 2 万人参展参会。种子双交会的创办满足了我国种子产业市场化发展的需求，受到种子企业、经销商、农民、管理部门等广泛关注。2003—2007 年，种子双交会的举办主要由全国农技中心和地方省级种子管理部门共同承担，2004 年在江苏南京、2005 年在河南郑州、2006 年在陕西西安、2007 年在安徽合肥。随着机构改革和展会规模扩大，种子双交会也开启了市场化办展之路。

2006 年 10 月，在陕西西安举办第四届全国种子双交会，以“加强合作交流，促进种业发展”为主题。时任农业部副部长范小建、陕西省副省长王寿森等出席开幕式并致辞；农业部原常务副部长、时任全国人大农业与农村委员会副主任万宝瑞宣布大会开幕，时任农业部种植业管理司司长陈萌山宣布“2006 年中国种业五十强企业”认定结果。

2007 年 10 月，在安徽合肥举办第五届全国种子双交会，以“创新联合发展，服

务现代农业”为主题，首次设立“海内外种业合作展区”，8 家海外种子企业参展。

2008 年 10 月，在河南郑州举办第六届全国种子双交会，首次以市场化运作方式办展，引进厦门市凤凰创意会展服务有限公司提供市场化、专业化的办会服务。

2011 年 10 月，在山东青岛举办第九届全国种子双交会。本届双交会是在国务院发布《关于加快推进现代农作物种业发展的意见》和召开全国现代农作物种业工作会议、农业部新成立种子管理局等一系列利好政策下举办，时任农业部党组副书记危朝安副部长、山东省人民政府贾万志副省长等领导同志视察了第九届全国种子双交会展馆，针对推进产学研结合、构建商业化育种体系、推进现代农作物种业发展的政策措施等热点问题举行专题讲座，同时举行 2011 年种子行业信用评价结果发布及授牌仪式。

2013 年 9 月，在吉林长春举办第十一届全国种子双交会，首次设置田间种植展区，集中展示了 170 多个玉米新品种，搭建了“农民看禾选种”平台。

2015 年，农业部决定将全国种子双交会与中国国际种业博览会合并举办，定名为中国国际种业博览会（以下简称“国际种博会”）暨全国种子信息交流与产品交易会，每年举办一届；全国农技中心为第一主办单位。同年 9 月，全国农技中心、农业部农业贸易促进中心、中国种子协会（以下省去主办单位名）在河北廊坊举办第八届中国国际种业博览会暨第十三届全国种子双交会，全国种子双交会首次与中国国际种业博览会联合举办。

2016 年 9 月，在山东济南举办第九届国际种博会暨第十四届全国种子双交会，突出政策导向性、产业指导性和科技创新性，专门设立玉米产业与种业发展论坛，推进玉米种业企业与玉米产业链下游融合发展。

2018 年 9 月，在安徽合肥举办第十一届国际种博会暨第十六届全国种子双交会，首次设置种业经销千商大会，打造经销商、大户、种子企业深度交流的高效对接平台；专题举办“中国好稻米品种推介会”，并评选出“2018 中国好品种”，推动稻米产业链融通；在安徽三个地市开设品种种植展区，对地展品种进行规范评价，推评地展优良品种。

受新冠疫情影响，2020 年未举办。展览面积常年保持在 2 万多平方米；年参展企业 300 家左右，涵盖了我国主体种子企业的 80%以上，这些企业的品种与种子科研、生产、加工、贮藏等最新技术与产品集体亮相，代表了我国目前种业发展水平。年参会 3 万多人，同时配套专业论坛，同步开展农作物新品种田间种植展示，宣传推荐优良新品种。

全国农技中心立足“支撑行政、引领体系、服务种业”的总体思路，按照“市场化运作、公益性办展”的原则，为种子企业、经销商、种子管理部门、科研教学单位、社会化服务组织间搭建桥梁和纽带，努力将全国种子信息交流暨产品交易会打造成为行业发展风向标、系统创新指南针和供需对接大平台。

（刘春青、张力科、邱军、宁明宇、马文慧、景琦、唐嘉城、马振国、王玉玺）

二、中国种子大会

为了进一步发挥中国种子协会社会组织的作用，更好地动员协会会员单位、凝聚中国种业力量，加快我国现代种业发展，推动我国民族种业振兴，协会秘书处根据部分会员和理事单位的要求，在调查研究的基础上，于2016年上半年开始动议创办中国种子大会；2016年11月18日，协会秘书处在协会五届六次理事会议上提出了召开中国种子大会的设想，得到了大部分理事赞成；2017年8月31日，中国种子协会秘书处召开了秘书处工作会议，专题讨论并经中国种子协会会长、时任农业部种子管理局局长张延秋同意，提出了提交六届二次常务理事会议审议的《关于召开中国种子大会的建议》；2017年9月21日，中国种子协会六届二次常务理事会议审议通过了秘书处提交的《关于召开中国种子大会的建议》，同意2018年上半年创办2018中国种子大会。经过半年多的精心筹备，中国种子大会于2018年在北京召开。

（一）2018中国种子大会

2018年3月25—27日，2018中国种子大会在北京国家会议中心召开，以习近平新时代中国特色社会主义思想为指导，以践行“新时代、新使命，新种业、新征程”为主题，以“引领中国种业，共创民族复兴”为宗旨。来自我国种业界的高层领导、专家、学者、育种家、企业家、推广专家、行业精英，以及美国、印度、印度尼西亚等国际种业界人士共计705名代表参加大会。

大会举行了高峰论坛、加快现代种业发展培训班和政策法规、水稻创新、玉米创新、种子种苗创新、服务支撑、国际合作等6个专题论坛。在高峰论坛上，中央农村工作领导小组办公室祝卫东局长应邀出席并作了“2018年中央一号文件”精神解读辅导，为大会增添了光彩。在2018中国种子大会举办前夕，由中国种子协会承办部种业管理司举办的全国现代种业培训班，来自全国各省市农业厅（局）种业处、种子管理站、种业规模企业主要负责人共200余人出席。培训班全体人员参加了2018中国种子大会。中国工程院院士万建民作了题为《种业科技创新与发展》的报告，农业农村部种子管理局副局长周云龙作了题为《种子企业兼并重组》的报告，种子管理局副局长吴晓玲作了题为《全面贯彻落实〈种子法〉、建设新时代法治种业》的报告，种植业管理司综合处处长刘莉华作了题为《2018年种植业形势分析》的报告。

大会实现了预期目标，成为中国种业的群英大会、博览大会和引领大会。

（二）2019 中国种子大会

经报农业农村部备案，2019 年 3 月 31 日至 4 月 1 日，在北京国际会议中心召开 2019 中国种子大会。大会创新了办会模式，由中国种子协会、中化农业、中国化工农化有限公司、先正达中国和安徽荃银高科联合主办。来自全国各地和 10 多个国家及有关国际组织的 1 200 余名种业界代表参加了大会。

大会举行了高峰论坛和种业创新与知识产权保护、大田农作物、玉米产业链合作、经济农作物、马铃薯产业链、种子技术与数字种业、企业家、国际合作等 8 个分论坛，作了 17 个综合性报告、55 个专业性报告，开展了 2 个对话环节。特别是农业农村部副部长张桃林就种业发展成就、种业新使命和建设重点发表了重要讲话。大会同期还举办了“新中国成立 70 周年与改革开放 40 年中国种业成就展”和《中国种业十大杰出人物（2012—2017）》一书的首发仪式。

大会受到了社会各界广泛关注，人民日报、新华网、农民日报等 14 家媒体先后发布了 85 篇专题报道；南方农村报农财宝典对大会进行了专题系列报道，点击率达到 87 000 多人次。

2020 年，因新冠疫情，当年的中国种子大会暂缓举办。

（韩奎、张璐）

第四节 宣传服务

《中国种业》《农民日报·种业振兴》专刊、《农财宝典·种业版》《种子》《种子世界》《种子科技》《种业导刊》《种子生物学》等一系列种业方面报刊的兴起和一些新媒体的出现，提高了种业信息的宣传能力，促进了种业发展。这里简要介绍《中国种业》《农民日报·现代种业周刊》专刊和《农财宝典·种业版》。

一、《中国种业》

（一）《中国种业》发展历程

《中国种业》是国家一级技术类期刊，1982 年创刊（原名《作物品种资源》），2000 年改刊名为《中国种业》，季刊，2000 年下半年由季刊改为双月刊；2002 年又改为月刊，大 16 开。主办单位：中国农业科学院作物科学研究所、中国种子协会。办刊宗旨：宣传、贯彻国家在种子学科发展方面的政策、管理、科研、推广等内容，为种子学科的发展服务。

（二）《中国种业》发文情况

《中国种业》2000 年改刊以来，迅速适应种业发展的大形势，逐渐吸引和报道了一批高质量的种业文章。至 2020 年底，《中国种业》已经出版了 239 期，共计发表种业类科技论文 11 190 篇。2017、2018 年和农业部种子管理局合作，组织了 2 次全国范围的大型征文活动："建设现代种业"和"种业改革 40 年"征文活动，评选了一批优秀论文并出版专刊和专栏，在业内产生了巨大影响力。

（三）期刊影响力不断扩大

2000 年改刊以来，稿源及广告客户均存在明显不足。在主办单位领导的支持下，编辑部全面策划了期刊的改制，从整体风格到栏目设计，从跑会宣传发行到广告承揽谈判，多方征集稿件。稿源、发行量和广告量逐年增加，每年广告协办单位基本保持在 50 家左右，广告费收入稳定在 100 万元左右。

在经济效益提高的同时，期刊学术质量也在逐渐提升，2004 年入选北大全国中文核心期刊，2002、2004 年和 2006 年先后获全国农业期刊技术类二等奖和一等奖。2020 年影响因子 0.665（扩刊版），在国内种业类期刊中有较大优势。

（四）期刊新媒体建设初见成效

2010 年，编辑部申请开通了网站（https://www.chinaseedqks.cn）和采编平台，完全实现网络化办公。2012 年，和中国知网签订了期刊优先数字出版协议，在中国知网平台实现优秀稿件的数字优先出版。2015 年，申请了微信公众号，及时推送相关资讯及热点文章。在传统纸媒的基础上，通过网站、微信号等新媒体传播优势，着力实现传统媒体和新兴媒体全方位融合，增强出版的针对性和实效性，不断提升期刊的传播能力和影响力。

二、《农民日报·现代种业周刊》专刊

《农民日报》作为党中央、国务院指导"三农"工作的重要舆论阵地，是唯一一张面向全国农村地区发行的中央党报。农民日报《现代种业周刊》的诞生可以追溯到 20 世纪 90 年代。

1998 年，农民日报社把一批综合版拓展成行业特刊。《中外种业》正是其中之一，即为《现代种业周刊》的前身。

2011 年，国务院印发《全国现代农业发展规划（2011—2015 年）》，为了配合现代种业建设，农民日报《中外种业》更名为《现代种业》，2012 年改版为《现代种业周刊》。2013 年 4 月起，由每期两版扩充到每期四版，隔周出版，分别设置《综合》《前沿》《市场》《企业》版面，聚焦业内不同领域。

2014 年，为了适应新形势新需要，农民日报社对《现代种业周刊》重新定位，改为每周一期、每期四版，全方位、多角度跟踪关注中国种业发展。

周刊肩负主流媒体责任担当，深入一线、权威发声，刊发了一系列在业内有影响力的新闻报道，广受业界关注与好评。多篇重磅文章获党中央、农业农村部领导批示表扬。

为了更好地服务种业市场主体，周刊在报道上注重新闻性，及时回应行业热点。曾结合农业部种业市场打假行动，曝光一批已经定性的大案要案，对制假售假者形成极大的威慑力。种业振兴行动全面推动以来，围绕新时期行业大事要事，传递政策信息、反映业界声音、总结创新经验，广泛提升了社会认知度和关注度。

为凝聚行业发展合力，农民日报《现代种业周刊》还在业界举办了一系列有影响力的活动。2013 年 8 月初，联合中国种子协会开展了改革开放以来（1978—2012 年）“中国种业十大功勋人物”和“中国种业十大里程碑事件”推评活动。袁隆平、李振声、李登海等十人获评“中国种业十大功勋人物”，时任国务院副总理汪洋与十大功勋人物进行座谈。《农业部关于开展向“中国种业十大功勋人物”学习的通知》发布，《人民日报》、新华社等多家中央媒体集中宣传，在社会上引起强烈反响。

通过一系列重要活动的举办，周刊凝聚了一批种业界大咖。成立之初，周刊专门聘请种业行政主管部门、科研院所以及头部种企老总等近 30 人，成立周刊编委会，奠定了紧密联系行业的根基。

近年来，专刊报道更多向新媒体平台拓展，在农民日报融媒体矩阵和现代种业微信号上发布了多篇有影响力的文章。进入媒体融合加速发展的时代，优质内容始终是王道，这也是农民日报社种业宣传的主旋律。服务种业发展，搭建起共圆民族种业强国梦的舆论平台。

三、《农财宝典·种业版》

自 2011 年出版增刊《种业突围》起，广东南方农村报加强种业板块建设。2013 年，广东南方农村报经营有限公司成功竞得第十二届广东种业博览会总服务商。从此，南方农村报农财宝典以种博会为抓手深耕种业，传播平台由报纸杂志延伸到社会化传播矩阵，成为受种业市场青睐、种业管理部门认可的种业媒体平台。

广东南方农村报经营有限公司是南方报业传媒集团控股的全资子公司，曾拥有一报五刊五网。“一报”为《南方农村报》。《南方农村报》是南方日报第一份子报，创刊于 1963 年，发行量曾达 35 万份，且九成以上是农户自费订阅。

“五刊”为《农财宝典·畜牧》《农财宝典·水产》《农财宝典·农场》《农财宝典·

种业》《农财宝典·茶行天下》；“五网”为南方农村报官网、新牧网、新渔网、农财网、茶行天下网。

2011年，南方农村报《养殖宝典》更名为《农财宝典》，畜牧、水产拆分独立发行，种业紧随其后“创刊”。秋季，南方农村报出版增刊《农财宝典·种业突围》，深入挖掘广东种业人的故事，描绘政策变局下的生存之路。第一本特刊的发布，开启“农财宝典”品牌新征程，南方农村报种业组成为报社事业发展主线。

自2012年连续出版的《农财宝典·种业版》杂志（2017年停刊，仅保留会刊制作，内容输出全面转向新媒体），设有读者来信、农财点评、信息速递、声音、数字、种业论道、封面故事、重点关注、金牌经销商、行业、技术课堂、视野、智库、达人等诸多栏目，紧紧围绕当下种业热点话题做选题，揭露业内问题，记录种业变局。

《种业变局开启黄金十年》《品种争夺大战》《洋企洋种涌入中国》《南繁人的生活百味》《广东种博会榕树效应》《中国种业新政两年考》《育种家去哪儿?》《转基因N种态度》……在农财宝典一经推出，受到种业市场欢迎。同时，种业组记者团队不断壮大，事业版图不断扩大，种业组升级为种业市场部。

从2013年连续承办广东种业博览会，这不仅进一步巩固扩大了《农财宝典》在业内的影响力，还促使南方农村报种业组业务单元线上线下业务双轨运行相得益彰，同时形成一套可复制的会展模式，与全国各地种业资源进行对接、推广，并为当地种业发展摇旗呐喊。

2013年5月28日，“农财宝典种业版”微信公众平台上线，以国内最具生长力的行业公众号为目标努力成长。工作日每天4条，全年无休，通过记者采写、权威人士约稿，持续发布原创文章，追逐行业热点，传播观点意见，打造爆款头条。

（陈丽娟、祖祎祎、惠婷婷）

第十七章　对外开放交流

第一节　外商投资

一、外商投资种业政策

1997年9月，农业部、国家计划委员会、对外贸易经济合作部、国家工商行政管理局发布《关于设立外商投资农作物种子企业审批和登记管理的有关规定》（农发〔1997〕9号），内容包括暂不允许设立外商投资经营销售型农作物种子企业和外商独资农作物种子企业；粮、棉、油作物种子企业注册资本不低于200万美元，其他农作物种子企业的注册资本不低于50万美元；设立粮、棉、油作物种子企业，中方投资比例应大于50%。但1994年已在中国注册成立的韩国“世农种苗”公司和1996年注册成立的泰国正大集团“襄阳正大”公司不在此列。

1997年12月，经国务院批准，《外商投资产业指导目录》于1998年1月1日起施行。其中，种业部分的相关规定鼓励类：糖、果、菜、花、牧草、新品种新技术开发；菜、花无土栽培系列化生产；限制类：粮棉油种子开发生产（中方控股或占主导地位）；禁止类：我国稀有的珍贵优良品种（包括种植业、畜牧业、水产业的优良基因）。

2002年4月，国家计委、国家经贸委、对外贸易经济合作部联合发布的《外商投资产业指导目录》施行。其中，种业部分的鼓励类：糖料、果树、花卉、牧草等农作物优质高产新技术新品种（转基因品种除外）开发、生产，花卉生产与苗圃基地的建设、经营；限制类：规定粮（包括马铃薯）、棉、油种子开发生产由中方控股；禁止类：包括我国稀有的珍贵优良品种的养殖、种植（基因）、转基因植物种子生产、开发。

2007年，国家发展和改革委员会、商务部发布《外商投资产业指导目录（2007年修订）》。种业相关规定鼓励类：蔬菜（含食用菌、西甜瓜）、干鲜果品、茶叶无公害技术及产品系列化开发、生产，糖料、果树、牧草等农作物新技术开发、生产，花卉生产与苗圃基地的建设、经营，橡胶、剑麻、咖啡种植，中药材种植、养殖（限于合资、合作）。限制类：农作物新品种选育和种子开发生产（中方控股）；珍贵树种原木加工（限于合资、合作）；棉花（籽棉）加工；禁止类：我国稀有和特有的珍贵优良品种的养殖、种植（包括种植业、畜牧业、水产业的优良基因），转基因植物种子、种畜禽、水产苗种的开发、生产。

2011年12月，国家发展和改革委员会、商务部令第12号《外商投资产业指导目录（2011年修订本）》发布，鼓励类和限制类内容同2007版，禁止类修改为：转基因生物研发和转基因农作物种子、种畜禽、水产苗种生产。

2015年3月，《外商投资产业指导目录（2015年修订）》发布，禁止类中关于转基因农作物种子的规定为：农作物、种畜禽、水产苗种转基因品种选育及其转基因种子（苗）生产。**4月**，国务院办公厅印发《关于印发自由贸易试验区外商投资准入特别管理措施（负面清单）的通知》（国办发〔2015〕23号），其中关于种业部分的规定为禁止投资中国稀有和特有的珍贵优良品种的研发、养殖、种植以及相关繁殖材料的生产（包括种植业、畜牧业、水产业的优良基因）。禁止投资农作物、种畜禽、水产苗种转基因品种选育及其转基因种子（苗）生产。农作物新品种选育和种子生产属于限制类，须由中方控股。未经批准，禁止采集农作物种质资源。种业外商投资政策开始向负面清单逐步过渡，除了明确禁止转基因新品种选育和种子生产，还体现出对农作物种质资源保护的重视。

2018年，我国外商投资政策实现了由《外商投资产业指导目录》向《外商投资准入特别管理措施（负面清单）》的过渡。2018版负面清单加大了对外开放的力度，限制类由所有农作物缩小至小麦、玉米新品种选育和种子生产须由中方控股。自贸区版本的2018年负面清单中，种业部分内容更加宽松，具体规定为：小麦、玉米新品种选育和种子生产的中方股比不低于34%。禁止投资中国稀有和特有的珍贵优良品种的研发、养殖、种植及相关繁殖材料的生产（包括种植业、畜牧业、水产业的优良基因）。禁止投资农作物、种畜禽、水产苗种转基因品种选育及其转基因种子（苗）生产。

2019年，外商投资准入特别管理措施（负面清单）全国版和自贸区版本与2018年版本相比，主要变化是删除"未经批准，禁止采集农作物种质资源"的规定。

2020年，全国版负面清单采纳了自贸区版本中"小麦新品种选育和种子生产由中方控股放宽为中方持股不低于34%"的规定。在禁止投资政策方面，种植业领域的稻、大豆和转基因品种选育及其转基因种子（苗）生产仍属禁止外商投资领域。

二、外资企业在华投资种业情况

改革开放以来，外资种业企业进入我国，其发展主要经历了高速发展时期、调整优化时期和扩大开放时期三个阶段。

高速发展期：80年代初至1997年。在这个阶段，我国的种业还没有真正地市场化，但是外国种业企业看好我国种业的未来发展前景，纷纷在我国设立办事处。其间，进入我国的外资种业企业包括美国的孟山都、先锋，韩国世农，日本的泷井、坂田、米可多以及泰国的正大等。这一时期外资在华设立的种业公司数量最多，达76家，主要业务为经营蔬菜、花卉种子和玉米种子，且多为外商独资或控股企业。

调整优化期：1997年至2018年前后。1997年，农业部等四部委发布《关于设立外商投资农作物种子企业审批和登记管理的有关规定》，要求“设立粮、棉、油作物种子企业，中方投资比例应大于50%”。2000年《种子法》实施，有72家外资企业换发新的经营许可证。这一阶段，受外商投资政策和种业市场环境等因素影响，新增持证外资企业数量很少，只有三北种业、恒基利马格兰和垦丰科沃施等企业。随着《外商投资产业指导目录》的调整和2016年农业部新修改的《农作物种子生产经营许可管理办法》对企业固定资产等设置门槛提高等因素影响，外资种子企业数量持续减少，持证外资企业在2018年前后降至26家，但拜耳、科迪华、先正达、利马格兰、科沃施（KWS）、瑞克斯旺、坂田等跨国种子企业仍在华设有合资、独资企业，主要业务为玉米种子和蔬菜种子经营。

扩大开放期：2018年至以后。2018年国务院发布《关于积极有效利用外资推动经济高质量发展若干措施的通知》（国发〔2018〕19号），明确提出深化农业开放，取消或放宽种业等农业领域的外资准入。2018年《外商投资准入特别管理措施（负面清单）》的修订，取消小麦、玉米之外农作物品种选育和种子生产须由中方控股的限制，自由贸易试验区中方持股比例不低于34%即可。2020年版本的修订，进一步降低了中方持股比例的要求。《关于设立外商投资农作物种子企业审批和登记管理的规定》也于2019年被废止，中国种业市场迎来了新一轮对外开放。

根据2020年情况统计，全球十强种子企业均高度重视中国市场，除丹农外，均在中国成立了合资或独资公司，开展种子业务经营。

孟山都20世纪80年代首先在上海设立了第一家销售业务代表处，随后又在广州和北京分别设立了两家销售业务代表处和分公司。这些分公司和销售代表处致力于成立合资企业、建立合作关系以及投资研究项目等20多项业务。1996年11月，孟山都与河北省种子站和岱字棉公司合作成立第一家生物技术合资企业冀岱棉种技术有限公司，首次将保铃棉种子带入中国市场。1998 年 7 月，孟山都在安徽省成立第二家生物技术合资企业安岱棉种技术有限公司。在这两家公司的大力拓展下，孟山都在国内棉种市场占有率不断提高，转基因抗虫棉种子一度占据国内转基因种子市场的 90%以上。

杜邦先锋公司（以下简称“先锋公司”）在 20 世纪 80 年代中期开始在中国进行玉米品种测试。1997 年先锋良种国际公司北京代表处成立，标志着先锋公司正式进入中国种业市场。与其他跨国种业巨头不同，先锋公司在中国的扩张方式是直接进入玉米种子市场。1998 年，先锋公司在辽宁铁岭市设立铁岭先锋研究有限公司，正式开展玉米杂交品种的区域试验。先锋公司在中国东北大地播下的第一颗“种子”，奠定了后来先玉 335 等玉米种子在中国种业市场中的地位。

20 世纪 90 年代中后期，进入中国种业市场的跨国种业企业还有瑞士先正达和法国利马格兰等，他们都是以蔬菜种子为突破口开始涉足中国种业市场。1997 年，利马格兰（中国）公司成立。1998 年 10 月，瑞士先正达海外公司与寿光市先农技术服务公司共同设立了中外合作企业寿光先正达种子公司。

2001 年，孟山都与中国种子集团公司合资成立了中种迪卡杂交玉米种子有限公司，在广西推广迪卡 007 等系列杂交玉米品种。玉米种子在孟山都公司种子业务领域中所占比重最大，而中国玉米种植面积处于全球第二位，进入中国玉米种子市场是孟山都在中国取得的最为重要的成果之一。

2002 年，先锋公司的 4 个玉米品种 3394、33B75、32F20、33G05 通过了品种审定，获准在中国市场推广销售。杜邦先锋分别于 2002 年和 2006 年与登海种业和敦煌种业组建了山东登海先锋种业公司和敦煌种业先锋良种公司，从事先玉 335 及其他先锋系列品种的制种和销售，先锋公司分别占两家合资公司 49%的股份。

已进入中国的跨国种子企业先正达、利马格兰等不仅在中国推广蔬菜种子，也纷纷扩展其他农作物品种。先正达通过引入全球优良的玉米种质资源，在中国东北、黄淮海和西南等玉米主产区从事玉米品种选育工作。2007 年，先正达种业公司选育的先正达 408 通过内蒙古审定。2008 年，先正达公司收购了三北种业 49%的股权，正式进入中国玉米种子市场。2002 年，法国利马格兰种业集团与山西腾达种业公司合资创办了山西利马格兰特种谷物研发有限公司，开始从事大田作物品种研发。2007 年，利马格兰通过其在亚洲的控股子公司以增资转股的方式入主长沙新大新威迈农业有限公司，占有后者 46.5%的股权，而长沙新大新威迈农业有限公司是上市公司隆平高科的第一大股东。2010 年隆平高科与山西利马格兰特种谷物研发有限公司签订了玉米品种“利合 16”授权生产经营协议书。由此，利马格兰公司也正式进入中国玉米种子市场。

此外，自2009年开始，德国KWS公司与黑龙江垦丰种业合作引进“德美亚”亲本并在国内育种，德美亚1号、德美亚2号玉米种子在黑龙江开始推广。

2015年，甘肃恒基种业有限责任公司与利马格兰集团正式携手，共同出资1.11亿元，在甘肃省张掖市注册成立了恒基利马格兰种业有限公司。恒基利马格兰种业有限公司是利马格兰集团在中国唯一的合资公司，只专注于研发、生产、加工和销售玉米品种。同年，KWS和中国公司垦丰种业成立了从事玉米业务的合资企业垦丰科沃施种业有限公司。

外资种子企业进入中国种业市场的重要事件整理如表17-1。

表17-1 外资种子企业进入中国种业市场的重要事件

企业	年份	事件	业务领域	类型
拜耳（孟山都）	1993	成立圣尼斯种子（北京）有限公司	蔬菜、种苗	独资
	1996	成立冀岱棉种技术有限公司	转基因棉花	合资
	1998	成立安徽安岱棉种技术有限公司	转基因棉花	合资
	2001	成立中种迪卡种子有限公司	杂交玉米	合资
科迪华（先锋）	1998	成立铁岭先锋研究有限公司	玉米研发	独资
	2002	成立山东登海先锋种业公司	杂交玉米	合资
	2006	成立敦煌种业先锋良种公司	杂交玉米	合资
利马格兰	2002	成立山西利马格兰特种谷物研发有限公司	大田作物研发	合资
	2015	成立恒基利马格兰种业有限公司	杂交玉米	合资
先正达	1998	成立寿光先正达种子公司	蔬菜	合资
	2008	收购了三北种业49%的股权	杂交玉米	
KWS	2015	成立垦丰科沃施种子有限公司	杂交玉米	合资

三、外资企业在华投资种业的影响

外资企业的进入给国内种业发展带来了很大影响。一方面，外资企业的品种占据了部分种子市场份额，使种子市场竞争更加激烈；另一方面，在种质资源引进、种植技术推广、生产加工水平提升、管理服务理念等诸多方面，也对中国种业发展有借鉴和促进作用。

种质资源引进方面：外资企业将许多优秀的种质资源带到中国，如美国先锋公司于1998年在辽宁成立了专门从事育种研究的铁岭先锋种子研究有限公司。通过对引进优良种质资源的驯化改良，培育出一些适宜本土生产的优秀品种，以先玉335为代表的众多玉米品种通过国家、省级品种审定，为中国种业市场注入了新的活力。拜耳年均引入数千份全球各类种质资源到中国，覆盖全中国玉米生态区。利用拜耳资源在国内选育的自交系，育成的审定品种达100多个，已经成功推广40余个。其中，迪卡653在河南推广种植，引领“密植小棒更高产”新认知。迪卡517是第一批国家审定通过的机收品种，同时被认定为机收审定对照品种，发挥籽粒直收引领作用。德国KWS公司引进的德美亚系列品种将中国玉米种植带北移2个积温带，推动极早熟玉米种植面积进一步扩大。德美亚1号产量高、抗倒伏、适应性强、在广大平原区、丘陵地带、山地等地种植都表现良好，穗粒饱满。孟山都公司将转基因抗虫棉引入中国，对中国转基因抗虫棉的研发具有积极作用。樱桃番茄和无刺黄瓜等高品质蔬菜新品种的引进、推广也丰富了菜篮子，满足了人民日益增长的消费需求。

先进种植技术推广方面：“单粒播”使得玉米的种植向精细化转变。中国传统的玉米种植方法是每窝播种2～3粒种子，但是只留一株生长，种植效率较低且成本高。杜邦先锋进入中国后，针对中国的种植情况，确立目标为通过提供高质量的种子来提高种植效率和作物产量。以杂交玉米种子发芽率指标为例，先锋公司的标准为92%，远高于我国85%的标准。同时，先锋公司与本土企业合作开发了中国第一台真空播种机，帮助农民实现智能化种植。通过真空播种能够节省33%的种子。此外，籽粒联合收获技术等整合服务方案来配合单粒播种技术的推广，减少用种量50%～70%。种子也从按斤卖转向了按粒卖，对于改变中国传统种植模式和经营理念起到了示范、推动作用。

生产加工能力提升方面：外资企业将先进的生产加工线带到中国，登海先锋和敦煌先锋先后在酒泉和银川建立了三座现代化的玉米种子加工厂。加工厂完全参照杜邦先锋的标准建造了先进的烘干仓、脱粒塔、高/低温发芽实验室等设施；引进了先进的播种机、包衣机、田间过磅系统等设备。在多年的生产加工中，登海先锋与敦煌先锋始终严格执行国家的相关规定，采用与杜邦先锋统一的标准和操作规程，运用规模化、工业化的种子加工程序为市场提供高质量的玉米杂交种子。2012年，中种国际种子有限公司在临泽建立了两家现代化玉米加工中心，配套建设果穗烘干成套种子加工线和高标准种子检测中心。外资企业生产加工的运作模式为国内玉米种业提高生产加工效率和种子质量提供了良好的借鉴。

管理服务理念方面：先玉335的成功推广为中国企业提供了有益参照，使国内企业意识到在产品“同质化”程度越来越高、市场竞争十分激烈的形势下，技术服务在销售中所起的作用日渐重要。服务具体内容体现在严格产品对比试验、为农民寻求最佳产品解决方案；发放农艺技术宣传资料、成为农民种植玉米的良伴；举办农艺培训课堂，面对面帮助农民科学种植；成立400服务中心，争做农民种植的好帮手等方面。除此以外，杜邦先锋在与中国农业科学院签署的合作框架下还开展了“农民培训”项目。该项目将中国农科院丰富的农作物种植知识和培训体系与杜邦先锋专业的农业高新技术相结合，不仅向农民传授以科学为依据的务农理论知识，还将向具备机械化操作条件的大型农户分享国内外田间管理经验，帮助农户实现增产增收。

种业人才培养方面：外资企业与科研单位开展合作，通过共建实验室、经费支持研究项目、技术经验交流及人才培养等多种形式推动了我国种业的人才储备。例如，杜邦公司在国内重点大学设立“杜邦奖学金”，覆盖全国的十多所大学，包括清华大学、北京大学、中国农业大学等，每年投入 10 万美元，累计受资助大学生已达 2 000 多名。孟山都也在 2010 年通过农业部在中国农业科学院、中国农业大学、山东农业大学等启动“孟山都奖学金项目”，包括孟山都奖学金、孟山都助学金和孟山都最佳论文奖三大奖项，鼓励学生立志从事农业生命科学与相关技术领域的研究。

第二节　进出口贸易

种子进口方面：我国种子进口总量保持持续增加，以蔬菜、花卉、牧草类种子为主。种子进口额在 2003 年突破了 1 亿美元，2017 年达 4 亿美元；2018 年达到 4.75 亿美元，为历史最高点；2020 年 4.32 美元。最近几年大田作物种子的进口增加比较明显，尤其是糖甜菜种子的进口量成倍增加。进口种子来源国家主要是美国、日本、丹麦等欧美国家。从美国进口较多的是：羊茅子、黑麦草、草地早熟禾等牧草种子、蔬菜种子、草本花卉植物种子；从日本进口的主要是蔬菜种子；从丹麦进口的蔬菜种子占 65%，此外还有黑麦草种子、其他种植用种子、果实及孢子等。

种子出口方面：2000 年种子法颁布，2001 年 12 月 11 日我国正式加入 WTO，我国种子产业开始与国际市场接轨，种子市场国际化程度不断提高，种子进出口贸易量与日俱增，出口种子以蔬菜种子和杂交水稻种子为主。2002 年以来，我国蔬菜种子出口稳步增长。2002 年出口 4 225 吨，出口额为 2.37 亿美元。出口市场的集中度高，主要出口目标国家为美国、韩国、荷兰，最近几年的出口向多元化方向发展。

杂交水稻是我国具有优势的农作物，是我国出口量最大的农作物种子。出口目标国是巴基斯坦、越南、菲律宾、印尼和孟加拉国等“一带一路”共建国家。2020 年出口量达到 22 908 吨，出口额 8 300 万美元。总的来说，我国种子出口的国家和地区不断扩大，出口的种类不断多元化，在全球市场占有率有所提高。但受 2018 年中美贸易冲突影响，也存在一定波动（图 17 - 1）。我国农作物种子进口额长期超过出口额，贸易赤字有所加大。我国的贸易伙伴逐步呈现多元化发展，超过 50 个国家和地区，且集中度较高，前十名的国家和地区占贸易总额的80%以上。其中，亚太地区国家是中国主要的贸易伙伴。

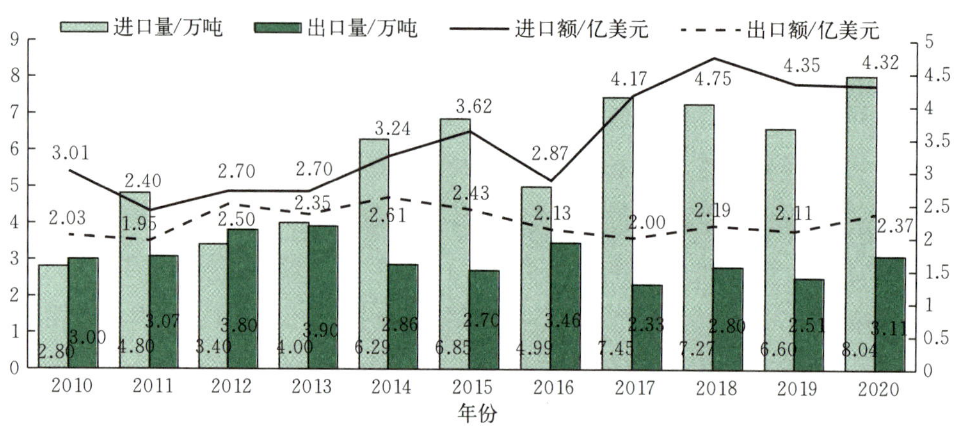

图17-1　2010—2020年我国农作物种子进出口贸易统计

第三节　种企“走出去”

一、支持政策

为加快实施“走出去”战略，中国政府加大了对“走出去”企业的政策扶持力度。

财政部联合商务部下发《关于做好2011年对外经济技术合作专项资金申报工作的通知》，明确国家鼓励企业到境外投资，支持我国企业实施“走出去”战略，并重点支持企业在“境外农、林、渔和矿业的合作”，同一企业当年最多可获得政府补助3 000万元。

2014年5月，国务院办公厅印发《关于支持外贸稳定增长的若干意见》，鼓励企业采取绿地投资、企业并购等方式到境外投资，促进部分产业向境外转移。2014年9月，中国商务部颁布了新修订的《境外投资管理办法》，并于10月6日开始实施。税务总局明确了企业境外投资所得的确认、境外抵纳税款和减免税处理等一系列政策问题，充分发挥税收协定的作用，最大程度争取我国企业在缔约国投资所能获得的经济利益。中国人民银行支持“走出去”战略，不断深化外汇管理体制改革，取消不必要的管制，简化手续，为企业“走出去”提供外汇便利；鼓励有条件的商业银行设立和发展境外机构，为“走出去”企业提供便利的金融服务等。

2017年5月，农业部、国家发展和改革委员会、商务部、外交部四部委联合发布《共同推进“一带一路”建设农业合作的愿景与行动》，提出中国将积极推动境外农业合作示范区和境内农业对外开放合作试验区建设，与沿线国家在金融、税收、保险、动植物检验检疫等方面开展务实合作，加强人才交流和信息互通，分享农业技术、经验和农业发展模式，共同规划实施区域粮食综合生产能力提升、农业科技合作与示范、动植物疫病疫情联合防控、农产品产业一体化建设、贸易基础设施强化、农业研发促进培训综合平台、农业信息化体系建设等七大重点工程。

针对中亚地区，2007 年 9 月国务院下发的《关于进一步促进新疆经济社会发展的若干意见》明确要求抓紧制定到中亚地区开拓市场、资源的总体规划和扶持政策，大力发展面向中亚的外向型产业，对“走出去”企业在项目审核、金融服务、通关便利等方面给予支持。2011 年 11 月 7 日，时任国务院总理温家宝在俄罗斯圣彼得堡出席上合组织成员国总理第十次会议，提出九点建议加强务实合作。其中一条就是“通过设立上合组织‘种子库’，推广优良品种，加强农业技术培训、动植物疫病防控等措施，健全粮食安全合作机制”。

二、企业“走出去”情况

我国种子企业“走出去”的起步阶段，开拓海外市场的路径主要以承接政府援助项目为主，投资路线一般是先在当地设立育种站、试验站，培育适合当地的作物品种；再建立制种基地，然后通过设立合资或独资公司将相关品种市场化，最终实现在海外市场的本土化可持续发展。以杂交水稻种子企业为例，我国种子企业目前已经在印度尼西亚、越南、孟加拉国、菲律宾、巴基斯坦、缅甸等国完成了研发布局，充分发挥我国种业的种质资源优势和技术优势，进行杂交水稻种子本土化研发，并在境外申请知识产权保护。

进入 2010 年后，我国种业海外投资发展速度较快。据农业部对外经济合作中心不完全统计，2013 年全国共有 20 家种子企业在境外设立 28 家公司，主要从事水稻种子研发经营。其中，亚洲 22 家、非洲 2 家、北美洲 2 家、南美洲 2 家，投资总额在 3 000 万美元以上。据中国种子协会不完全统计，自 2011 年以来，安徽荃银高科种业股份有限公司、江苏红旗种业股份有限公司、袁隆平农业高科技股份有限公司、武汉科珈种业科技有限公司、四川西科种业股份有限公司、湖北省种子集团有限公司、北京大北农生物技术有限公司、辽宁东亚种业有限公司、昆明朗恩贸易有限公司、安徽江淮园艺种业股份有限公司、江苏明天种业科技股份有限公司等 10 余家中国种子企业对外投资额达到 115 281 万美元。其中，最重要的一笔投资为 2017 年隆平高科与中信合作以 11 亿美元收购了陶氏巴西种子业务。我国种业海外投资主要集中在巴基斯坦、印尼、缅甸、孟加拉国、非洲的乌干达、巴西、阿根廷等亚非拉的发展中国家，经营作物以水稻、蔬菜为主。

除直接投资外，中国企业也通过在海外建立制种基地，设立研发机构、开展品种试验示范和建立推广服务体系等多种形式开展业务合作。2007 年中非合作论坛成立以来，我国已建成 14 个中非农业技术示范中心。新品种试验示范是示范中心的重要内容，筛选出一批适合当地种植的农作物新品种，部分品种得到了广泛应用。如山东外经集团依托苏丹示范中心推广我国棉花品种“中国 1 号”。江苏明天种业科技有限公司在缅甸成立合资公司，并完成部分省份种子推广体系、技术服务体系的建设。武汉庆发禾盛农业发展有限公司，坚持“品种卖到哪里，服务就到哪里”，先后引进了众多栽培经验丰富、育种技术高超的人才专家，组建技术指导团，不定期召开示范现场会、技术培训活动等。在“优质产品＋技术服务”推广模式下，武汉庆发禾盛公司自 2006 年首笔对巴基斯坦杂交水稻订单开始，种子出口量逐年增加，2019 年出口近千吨。

三、企业“走出去”的成功案例

（一）隆平高科

2007 年，率先在菲律宾成立了第一个杂交水稻海外研发中心——隆平高科菲律宾研发中心，开展面向东南亚地区优质高产、广适多抗的杂交水稻新品种的选育研究。2008—2016 年，先后在印度尼西亚、巴基斯坦、印度成立印度尼西亚水稻分公司、南亚水稻研发有限公司、印度水稻研发有限公司，开展新品种的测试与推广。为有效整合海外研发资源，2017 年在三亚成立了隆平高科（三亚）海外种业研发有限公司，作为海外研发的总部，统筹海外各分中心。2019 年，隆平高科越南研发中心正式成立。至此，隆平高科海外研发战略布局基本形成，即以三亚海外为中心，辐射东南亚、南亚，开展适合当地的水稻新品种培育。

隆平高科海外杂交水稻产业主要分布在菲律宾、巴基斯坦、孟加拉国、越南等国家。2019 年，隆平高科国际杂交水稻销量 400 万公斤，销售收入 1.4 亿元。2020 年，在菲律宾市场占有率约 25%，与当地最大水稻种子企业 SL 公司并列市场第一，大幅超越拜耳与科迪华；在巴基斯坦引领杂交水稻种业市场，市场环境与发展处于良性状态，众多中国种业公司共同推广销售中国杂交水稻种子。

2019 年，隆平高科筹建中国—巴西农业科技产业园。目前，公司的玉米种子在巴西种植面积达 400 多万公顷，在当地市场份额超过 20%，是巴西排名前三的玉米种业公司。一是推广农业综合产业链新模式。隆平高科以隆平巴西公司为支点，以中巴农业产业园为载体，整合全球资源，打造以种子为核心的综合产业链，链接全球数以万计的上游研发公司、中间生产企业、末端销售运输网点等，为全球农业贸易与投资创造新发展机遇。二是创新种子产业国际合作思路。通过中巴农业产业园，隆平高科开拓拉美、非洲等市场，构建全球粮油作物种子资源收集网络。同时，还将利用在相关地区的销售网络资源，推动我国种业领域深度合作，提升种业国际化水平。三是构建多层次粮食安全保障体系。隆平高科整合中巴农业产业园企业资源，开辟海外粮食采购等业务，拥有当地一手粮源，为国家粮食安全发挥积极作用。2019 年底，中巴农业产业园已在巴西建成 2 个种子加工厂、10 个研发站点。眼下，隆平高科正扩大投资，建设 2 个种子加工厂、3 个种子储藏冷库。

（二）荃银高科

安徽荃银高科种业股份有限公司杂交水稻业务开始从种子出口向海外育繁推阶段过渡，重点是不断完善面向海外的育种体系建设，开展适应海外气候环境、抗性强、符合当地米质需求的新品种研发。

聚焦巴基斯坦、菲律宾、孟加拉国、印尼等主要市场。2020 年前几年，种子出口规模保持 25%以上的年增长率。预计 2020 年后出口各类农作物种子超过 8 000 吨，出口金额 2 亿元，可占巴基斯坦杂交水稻市场份额 45%，占菲律宾杂交水稻市场份额 20%。

荃银高科目前已在孟加拉国、安哥拉、缅甸、菲律宾注册设立全资或控股子公司，规划投资总额 2 亿多元，开展境外育繁推一体化业务。公司在三亚设立了国际水稻育种站，在孟加拉国和安哥拉设立海外育种中心，并配套遍及东南亚与西部非洲的测试网络，开展面向海外的杂交水稻选育，截至 2020 年境外审定新品种 6 个。

近年受全球气候变化、人口增长、城市化工业化占用耕地增加、国际政治环境复杂化等因素影响，国际粮食安全危机加剧。由于中国杂交水稻出色的增产能力，大力发展杂交水稻成为许多东南亚、南亚及非洲国家的农业发展政策之一。

第四节　国际交流

一、对外交流活动

（一）中国种子协会

2011 年 9 月，农业部种子管理局副局长兼中国种子协会副会长马淑萍带领 11 家国内大型种子公司的董事长或总经理及有关专家共 14 人组成考察团，专程赴美国农阿华州等地考察美国农作物种业及跨国企业，先后访问了美国种子贸易协会及孟山都、杜邦先锋、先正达等跨国公司和部分中小企业，了解美国种业科研创新最新进展，参观跨国公司商业化育种实验室、生物技术研发中心、种子生产加工机械及田间品种展示等，与当地留美或华人育种科研人员进行了深入的座谈交流，进一步认识到中国种业与美国种业之间的差距、建立起商业化育种体系的必要性，为中国种业引进先进的技术和国际化人才打开了新局面。

2012 年 4 月，经农业部同意，中国种子协会正式成为亚太种子协会（APSA）会员；同年 11 月，组织 20 家种子企业参加在印尼巴厘岛召开的第十九届亚洲种子大会，协会理事杜胜利博士成功当选亚太种子协会执委。其间，还举办了中国—亚太国家种子协会座谈会，交流了各国水稻种子检疫、质量标准、技术需求及种质资源等方面信息。

2012 年 11 月，中国种子协会组织 50 余家种子企业赴美考察，参加第 67 届美国种子贸易协会玉米大豆博览会，与美国种贸协共同举办中美种子会议，双方在美国芝加哥签订为期三年的《种业创新合作备忘录》，旨在加强种质资源、育种创新、知识产权和国际贸易等方面的合作，并于 2015 年和 2018 年续签。在合作备忘录框架下，双方共同举行 3 次专业论坛、多次研讨会，人员互访和培训达 300 余人次，促进了中美两国种业间的友好合作交流。

2013 年 1 月，中国种子协会组织 20 余家蔬菜种子企业赴美国参加美国蔬菜花卉种子大会，与美方共同举办了“中美蔬菜种子科技交流会”和“中美蔬菜种子企业对接会”。

2013 年 7—9 月，农业部种子管理局和国家留学基金管理委员会联合组织首届“农作物种业科技创新高层次人才出国留学”培养项目。该项目由中国种子协会负责具体实施，从国内各大种业企业选拔 24 名科研人员到美国进行为期 3 个月的培训和交流。培训期间，学员们系统学习了玉米常规育种技术、分子育种技术、转基因育种、单倍体育种技术、数据采集与分析、种子检测和加工、知识产权保护、商业化育种管理等。主要授课老师有美国科学院院士 Dr. Hallaur 和爱荷华州立大学种子中心的教授。学员还参观了先锋、孟山都、先正达、斯泰、艾美科、雷明顿等公司，考察了美国农业部北方引种中心、科罗拉多基因库、伊利诺伊玉米突变体库等，参加了威斯康星农业科技日展会、伊利诺伊州美国农业科技展等活动，深入了解美国种业的发展情况。

2013 年 9 月，中美两国种子协会联合在北京举办第二届中美种子协会研讨会，双方会员企业代表 50 余人参加了研讨会，就种子管理制度、新品种保护、种质资源交流、技术转让、中小企业发展等议题作报告和交流。

2013 年 12 月，中国种子协会组织 20 家会员企业参加了第 68 届美国种子贸易协会玉米大豆博览会，并洽谈合作。

2014 年 5 月，在北京召开的世界种子大会上，中国种子协会申请了展位参展，组织会员单位参会，还与农业部种子管理局共同编制了《前进中的中国种业》宣传册，详细介绍了中国种业的政策法规、科技创新、基地建设、企业发展等内容。

2014 年 6 月，中国种子协会与土耳其种子工业家和企业家协会共同举办了中土种子企业洽谈会。来自中方的 15 家种子企业与土方的 15 家企业进行了商务洽谈。会上，双方签署了谅解备忘录，旨在推动两国种业在信息交流、法律、贸易、培训等方面的合作。

2014 年 9 月，美国种贸协及其会员企业访问中国，双方共同举办了中美种业圆桌会和专题报告会。

2014 年 11 月，中国种子协会理事马德华博士接替杜胜利博士，担任亚太种子协会执委，并于 2015 年 11 月连任 2015—2018 年亚太种子协会执委，参与亚太种子协会的事务管理和种业规则研究制定。

2015 年 5 月 24 日至 6 月 4 日，中国种子协会组织 14 家会员单位代表赴波兰参加 2015 年世界种子大会，并于会后考察德国 KWS 种子公司总部、霍恩海姆大学、先正达德国公司、DLG 种子协会和德国家庭农场等机构。

2015 年 8 月，中国种子协会协助亚太种子协会组织来自印度、菲律宾、巴基斯坦、泰国种子企业的 17 名代表来华考察中国杂交水稻。先后访问湖南杂交水稻研究中心、隆平高科、湖南神农大丰、华智生物等单位，并举行了交流会。

2015 年 11 月，在澳门召开亚洲种子大会期间，中国种子协会筹办了“中国日”活动，组织了王玉玺、崔野韩、杨东霞等 5 位专家，全面介绍中国种业发展情况、法律和政策，并回答有关提问。

2016 年 5 月 15—18 日，中国种子协会组织 19 名代表赴乌拉圭埃斯特参加 2016 年世界种子大会，并应巴西、阿根廷种子协会邀请考察了两个国家的种业公司，参加了相关论坛活动。

2016 年 9 月 21—29 日，中国种子协会蔬菜分会与荷兰瓦赫宁根大学联合举办蔬菜种子企业培训班。来自 21 家企业的 29 名代表在瓦赫宁根大学深入学习了种业创新及育种技术的前沿知识，参观了种子谷的先正达、安莎、圣尼斯等蔬菜种子公司和新品种展示，考察了荷兰最大温室园艺聚集区 Bleiswijk 和现代化农业机械装备企业，深入了解了极具科技与品质现代化的农业经营模式，为蔬菜产业技术升级开拓思路。

2016年10月，中国种子协会和亚太种子协会共同组织10家中国种子企业赴印度考察，了解印度农业政策和水稻研究推广情况，参观了种子谷海德拉巴、制种基地、农场和公司。

2017年5月19—29日，中国种子协会组团赴匈牙利布达佩斯参加2017年世界种子大会，会后赴以色列考察了NRgene公司、海泽拉种子公司和吉普斯农庄等。

2017年12月，中国种子协会、中国种子贸易协会与国际种子联盟在北京共同举办了首届国际种子联盟植物育种创新一基因编辑圆桌会。

2018年3月，我国出口到巴基斯坦的杂交水稻种子被滞留在巴基斯坦港口。事发后，中国种子协会与相关种子企业密切联系，及时向种业管理司汇报；与我国驻巴基斯坦大使馆和卡拉奇领事馆沟通，配合部国际合作司和海关总署动植物检验检疫局进行调查；组织代表团赴巴基斯坦访问，与巴食品安全与研究部、植物保护司就我国出口巴基斯坦的杂交水稻种子以及转基因检测标准等方面合作形成初步共识，维护了会员正当合法权益。

2018年5月26日至6月8日，中国种子协会组团赴澳大利亚布里斯班参加2018年世界种子大会，考察了澳大利亚当地的农业企业。

2018年8月，中国种子协会组织青贮玉米会员企业赴美国考察，就青贮玉米品种展示、研发和全产业链发展，参观了美国种子公司、大学、农场等机构，为我国青贮玉米发展提供了良好的借鉴。

2018年11月，中国种子协会推荐的朱晓波女士和闫书鹏先生当选亚太种子协会执委。

2018年11月，经农业农村部同意，中国种子协会向亚太种子协会提出在深圳举办2020年亚洲种子大会的书面申请；2019年6月，双方在深圳签署《2020亚洲种子大会合作协议》。

2018年12月，中国种子协会、中国种子贸易协会与国际种子联盟在北京共同举办了第二届国际种子联盟植物育种创新-基因编辑圆桌会。

2018年12月，由中国种子协会主办，植物新品种保护专业委员会、国际合作分会和农业农村部植物新品种测试（杨凌）分中心承办的“首届中亚五国植物新品种保护与种业发展培训班”在陕西杨凌举办。来自哈萨克斯坦、吉尔吉斯斯坦、塔吉克斯坦、土库曼斯坦以及我国从事新品种保护和品种管理工作的20多名代表参加此次研讨培训班，围绕加强植物新品种保护的区域合作进行了培训交流，为推动我国种业走出去营造了良好的国际环境。

2019年3月，中国种子大会在北京举办，来自中国、巴基斯坦、塔吉克斯坦、美国、德国、日本、法国、荷兰等国种业代表1 200多人参加大会。大会设国际合作论坛，来自中国、美国、德国、巴基斯坦等国的14位嘉宾，从全球视野角度重点分析了世界种业发展现状，并展望了中国种业扩大开放的新趋势。

2019年4月，中国种子协会棉花分会组织会员赴澳大利亚棉产区考察，其间拜访了澳大利亚棉花协会、CRDC棉花研发机构、CSD种子公司、CGS服务公司、AUSCOTT轧花厂和家庭农场等。

2019年6月1—5日，全国农业技术推广服务中心副主任、中国种子协会副会长刘信率团参加了在法国尼斯举行的2019世界种子大会。

2019年7月，中国种子协会组织了河北省种子协会出访代表团，赴俄罗斯、哈萨克斯坦、乌兹别克斯坦、吉尔吉斯斯坦四国开展种业考察。

2019年8月，应乌兹别克斯坦驻华大使馆邀请，中国种子协会副会长胡保民先生率团参加了乌兹别克斯坦第一届国际投资论坛，并与乌兹别克斯坦农业部种子中心进行了会谈。

2019年9月，由中国种子协会主办，植物新品种保护专业委员会和国际合作分会、农业农村部植物新品种测试（杨凌）分中心承办的"2019年'一带一路'国家新品种保护与种业发展培训班"于9月15—21日在陕西杨凌举办。来自哈萨克斯坦、塔吉克斯坦、吉尔吉斯斯坦、乌兹别克斯坦种业相关人员和中国种子协会、农业农村部科技发展中心、国内有关大学、种业公司等20多名代表参加了此次培训班。其间，九圣禾种业公司和乌兹别克斯坦农业部种子中心达成种业科研合作框架协议，双方同意在乌兹别克斯坦开展种业合作、建立现代种业示范园区，为中乌两国间的品种引进和示范搭建平台。西北农林科技大学和乌兹别克斯坦创新发展部达成农业领域合作框架协议，将在品种引进、栽培方式、农化产品、智能农业等方面开展合作。

2019年11月28日，在马来西亚吉隆坡举办的第26届亚洲种子大会上，中国种子协会副会长刘信接过了亚洲种子大会会旗。2020年新冠疫情暴发，原定在深圳举办的2020年亚洲种子大会取消。

2019年12月，中国种子协会与乌兹别克斯坦农业部、乌兹别克斯坦创新发展部签订了合作备忘录。三方在棉花、玉米、小麦、蔬菜、瓜果、马铃薯、饲料、油料的品种选育、种子技术、种子生产、种业管理、国际贸易和知识产权保护等领域开展合作，由中国种子协会副会长单位九圣禾种业公司牵头组织实施。

（二）中国种子贸易协会

2006年11月，在马来西亚亚洲种子大会上，经种贸协推荐，中国种子集团公司张孟玉当选为亚太种子协会主席（任期一年），这是亚太种子协会历史上第一位中国大陆地区亚太种子协会的高管。种贸协推荐的北京市海淀区种子商会代表黄瑞清先生成功竞选为亚太种子协会执委。

2007 年 4 月，种贸协接待国际种子联盟新、旧两任秘书长等官员，确立协会在国际种子联盟中的作用及位置。

2009 年，在时任种贸协秘书长张孟玉的积极运作下，我国北京成功申办 2014 年世界种子大会。

2013 年，时任种贸协理事长张学工应邀在 2013 世界种子大会开幕式上做发言并播放大会宣传片，时任北京市副市长林克庆代表大会组委会与希腊国家组委会顺利进行了会旗交接。

2014 年 5 月，2014 年世界种子大会在北京丰台成功举办。该会是国际种业界规模最大、层次最高，集会议会展、贸易洽谈、行业决策于一体的大型综合性种业大会。来自 60 个国家和地区的 1 432 名代表参会。时任国务院副总理汪洋出席大会开幕式并致辞，大会在贸易洽谈方面取得了丰硕成果，并发表了《国际种子联盟 2014 年世界种子大会北京宣言》。中国种业的发展成就和整体形象，通过成功举办这次大会得到了全面和充分展示。

2014 年 11 月，北京天地园种苗有限公司总经理、高级农艺师王智平经协会推荐，在澳门举行的第 20 届亚太种子大会上当选为第 21 届亚太种子协会（APSA）主席，为首位任期两年的 APSA 主席。

2015 年，种贸协组织含港、澳、台同胞共计 56 人的团队赴波兰参加 2015 年世界种子大会，并根据农业部种子管理局代表团与国际种子联盟（ISF）在大会上达成的共识，从会员范围内筛选出七位会员，经推荐后成功入选 ISF 下属六个专业委员会和作物分会。

2017 年 5 月，协会理事长宋维波参加 2017 年匈牙利世界种子大会，并在会上当选为国际种子联盟理事会理事。

2018 年，在世界种子大会上，种贸协推荐华智水稻生物技术有限公司总经理张健加入国际种子联盟育种家委员会，推荐种贸协秘书长田伟红加入国际种子联盟蔬菜与园艺作物分会，推荐北京正道生态科技有限公司总经理邵进翚加入国际种子联盟牧草与草坪作物分会。

2018 年，在北京种子大会期间，举办亚太地区知识产权保护研讨会，开展国际会议。

2018 年 9 月，种贸协与南方农村报农财宝典合作，举办 2018 年美国现代农业研学考察活动，组织会员企业 20 多人赴美考察现代农业，并与美国种子贸易协会在当地展开交流活动。

2019 年，世界种子大会期间，协会理事长宋维波再次当选国际种子联盟理事会理事。

2019 年，种贸协与南方农村报共同组织 2019 欧洲现代农业研学考察活动，组织会员企业赴欧洲四国考察现代农业，为国内企业拓展国际交流搭建平台。

2019 年，种贸协接待乌拉圭索里亚诺省省长代表团一行，促进中乌种业的交流与合作。

2019 年，种贸协与贸促会化工分会在上海成功举办 2019 中国国际农用化学品及植保展览会—中国种子贸易展览会，在国内打造种业国际贸易展会平台，为中国种子企业开辟了“走出去”的对外窗口。

2019 年，种贸协与荷兰种植协会、德国植物育种家协会成功举办中荷德植物新品种保护执行研讨会，推动植物新品种保护工作小组的建立。

2020 年 4 月，种贸协与亚太种子协会举办线上“疫情下种子国际贸易研讨会”开辟了疫情线上会议先河。

2020 年，种贸协与国际种子联盟（ISF）、荷兰种植协会（Plantum）和三亚崖州湾科技城管理局在海南省三亚市联合举办国际植物遗传资源合作研讨会。研讨会以种质资源交流共享为纽带，分享不同国家的种质资源管理政策，探讨科研育种材料的跨境合作热点，推动遗传资源的国际交流。

2017—2020 年，种贸协与国际种子联盟、中国种子协会联合举办三届植物育种创新圆桌会，推进种业的持续性创新和国内政策制定。

2019—2020 年，种贸协连续两年联合主办中国（邢台）国际十字花科产业大会，打通全产业链。

二、国际组织

（一）ISF

国际种子联盟（International Seed Federation，ISF）是一个非政府、非营利性的组织，成立于 1924 年，总部设在瑞士尼翁。国际种子联盟代表着全球 80 多个国家和地区的 7 000 多家种业企业的利益，被广泛认为是全球种子产业的代言人。自 1924 年成立以来，国际种子联盟一直致力于“建立一个让所有人都能享有优质种子的世界，支持可持续农业发展与粮食安全”的宏伟愿景，致力于“为全球种子流通创造最佳环境，促进植物育种和种子创新”这一使命。国际种子联盟最高权力机构是会员大会，会员大会下设理事会，理事会下设执行委员会。秘书处为常设机构，负责国际种子联盟的日常工作，秘书长为聘任制。

中国种子公司于1988年被国际种子联盟ISF接纳为正式会员，享有包括选举权和被选举权在内的一切权利和义务；经农业部、外交部批准，1995年由中国种子贸易协会取代中国种子公司作为国际种子联盟的会员。历届中国种子贸易协会理事长代表中国成为国际种子联盟理事会成员。2013年经农业部批准，中国种子协会在2013年世界种子大会上被接纳为国际种子联盟会员，每年组织会员参加世界种子大会。在中国种子协会与中国种子贸易协会共同努力下，先后推荐了二十多名中国代表加入国际种子联盟的各小组中，在了解国际种业信息和制定种业政策、规则方面发挥了重大作用。

在农业部的支持下，经国务院批准，2014年世界种子大会在北京成功举办，大会主题是“小种子大梦想”。2017年、2018年和2020年，中国种子协会、中国种子贸易协会、国际种子联盟共同举办了国际种子联盟植物育种创新圆桌会，交流基因编辑监管政策、技术进展等。

（二）UPOV

国际植物新品种保护联盟（International Union For The Protection Of New Varieties Of Plants），其英文缩写UPOV是根据法文得来的。它是一个政府间国际组织，总部设在瑞士日内瓦。UPOV的使命任务是建立并推广有效的植物新品种保护制度，目的是鼓励培育植物新品种，造福全社会。其职责是协调促进各成员间在行政和技术领域加强合作，特别是在制定基本法律和技术准则、交流信息、促进国际合作等方面发挥着重要作用。

1961年以前，一些国家（如荷兰、德国）对植物育种者提供有限的保护，然而由于各国授权条件不同，概念也不一致，因此不能保证在一国得到保护的新品种在另一国也能得到同样的保护，并由此带来贸易障碍。20世纪50年代，荷兰和德国先后建立起真正带有现代色彩的植物新品种保护制度，促进了UPOV《国际植物新品种保护公约》（以下简称“《公约》”）的建立。此外，国际工业产权保护协会（AIPPI）和国际植物新品种保护育种者协会（ASSINSEL），为UPOV的建立也发挥了重要作用。1952年国际工业产权保护协会维也纳会议和1954年召开的布鲁塞尔会议均通过决议，要求成员国平等对待农业、林业等领域的发明创造，像保护工业发明那样给植物新品种以法律保护。1957年，法国外交部邀请12个国家和3个政府间国际组织[保护知识产权联合国际局（BIRPI）、联合国粮农组织（FAO）、欧洲经济合作组织（OECE）]，参加在法国召开的第一次植物新品种保护外交大会。1957—1961年，经过几轮专家会议，拟定了《国际植物新品种保护公约草案》。1961年，第二次植物新品种保护外交大会在巴黎举行，通过了共有 41 条内容的《公约》，并由比利时、法国、德国、意大利和荷兰等 5 个国家的全权代表签署了《公约》。之后，丹麦、瑞士、英国于 1962 年 11 月也签署了《公约》。依照外交大会决议，《公约》的生效需由 3 个国家批准。《公约》于 1968 年 8 月 10 日正式生效，第一个批准《公约》的国家是英国（1965 年），第二个是荷兰（1967 年），第三个是德国（1968 年）。《公约》的生效标志着 UPOV 正式成立。从此，国际植物新品种保护进入了一个新的历史时期。我国于 1999 年 4 月 23 日，成为 UPOV 第 39 个成员，并开始接受国内外植物新品种权申请。截至 2020 年底，UPOV 共有 76 个成员，包含 74 个国家和 2 个国际组织——欧盟和非洲知识产权组织，涵盖全球 95 个国家。

UPOV 设有由联盟各成员代表组成的理事会，理事会是该联盟的决策机构。该联盟的运行经费主要依靠各成员交纳的会费。每个成员在理事会有一票选举权，根据 1991 年文本，某些政府间组织亦有可能成为联盟成员。理事会有责任维护联盟的利益、鼓励联盟的发展并负责批准其计划和预算。理事会每年召开一次例会，并根据需要召开特别会议。理事会下设顾问委员会、行政管理和法律委员会以及技术委员会，包括大田作物、蔬菜、果树、观赏植物和树木、测试方法与工具技术工作组，这些委员会和技术工作组每年召开一次会议。UPOV 还设有秘书处，又称联盟办公室，由秘书长领导，负责处理日常事务。根据与隶属联合国系统的机构——世界知识产权组织（WIPO）的合作协定，该组织的总干事兼任 UPOV 秘书长，秘书处由一名副秘书长协助工作，该办公室还有少量国际职员。

该联盟的主要活动是促进其成员的国际协调与合作，为各成员在植物新品种保护立法方面提供支持。该联盟与各成员开展最深入的合作是在植物新品种的审查方面。该联盟努力在成员之间进行协调，以使在一成员审查通过的植物新品种，可以在另一成员处获得保护。这样的话，可以节约各成员保护机构的成本，也可以使申请人在花费相对较少的情况下，使自己的新品种在更多国家获得保护。

《公约》是保护育种者权益的重要国际协定，它通过协调各成员之间在植物新品种保护方面的政策、法律和技术，确保各成员以一整套清晰、明确的原则为基础，对符合新颖性、特异性、一致性和稳定性要求的植物新品种的育种者授予知识产权，承认他们的育种成就，保护其合法权益。同时，《公约》也为国际间开展优良品种的研究开发、技术转让、合作交流以及农林产品国际贸易提供了前提和保障。《公约》于 1961 年 12 月 2 日在巴黎签署，并于 1968 年 8 月 10 日生效。《公约》于 1972 年、1978 年和 1991 年在日内瓦进行了三次修改。1978 年修改后的文本（又称 1978 年文本）于 1981 年 11 月 8 日生效。1991 年修改后的文本（又称 1991 年文本）于 1998 年

4月24日生效。《公约》1991年文本和1978年文本的区别在于：与1978年文本相比，1991年文本在有关品种权制度的实体内容方面显得更加系统和规范，并赋予品种权人更大的权利范围和保护客体更强的保护效力（表17－2）。

表17－2　《公约》1978年文本与《公约》1991年文本的区别

序号	《公约》1978年文本	《公约》1991年文本	实质区别
1	禁止植物品种双重保护	废除对植物品种双重保护的禁止	保护方式更加灵活
2	没有为“品种”规定定义	“植物品种”定义更加明确	强调品种的基因型或基因型组合的特征
3	优先保护5个属或种；8年内至少保护24个属或种	（1）新成员：至少15个植物属和种，10年内所有植物属和种 （2）老成员：5年后全部植物	扩大受保护植物品种的范围
4	商业性生产或销售受保护植物品种的材料，以及为另一品种的商业生产重复使用受保护品种的	（1）生产、繁殖、处理、销售、许诺销售、出口、进口和存储等行为，除了法律规定例外 （2）繁殖材料—收获材料—直接加工产品	拓展品种权保护的范围和环节
5	所有授予的品种权是平等和独立的	建立实质性派生品种（EDV）制度。EDV可以申请品种权保护，但商业化开发时必须经过原始品种权人的许可并支付相应的费用	促进育种原始创新
6	一般植物保护期限不少于15年；藤本、果树及其根茎，林木和观赏树木最少为18年	一般植物保护期限不少于20年 树木和藤本植物不少于25年	延长品种权保护期限
7	农民自留种权利强制性例外	农民自留种权利非强制性例外	规范农民自留种行为

（三）APSA

亚太种子协会（The Asia and Pacific Seed Association，APSA）是非政府、非营利的国际组织，旨在推动亚太地区优质种子的生产和销售，是全球最大的区域性种子协会，1994年10月在泰国曼谷成立，目前注册地为新加坡，秘书处设于泰国曼谷。APSA自成立起，每年召开一次大会（也称年会），为来自全球各地的种业企业和机构提供一个进行技术研讨、种子种苗展示及商务洽谈的平台，是目前全球最大最重要的种业活动之一。会期为5天，一般在11月中上旬。举办模式和内容主要有会前研讨会、大会开幕式、专题报告会、APSA种子协会会议、APSA执委会议、APSA会员代表大会、贸易洽谈、展览、会后参观以及其他社会活动。

1994年10月APSA在泰国成立时，在我国农业部推荐下，中国种子公司代表和北京市种子公司代表成为APSA第一届执行委员会委员。中国种子贸易协会和中国种子协会分别于2003年、2012年加入APSA成为协会类会员。自亚太种子协会成立以来，中国大陆共有9位代表入选执行委员会的委员。其中，时任中国种子集团公司总经理助理、蔬菜种子事业部总经理张孟玉和北京海淀种子商会副会长、北京天地园种苗有限公司总经理王智平分别于2006年和2014年成功当选为亚太种子协会主席。

亚洲种子大会曾两次在中国举办，分别为2005年11月在上海举办的第12届年会和2014年在澳门召开的第21届亚洲种子大会。

第21届亚洲种子大会由亚太种子协会和香港种子协会共同举办，于2014年11月10日至14日在澳门召开，来自44个国家及地区、627家单位的1 200多名代表参加大会，中国种子企业参会代表占参会总人数的26%，展位占70%。11月10日，我国举办了中国种业专场研讨会；中国种子协会派出由常务理事、全国农技中心王玉玺研究员、吴立峰博士、农业部农业法研究中心杨东霞博士、农业部科技发展中心崔野韩博士及吉林省种子管理总站丁万志研究员等五位专家组成的代表团，在会上分别就国外企业如何在中国投资开展种子业务、我国种子进出口的检疫要求、我国种子法实施、我国知识产权和品种保护以及我国种业发展状况作了报告。在该届大会的会员代表大会上，来自我国的王智平先生（时任北京海淀种子商会副会长、北京天地园种苗有限公司总经理）成功当选为首个任期两年的APSA执委会主席，代表中国种子协会的马德华先生（时任天津德瑞特种业有限公司董事长、中国种子协会蔬菜种子分会副会长）成功当选为APSA执委会委员。

2019年，在农业农村部、广东省人民政府、深圳市人民政府的高度重视和大力支持下，在深圳市市场监督管理局和深圳市种子同业商会的共同努力下，经国务院批准，中国种子协会成功申办了第27届亚洲种子大会，并成立了国家组委会，中国种子协会与亚太种子协会签订了合作协议。2019年11月25—29日，第26届亚太种子大会在马来西亚吉隆坡举办。中国种子协会刘信副会长率团参加大会，刘信副会长与马来西亚农业部副部长、国际种子联盟主席、国际种子检验协会秘书长、亚太种子协会主席及国际水稻研究所、土耳其种子协会等国际组织和国家种子协会代表进行了会谈。大会期间还设立了中国种子协会展台，宣传展示中国种业成就。11月28日，大会闭幕晚宴上，举行了亚洲种子大会会旗交接仪式，刘信副会长代表中国种子协会从马来西亚种子协会主席手中接过亚洲种子大会会旗。接旗仪式后，播放了中国宣传片《东方社稷》。自此，亚洲种子大会进入中国模式。2020年，受新冠肺炎疫情影响，第27届亚洲种子大会延期至2021年召开。2020年4月，经中国种子协会第六届理事会第七次常务理事会审议通过了《亚太种子协会中国种业卓越贡献获奖人员推荐办法》，经推荐和投票，赵久然、张海银当选。2021年8月，因受新冠肺炎疫情影响，会议取消，历时三年的筹备工作中止。

（四）IPPC

国际植物保护公约（International Plant Protection Convention，IPPC），简称国际植物保护公约，是广受全球认可的植物检疫多边协议组织和协调机制，更是世界贸易组织《卫生和植物检疫措施实施协定》（WTO/SPS）认可的国际植物检疫措施标准（International Standards of Phytosanitary Measures，ISPM）的制定机构，在保护植物资源免受有害生物侵害、便利促进贸易等方面发挥着极为重要的作用。截至 2020 年，国际植保公约已有 180 多个缔约方，中国于 2005 年加入，是第 141 个缔约方。

（五）ITPGRFA

《粮食和农业植物遗传资源国际条约》（International Treaty on Plant Genetic Resources for Food and Agriculture，ITPGRFA）（以下简称“《条约》”）于 2001 年 11 月 3 日由联合国粮食及农业组织（FAO）第三十一届大会通过。《条约》旨在承认农民对供养世界的各类作物所做的重大贡献；建立全球系统，为农民、植物育种者和科学家提供获取植物遗传材料的渠道；确保接收方与遗传材料原产国分享遗传材料使用产生的惠益。

主要条款包括：①多边系统。多边系统是《条约》获取和惠益分享的真正创新解决方案，将最重要的 64 种作物（共占我们从植物所获食物的 80%）纳入易于获取的全球遗传资源库，供《条约》批准国的潜在用户免费用于某些用途。②获取和惠益分享。《条约》促进获取多边系统中 64 种作物的遗传材料，用于粮食和农业研究、育种和培训。材料获取者必须来自条约批准国，并且必须同意材料完全用于粮食和农业研究、育种和培训。《条约》防止遗传资源接收方因接收资源而声称对其具有知识产权，并确保受国际产权保护的遗传资源的获取途径符合国际和国家法律。通过多边系统获取遗传材料者同意通过《条约》规定的四个惠益分享机制分享其使用所产生的任何惠益。③农民权利。《条约》认可农民为全球植物遗传资源这一宝贵财富不断发展所做的重大贡献。呼吁保护农民传统知识，加强其参与国家决策进程，并确保其分享资源使用产生的惠益。④可持续利用。全球大部分食物来自四种主要作物——水稻、小麦、玉米和马铃薯。四种主要作物以外的地方作物也是数亿人的主要食物来源，可为无数人提供营养。《条约》有助于最大限度地利用和培育所有作物，并促进发展和维护多样化的耕作体系。

《条约》的历史演变：粮农植物遗传资源保护和可持续利用是确保全球今后生产足够粮食养活不断增长的人口的关键所在。1983 年，粮食和农业遗传资源委员会成立，并通过了自愿性质的《植物遗传资源国际约定》。1996 年，在莱比锡国际植物遗传资源技术会议上通过了《全球行动计划》，又迈出了一大步。这些工作在 2001 年取得重大突破，历史性地通过了具有法律约束力的《粮食和农业植物遗传资源国际条约》。《条约》自 2004 年 6 月 29 日起生效。

截至 2023 年 12 月 01 日，《条约》有 151 个缔约方，包括一个成员组织。但中国尚未成为该《条约》的缔约方。

（六）CBD

《生物多样性公约》（Convention on Biological Diversity，CBD）是一项保护地球生物资源的国际性公约，于 1992 年 6 月 1 日在内罗毕举行的联合国环境规划署发起的政府间谈判委员会第七次会议上通过，1992 年 6 月 5 日，由签约国在巴西里约热内卢举行的联合国环境与发展大会上签署。公约于 1993 年 12 月 29 日正式生效。常设秘书处设在加拿大的蒙特利尔。联合国《生物多样性公约》缔约国大会是全球履行该公约的最高决策机构，一切有关履行《生物多样性公约》的重大决定都要经过缔约国大会通过。

该公约是一项有法律约束力的公约，旨在保护濒临灭绝的植物和动物，最大限度地保护地球上的多种多样的生物资源，以造福于当代和子孙后代。公约规定，发达国家将以赠送或转让的方式向发展中国家提供新的补充资金以补偿它们为保护生物资源而日益增加的费用，应以更实惠的方式向发展中国家转让技术，从而为保护世界上的生物资源提供便利；签约国应为本国境内的植物和野生动物编目造册，制定计划保护濒危的动植物；建立金融机构以帮助发展中国家实施清点和保护动植物的计划；使用另一个国家自然资源的国家要与那个国家分享研究成果、盈利和技术。

中国于 1992 年 6 月 11 日签署该公约，1992 年 11 月 7 日批准，1993 年 1 月 5 日交存加入书。《生物多样性公约》共有 196 个缔约方，包括 195 个国家和欧盟。

（七）ISTA

国际种子检验协会（International Seed Testing Association，ISTA）是一家全球公认的专业从事种子检验的权威组织，成立于 1924 年，总部位于瑞士，主要负责制定、修订、出版和推行种子检测标准程序，并促进在国际种子贸易中统一使用这些程序，由 ISTA 制定的《国际种子检验规程》作为种子检验的国际标准，已被全世界 100 多个国家的种子法所引用，为推动全球种子贸易做出了巨大的贡献。

ISTA 已拥有包括来自世界 83 个国家和地区的 257 个实验室会员（其中 150 个实验室获得 ISTA 认证，107 个未获得 ISTA 认证）、321 位个人会员和 73 位准个人会员。我国是 ISTA 的正式成员。我国现在获得 ISTA 认证的中国实验室会员有 2 个，分别是中国农业大学牧草种子实验室和农业农村部蔬菜种子质量监督检验测试中心；获得 ISTA 认证的个人会员有 9 位。

（马文慧、刘鑫、侯彦南、向芬、杨坤、田伟红、王琪、刘凤娜、邓伟）

第十八章　种业重点企业

2006—2020年，中国种子协会进行了5次种业信用骨干企业认定（2006、2010、2013、2016、2019年），综合这5次的认定排名，特别是后两次的排名，选出了10家大田农作物种子企业和8家蔬菜种子企业，本书给予一一介绍。

一、袁隆平农业高科技股份有限公司

袁隆平农业高科技股份有限公司（以下简称“隆平高科”）于1999年成立，2000年上市。注册资金13.2亿元，注册地湖南长沙。是由袁隆平院士作为主要创始人，发起设立的高科技现代种业集团。2016年，中信集团投资成为隆平高科第一大股东，现持股比例17.36％（湖南省杂交水稻研究中心持股5.08％，北大荒集团持股5％）。目前是中信集团旗下农作物育种领域的核心平台，拥有控股子公司53家，现任董事长为刘志勇，总经理为马武。

在农业农村部及湖南省委、省政府指导支持下，在中信集团党委统筹领导下，隆平高科已成长为国内领先的“育繁推一体化”种业龙头企业。2020年，公司实现营业收入32.91亿元，综合实力国内第一、全球前十，是国内影响力最大的种业企业。杂交水稻种子国内年推广面积约4 000万亩，市场份额约占18％；海外年推广面积约1 000万亩。杂交玉米种子国内年推广面积4 100万亩，市场份额约占7％；巴西年推广面积7 000万亩，市场份额约占21％。商品黄瓜种子年推广面积50万亩，市场份额约占60％；辣椒种子年推广面积80万亩，市场份额约占10％。小麦种子年推广面积580万亩，强筋优质小麦订单市场份额约占20％。杂交谷子、食葵种子推广面积分别为350万亩、270万亩，市场份额均超过30％。

在国内率先打造了以企业为创新主体、产学研深度融合的商业化育种体系。建立了700余人的研发团队，拥有国内稀缺的热带、亚热带玉米种质资源和南美最大的生物育种实验室，在全球10余个国家和地区建有50个育种站。研发投入常年占平均营收的10％左右。与中国农业科学院、中国科学院、武汉大学、南京农大等主要的科研单位建立了长期合作关系，推动基因、资源、人才等行业优势创新资源汇集到隆平高科。在国内率先建立起“工厂化、分段式”育种创新模式，实现了育种的专业化和规模化，大幅提高了育种创新效率和品种持续产出能力，使育种由过去的“小概率”事件变成现在的“必然”结果。

公司是目前国内产品品类全、商业化育种体系健全的种业公司，截至 2020 年，公司共获得授权植物新品种 526 个，审定品种 1 460 个次，登记品种 422 个，产业发展遵循“3＋X”战略（“3”指杂交水稻、玉米、蔬菜，“X”指小麦、谷子、食葵等农作物）。

杂交水稻代表品种

1. 晶两优华占。农业农村部认定的超级稻品种，科技部“863”计划认定的绿色超级稻，湖南省农业农村厅认定镉低积累应急品种，米质达国优三级，抗倒性强。2018—2020 年三年蝉联全国杂交水稻推广面积前三位。2020 年，推广面积 489 万亩。

2. 晶两优 534。米质达国优二级，抗倒性强。2018—2020 年三年蝉联全国杂交水稻推广面积前三位。2020 年，推广面积 477 万亩。

3. 隆两优华占。农业农村部认定的超级稻品种，科技部“863”计划认定的绿色超级稻，米质达国优三级，抗倒性强。2018—2020 年三年蝉联全国杂交水稻推广面积前三位。2020 年，推广面积 323 万亩。

玉米代表品种

1. 裕丰 303。适应性广，丰产潜力大、脱水快、半硬质胚乳商品性好、适合机械化生产。耐旱、耐高温热害、抗倒伏、抗南方锈病。2020 年，推广面积 1 460 万亩，居全国玉米推广面积前三位。

2. 中科玉 505。适应性广，丰产潜力大、脱水快、半硬质胚乳商品性好、适合机械化生产。抗倒伏、抗南方锈病。2020 年，推广面积 1 168 万亩，居全国玉米推广面积前 5 位。

3. 联创 808。高产稳产、适应性广、抗性强、脱水快、适宜穗粒兼收。2020 年，推广面积 543 万亩，居全国玉米推广面积前 7 位。

蔬菜/谷子/食葵/小麦等代表品种

中麦 578 强筋优质小麦品种，张杂谷 13 号等谷子品种，德瑞特 Y2、德瑞特 803 等黄瓜品种，博洋 61、博洋 91 等（薄皮甜瓜），湘辣 17 号、湘研五号等辣椒品种，SH363、SH361 等食葵品种。

隆平高科 5 次蝉联中国信用骨干种业企业榜首。有 9 家次企业入选国家农作物种业阵型企业，是水稻强优势、玉米补短板、蔬菜破难题、杂粮补短板等阵型企业。承担了多项国家重大项目任务。2016 年以 117 亿元的企业品牌价值位列农林牧渔板块 31 家上市公司首位。2017 年获评福布斯“最具创新力成长型企业”。隆平高科是农业农村部唯一合作的线上涉农培训企业。面向国内新型农业经营主体，与农业农村部科技教育司、中央农广校共建的线上培训平台——云上智农，注册用户 700 余万户，日活 10 余万，下载量超 5 000 万次；全平台课程播放量超过 9 000 万人次，近 5 年累计完成 152 万农民的线上培训。

隆平高科是国家认定的对外援助项目实施企业。积极承接国家援外培训任务，已累计完成援外培训 209 期，为亚非拉及南太地区 100 多个国家，累计培养 1 万余名农业领域的科研、生产、推广及管理人员（其中包括 52 名部长级高级官员）；先后承担 28 个的援外技术合作项目，示范推广先进农业技术，为解决世界粮食安全问题提供“隆平方案”。2009 年获得商务部授予的国家首个援外培训基地（“中国杂交水稻技术援外培训基地”）称号。

（李坡，13716402258）

二、北大荒垦丰种业股份有限公司

北大荒垦丰种业股份有限公司（以下简称“垦丰种业”）成立于 2001 年，注册地为黑龙江省哈尔滨市。公司注册资金 47 320.7 万元，现任董事长为王智华，总经理为刘辉。公司股权结构为：黑龙江北大荒现代农业服务集团有限公司占 51.79%，董事、监事、高级管理人员及核心人员占 5.52%，现代种业发展基金占 4.40%，隆平高科占 2.62%，其他股东占 35.67%。公司现有控股子公司 6 家，全资子公司 5 家。2020 年，垦丰种业实现营业收入 14.55 亿元，全国种业市场占有率为 1.96%，综合排名第二位。公司于 2015 年在新三板成功挂牌，股票代码：831888，并连续多年进入创新层。2016 年，垦丰种业投巨资建设的宾西智能园区投入使用，象征着公司迈入了新的发展阶段。

垦丰种业是中国种子行业首批 AAA 级信用企业、农业农村部首批 32 家“育繁推一体化”企业、国家高新技术企业、农业农村部重点实验室、国际种子检验协会（ISTA）会员；2013 年、2016 年、2019 年连续三次被认定为中国种业信用十大明星企业、黑龙江省重合同守信用单位。“垦丰”商标被认定为中国驰名商标。

经营模式。垦丰种业将运营系统化、资本市场化、发展国际化作为战略路径，打造以商业化育种为核心的研发创新体系、以全程质量控制为核心的生产加工体系、以全方位终端服务为核心的市场营销体系和支持与服务型总部的“3+1”主体架构。公司年研发投入近亿元，占年均销售收入5%以上。公司在宾西新园区投巨资建设了具有国际一流水平的研发中心，结合现代信息技术，引进先进育种设备，有力提升了育种效率，选育出“德美亚”“垦沃”等系列优秀玉米品种。公司引进德国佩特库斯公司全套种子加工生产线，使种子加工水平达到国际先进水平；同时，在质量控制上严格按照ISO9001：2008质量管理标准，实现种子生产全程可追溯和质量控制精细化管理。公司建立了电子商务平台——“垦丰商城”，同时结合线下销售网络以及支持系统，打造出线上线下协同的立体营销模式。

市场地位。垦丰种业主营业务为玉米、水稻、大豆等农作物种子的育种研发、生产加工和推广销售。截至2020年，公司共获得授权植物新品种88个，审定品种72个。2020年，水稻种子营收6.54亿元，占全国水稻种子市场5.7%；玉米种子营收5.44亿元，占全国玉米种子市场2.8%；大豆种子营收1.54亿元，占全国大豆种子市场6.8%。

主要品种。垦丰种业主营品种有“德美亚”系列玉米品种、“龙垦”系列水稻品种和大豆品种。截至2020年，“德美亚”系列玉米品种累计推广种植面积超过1亿亩。“德美亚”系列玉米品种的审定与推广，打破了黑龙江省冷凉地区玉米种植的极限，扩大了我国高纬度地区玉米种植面积，让我国玉米种植带向北纵深延长了400余公里，同时也为垦区种植结构调整、粮食总产突破400亿斤，为黑龙江省粮食总产超千亿斤做出了贡献。2020年，第二十八届北京种业大会暨首届中国玉米产业链大会的“荣誉殿堂玉米品种”评选活动中，“德美亚1号”入选“荣誉殿堂玉米品种”。

客户满意度。公司以顾客满意为使命，以“诚心诚意专心专业”为服务理念，确保每一位垦丰顾客满意。线上通过垦丰商城、公司网站、微信公众号定期为顾客推送技术信息，线下通过物流配送体系为顾客提供送货服务，通过分支机构为顾客提供展示示范、技术支持等服务。通过公司的不懈努力，多年来顾客对产品和服务的满意度都保持在97%以上。

救灾备荒。公司常年承担国家救灾备荒种子储备任务，2016—2020年累计动用近200万公斤救灾种子进行救灾，救灾面积近35万亩，为农民共挽回经济损失近3.2亿元，为稳定农业生产、保护农民收益起到了重要作用。

带动农户。公司通过与基地农户、农业合作社、代繁企业签订合同、合作联结等方式生产繁育农作物种子。公司年均繁育种子50多万亩，年均带动农户3000多户。

生态贡献。面对日益严峻的环境压力和资源压力，公司积极响应政府节能减排，保护环境的号召，在公司内部改善工作流程，引入电子办公平台，推行无纸化办公。在种子加工环节，增加种子加工线除尘、降噪设施，使粉尘和噪声排放低于国家标准。同时倡导公司全体员工节约资源，鼓励他们绿色出行。

社会捐赠。公司还积极参与社会公益事业，组织员工开展了为宾县宁远镇卢家屯、从家屯、朱家屯火灾受灾群众捐款和垦区“慈善一日捐”“慈善情暖万家”等活动。

（张爽，18545898881）

三、山东登海种业股份有限公司

山东登海种业股份有限公司（以下简称“登海种业”），是我国著名玉米育种和栽培专家李登海研究员于1985年创建的育繁推一体化的种业公司，公司注册地为山东省烟台市莱州市，2005年在深交所中小板上市。登海种业是国家首批农业创新型企业、农业产业化国家重点龙头企业，连续十年获得中国种子协会颁发的AAA信用企业证书。公司注册资金8.8亿元，总资产46.28亿元。现任董事长为唐世伟，总经理为程励。目前，登海种业在全国各地拥有全资子公司6家，分公司4家，控股子公司19家，控股中外合资公司1家。近年来，公司玉米种子业务销售收入占总营业总收入的90%左右，小麦种、蔬菜种、水稻种等销售收入合计约占10%。2020年营业收入为9亿元，市场占有率6.5%左右。

登海种业高举“开创中国玉米高产道路，赶超世界先进水平”的旗帜，五十年如一日，发扬艰苦奋斗、艰苦创业、不畏艰难、勇于探索、不断创新、勇攀高峰和报效祖国的精神，致力于玉米高产育种和玉米高产攻关研究工作。登海种业率先提出“紧凑型”玉米概念并成功实践紧凑型玉米育种，确立和引领我国玉米高产育种创新方向；在我国率先发现了紧凑型杂交玉米较平展型杂交玉米的高产潜力，在我国率先选育出了亩产突破700～1 400公斤的夏玉米高产品种和亩产突破1 500、1 600公斤的春玉米高产品种。

登海种业始终把研发创新作为发展的首要任务。在种质资源创新方面，原始创新出了具有我国自主知识产权的高产种质资源，有8个自交系被评为“全国杰出贡献玉米自交系”；不断进行良种良法配套研究，总结出了玉米高产栽培技术路线，先后七次创造我国夏玉米高产纪录，两次创造世界夏玉米高产纪录；育成玉米新品种300多个，掖单13号、掖单19号、登海605等5个杂交种入选“荣誉殿堂”玉米品种。累计推广种植面积达15亿亩以上，增加社会经济效益1 500多亿元。

登海种业作为国家首批农业创新型企业，拥有国家玉米工程技术研究中心（山东）、国家认定企业技术中心、国家玉米产业技术创新联盟等国家级科研平台7个，山东省玉米育种与栽培技术重点实验室、山东泰山学者岗位、山东玉米技术创新中心等省部级平台 4 个。

公司拥有一支综合素质高的玉米遗传育种、栽培研究队伍，玉米遗传育种与栽培技术创新团队被山东省人民政府确定为“山东省优秀创新团队”。公司先后获得国家科学技术进步奖一等奖、国家星火奖一等奖、山东省科学技术进步奖一等奖等 25 项国家及省部级奖励。截至 2020 年，公司共获得授权植物新品种 148 个，审定品种 147 个。

公司先后承担完成“863”计划、国家科技支撑计划、国家重点研发计划、转基因生物新品种培育等国家级课题 30 多项。先后主持国家和省级科研课题 30 余项，获国家和省（部）级奖励 25 项。

公司拥有试验用地面积 4 000 余亩，其中海南育种基地和各地试验站 3 000 亩，育种温室 2.1 万平方米，晒场 20 000 平方米，恒温库 4 000 平方米。在全国建立了 300 多处试验示范点，具有年测配玉米新组合 4 万个的能力，实现了在全国各地的育种基地全年循环育种。

公司每年科研投入保持在 5 000 万元以上，通过南繁北育和温室加代及新技术的利用，以一年 3～4 代的研发速度推进登海种业的研发创新。

登海 605 自 2013 年开始连续 7 年入选农业部（农业农村部）黄淮海区主导品种，连续 6 年入选山东省夏玉米生产主导品种，作为山东省玉米高产创建活动实施方案推荐品种。在山东德州创造了夏玉米万亩平均亩产 876.60 公斤的高产纪录。2019 年在中国种子协会开展的寻找高产玉米活动中，登海 605 在山东平原的 50 亩高产示范方，经专家实打验收亩产 1 097 公斤。被农业部、科技部评选为“‘十二五’农业领域重点成果”。2018 年作为改革开放以来农作物育种的优秀品种，入选“伟大的变革——庆祝改革开放 40 周年大型展览”。

登海 618 具有早熟、高产、抗倒、耐密植、脱水快，适宜机械化收获的优点，符合市场化、商业化需要。2013 年 9 月 29 日，农业部玉米专家组对新疆生产建设兵团农六师奇台高产玉米试验田种植的登海 618 玉米品种进行实打验收，亩产达 1 511.74 公斤，刷新我国玉米高产纪录。有效地解决了黄淮海高纬度区小麦玉米一年两作光热不足的矛盾，同时解决了小麦高产区夏玉米高产的难题，为该区域一年两季创高产提供了早熟高产样板和高产品种。

登海种业拥有国内一流的种子生产加工设备，率先在我国甘肃、新疆、宁夏等地累计投资 13 亿元，建设了国际和国内一流的种子加工厂，建立了长期、稳定的玉米种子生产和加工基地，配套安装了集果穗烘干、脱粒、精选、包衣、包装于一体的现代化大型种子加工生产线，已具备年玉米制种面积可达 27 万亩以上，可向市场提供 7 000 万亩以上玉米良种的生产加工能力。

登海种业将结合中国种业发展的新任务、新机遇、新挑战，力争在高产引领、产业创新、资本保障、平台建设、人才集结、国际合作与国际市场开发等方面实现新突破、新跨越，为发展现代农业、建设种业强国、保障国家粮食安全做出新贡献！

（颜理想，18660576618）

四、安徽荃银高科种业股份有限公司

安徽荃银高科种业股份有限公司（以下简称“荃银高科”）于2002年在合肥成立，由“中国种业十大功勋人物”张海银先生携手原安徽省农科院院长李成荃女士共同发起组建。2010年5月，公司在深交所创业板成功上市，是“中国创业板种业第一股”。2018年12月，中化现代农业有限公司成为公司第一大股东。2020年6月，先正达集团在中国正式成立，中化现代农业成为其旗下企业，荃银高科成为其种业板块重要成员。

荃银高科注册资本4.3亿元，拥有19家控股子公司，员工930人，资产总额24.7亿元。2020年，公司水稻、玉米、小麦等各类农作物种子销量达6 700万公斤，推广面积达4 000万亩，荃银良种生产的粮食总量达500亿斤；实现营业收入16.02亿元，同比增长38.85%，归属净利润1.34亿元，同比增长41.2%。

作为一家“以种业为核心，农业服务为延伸，探索创新农业多元化发展”的现代农业上市公司，荃银高科始终坚持“科技先行，资本与实业相结合，国内国外同步发展”的战略，在引领种业创新发展方面开展一系列探索，并取得良好成效。

育种创新能力位居行业头部。荃银高科坚持走“以科研为源头、以市场为导向、产学研相结合、育繁推一体化”创新之路，公司建有荃银农科院，拥有国家企业技术中心、农业农村部公布的杂交稻新品种创制重点实验室、国家级博士后科研工作站等创新平台。截至2020年，公司共获得授权植物新品种87个，审定品种350个，登记品种64个。90%以上经营品种为自主选育品种，其中荃优丝苗、荃优822、荃两优丝苗、荃优1606、全玉1233等水稻、玉米品种深受市场认可。

科企合作成果引领产业发展。荃银高科牵头组建“6+1”国家水稻商业化分子育种技术创新联盟，被认定为国家种业标杆联盟，成为打造民族种业中国“芯”的重要科创平台。联盟采取基础研究与应用研究相结合的方式，解决农业生产中遇到的疑难杂症。联盟科学家总结全球近30年水稻分子生物学研究成果绘制而成的基因库，是水稻育种领域的重大成果，为实现水稻导航育种奠定基础。发掘出“脆而不倒”的理想脆秆水稻基因，并育成审定“谷草兼用”水稻新品种；稻谷收获后，秸秆还能用作青贮饲料喂养动物，为农业绿色可持续发展提供科技支撑。同时，高直链淀粉玉米、抗黄萎病棉花、氮高效利用水稻等系列创新成果引领着国内种业发展方向。

种粮一体化创新模式成果丰硕。荃银高科充分发挥种子在农业生产中的核心作用，布局全产业链，构建种粮一体化平台。借助公司科研优势，积极推进品牌粮生产基地建设。联合上下游优势企业，在环巢湖、淮南、阜阳等地共同布局全产业链，打造品牌粮、专供粮，现已与省农担、中联重科、益海嘉里、广粮集团等企业建立了紧密合作关系。借助公司玉米品种适宜作青贮的契机，积极开展青贮玉米品种研发及基地建设。青贮产品品质得到光明牧业、现代牧业、伊利悠然、君乐宝、新希望、温氏等牧业企业的好评。荃银高科与省农科院共同开发的荃麦725被茅台酒厂首选为安徽地区酿酒原料，以此为切入点，积极推进酒用专供粮业务；与茅台、古井、泸州老窖等知名酒企建立了合作。通过“品种＋品牌＋资本”，积极探索“荃银＋产业合作伙伴＋金融战略伙伴”模式，推进种业与农业产业链良性循环，努力为现代农业发展提供整体解决方案，助力乡村产业振兴。

海外业务规模位居全国前列。公司种子出口业务遍及20多个国家与地区，海外出口及销售各类农作物种子8 000多吨，建立覆盖全球多样生态区的研发中心及测试网络，在安哥拉、塞拉利昂、多哥等地实施的农业项目，备受所在国认可。同时，与华中农大、南京农大合作，共同培养海外农业人才，助推“一带一路”共建国家农业发展。荃银高科通过“种子走出去，粮食运回来”模式的探索，打造海外粮仓，在提高所在国粮食产量的同时，间接服务于国家外交战略，多次得到商务部表扬。

荃银高科是国务院国资委实控企业、农业产业化国家重点龙头企业、农业部首批农作物种子育繁推一体化企业、中国种业领军企业，种业综合实力位居全国种子企业前三位，杂交水稻研发、推广及海外业务规模均居全国前两位。作为上市的农业企业，荃银高科在做强做大企业的同时，还积极投身社会公益事业，履行社会责任。公司与创始人张海银先生共同发起成立“安徽张海银种业基金会”，以“励志种业、促进创新、服务“三农”、回报社会”为宗旨，奖励在科研育种等方面做出突出贡献的科技人员，并开展助困助学等社会公益慈善事业。2020年，公司与基金会联合产业链单位共同开展穗悦扶贫，拿出爱心款、爱心种、爱心肥100多万元，为全国7个省26个县市1 800多户贫困户提供种子、化肥、技术指导及收储服务，助力国家精准扶贫与乡村振兴。

公司在新冠疫情暴发伊始，第一时间向湖北、安徽捐款100万元，与中化集团、安徽张海银种业基金会共同向遭遇水灾的阜南县曹集镇和王家坝镇捐赠价值65万元的爱心农资。

（郑满生，13965118916）

五、江苏省大华种业集团有限公司

江苏省大华种业集团有限公司（以下简称“大华种业”）成立于1993年7月，隶属于江苏农垦集团，是集农作物种子研发、生产、加工、包装、销售、服务于一体的国有大型现代种业集团。公司注册资本5亿元，总部位于南京，下辖19家分公司，和陕西农垦大华种业有限责任公司（以下简称“陕垦大华”）、江苏省徐州大华种业有限公司（以下简称“徐州大华”）、泗洪县大华种业有限公司（以下简称“泗洪大华”）、宿迁市大华种业有限公司（以下简称“宿迁大华”）、江苏省江蔬种苗科技有限公司（以下简称“江蔬种苗”）、淮安华萃农业科技有限公司（以下简称“淮安华萃”）等6家控股子公司。公司员工600多人。公司现任董事长、党委书记周义东，总经理、党委副书记亢立平。

公司成立以来，股权架构变化为三个阶段。

初创阶段（1993—1999年）：1993年7月，原江苏省农垦农工商联合总公司出资成立江苏大华甜菜种子公司；1995年，公司更名为江苏省农垦大华种子公司；1996年11月，江苏农垦将下属8个农场种子公司的全部资产划归江苏省农垦大华种子公司，并更名为江苏省农垦大华种子集团公司。

合作阶段（1999—2009年）：1999年11月，中垦农业资源开发股份有限公司（以下简称“中农资源”）和江苏省农垦集团有限公司（以下简称“江苏农垦”）共同出资设立江苏省农垦大华种子集团有限公司，中农资源占股90%，江苏农垦占股10%。2002年12月，公司更名为现名：江苏省大华种业集团有限公司。

回归阶段（2009—2020年）：2009年7月，江苏农垦回购中农资源持有的大华种业全部股权，大华种业成为江苏农垦的全资子公司。2011年11月，根据江苏农垦内部资源整合部署，公司股东变更为江苏省农垦农业发展股份有限公司（以下简称“苏垦农发”）。2017年5月，苏垦农发在沪市主板成功上市，大华种业成为上市公司的全资子公司。

经过多年潜心发展，大华种业已建成从品种研发、良种繁育、收储加工、包装销售、农技服务到特色原粮回收加工的完整产业链，产业链自主可控、运转协调。2006—2020年，公司营业收入、净利润分别从3.01亿元、58.82万元增长到13.33亿元、6 077.55万元。大华种业已建有自主商业化育种体系，下设3个研究所、1个分子育种中心、1个南繁基地和15个生态试验站。设有国家农作物品种展示评价基地、全国农垦农作物良种展示示范基地、中国农垦种业联盟种业科技创新服务中心、江苏省小麦育种工程技术研究中心等科研试验平台。每年承担国家和省级农作物新品种各类试验近 80 项。2006—2020 年，公司培育并通过审定的农作物新品种 41 个，获植物新品种权 27 个；可供品种改良应用的农作物种质资源材料 20 000 多份、后备品系 2 000 多份，每年参加国家、省级各类试验的新品系 40 多个。公司与省内外 30 多所高校院所建立了合作关系，参加国家小麦良种重大科研联合攻关。积极组织或参与各类育种创新联合体，与科研院所联合承担育种科研揭榜挂帅项目。一批优质高效稻麦、玉米新品种脱颖而出，成为企业主推品种。其中，华粳 5 号早熟适宜直播，是中熟中粳区域推广面积最大且位居前列的品种；华麦 5 号大穗、抗赤霉病，是红麦区的主推品种之一；苏玉 34 株型紧凑，适宜玉米大豆带状复合种植，是江苏垦区主栽品种。

大华种业依托江苏农垦土地资源，建成高标准繁种基地 60 多万亩，2 个常规稻种子基地、1 个小麦种子基地被农业农村部认定为第二批国家区域性良种繁育基地。2006—2020 年，公司种子年产销量从 11.52 万吨增长到 43.26 万吨。

大华种业主营常规稻麦种子，同时大力发展杂交玉米、杂交水稻、果蔬等农作物种子种苗的经营，打造多元种业产业体系。到 2020 年，公司在营各类农作物品种 50 多个，其中主力品种 20 多个。华粳 5 号、华粳 9 号、香缘 99 常规粳稻，华麦 5 号、华麦 8 号、华麦 11、扬麦 29、郑麦 1860 小麦，大华 1146、大华 1409、苏玉 34 玉米，春风、春眠系列甘蓝，苏蜜 518、早佳 8424 西瓜等品种享有不同程度的市场知名度。“大华”商标荣获“中国驰名商标”，“大华”牌水稻、小麦、大麦种子先后被评为“江苏省名牌产品”。

到 2020 年，大华出产的常规稻麦种子产品数量已占到江苏省常年稻麦需种量的 40%以上，年服务种植面积 2 600 万亩以上，有效发挥了国有大型种业集团的稳种保粮支柱作用。

2006—2020 年，公司被评为“农业产业化国家重点龙头企业”、国家“育繁推一体化”种业企业。连续三次被中国种子协会认定为“中国种业信用明星企业”；2017 年，公司当选为中国种子协会副会长单位。公司科研成果曾获农业部“中华农业科技奖”三等奖、“全国农牧渔业丰收奖”三等奖、江苏省政府“科技进步奖”三等奖 2 项。

（刘素娴，15005150906）

六、辽宁东亚种业有限公司

辽宁东亚种业有限公司（以下简称“东亚种业”）成立于 1993 年，是集研发、生产、加工、销售、服务于一体，具有完整产业链、多种农作物经营的现代化大型农业集团。公司注册资本为2亿元，年销售收入约10亿元。东亚种业是首批国家级农业产业化重点龙头企业，为中国种子行业AAA级信用企业、农业农村部首批“育繁推一体化”企业。自2003年中国种子行业首次排名至2019年，在全部六次认定中均位列前十强，为中国种业信用明星企业、中国种子协会副会长单位、国家种业阵型企业。东亚种业经营农作物主要包括玉米、水稻、大豆、高粱、向日葵、蔬菜、马铃薯、草莓、果树、花草等；持有“富友”“东单”等168个商标，其中“富友”为中国驰名商标。

东亚种业运营总部位于辽宁省沈阳市，营销网络遍布全国25个省区。在辽宁、新疆、甘肃等省区设有15家全资子公司；在安徽、河北、河南、山东、新疆、吉林、黑龙江、内蒙古等省区设有控股子公司，全国参控股子公司超过60家。公司自育自产的玉米种子销量连续10年达到1亿斤。2020年东亚种业及控股的子公司、分公司在内的经营额合计9.68亿元。公司董事局主席徐福春先生于2018年被农民日报、中国种子协会联合评选为“2012—2017年度中国种业十大杰出人物”。公司董事长徐长成先生现兼任辽宁省人大代表、沈阳市政协委员。

东亚种业为国家级高新技术企业，设有玉米生物育种全国重点实验室、农业农村部东北主要农作物遗传育种重点实验室。公司2015年投资约2亿元建成的“现代种业研发中心”，以玉米分子辅助育种为突破口，以推动基因组学研究成果在玉米育种上快速应用、实现分子技术与常规育种技术的有机整合为目标；按照工厂化育种体系的要求，规划设计了一套专业的玉米育种技术流程，可依功能划分为高通量DNA提取平台、SSR标记基因型鉴定平台、高通量SNP基因型分析平台、高通量基因芯片平台、高通量DH系生产与创制平台、转基因检测平台等。东亚种业践行科企合作模式，与中国农业大学国家玉米改良中心、北京市农林科学院国家信息研究中心和玉米研究中心、辽宁省农业科学院、沈阳农业大学等单位密切合作。公司现拥有科技骨干约60人，包括众多业界知名博士和科学家。自2006年参与国家火炬计划至今，东亚种业承担和参与了农业农村部、科技部、发展改革委和省市各级政府部门的系列科研项目共计百余项，包括多个国家重大专项和技术攻关项目。

东亚种业以玉米种业为核心，截至2020年，公司共获得授权植物新品种55个，审定玉米品种数量905个次。目前公司重点推广玉米品种为自育的东单1331。该品种自2016年起陆续通过了东华北春玉米区、黄淮海夏玉米区、西北春玉米区、西南中高海拔春玉米区国审。年推广面积1 000万亩以上。获辽宁省科学技术进步一等奖。公司审定水稻品种数量65个，大豆品种数量31个，小麦、高粱、马铃薯、向日葵、蔬菜等农作物通过审定及备案登记品种数量约100个。

在农业农村部、省农业农村厅的大力支持下，“东亚检验检测”于2019年获得了“农作物种子质量检验机构（CASL）合格证书”，成为东北地区第一家非事业单位的第三方种子质量检测机构。东亚检测配备美国ABI公司的基因分析仪和Douglas高通量荧光PCR系统，可实现多种农作物的SSR和SNP方法品种鉴定。截至2020年，东亚检验检测共为23省的170余所高校、科研院所、种业公司及政府部门提供服务3 059批次，样品数量150余万份，包括SNP检测、SSR检测、DNA提取、芯片服务、种子真实性和纯度鉴定等项目类型。在农作物品类上，涵盖玉米、水稻、小麦、大豆、白菜、番茄、甜瓜、辣椒、花椰菜等多种农作物。

近十几年来，公司先后荣获国家级农业产业化优秀龙头企业（农业农村部）、农资连锁经营重点企业（农业农村部）、农产品加工企业技术创新机构（农业农村部）、万村千乡市场工程试点企业（商务部）、国家高技术产业化示范工程（国家发展和改革委员会）、全国守合同重信用企业（国家工商行政管理总局）、中国名牌产品（国家质量监督检验检疫总局）等荣誉。

东亚种业愿以进一步全面开放的情怀，与各科研院所、大专院校、业界企业广泛合作，在科研及系列新选育国审品种的推广服务上，共赢发展。真诚广泛寻找全国合作伙伴，共创中国种业辉煌！

（孙九超，18240003099）

七、北京金色农华种业科技股份有限公司

北京金色农华种业科技股份有限公司（以下简称“金色农华”）是2001年10月成立的集科研、繁育、生产、加工、推广为一体的大型种业科技企业。公司注册地址为北京市海淀区中关村大街27号19层，注册资金4.125亿元。现任董事长为李军民博士，总经理为阳庆华。2020年，公司控股股东北京大北农科技集团股份有限公司将自然人持有的股份收购后，金色农华成为北京大北农科技集团股份有限公司的全资子公司。公司拥有全资及控股子公司10余家，参股公司9家。2020年主营业务收入41 979万元，新产品销售收入达22 047万元，实现销售利润8 283万元。

公司已形成71人的育种团队，2020年研发投入3 987万元。截至2020年12月底，金色农华自主选育国审品种142个（水稻89个，玉米53个），其中2020年国审23个（水稻17个，玉米6个）。截至2020年，已累计获得植物新品种权246件（水稻126件，玉米120件）；发明专利已授权7件（水稻4件，玉米3件）；实用新型专利已授权10件；申请商标259件，已授权186件。

金色农华主营业务是杂交玉米、水稻种子选育、生产、销售。公司始终坚持“精

确研发、精益生产、精准营销、精细管理”的四精战略，推动公司走上科学化、规范化、制度化和信息化发展轨道。

公司推出的C两优华占、天优华占、荣优华占、中单808、农华101、农华106等品种推广面积不断扩大。据全国农技中心数据显示，C两优华占分别在2016年、2017年的推广面积达到326万亩、396万亩，连续两年成为全国杂交水稻第一大品种；独占开发的三系杂交水稻品种天优华占，分别在2016年、2017年推广面积达323万亩、303万亩，连续两年成为全国杂交水稻第二大品种。两系杂交水稻品种扬两优6号，2016年推广面积达184万亩，成为当年全国杂交水稻第九大品种。公司的玉米高产新品种农华101，连续6年被农业部认定为北方玉米主导品种，中单808连续11年被列为西南主导品种。近年来，公司陆续推出的粤农丝苗、贡两优、华盛优、桔两优等系列，在不同生态环境中多点试种示范，均表现优异，将在未来农业生产中大面积推广种植。

2006—2020年，公司先后被认定为“北京市科技研究开发机构”；“国家级高新技术企业”；“北京市企业技术中心”；“作物生物育种北京市工程实验室”；“作物生物育种国家地方联合工程实验室”；“北京市作物分子育种工程技术研究中心”；中关村高新技术企业。连续四次被中国种子协会认定为信用骨干企业前十强（2013年后前十强被命名为“中国种业信用明星企业”）。被评为农业产业化国家重点龙头企业；中国种业信用评价AAA级信用企业；海淀区诚信单位；“北京市种子行业五星级信用企业”。公司参与的科技项目先后获北京市科学技术进步奖三等奖、国家科学技术进步奖特等奖。

金色农华自创立以来就以“强盛民族种业 创造国家品牌”为目标。“奉献社会、强大国家”是金色农华的企业观，公司在创造财富的同时，积极担当社会责任。公司通过基地农户发展产业、收购农产品、吸纳农民就业、推广优质高产品种等方式，带动贫困地区和农民脱贫致富。2019年合同联结带动农户数16 000户，按合同价收购农产品比按市场价多向农户支付6 000多万元；通过其他方式带动农户数220万户，直接联结带动的家庭农场数量290家。公司自觉履行企业社会责任，积极参与社会公益事业，在大北农集团统一感召下，积极开展赈灾捐赠、援建希望小学、送温暖献爱心、结对帮困、义务献血、爱心助学、员工爱心基金等各类社会公益活动。

（魏志雪，13641252048）

八、九圣禾种业股份有限公司

九圣禾种业股份有限公司成立于2003年，总部位于新疆昌吉市。公司是以小麦、玉米、棉花、瓜菜新品种选育、种子生产加工及市场营销服务于一体的农业产业化国家重点龙头企业、国家高新技术企业、中国种业信用明星企业、中国种子行业AAA级信用企业。公司注册资金1.43亿元，资产总规模达14.1亿元，2020年营业收入5.3亿元，在全国拥有10家全资或控股子公司。现任董事长为舍亚辉，总裁为范玲燕。

公司在传统“育繁推”基础上，创建了“大研发、大生产、大市场”三大体系。

大研发体系建设。公司通过搭建九圣禾科研平台，整合国际国内优势科技资源，引进先进的理念和技术、优秀的人才和资源，打造商业化、平台化、数字化、精准化的大研发体系。通过科企合作的模式，与新疆农科院、中国农科院、中国农业大学、浙江大学等多家国家科研机构和高等院校建立了长期、稳定的科技合作关系。在全国建立7个核心育种站，1个南繁育种站，35个生态育种站以及200多个产品测试点。拥有独家生产经营权的品种108个，取得自主知识产权的品种60个，取得品种权保护的品种58个，实现产权经营的品种22个。

“十三五”期间，公司先后主持承担了国家、省、市各级重大科技攻关、现代种业提升工程、商业化育种、农业产业园区等项目十几个；参加实施了国家重点研发计划“七大农作物育种”重点专项东北、西南玉米育种，西北玉米小麦育种等重大种子工程项目；先后获得省级科技进步一等奖3项、二等奖1项。

大生产体系建设。依托新疆得天独厚的种子生产资源、昌吉州种子生产基地的区域优势和公司产业园农业技术创新服务能力、现代化种子加工能力优势，打造独立运营的规模化、机械化、标准化、精品化的种子生产加工基地。在保障公司对精品种子生产加工需求的基础上，为中国种业市场提供标准化的种子生产服务和优质的仓储物流配送服务。2013年公司在昌吉投资建设占地面积400亩的现代农业科技产业园，引进国际先进的种子加工设备，建设了国际先进的自动化种子加工生产线，建立了种子加工生产质量全程监控体系。与此同时，公司先后在新疆塔城、喀什、奇台、托克逊、河南新乡、辽宁铁岭建立了多条成套种子加工生产线和配套仓储物流服务体系，小麦、棉花、玉米年成品种子加工能力已达15万吨以上。

大市场体系建设。依托公司分布在全国目标市场的分支机构，坚持“技术服务引领市场”的理念，大力实施“千村万户”工程，充分整合社会上的营销服务资源，打造品牌化、价值化、专业化、个性化的服务型大市场体系。在全国建立专业的营销公司8家，营销服务机构20多家，稳定的经销商1 000多家，高产示范户3 000多户，科技示范村20多个，产品覆盖全国13个省区。

公司积极响应国家乡村振兴战略号召，建立了“龙头企业+专业合作社+致富带头人+种植户”发展模式，通过种植产业带动，在疏勒县库木西力克乡从4个村发展到21个村，实现农民亩均增收200多元，积极开展特色农作物品种选育及标准化种植，对麦盖提县库克拜热土瓜进行良种改良和种植技术研究，实现了规模化种植，使当地种植户每亩增收1 000元以上，最高亩收入达5 000多元。同时，通过吸引农村富余劳动力就地转移、美化乡村、捐资助学等方式，积极参与新农村建设和社会公益活动。近几年，以科技下乡、农技服务、带动就业等方式，累计投入社会公益资金700余万元。2020年获得自治区“千企帮千村”精准扶贫行动先进企业称号。

（马东，18599333733）

九、合肥丰乐种业股份有限公司

合肥丰乐种业股份有限公司（以下简称“合肥丰乐”）创始于1984年，前身是合肥市种子公司。1997年上市，是中国种子行业第一家上市公司，被誉为“中国种业第一股”（股票代码：000713），是合肥市国资委下属企业，控股股东为合肥市建设投资控股（集团）有限公司，现任董事长为黄惠民先生，总经理为戴登安先生。2020年末，公司注册资本4.39亿元，注册地址为合肥市蜀山区创业大道4号。2020年末，公司有11家控股子公司，产业布局遍布全国各地。

2020年末，公司种业综合实力位居全国前列，是国内种业龙头企业、种业信用明星企业。公司农化产业发展历史20年，有良好的品牌和市场影响力，名列行业前50强；香料产业是国内著名的天然薄荷脑生产企业。公司实现营业收入24.57亿元，实现归属于上市公司股东净利润5 040.48万元。各产业中，种子产业实现营业收入3.84亿元，农化产业实现营业收入17.53亿元（含控股子公司湖北丰乐营业收入4.24亿元），香料产业实现营业收入3.2亿元。

公司现有种子、农化和香料三大业务板块，主业种业拥有完整的科研、生产、加工、销售和服务体系。公司坚持种业加农化双主业发展战略，玉米种子产业持续巩固全国“一盘棋”整体布局，坚持多主体经营协同发力，拓展市场规模，强化品种建设与定位，提高品种盈利能力；水稻种子产业紧跟市场需求，持续优化产品结构，提升产品的市场影响力；农化产业坚持以市场为导向，效益为优先，激发营销活力，持续开展节能降耗，提升产品市场竞争力；香料产业严控经营风险，拓展药品薄荷脑和合成凉味剂等高利润产品市场，增强企业盈利能力。

截至2020年，公司共获得授权植物新品种57个，审定品种206个，登记品种119个。主要产品有杂交水稻种子、杂交玉米种子、常规水稻种子、瓜菜种子、小麦种子、油菜种子、棉花种子；农化产业主要产品有除草剂、杀虫剂、杀菌剂、种衣剂等；香料产业主要产品为天然薄荷脑、薄荷素油。

杂交水稻种子主要有：丰两优香一号、深两优828、鹏优1269、嘉优中科13-1、嘉优中科6号、嘉优中科10号、丰两优晚三、丰两优3305、丰两优四号、富两优508、两优5078、创两优茉莉占、桃优205、C两优755、C两优919、创两优926、陆两优4026、内香8518、内6优107。

杂交玉米种子主要有：丰乐365、陕科6号、丰乐303、陕科9号、NK718、丰乐33、宏育601、丰742、丰乐312、丰乐235、丰乐37、同玉609、同玉808、同玉18、同玉593、同玉213、同玉606、同玉008、同玉11、金玉509、泰奥23、潞鑫2号、奥利66、TK601、铁391、蠡乐969、梦玉508、梦玉89、梦玉901。

常规水稻种子主要有：镇糯19号、镇稻18号、润稻118、早糯5号。

西瓜种子主要有：西农八号、丰抗八号、丰乐五号、丰乐腾龙、早佳；甜瓜种子主要有：丰甜七号。

小麦种子主要有：宁麦24、乐麦608、乐麦L598、安科157、乐麦207、良星99、泉麦890。

油菜种子：德新油96、德新油198、德新油88、德新油59、德新油53、浙平4号、国华油1208、华油2号。

棉花种子：新陆早56号、新陆早53号、新陆中67号。

农化产品主要有：除草剂（55%苄嘧·丙草胺可分散油悬浮剂、30%五氟·丙·吡嘧可分散油悬浮剂、55%吡氟·异丙隆悬浮剂、20%唑啉草酯可分散油悬浮剂、24%吡嘧·五氟·丙草胺可分散油悬浮剂，23%烟嘧·莠去津油悬浮剂、24%硝·烟·莠去津可分散油悬浮剂等）；杀菌剂（31%丙唑·福美双悬浮剂、30%精甲·嘧菌酯悬浮剂、25%吡唑醚菌酯悬浮剂、30%醚菌酯悬浮剂、69%烯酰·锰锌可湿性粉剂、50%嘧菌酯水分散粒剂等）；杀虫剂（40%联苯·噻虫啉悬浮剂，4.9%高氯·甲维盐微乳剂，10%阿维菌素悬浮剂，25%噻虫嗪悬浮剂，5%多杀霉素悬浮剂，40%毒死蜱乳油等）；种衣剂（24%苯醚·咯·噻虫嗪悬浮种衣剂、18%多·咪·福美双悬浮种衣剂、400克/升萎锈·福美双悬浮种衣剂、8%氟虫腈悬浮种衣剂、600克/升吡虫啉悬浮种衣剂）；复合肥（氨酸法系列复合肥、腐殖酸复合肥料、高塔系列复合肥、掺混肥）；原药产品：精喹禾灵、烟嘧磺隆、苯磺隆、精噁唑禾草灵；消毒液。

香料产品主要有：天然薄荷脑、薄荷素油、“WS-23”凉味剂等。

合肥丰乐是跨地区、跨行业的综合性公司；是农业产业化国家重点龙头企业、高新技术企业、中国种业信用明星企业。是国家级企业技术中心、安徽省水稻工程技术研究中心、安徽省西瓜甜瓜工程技术研究中心。

公司积极履行社会责任，持续参与抗疫、赈灾、扶贫等社会公益活动。广泛开展农民培训、技术咨询、农技推广、试验示范等助农服务。积极承担国家及省级种子储备工作、救灾备荒种子储备工作，自2013年到2020年，公司已累计承担国家及省级救灾备荒种子储备工作10次，承储杂交水稻、杂交玉米、杂豆种子合计495万公斤，为经济建设和社会事业发展作出积极贡献。

（陈德胜，13305519568）

十、河南秋乐种业科技股份有限公司

河南秋乐种业科技股份有限公司（以下简称“秋乐种业”）成立于2000年12月，注册地址为河南省郑州市高新技术产业开发区冬青西街98号。公司注册资本1.308 2亿元，是以河南省农业高新技术集团为第一大股东，联合河南省有实力的20多家农业科研单位、公司核心管理层等共同持股的国有控股种子企业，农业部首批育繁推一体化种子企业之一。公司现任董事长为侯传伟研究员，总经理为张雪君推广研究员。2014年在新三板挂牌上市，股票代码：831087，“秋乐”商标于2013年被国家工商行政管理总局认定为中国驰名商标。

拥有5个全资子公司：河南金娃娃种业有限公司（玉米经营）、河南维特种子有限公司（小麦经营）、河南豫研种子科技有限公司（经济油料作物经营）、河南秋乐聚丰农业科技有限公司（粮食贸易）、甘肃秋乐种业有限公司（生产加工）。拥有2家参股公司：中玉科企联合（北京）种业技术有限公司、中玉金标记（北京）生物技术股份有限公司。

经过20余年的发展，公司形成了玉米产业、小麦产业、油料作物“三大产业”，优化构建了研发、生产、营销“三大体系”，发展搭建了种业科技链、农技服务链、种粮产业链“三大模式”的经营管理体系。

产品布局：公司经营玉米、小麦、花生、棉花、大豆、油菜、芝麻等主要农作物种子，其中玉米杂交种子是公司的主营产品，包括郑单958、秋乐368、秋乐618、郑黄糯2号、豫研1501等20余个品种，公司在全国设有八大玉米营销专区。

研发能力：公司拥有完整的研发体系和较强的自主研发能力，构建了“以常规杂交育种技术为主，强化与基因工程技术、分子育种技术等更深度结合”的商业化育种技术体系。其中，公司自主选育的玉米新品种秋乐368、秋乐618，小麦品种秋乐168一经推向市场，每年都呈几何倍数的增长，逐步成为黄淮海区域主导品种之一；作为主要完成单位“花生脂肪含量遗传解析及高油新品种选育与应用”项目获得河南省科学技术进步奖特等奖。截至2020年，公司共获得授权植物新品种29个，审定品种24

个，登记品种 2 个。

秋乐种业与中国农科院、先正达集团、大北农生物、拜耳集团中国、河南农大等多家国内外科研院校及跨国公司建立科研合作关系。建有农业农村部黄淮海主要农作物遗传育种重点实验室、河南省企业技术中心、河南省种子加工工程技术研究中心、郑州市玉米多抗育种工程技术研究中心。在不同生态区建有育种基地，在甘肃、新疆、云南等地建有玉米制种基地，同时在省内建有多个小麦和花生繁育基地。

生产加工：建有郑州、新乡、张掖、夏邑等四个仓储加工中心，1 000 吨/批次果穗烘干线 2 条，现代化全自动化种子加工生产线 7 条，年加工能力 1 亿公斤以上。秉承"做中国质量最优的种子企业"经营理念，严格质量管理操作流程和控制标准，对种子新种入库、检验、精选、包衣、加工等环节做到全流程监管，通过 ISO 国际标准质量管理体系的认证。

营销布局：以市场为导向、产品为基础、品牌为引领、服务为保障、数字化赋能、自媒体助力，打造"品牌＋品种＋服务＋数字化"的营销模式。销售网络遍布全国 20 多个省份，拥有一级经销商 2 000 余家，在县、乡、村各级市场设立直销点近万个。秉承"先示范后推广"的营销理念，在行业内获得了客户广泛的认同和高度的赞誉，树立了良好的企业形象和较高的品牌知名度。

产业模式：致力于构建种业科技链、农技服务链和种粮产业链这三大核心链条。在研发、生产和推广销售方面，形成了完整的种业科技链，并通过种子直销、肥料和农药代理集采、机械外部合作以及技术内部服务平台等多种方式，推动农技服务体系的完善。

企业荣誉：连续多年被中国种子协会评为 AAA 级信用企业，先后被认定为国家企业技术中心、农业产业化省重点龙头企业、高新技术企业、河南省"专精特新"企业。

社会责任：公司始终把依靠科技进步，服务农业农民的使命作为努力的方向，每年开展科技进村活动，每年开展各类技术下乡活动 1 000 余场，辐射农户 10 万余人。公司常年承担国家救灾种子储备任务，特别是在种子紧缺的年份，宁失效益，不忘责任，高质量完成国家下达的储备任务。2020 年新冠疫情期间，公司开展寻找最美农业人活动，为坚守一线的奉献者送去各类生活物资，保证了他们的工作和生活需要，为了解决湖北襄阳地区春播用种，免费提供 20 多万元的优质种子，及时送到他们手中。

（张广磊，18637133582）

十一、京研益农（北京）种业科技有限公司

京研益农（北京）种业科技有限公司（以下简称“京研种业”），成立于2015年，注册地址为北京市海淀区紫竹院街道板井村蔬菜研究中心33号楼1层101号，注册资本3 000万元。

2015年底为落实国发〔2011〕8号文件、国务院办公厅2013年109号文件精神，北京市农林科学院对下属企业改制，设立股权多元的京研种业。2018年为进一步推进种业人才发展和科研成果权益改革，京研种业以“知识产权作价入股、农科院控股、育种家参股”的事企脱钩机构改革，成为启动中国蔬菜领域现代商业化育种改革进程的里程碑。

京研种业现国有股北京市农林科学院占40.25%，育种成果完成人和转化人员以知识产权作价入股占55.69%；公司营销管理人员以货币出资占股4.06%。现任董事长兼总经理为温常龙。

京研益农（寿光）种业科技有限公司于2017年成立，为京研种业全资子公司，注册资本500万元，16个蔬菜品种获得登记证书，申请获得植物新品种权证书7个，获得22个商标注册证书，并获得寿光市领先企业荣誉称号。

京研种业2020年营业收入1.53亿元，净利润6 185万元，位居中国蔬菜种业企业头部阵型。

京研种业，先后研发500多个蔬菜品种，其中获得授权植物新品种19个。蔬菜品种占京郊蔬菜种植面积的60%；其中拳头品种连续多年入选农业农村部推介主导品种，占全国蔬菜主导品种的1/3。白菜、西瓜、西葫芦及黄瓜、番茄、辣椒等特色蔬菜品种占同类型市场份额的1/2，每年有200万斤蔬菜良种播种在全国2 000多万亩菜田，覆盖1 800多个市县，创社会经济效益300多亿元。例如，北京新三号、京秋3号、4号为我国秋播大白菜和北菜南运的主栽品种，占辽宁、河北、北京、山东等地秋大白菜市场份额的50%以上，入选了农业农村部大白菜主推品种和推广骨干品种名录。京美2K作为小型精品西瓜品种，实现了在全国各地不同栽培方式下的四季生产、周年供应，取代进口小型西瓜品种，成为我国最大的小型西瓜主栽品种，推广面积超200万亩，2023年入选农业农村部主推农作物品种。京嘉系列早熟高产美都类型换代西瓜品种的推广，打破麒麟瓜种植的地域限制，带动了设施西瓜主产区品种的更新换代。“都蜜5号”甜瓜品种实现哈密瓜彻底走出西北，种植面积达50万亩，在海南占有率达85%，辐射了我国内地设施厚皮甜瓜主产区。京葫36、京葫42等系列西葫芦品种已占据我国山东、河北、甘肃、新疆等省（自治区、直辖市）日光

温室越冬西葫芦种植主产区的70%～80%，累计种植面积达20多万亩，为种植户实现直接收益55亿多元。

京研种业在种质资源的发掘利用与新品种的研发推广上，均有力阻击了跨国公司对我国蔬菜种业的冲击，为中国民族蔬菜种业发展、种业振兴、“三农”致富贡献力量。

京研种业是中国种子协会副会长单位，在2011年成为首批AAA级信用企业并保持至今；2014年被选举成为中国种子协会蔬菜分会会长单位，是北京市农业产业化重点龙头企业、国家高新技术企业。2014年至今一直是中国蔬菜种业信用骨干企业。2017年获批蔬菜行业育繁推一体化企业。2018年入选首批北京市诚信创建企业。截至2020年底，先后获国家科学技术进步奖二等奖1项，北京市科技进步一等奖3项、二等奖1项、三等奖1项，神农中华农业科技奖一等奖2项，北京市农业技术推广奖一等奖1项，全国农牧渔业丰收奖一等奖1项、三等奖1项。

京研种业多年来一如既往投身公益事业，积极参与中国种子协会等相关单位组织的各类扶贫工作。先后向北京、河北、内蒙古、新疆、宁夏、青海等地无偿捐赠蔬菜良种。2020年3月，向内蒙古林西县捐赠价值16万元的扶贫种子；7月20日，为帮助大兴区开展夏季洪涝与冰雹受灾后重建工作，紧急配合调运933.58公斤白菜种子，协助北京市农业农村局和大兴区种植业服务中心做好救灾工作，并指导栽培技术，加快蔬菜种植生产恢复；10月31日，京研种业作为蔬菜种子会长单位组织并参加全国性粮农类社会组织扶贫展，作为重点突出企业获得了专属展位。京研种业已经连续十年承担北京市救灾备荒种子储备任务。

（丁海凤，13911160255；杨业圣，13911336071）

十二、广东省良种引进服务公司

广东省良种引进服务公司（以下简称“广良公司”）是一家专门从事优良农作物品种研发、引进、繁育、示范推广和服务的一体化种业企业。公司成立于1985年，注册地广东省珠海市，注册资本3 600万元。现任董事长、总经理为郭少龙。2020年，珠海禾池投资合伙企业（有限合伙）加入成为公司新股东，持股占比16.67%。公司控股子公司包括：珠海广良种业科技发展有限公司、广良种业科技研发（广州）有限公司、广良菜心生物工程（广州）有限公司、广东高美饲料有限公司、广州市广良农资贸易有限公司、广东广良泰玉农业有限公司等。2020年，广良公司蔬菜种子业务板块的经营额约1.5亿元，“广良”品牌产品在国内蔬菜种子市场占有率处于领先行列。

广良公司主营蔬菜、鲜食玉米、花卉等农作物种子及农业试验研究开发与种植；延伸业务包括种苗生产、饲料原料、鱼油、农资、农用器材等。

广良公司坚持以创新谋发展。研发方面重点关注岭南特色优势农作物的研发、栽培和技术推广，如广东菜心、小白菜、芥兰、苦瓜、丝瓜、节冬瓜、耐热番茄、茄子、辣椒、鲜食玉米和优质稻等。截至 2020 年，公司获得授权植物新品种 7 个，审定品种 23 个，登记品种 96 个。公司最早在国内商业化推广杂交菜心、杂交芥兰等特色作物，广良“绿宝芥兰”，是全球最早的商业化杂交一代新品种；君兰菜心、喜兰菜心等优质杂交菜心品种，在口感品质、抗性、整齐度等方面优势提升明显。广良甜 27 号玉米以其青苞个大口感好、高产和优质兼有，多年来一直是国内鲜食玉米市场主流品种。近年来，广良公司在鲜食玉米、苦瓜、节冬瓜、芥蓝、菜心、小白菜等方面均进一步取得突破，并取得市场领先地位。上述品种凭借其高产、优质、抗病性强等特点，越来越受到市场和广大农户喜爱。

广良公司坚持开拓以种业为核心，引领和促进产业发展进步的配套服务，努力满足农业产业高质量发展需要，同时拓展种业价值空间。公司在广东省内先后建设三座现代化育苗工厂，高端种苗供应辐射广东全省各蔬菜主产区和邻近地区。广良科企合作开发的蔬菜种子功能性丸粒化包衣处理技术，以及率先在生产上推广无杀虫剂施放的“广良健康蔬菜栽培模式”，让消费者真正吃上了“放心菜”。在水稻轻简直播技术推广方面，功能性丸粒化包衣新技术的应用，解决了直播稻驱鸟、杀螺、控草、防病虫等生产上的痛点问题，让水稻种植更轻松。

广良公司是中国蔬菜种业信用骨干企业、中国种子协会企业信用等级评价 AAA 级企业、广东省重点农业龙头企业、高新技术企业、“十三五”广东省二十强农业科技创新企业、广东省育繁推一体化种业骨干企业；广良公司通过了 ISO9001：2015 质量管理体系认证。截至 2020 年，连续 24 年被广东省工商局（市场监管局）授予守合同重信用企业荣誉称号、“广东省守合同重信用企业”等级评定为 AAAA 级企业。公司是广东省农学会副会长单位、广东省种子协会执行会长单位、中国种子协会蔬菜分会副会长单位、珠海市种业协会会长单位。广良公司是广东省现代农业产业技术体系叶菜创新团队、广东省现代农业产业技术体系甜玉米创新团队的成员单位，先后承担农业农村部、科技部和省市多项科研攻关项目。多年来，公司每年积极参与全省多地春耕备种活动，向农户赠送种子，为农户提供技术指导；组织员工义卖蔬菜，所得款项全数捐赠；新冠疫情及自然灾害期间，多次参与种子及物资捐赠活动，助力复工复产。随着业务不断发展，广良多个农场基地创造众多就业岗位。

（陈兴平，13316200636；谭迪，13702332897）

十三、农友种苗（中国）有限公司

农友种苗（中国）有限公司于1989年10月26日在厦门设立，是台湾农友种苗股份有限公司在中国大陆的控股子公司。公司注册地址为厦门市枋湖东路705－707号（单）办公综合楼，由陈威廷先生担任董事长，黄旭堂先生担任总经理。公司注册资本802万美元，2020年12月公司净资产已达1.17亿元，2018年至2020年三年的经营额达2.8亿元以上，共获得超过1亿元的利润。

公司一贯坚持“创造品种、发展农业、绿化大地、造福人群”的服务宗旨。公司目前除在厦门设立总部外，还在上海、广州、西安、成都、长春、武汉、寿光、酒泉等地设立了分公司；并在全国各省份、地区设立了服务单位；在国内建立了较为完善的经营及售后服务体系，取得了良好的社会效益和经济效益，为发展大陆农业经济作出了积极贡献。

公司主营业务是引进台湾农友种苗股份有限公司选育的瓜果蔬菜品种在大陆市场试验、推广销售及提供相关技术服务。公司推广销售的瓜果蔬菜种类齐全，品种众多。很多品种因品质优秀引导市场潮流，尤其是西瓜、甜瓜、小番茄等多个品种已成市场主流品种，为广大种植户与消费者所熟知，深受市场欢迎。其中，西瓜小兰在华东区域主销，种植面积约5万亩，约占华东区域早熟黄肉西瓜的九成份额。甜瓜农友金香玉在百果园基地的种植面积为1.5万～2.5万亩，为百果园招牌品种。小番茄千禧为华南区域主销，种植面积约8万亩，约占华南区域粉红果小番茄九成市场份额。

公司外销业务接受台湾总公司及其他各国种苗公司的委托，进行种子生产和外销。生产制种业务包括十字花科、茄科及葫芦科等作物的制种，年种子生产量超过100吨。

公司以精湛的种子生产技术，严格的种子品质管理为服务原则；并以优秀的种子生产专业人员为坚强后盾，所有种子均是经本公司技术人员在田间严谨工作、周密指导下生产出来的。

为促进两岸农业科研、技术交流，公司在福建漳州、安徽合肥、陕西西安设立了三个用于科研的农场。在厦门总部设立生物技术研究室，利用高科技手段全方位开展作物辅助育种工作，同时结合台湾总公司的科研力量，从事各项蔬菜作物的育种工作，选育优良的品种。

公司申请非主要农作物品种登记共有72个，其中甜瓜21个、西瓜28个、番茄14个、甘蓝2个、黄瓜5个、大白菜1个、辣椒1个。

公司育成的品种，西瓜金兰、宝冠、凤兰、甜美人、秀宝、秀金、蓝波，甜瓜兰香、天仙、阿英、银女，黄瓜正绿，番茄朱丽、春桃、小霞，黄秋葵朱娇等19个品种先后荣获全美园艺新品种大赛优胜奖，提升公司园艺育种在国际上的地位。

公司已发布的优良品种高达800个以上，对瓜菜品种的改良贡献巨大。不但在国内市场领导流行，亦在世界各地风行畅销。在许多地区推广种植农友种苗品种已成为增收致富的一条好路子。同时，公司在发展过程中，不忘回馈社会，多次通过不同的方式向灾区或困难的人民捐款或捐赠种子，帮助和救助受灾的人民。如：2007年大连雪灾、2008年的汶川地震、2013年芦山地震、2014年云南鲁甸地震等，公司都慷慨解囊，为社会献出一份爱心。

公司是福建省首家国家级蔬菜“育繁推一体化”企业，连续六年被湖里区人民政府授予“1000万元以上的纳税大户”的称号，多次被中国种子协会认定为“中国蔬菜种业信用骨干企业”，并被认定为厦门市农业产业化市级重点龙头企业。

公司近年来发展势头良好，未来将保持稳步持续增长的势头。研发方面，我们将继续在研究基地建设、品种开发、品种试验、实验室建设等方面加大力度。生产方面，我们已在公司主要的生产基地建立了生产经营管理场所，为公司的种子生产创造更好的硬件环境。公司将继续充分利用台湾总公司的丰富资源，努力为海峡两岸农业科研与合作交流贡献力量。

（陈先生，0592-5786386）

十四、安徽江淮园艺种业股份有限公司

安徽江淮园艺种业股份有限公司（以下简称“江淮园艺”）成立于2002年，总部坐落于安徽省合肥市，注册资本金4 354万元。是全国农作物种子育繁推一体化持证企业，属于中国中化现代农业蔬菜单元核心业务板块。公司由中国种子集团有限公司控股，下属甘肃美之农种业科技有限公司、安徽农研检验检测中心有限公司、江淮园艺南方（湛江）农业技术研发有限公司、JH Biotech Development CR 四家子公司，现任董事长为应敏杰，总经理为戴祖云。

2020年公司实现营业额5 911.28万元，利润（EBITA）1 974万元，主营产品南瓜系列种子在全国市场的占有率超过30%。

江淮园艺主要从事西甜瓜、南瓜、辣椒、水果番茄、黄瓜等瓜菜类作物新优品种的繁育、生产、销售、出口及农业新技术培训、科技成果转化等。公司建有完善的科研、良种繁育、成果转化体系。公司每年研发费用500万元以上，先后投资建设了位于国内三大气候区（安徽合肥、广东湛江、甘肃酒泉）1 300亩品种研发基地，以及

位于中美洲（哥斯达黎加）的境外研发基地一个。依托各科研基地每年开展五季科研育种工作。各基地均配套建有组培室、农残检测实验室、种子质量检测实验室，以及用于种质资源筛选、配组试验及品种试验示范的钢架大棚、连栋温室、育苗场、国家级种质资源中期库等各类科研设施，总投资超过 1.2 亿元。位于合肥基地的现代化分子实验室，使用面积 3 000 平方米，可开展基因编辑等分子生物育种、植物病理及病毒检测、种子质量分子生物学检验、草莓、甘薯等脱毒组培等多项科研工作。目前分子实验室拥有包括 SNP 等在内的各项先进实验设备 100 余台，总价值超过 1 500 万元。

公司成立 18 年来，共获得授权植物新品种 27 个，登记品种 52 个。涌现出了国内首个厚薄皮杂交甜瓜“丰甜一号”、首个纯红皮西洋生态型南瓜“红星”、适合长江以北种植的蜜本类型南瓜“江淮早蜜本”、首个出口量连续 5 年稳居国内第一的辣椒“江淮二号”、首个绿脆肉哈密瓜全新类型等瓜菜新优品种。公司在国内率先开展贝贝类型西洋南瓜的资源引进与品种选育，选育的该类型“贝栗”系列南瓜种子，高峰时期直接及间接占有国内该类型南瓜种子 60%左右的市场份额。

江淮园艺 2017 年入选农业部“破难题”企业阵型、全国农业对外贸易百强企业。被纳入联合国粮农组织和世界农发基金重点企业名录。是亚太种子协会会员单位，获评“中国种业 AAA 级信用企业”“中国蔬菜种业信用骨干企业”“2017 年度全国农业对外合作百强企业”“安徽省优秀民营企业”“安徽省创新型试点企业”。

公司建有多层次研发检测平台——作为安徽省蔬菜育种体系的重要技术依托单位，建有国家“一带一路”联合研究实验室、国家蔬菜工程技术中心、国家农业国际贸易高质量发展基地、安徽省重点实验室、安徽省博士后科研工作站等研发平台。打造了一支结构合理的研发团队、全国科技创新创业领军人才、安徽省学术技术带头人等人才计划，研发团队入选安徽省“115 产业创新团队”。

公司先后承担了国家级、省级、市级等农业重点科研项目 50 余项。获全国农牧渔业丰收奖一等奖、神农中华农业科技奖一等奖、安徽省科技进步一、二、三等奖等省部级奖项 20 余项。发表各类学术性论文 20 多篇。培育了一批深受市场欢迎、具有自主知识产权的突破性品种。累计选育了瓜菜品种 300 余个，每年有 15～20 个新成果推向市场并进行成果转化，市场覆盖 30 多个国家和地区，累计推广面积 200 万公顷以上，创造社会经济效益逾百亿元。

公司先后承接国家科技援外项目、针对发展中国家培训班、国际杰青交流项目、安徽省援藏援疆援青、安徽省科技减贫、新型职业农民培训工程、国家引进国外智力成果示范项目、全国农作物种子认证示范项目等社会工作，为深入实施国家“一带一路”倡议、脱贫攻坚战略提供了有力支持，为安徽及其他瓜菜主产区产业升级贡献了种业“芯”力量。

（代伟，13349098494、0551－65357211）

十五、华盛农业集团股份有限公司

华盛农业集团股份有限公司（以下简称“华盛农业”）位于山东省青州市，成立于1994年，注册资本金5000万元。现任董事长为李兴盛，总经理为李兴昌。董事长占股60%，总经理占股40%。企业控股子公司有海南华盛种业有限公司、青州东升生物科技有限公司、青州市品盛园艺科技有限公司、青岛华盛种业科技有限公司。2020年营业收入9856万元。

公司在山东青州和海南分别建有研发基地，总占地950亩。公司拥有员工150余人，其中科研人员56名。硕、博士研究生25名，泰山系列人才3名，鸢都产业领军人才4名。董事长李兴盛先后获评国家高层次人才特殊支撑计划专家、“泰山学者”种业计划专家、山东省突贡专家。

公司专注于培育优质蔬菜种子。主要从事萝卜、白菜、青梗菜、茄子、西红柿、大葱、圆葱、芹菜、西葫芦、南瓜、砧木、西瓜、甜瓜、黄瓜、辣椒、甜椒等16类蔬菜种子的选育和推广，其中西葫芦及萝卜的研究居于国内先进水平。目前已育成各类蔬菜品种300余个，其中已获国家植物新品种权24个，受理及新申报植物新品种权105个；非主要农作物登记品种24个；山东省审定品种7个。获国家专利15项。产品销往全国各地并出口到欧洲、中东、东南亚、美国、澳大利亚等20多个国家和地区。

近年来，华盛农业利用生物育种与常规育种紧密结合，选育出一系列突破性蔬菜新品种，达到了全面超越国外、引领国内的水平，代表性品种有：

秀玉170西葫芦。该品种解决了国内外西葫芦不抗黑星病、不抗病毒病、后期死棵严重的问题，产量比市场主栽品种提高20%。

绿优二号黄瓜。该品种解决了目前市场主栽黄瓜品种不抗靶斑病的问题，产出的黄瓜瓜条亮丽顺直。

锦宝100白菜。该品种打破了我国加工型白菜全部用韩国品种的现状，解决了我国加工型白菜种子被国外种子“卡”脖子的问题。

富强三号加工型萝卜。与国外品种相比，其干制萝卜丝、萝卜条色泽更白、品质好、产量高，比日本进口品种产量高20%，商品性提高30%。

企业社会效益。公司是国家育繁推一体化蔬菜种业信用骨干企业、农业产业化国家重点龙头企业、世界种子联盟（ISF）成员、亚太种子协会（APSA）会员、中国种子协会常务理事单位，入选国家农作物种业“破难题”阵型企业。

公司拥有山东省华盛农业科学研究院、国家博士后科研工作站、山东省蔬菜生物育种重点实验室、山东省十字花科蔬菜良种繁育示范工程技术研究中心、山东省蔬菜种业技术创新示范联盟等科研创新平台。

（欧阳士考，13560144582）

十六、宁波微萌种业有限公司

宁波微萌种业有限公司于2012年8月注册成立。注册地址为宁波市鄞州区邱隘镇沈家村镇南路，注册资金1 000万元。是一家集科研、生产、经营为一体的民营股份制种业公司；持有非主要农作物种子生产经营许可证、种子进出口生产经营许可证。先后被评为中国种子行业企业信用评价AAA级信用企业、中国蔬菜种业信用骨干企业、浙江省骨干农业龙头企业，系浙江省种子产业协会理事长单位。公司2020年销售收入为11 460万元。公司法定代表人兼任总经理薄永明，为正高级农艺师，入选国家级人才培养工程。公司现为民营企业，由4名自然人持股，其中法人代表持股40%；现无控股子公司。

宁波微萌种业有限公司是一家专门从事瓜菜新品种研发、种子生产与经营的国家高新技术企业。截至2020年底，公司通过**自主选育育成瓜菜新品种**，获得植物新品种权24个，通过农业农村部非主要农作物品种登记42个，通过浙江省非主要农作物审（认）定4个品种。在国内建有**相对稳定的瓜菜种子生产基地**，生产公司自主选育瓜菜品种。同时本公司还在浙江、上海、广东、河南、安徽、宁夏等不同生态区域建有瓜菜新品种生态适应性测试点，以测试点为中心，**自建了新品种示范推广和种子销售服务一体化网络**，建立了以长三角、黄淮海和陕甘宁地区为核心的全国种子销售市场。

2018—2020年，公司种子销售收入达29 094.22万元，其中公司自主选育品种种子销售收入为28 329.52万元，占总销售收入的97%。

西瓜品种美都：2017年通过农业部非主要农作物品种登记。美都为中熟品种，果实圆球形至高球形，果皮绿色，覆有墨绿条纹。如果实膨大期遇低温，果皮底色和条纹会加深。果肉桃红色，甜而多汁。中心可溶性固形物含量11%～12%，品质好，果皮较早佳（84－24）略硬，较耐储运。适宜设施栽培，常温下开花至果实成熟约40天，一般单瓜重5千克以上，亩产量可达3 000千克。美都2015—2019年被选为宁波市种植业主导品种，2018—2019年被选为浙江省种植业主导品种。2018—2020

年累计推广面积达 240 万亩，新增效益 24 余亿元。

西瓜品种逾辉：2020 年获得植物新品种权，2018 年通过农业农村部非主要农作物品种登记。逾辉为中熟品种，果实较匀，近圆球果，果皮底色中等绿，覆盖锐齿条纹。若果实膨大期遇低温，果皮底色和条纹会加深。果肉桃红色，肉质脆甜爽口，中心可溶性固形物含量约 12%，品质好，果皮略硬，较耐储运。晚春开花至果实成熟 40～45 天。一般单瓜重 5 千克以上，亩产量可达 3 000 千克。适宜在黑龙江、吉林、辽宁、内蒙古、甘肃、新疆、青海东部、西藏东部、宁夏、陕西、北京、天津、河北、山西、河南、山东、四川东部、重庆、贵州、湖南、湖北、安徽、江西、江苏、上海、浙江春夏季和夏秋季设施栽培；在福建南部、广东、广西、四川攀枝花、云南中南部、海南秋冬季和冬春季设施栽培。2019 年获评浙江省十佳西甜瓜品种，2020 年成为浙江瓜菜种业博览会推介品种，2020 年被列为宁波市种植业主导品种。

青梗菜菱歌：2019 年获得植物新品种权，菱歌，株型半直立，矮脚，大头，束腰强，株高 14～16 厘米。阔椭圆叶，叶片长度中等，叶片长 22.5 厘米，宽度 10.2 厘米。叶色较绿，叶片数 18 个。叶柄中等绿，较耐抽薹。单株产量为 100～180 克，播种至采收为 35～55 天，可适当密植。菱歌等系列杂交青梗菜品种的商品性与同类日本进口品种依伶相仿，而种子价格却远远低于进口品种，现已成功替代日本的依伶；大面积推广种植菱歌等系列杂交青梗菜品种，加快了我国青梗菜品种由常规品种到杂交品种的更新换代步伐。成为我国杂交青梗菜种子的主要供应商之一。

公司在稳步发展的同时，积极履行社会责任，支持社会公益活动，承担扶贫社会责任。参加市、区农业产业化主管部门组织的科技扶贫协作与对口支援、山海协作工作。公司与丽水景宁畲族自治县红星街道杨绿湖村结对，为当地特色生态农业发展提供强有力的种业科技支持；结对帮扶和龙市、延吉市、四川凉山州木里藏族自治县屋脚乡纳布村。2020 年新冠疫情期间，捐赠价值 111.91 万元的 8 850 公斤速生蔬菜种子，用于宁波市蔬菜基地抗击疫情、保障宁波地产蔬菜有效供给。

（潘淑娇、周晴，0574－87135393、87125795）

十七、绵阳市全兴种业有限公司

绵阳市全兴种业有限公司（以下简称“全兴种业”）成立于 1995 年 5 月，注册资本 3 008 万元，是一家集农作物科研良繁、加工营销、冷藏储备、技术服务和绿色有机农产品种植、连锁营销于一体的现代化农业科技型企业，注册地址为绵阳农科区全兴大道 1 号。公司董事长为魏杰，总经理为魏庆德。

全兴种业是首批中国蔬菜种业骨干企业、中国种业 AA 级信用企业、中国种子协会蔬菜分会副秘书长单位、四川省农业产业化重点龙头企业、四川省农作物种子优势企业、四川省著名商标企业、绵阳种业商会会长单位。

全兴人不忘“大爱激情、创新坚持、精种福民”的初心，自主研发蔬菜、小麦、玉米、油菜、大豆五大类农作物良种，自主研发已通过审定和登记品种 175 个。公司目前收集保存各类优特种质资源 23 547 份。

公司与中国科学院成都生物研究所、西南大学、四川农业大学、西南科技大学、四川省农业科学院、绵阳市农业科学研究院、汉中市农业科学研究所等科研院校建立了技术、产品、信息战略合作关系，创新组建并营运 Z19 种业创新联盟。

公司在四川、重庆、云南、贵州、湖南、湖北、江西、江苏、安徽、陕西、甘肃等省市县建立了良种推广和信息协作网。1 300 余家经销商参与其中，实现了以绵阳为中心的国内网络全域覆盖。建有固定的科研示范和良种繁育基地 3.5 万亩，带动基地农户8 000 户以上，户均增收 6 000 元以上。在绵阳市游仙区建设运营的良繁基地，2017 年被评定为首批国家区域蔬菜良繁基地，年生产繁育蔬菜等种子 500 余万公斤，其中结球甘蓝杰丰园 5 万公斤、三青莴笋论道青冠 2 万公斤、四季型尖叶莴笋论道绿夏 2 万公斤，四季豆品种红花白荚 50 万公斤、满身红萝卜品种今春红 25 万公斤、春不老系列圆白萝卜 15 万公斤、胡萝卜品种齐头红 5 万公斤、冒头红胡萝卜 5 万公斤、青红两用线辣椒品种论道红艳 1 万公斤、论道长美 1 万公斤。2020 年公司销售收入 3.14 亿元。

公司充分发挥龙头企业的引领作用和社会担当，积极参加“助力湖北疫情期间春耕生产送菜种”“支援河南洪灾灾后恢复生产”“心系灾区四川种业在行动”“参与贵州乌蒙山区蔬菜发展助力”等活动，作出全兴贡献。

2020 年公司牵头实施川菜种业硅谷项目，积极参与创建四川省省级现代农业（蔬菜种业）园，主动参与申创国家级现代蔬菜种业园。全力以赴投入成渝经济圈渝遂绵蔬菜产业带和绵阳种业强市建设。

（魏庆德，13508103128）

十八、青岛胶研种苗有限公司

青岛胶研种苗有限公司注册地在美丽的海滨城市——山东省青岛胶州市。公司前身是青岛胶研种苗研究所，成立于 1992 年。于 2015 年转型升级为青岛胶研种苗有限公司，是集科研、生产、推广、经营和服务于一体的综合性企业。公司现任董事长为韩书荣，总经理为韩彩锋，注册资本 5 000 万元，是由个人 100%独立控股的民营企业。

公司主要从事胶白系列胶州大白菜、玉米、小麦、花生等农作物良种的育种研发。现有员工 46 人，其中中高级农艺师 12 人，技术人员 10 人，科研力量雄厚。育种资源丰富，基础设施逐年增加，实验室各种仪器配套、检验设备齐全。公司现有的自主产权办公及研发中心占地 15 亩，研发中心 260 平方米，仓库、恒温库 3 000 平方米，晒场 3 500 平方米，温室 1 500 平方米，网棚 3 800 平方米；流转试验示范评价基地 400 余亩，与农民共建制种基地 10 000 多亩，基本保障了研发所需条件。种子销往全国大部分省份和地区，2020 年营业额 5 400 万元，市场占有率约为 3%，每年科研投入占销售收入的 6%～8%。

多年来，通过与中国农业大学、青岛农业大学、山东省农科院蔬菜所、潍坊市农科院、烟台市农科院、青岛市农科院等科研单位的密切合作，现已收集保存各类蔬菜种质资源 5 200 余份，通过传统育种与现代育种技术的融合，成功培育出优良自交系和自交不亲和系 1 238 份，通过杂交及自交技术育出适合春、夏、秋播的大白菜品种以及玉米、小麦、花生大田良种，以胶研 5869、夏秋王、抗热先锋、夏星、秋宝、胶研七号等品种为代表的蔬菜系列，和以玉米胶玉 6 号、胶玉 8 号，小麦烟农 215、胶麦 525，花生胶花十号、胶夏八号为代表的粮油作物系列品种深受农民欢迎。目前，公司有 14 个品种通过了审（鉴）定，87 个品种通过了国家非主要农作物品种登记，6 个品种获国家植物新品种授权保护。

公司坚持“以质量求生存、以科研求发展”的企业方针和经营理念，产品获得市场高度认可。先后获批成立了“胶研种苗技术研发中心”“青岛市优质花生育种研发中心”和“青岛市甘薯茎尖培养育苗”专家工作站。2012 年，荣获山东省科技进步三等奖与山东省农牧渔业丰收奖二等奖；2013 年荣获全国农牧渔业丰收奖二等奖；2015 年荣获山东省农牧渔业丰收奖三等奖；2016 年荣获青岛市科学技术进步奖三等奖。先后被评为“农作物种业阵型企业”“青岛市农业产业化龙头企业”“中国蔬菜种业信用骨干企业”“企业信用评价 AA 级信用企业”“中国 3·15 诚信企业”。

公司积极践行习近平总书记关于广大民营企业要积极投身公益慈善事业，致富思源，义利兼顾，自觉履行社会责任的指示精神。在致力企业高质量绿色发展的同时，始终秉持“富而思源、回报社会”的理念，积极履行社会责任。帮扶困难家庭、资助贫困大学生、照顾孤寡老人、为困难群众提供就业岗位，帮助贫困村安装路灯等。在汶川、玉树地震，寿光发生水灾以及疫情防控期间，积极捐款捐物，帮助渡过难关，共建美好家园。

今天的胶研种苗，深入贯彻习近平新时代中国特色社会主义思想，认真落实习近平总书记“下定决心把民族种业搞上去”的重要指示精神，进一步增强自主创新能力和综合竞争力，着力解决种源“卡脖子”技术攻关，将中国人的饭碗牢牢端在自己手中。

（韩彩锋，1576420888）

第十九章　种业英模人物

2006—2020年，种业界涌现出了一大批英模人物。他们中既有国家最高荣誉和最高科技奖获得者，也有社会团体奖励人员；既有两院院士，又有在基层推广优良新品种的农技人员（这些人物的职务职称均是授奖时的称谓）。

第一节　国家级表彰奖励

一、2019年共和国勋章获得者

袁隆平　湖南省政协原副主席、湖南杂交水稻研究中心原主任、中国工程院院士

二、国家最高科学技术奖获得者

袁隆平（2001年）　湖南省政协原副主席、湖南杂交水稻研究中心原主任、中国工程院院士

李振声（2006年）　中国科学院原副院长、中国科学院院士

三、全国劳动模范、全国先进工作者中的农作物种业人

2010年

郭三堆　中国农科院生物技术研究所研究员

卢怀玉　河北省河间市国欣农村技术服务总会会长

杨远柱　湖南袁隆平农业高科技股份有限公司杂交水稻科研委员会主任

赵治海　河北省张家口市农业科学院谷子研究所所长

刘　伟　吉林省辽源市农业科学院院长

程相文　河南省鹤壁市浚县农业科学研究所所长

余华强　湖北省襄樊市农业科学院院长

李云昌　中国农业科学院油料作物研究所研究员
蒋建为　湖南省岳阳市农业科学研究所水稻室主任
李仕贵　四川农业大学水稻研究所所长
番兴明　云南省农业科学院粮食作物研究所所长
李家胜　新疆生产建设兵团农七师农业科学研究所副所长

2015 年

马永安　河北省邯郸市农业科学院研究员
王秀芝　内蒙古自治区赤峰市农业科学院研究员
白　晨　内蒙古自治区农业科学院玉米研究所研究员
陈温福　沈阳农业大学水稻研究所所长、教授
何　晶　辽宁省丹东市农业科学院研究员
郭彦文　黑龙江省庆安县北方绿洲稻作研究所工程师
王才林　江苏省农业科学院粮食作物研究所所长、研究员
马荣荣　浙江省宁波市农业科学院院长、研究员
赵依然　福建省福州市农业科学研究所果树室主任、研究员
徐淑英　福建省龙岩市农业科学研究所水稻研究室副主任、高级农艺师
陈大洲　江西省农业科学院水稻研究所所长、研究员
刘学庆　山东省烟台市农业科学院副院长、研究员
董合忠　山东省农业科学院棉花研究中心主任、研究员
茹振钢　河南科技学院小麦育种中心主任、教授
吴政卿　河南省农业科学院小麦研究所研究员
朱英国　武汉大学生命科学学院教授
李海平　湖南省岳阳市农业科学研究所研究员
郭建夫　广东海洋大学水稻研究室主任、研究员
和立宣　云南省丽江市农业科学院研究员
舒　群　云南省农业科学院园艺研究所研究员
宋建荣　甘肃省天水市农业科学研究所副所长、研究员
余　雄　新疆农业大学教授

2020 年

程式华　中国水稻研究所研究员
何中虎　中国农业科学院作物科学研究所研究员
杜胜利　天津市农业科学院黄瓜研究所所长、研究员

张　全　天津金世神农种业有限公司总经理、研究员
田国英　河北省石家庄市农业科学院院长、研究员
常明昌　山西农业大学教授
张　钧　内蒙古真金种业科技有限公司总经理
汪根火　安徽省芜湖青弋江种业有限公司董事长
吴险峰　安徽省广德市农业科学研究所副所长、高级农艺师
黄秀泉　福建省沙县农业科学研究所副所长、高级农艺师
何强生　江西兴安种业有限公司科研部经理
朱俊科　淄博禾丰种子有限公司董事长
姜卫娟　山东登海种业股份有限公司玉米所所长、高级农艺师
刘金荣　河南省安阳市农业科学院研究员
张献龙　华中农业大学教授
霍仕平　重庆三峡农业科学院研究员
赵德明　四川省宜宾市农业科学院研究员
龙友华　贵州大学农学院教授
张国宏　甘肃省农业科学院旱地农业研究所研究员
梁晓玲　新疆农业科学院研究员

四、全国优秀共产党员和优秀党务工作者中的农作物种业人

2006—2020 年，党中央于 2006 年、2011 年、2016 年共进行了 3 次优秀共产党员和优秀党务工作者表彰，其中农作物种业界有 7 人获得表彰。

王秀燕（女）　内蒙古赤峰市农业科学院蔬菜研究所所长
赵亚夫　江苏省镇江市农业科学研究所所长
茹振钢　河南科技学院教授
李开斌　云南省楚雄彝族自治州农业科学研究所水稻站站长
赵治海　河北省张家口市农业科学院科研党支部书记
程相文　河南省浚县农业科学研究所党支部书记
任长忠　吉林省白城市农业科学院党委书记、院长

五、国务院表彰的粮食生产先进个人中的农作物种业人

2011 年，国务院发布《国务院关于表彰全国粮食生产先进单位和先进个人的决定》，表彰了一批全国粮食生产先进单位、全国粮食先进工作者、全国粮食生产突出贡献农业科技人员和一批全国种粮售粮大户。其中的农作物种业人有：

全国粮食生产先进工作者

杨秀清（女） 内蒙古自治区种子管理站质量管理科科长、高级农艺师
廖海林 福建省建阳市农业局种子管理站站长、教授级高级农艺师

全国粮食生产突出贡献农业科技人员

福德平（女） 北京市种子管理站品种管理科科长、研究员
赵久然 北京市农林科学院玉米研究中心主任、研究员
程瑞明 天津市宝坻区种子咨询服务站书记、高级农艺师
郭进考 河北省石家庄市农林科学研究院院长、研究员
陈温福 沈阳农业大学水稻研究所所长、教授
王延波 辽宁省农业科学院玉米研究所所长、研究员
丁万志 吉林省种子管理总站站长、农技推广研究员
曹靖生 黑龙江省农业科学院玉米研究所所长、研究员
徐一戎 黑龙江省农垦科学院农业委员会副主任、研究员
徐玉花（女） 黑龙江省农垦总局北安农业科学研究所研究员
王才林 江苏省农业科学院粮食作物研究所所长、研究员
马谈斌 江苏里下河地区农业科学研究所所长、研究员
胡承霖 安徽农业大学农学院教授
章　树 安徽省舒城县种子管理站站长、农艺师
郑家团 福建省农业科学院水稻研究所所长、研究员
江文清 福建省南平市农业科学研究所研究员
徐仁水 江西省宜黄县农业局种子站站长、农艺师
李登海 山东省莱州市农业科学院院长、农技推广研究员
程相文 河南省鹤壁市农业科学院院长、研究员
堵纯信 河南省农业科学院粮食作物研究所研究员
许为钢 河南省农业科学院小麦研究中心主任、研究员
茹振钢 河南科技学院生命科技学院副院长、小麦中心主任、教授
雷振生 河南省农业科学院小麦研究中心副主任、研究员
李潮海 河南农业大学农学院主任、教授
殷贵鸿 河南省周口市农业科学院小麦研究室主任、副研究员
崔俊明 河南省安阳市农业科学院副院长、研究员
陈彦惠 河南农业大学国家玉米改良（郑州）分中心主任、教授

赵秀珍（女） 河南省滑县滑丰农作物育种研究所所长、高级农艺师
赵宗武 河南省新乡市农业科学研究院副院长、研究员
吕平安 河南省豫安小麦研究所所长、高级农艺师
翟心田 河南省南阳市种子管理站站长、农技推广研究员
王思略 河南省周口市种子管理站站长、高级农艺师
游艾青 湖北省农业科学院粮食作物研究所副所长、研究员
袁隆平 国家杂交水稻工程技术研究中心主任、研究员
张振华 湖南省怀化市鹤城区农业局研究员
林青山 广东省农作物技术推广总站副站长、研究员
李传国 广东省农业科学院水稻研究所研究员
黄广平 广东省汕头市农业科学研究所副所长、研究员
粟学俊（壮族） 广西壮族自治区农业科学院水稻研究所研究员
李华胜 广西壮族自治区种子管理总站站长、农技推广研究员
容林熙 广西壮族自治区玉林市农业科学研究所副所长、研究员
黄开健 广西壮族自治区农业科学院玉米研究所副所长、研究员
孟卫东 海南省农业科学院粮食作物研究所所长、研究员
周天云（女） 重庆市种子管理和植保植检总站防治科科长、农技推广研究员
李贤勇 重庆市农业科学院水稻研究所副所长、研究员
汤永禄 四川省农业科学院作物研究所研究员
罗承鑫 贵州省织金县农牧局种子管理站站长、高级农艺师
蒋志农 云南省农业科学院研究员
番兴明 云南省农业科学院粮食作物研究所所长、研究员
尼玛扎西（藏族） 西藏自治区农牧科学院研究员
张卫成 甘肃省甘谷县种子管理站农艺师
王永宏 宁夏回族自治区农林科学院农作物研究所研究员
吴新元 新疆维吾尔自治区农业科学院粮食作物研究所所长、研究员
张世煌（满族） 中国农业科学院作物科学研究所玉米改良研究中心主任、研究员

第二节 部级表彰奖励

一、全国农业劳动模范中的农作物种业人（2018 年）

张 全 天津金世神农种业有限公司总经理

卢怀玉　河北省河间市国欣农村技术服务总会会长
李满常　河北省高阳县满常棉花农民专业合作社副理事长
侯元江　山东省青岛市青丰种子有限公司总经理
裴卓强　宁夏回族自治区泰金种子繁育专业合作社理事长

二、全国农业先进工作者中的农作物种业人（2018年）

闻凤英　天津市蔬菜研究所研究员
徐希德　北大荒垦丰种业股份有限公司首席科学家
周凤明　江苏省大华种业集团有限公司育种研究院党支部书记、副院长
杨卓飞　福建省宁德市种子管理站站长
王桂娥　山东省种子管理总站科长
李小湘　湖南省水稻研究所研究员
李作伟　广东省河源市东源县种子管理站站长
肖　捷　广东省湛江市农业科学研究院水稻所所长高级农艺师
时成俏　广西壮族自治区农业科学院玉米研究所副所长
刘祥贵　重庆市种子管理站副站长
杨茂胜　陕西省咸阳市三原县种子管理站副主任
相文德　青海省西宁市湟中县种子经营管理站站长
王永宏　宁夏农林科学院农作物研究所农业技术推广研究员
金黎平　中国农业科学院蔬菜花卉研究所研究员
黄凤洪　中国农业科学院油料作物研究所研究员

三、中华农业英才奖中的农作物种业人

2006—2020年，农业部（农业农村部）颁发了五次中华英才奖。其中的种业人有：

傅廷栋　华中农业大学教授、中国工程院院士
李登海　山东登海种业股份有限公司董事长
李必湖　湖南怀化职业技术学院院长
陈温福　沈阳农业大学教授
颜龙安　江西省农业科学院名誉院长、中国工程院院士
李景富　东北农业大学园艺学院教授
程式华　中国农业科学院中国水稻研究所所长、研究员

赵振东　山东省农业科学院研究员、省政府参事
何中虎　中国农业科学院作物科学研究所研究员
张洪程　扬州大学农学院教授
郭天财　河南农业大学国家小麦工程技术研究中心教授
邓秀新　华中农业大学教授、校长
刘　旭　中国工程院副院长、中国工程院院士
盖钧镒　南京农业大学教授、国家大豆改良中心主任、中国工程院院士
郭进考　石家庄市农林科学研究院名誉院长、研究员
邹学校　湖南省农业科学院院长、研究员
李付广　中国农业科学院棉花研究所所长、研究员
李天来　沈阳农业大学副校长、教授
刘建军　山东省农业科学院作物研究所研究员
张孟臣　河北省农林科学院粮油作物研究所研究员
张海洋　河南省农业科学院芝麻研究中心主任、研究员

第三节　社会组织表彰

一、中国种业十大功勋人物

2014 年，由农民日报社和中国种子协会共同推评出了改革开放以来中国种业十大功勋人物：

袁隆平　湖南省政协原副主席、湖南杂交水稻研究中心原主任、中国工程院院士
李振声　中国科学院原副院长、中国科学院院士
李登海　山东登海种业股份有限公司名誉董事长、研究员，国家玉米工程技术中心（山东）主任
郭三堆　中国农业科学院生物技术研究所研究员
张海银　安徽荃银高科种业股份有限公司顾问、安徽张海银种业基金会理事长
傅廷栋　中国工程院院士、华中农业大学教授、国家油菜工程技术研究中心主任
方智远　中国工程院院士、中国农业科学院蔬菜花卉研究所研究员
谢华安　中国科学院院士、福建省农业科学院原院长
程相文　河南省鹤壁市农业科学院研究员、原院长
程顺和　中国工程院院士、江苏里下河地区农业科学研究所研究员

二、中国种业十大杰出人物

2018年，由农民日报社和中国种子协会共同推评出了中国种业十大杰出人物：

赵振东　山东省农业科学院研究员、中国工程院院士

盖钧镒　国家大豆改良中心及农业农村部大豆生物学与遗传育种重点实验室名誉主任、作物遗传与种质创新国家重点实验室学术委员会主任、中国工程院院士

朱英国　武汉大学教授、中国工程院院士

赵久然　北京市农林科学院玉米研究中心主任、农业农村部玉米专家指导组组长

程式华　中国水稻研究所原所长、全国超级稻研究与推广专家组组长

许　勇　现代农业产业技术体系西甜瓜首席科学家、北京市农业科学院蔬菜中心研究员

王义波　北京联创种业有限公司董事长兼首席育种家

杨远柱　湖南袁隆平农业高科技股份有限公司副总裁、隆平高科种业科学研究院院长

徐福春　辽宁东亚种业有限公司董事长

黄长玲　中国农业科学院作物科学研究所研究员

三、袁隆平农业科技奖获奖者中的农作物种业人

2006年

尹华奇　湖南杂交水稻研究中心研究员

吕保智　湖南省农业厅高级农艺师

周炳坤　湖南省农业科学院研究员

骆正鑫　常德市农业局总农艺师

郭名奇　湖南杂交水稻研究中心副研究员

黎垣庆　中国科学院华南植物园研究员

2008年

朱国英　武汉大学生命科学学院教授、中国工程院院士

杨振玉　辽宁省农业科学院北方杂交粳稻工程技术中心研究员

杨聚宝　福建省农业科学院稻麦研究所研究员

李丁民　广西壮族自治区农业科学院研究员

李成荃　安徽省农业科学院研究员

李铮友　云南农业大学教授
吴让祥　安徽省广德县农业科学研究所研究员
张慧廉　中国水稻研究所研究员
彭兴富　四川省农业科学院作物所研究员
彭惠普　广东省农业科学院水稻所研究员
谢放鸣　国际水稻研究所高级研究员
潘熙淦　江西省农业科学院研究员

2010 年

邓启云　湖南杂交水稻研究中心研究员
杨远柱　袁隆平农业高科技股份有限公司研究员
肖利民　湖南省隆回县羊古坳乡农技站农艺师
舒友林　湖南省溆浦县农技推广中心高级农艺师

2012 年

许世觉　湖南省种子管理局研究员
张振华　湖南奥谱隆种业科技有限公司董事长、研究员
张秀宽　安徽隆平高科种业有限公司总经理
黄桂苏　湖南省种子管理局研究员
廖翠猛　湖南隆平种业有限公司总经理、研究员

2014 年

朱运昌　湖南杂交水稻研究中心副研究员
青先国　湖南省农业厅研究员
曹　兵　海南省三亚市政府研究员
谢长江　湖南杂交水稻研究中心原第一副主任

2018 年

刘爱民　湖南隆平种业有限公司总农艺师、研究员

2020 年

王　丰　广东省农业科学院水稻研究所研究员
邓华凤　湖南省农业科学院研究员
华泽田　国家粳稻工程技术研究中心研究员
刘选明　湖南大学教授
李新奇　湖南杂交水稻研究中心研究员
邹应斌　湖南农业大学教授

辛业芸 湖南杂交水稻研究中心研究员
张玉烛 湖南杂交水稻研究中心研究员
陈立云 湖南农业大学教授
陈良碧 湖南师范大学教授
赵炳然 湖南杂交水稻研究中心研究员
柏连阳 湖南省农业科学院教授
廖伏明 湖南杂交水稻研究中心研究员
毛昌祥 广西壮族自治区农业科学院研究员
甘宗恒 湖南省衡南县农业农村局高级农艺师
刘茂秋 湖南省桃源县农业农村局推广研究员
李建武 湖南杂交水稻研究中心助理研究员
张立军 袁氏马达加斯加农业发展有限公司总经理
闻蔚宏 中植同惠生物工程（湖北）有限公司栽培种植负责人
姜曙霞 湖南年丰种业科技有限公司董事长
彭玉林 湖南杂交水稻研究中心副研究员
蒋宜真 广东葛林美农业科技有限公司董事长

四、张海银种业促进奖获奖者

2014 年

一等奖：
杨剑波 安徽省农业科学院原院长
王延波 辽宁省农业科学院玉米研究所所长
二等奖：
张建福 福建省农业科学院水稻研究所研究室副主任
三等奖：
李维军 黑龙江省鑫鑫种子有限公司经理
李剑锋 河南正粮种业有限公司科研主管
王占保 合肥市丰宝农业科技服务有限公司总经理

2015 年

特别奖：
吴国平、孙家沪、刘斌 沪浙皖西瓜种子产销联合体主要创始人
一等奖：

赵久然　北京市农林科学院玉米研究中心主任

潘国君　黑龙江省农业科学院佳木斯水稻研究所所长

二等奖：

张伯桥　江苏里下河地区农业科学研究所小麦研究室主任、研究员

宋　雷　辽宁丹东登海良玉种业有限公司科研院长

三等奖：

徐桂枝（女）　吉林省禾冠种业有限公司科研部经理

牟丽明（女）　甘肃省定西市农业科学研究院研究员

2016 年

一等奖：

陈章瑞　中农发种业集团股份有限公司董事长

戴祖云　安徽江淮园艺种业股份有限公司董事长

二等奖：

游艾青　湖北省农业科学院粮食作物研究所研究员、所长

湖南希望种业水稻育种创新团队

三等奖：

谢传晓　中国农业科学院作物科学研究所研究员

沈跃辉　山东神华种业有限公司董事长

北京德农黄淮海育种研究中心

合肥市蜀香种子有限公司科研团队

2017 年

一等奖：

茹振钢　河南科技学院小麦研究中心主任、教授

金黎平（女）　中国农业科学院蔬菜花卉研究所研究员

贺浩华　江西农业大学教授、副校长

二等奖：

杜贤章　吉林省鸿翔农业集团鸿翔农业科学院院长

傅同良　贵州省贵阳市农业试验中心主任、研究员

林　纲　四川省宜宾市农业科学院研究员、院长

邓一文　中国科学院上海生命科学研究院植物生理生态研究所副研究员

三等奖：

杨茂胜　陕西省三原县种子管理站副主任

朱洪文（女）　江苏丰庆种业科技有限公司董事长

罗云飞　四川蜀兴种业有限责任公司董事长

2018 年

特别奖：

安徽荃银高科种业股份有限公司水稻科研创新团队

一等奖：

程式华　中国水稻研究所原所长、研究员

郑天存　河南丰德康种业有限公司董事长首席育种家

二等奖：

陆晓春　辽宁省农业科学院创新中心副主任

闵　军　湖南省种子协会秘书长

蒙秀峰　广西贺州市农业科学院研究员

卢怀玉　河北河间市国欣农村技术服务总会会长

三等奖：

刘　宁　山东中农天泰种业有限公司总经理

王其斌　安徽蚌埠永生农业科技有限公司总经理

2019 年

特别奖：

盖钧镒　南京农业大学教授、国家大豆改良中心荣誉主任、中国工程院院士

一等奖：

许　勇　京研益农（北京）种业科技有限公司董事

黄学辉　上海师范大学教授、生命科学学院副院长

二等奖：

夏中华　江苏瑞华农业科技有限公司总经理

岳元文　四川省绿丹种业有限责任公司董事长

刘跃南　安徽华成种业农业科学院院长

三等奖：

籍　强　辽宁宏硕种业科技有限公司总经理

王成瑗　吉林通化市农业科学研究院水稻所所长

赵檀芳　山东淄博禾丰种业农业科学研究院院长

内蒙古通辽老科学技术工作者协会团队

湖南省蔬菜研究所冬瓜育种创新团队

河北众人信农业科技股份有限公司育种团队

2020 年

特别奖：

赵振东　山东省农业科学院研究员、中国工程院院士

一等奖：

徐福春　辽宁东亚种业有限公司董事长

陈绍江　中国农业大学教授

二等奖：

杨联松　安徽省农业科学院水稻研究所研究员

李继军　河南富吉泰种业有限公司总经理

三等奖：

孙志伟　中地种业（集团）有限公司副总裁、中地种业研究院院长

马　恢　河北省张家口市农业科学院研究员

伍中胜　湖南桃源县农业科学研究所高级农艺师

张海燕　云南恒禾种业有限公司总经理

何　蔚（女）　新疆兵团种子管理总站研究员

关学林　湖北钟祥市老关种业总经理

五、大北农科技奖获奖者中的农作物种业人

2007 年

邵　敏　南京农业大学副教授

蔡士斌　沈阳世宾育种研究所高级农艺师

李传国　广东省农业科学院研究员

郭三堆　中国农业科学院研究员

马维军　邯郸市农业科学院研究员

何　晶　丹东农业科学院研究员

王绍平　吉林省农业科学院研究员

蒋建为　湖南省岳阳市农业科学研究所研究员

舒小丽　浙江大学助理研究员

周世象　湖南省棉花科学研究所研究员

赵国忠　石家庄市农林科学研究院研究员

刘宏伟　中国农业科学院研究员

2009 年

宋协良　丹东登海良玉种业有限公司研究员

朱旭东　中国水稻研究所研究员

张永军　中国农业科学院研究员

邓启云　国家杂交水稻工程技术研究中心研究员

贺浩华　江西农业大学教授

赵久然　北京市农林科学院研究员

丁伦友　南京农业大学研究员

2011 年

王　丰　广东省农业科学院研究员

孙海昆　邯郸市农业科学院研究员

张小明　浙江省农业科学院研究员

李俊兰　河北省农林科学院研究员

吴江生　华中农业大学教授

刘万代　河南农业大学教授

2013 年

谢华安　福建省农业科学院研究员、中国科学院院士

邓启云　湖南杂交水稻研究中心研究员

李建生　中国农业大学教授

王连铮　中国农业科学院作物科学研究所研究员

黄长玲　中国农业科学院作物科学研究所研究员

才　卓　吉林省农业科学院研究员

祁　新　吉林农业大学教授

蓝家样　湖北省农业科学院研究员

黄荣华　福建农林大学教授

陈景堂　河北农业大学教授

董海合　天津市农业科学院研究员

张动敏　河北省农林科学院研究员

陈永欣　山西省农业科学院玉米研究所研究员

纵瑞收　江苏省徐州市农开种子工程技术研究推广中心研究员

陈　渊　广西壮族自治区农业科学院研究员

王才林　江苏省农业科学院研究员

2015 年

胡培松　中国水稻所研究员、中国工程院院士
王义波　北京联创种业股份有限公司董事长
周少川　广东省农业科学院水稻研究所研究员
智海剑　南京农业大学教授
番兴明　云南省农业科学院粮食作物研究所研究员
梁炫强　广东省农业科学院作物研究所研究员
黄慧君　广东省农业科学院水稻研究所研究员
胡建广　广东省农业科学院作物研究所研究员
陈旭升　江苏省农业科学院研究员
罗群昌　广西壮族自治区农业科学院水稻所研究员
王才林　江苏省农业科学院研究员
何　丹　绵阳市农业科学研究院研究员

2017 年

陈绍江　中国农业大学教授
王　辉　西北农林科技大学教授

2019 年

赵久然　北京市农林科学院玉米研究中心研究员
唐文帮　湖南农业大学教授

第二十章　大事记

2006 年

1 月 13—14 日，农业部在海南省三亚市召开全国南繁工作会议，表彰南繁工作先进集体 22 个和先进个人 183 位。

4 月 12 日，农业部、海南省人民政府发布《关于印发〈农作物种子南繁工作管理办法〉的通知》（农农发〔2006〕3 号）。

4 月 21 日，《关于公布农业部批准的农作物种子检验员名单（第一批）的公告》（农业部公告第 643 号）公布农业部批准的第一批 149 名农作物种子检验员名单，颁发《种子检验员证》。

5 月 26 日，国务院办公厅印发了《关于推进种子管理体制改革加强市场监管的意见》（国办发〔2006〕40 号），对推进种子管理体制改革，完善种子管理体系和强化种子市场监管作出了具体部署。

8 月 17—19 日，农业部在甘肃省张掖市召开全国种子工作会议，会议总结交流了各地推进种子管理体制改革及强化市场监管的经验，研究了贯彻落实《关于推进种子管理体制改革加强市场监管的意见》的具体措施和加快建设现代种业体系及做大做强我国民族种业的对策。

10 月 27 日，中国种子协会第四次会员代表大会在西安市召开，133 位代表出席大会。万宝瑞当选为会长，李立秋当选为副会长兼秘书长。

10 月 28—30 日，全国农业技术推广服务中心和中国种子协会在西安举办第四届全国种子信息交流暨产品交易会（以下简称“全国种子双交会”）。

2007 年

6 月 10 日，农业部办公厅印发《关于进一步推进种子管理体制改革的紧急通知》（农办农〔2007〕53 号）。

8 月 22—25 日，农业部在北京召开第二届国家农作物品种审定委员会成立大会。

8 月 25 日，农业部第 12 次常务会议审议修订后的《中华人民共和国植物新品种保护条例实施细则（农业部分）》。

9 月 19 日，中华人民共和国农业部令第 5 号颁布《中华人民共和国植物新品种保护条例实施细则（农业部分）》，自 2008 年 1 月 1 日起施行。

10 月 21—23 日，全国种子双交会在合肥市召开。

2008 年

1 月 2 日，中华人民共和国农业部令第 12 号颁布《农作物种子质量检验机构考核管理办法》，自 2008 年 7 月 1 日起施行。

1 月 24 日，农业部发布第 978 号公告，经第二届国家农作物品种审定委员会第一次会议审议，决定停止推广审定农作物品种目录（第一批）。其中，水稻品种 50 个、小麦品种 36 个、玉米品种 34 个、棉花品种 50 个、大豆品种 32 个、油菜品种 8 个。自公告发布之日起，上述种子停止生产；自 2009 年 1 月 1 日起，上述品种种子停止经营推广。

4 月，中共中央总书记、国家主席、中央军委主席胡锦涛视察南繁基地。

9 月 19 日，农业部办公厅印发《关于做好种子检验员证定期审查工作的通知》（农办农〔2008〕141 号），明确《种子检验员证》实行定期审查制度，每两年审查一次。

10 月 28—30 日，全国种子双交会在郑州市召开。

11 月 30 日至 12 月 1 日，农业部在河南省郑州市召开全国种子工作会议。会议提出新时期种业发展的三大任务：一是确保农业生产用种安全，二是切实提高种业竞争力，三是实现有效监管市场。

12 月 10 日，农业部印发《农作物种子质量检验机构考核准则》《农作物种子质量检验机构能力考评工作规范》《农作物种子质量检验机构考评员管理办法》《农作物种子质量检验机构能力验证办法》《农作物种子检验能力验证样片制备工作规范》和《农作物种子检验能力验证技术规范》等文件的通知（农农发〔2008〕16 号）。

12 月 10 日，农业部印发《关于设立国家农作物种子质量检验中心的通知》（农农发〔2008〕15 号），国家农作物种子质量检验中心日常工作由全国农业技术推广服务中心种子质量监督检验处承担。

2009 年

4 月 1—3 日，农业部在北京召开了种子生产经营许可管理研讨会。

11月，国家发展改革委《全国新增1000亿斤粮食生产能力规划（2009—2020年）》提出，建设海南南繁科研制种基地。

11月7—9日，全国种子双交会在成都市召开。

11月18日，农业部召开全国种子管理工作会议。

12月24日，农业部办公厅印发《关于2010年种子执法年活动方案的通知》（农办农〔2009〕149号），决定将2010年定为“种子执法年”。

2010年

1月8日，农业部部长韩长赋向国务院副总理回良玉呈报《关于我国种业发展情况的报告》，提出了以国务院名义出台关于推进现代种业发展的意见并召开种业发展大会的建议。

1月19日，农业部副部长危朝安主持召开农业部推进现代种业发展工作小组启动会议，安排部署了研究现代种业发展扶持政策和重点扶持企业及科研院所事宜、代拟起草《关于推进现代种业发展的意见》、启动种业科技创新工程、编制《现代种业发展规划》、筹备召开现代种业发展大会等5项具体工作。

1月23日，“2010种子执法年”活动在广西南宁正式启动。

4月，中国种子协会召开四届八次常务理事会，决定在2010年开展“中国种业骨干企业”认定活动。

4月，万宝瑞会长辞去中国种子协会会长职务。根据农业部党组建议，中国种子协会四届五次理事会选举农业部党组成员、人事劳动司司长梁田庚为会长。

5月，安徽荃银高科种业股份有限公司在深交所创业板正式挂牌上市，成为我国首家登陆创业板的种业公司。

5月18日，国务院副总理回良玉听取农业部关于推进我国现代种业发展情况的汇报。回良玉副总理强调，要充分肯定种业发展取得的长足进步，清醒认识当前存在的突出问题，振兴我国种业发展要有大的举措，要依法保护民族种业。

11月，全国种子双交会在郑州市召开。

2011年

1月，农业部向国务院报送《关于报请以国务院名义印发〈关于加快推进现代种业发展的意见〉的请示》（农请〔2011〕5号），提出了加快推进我国现代种业发展的目标任务及政策措施建议。

2月22日，国务院总理温家宝主持第145次常务会议，讨论并原则通过《关于加快推进现代农作物种业发展的意见》，决定以国务院名义召开全国现代农作物种业工作会议，请回良玉副总理出席会议并作重要讲话。

4 月 11 日，国务院印发《国务院关于加快推进现代农作物种业发展的意见》（国发〔2011〕8 号），把农作物种业提升到国家战略性、基础性核心产业的高度。

5 月 9 日，国务院在湖南长沙召开全国现代农作物种业工作会议，回良玉副总理出席会议并作重要讲话，就贯彻落实国务院 8 号文件精神，加快推进现代农作物种业发展进行了全面部署。

8 月 22 日，农业部部长韩长赋签发农业部 2011 年第 3 号令，颁布《农作物种子生产经营许可管理办法》。该办法从注册资本、固定资产、育种条件和能力、人员技术及基础设施等方面提高了种子市场准入的门槛。

9 月 4 日，农业部副部长危朝安主持召开种子管理局成立大会。

9 月 20—25 日，农业部种子局副局长马淑萍带领中国种子协会考察团，赴美考察美国种子产业及跨国公司发展情况。

10 月 21 日，中国种子协会第五次会员代表大会在青岛市召开，农业部副部长危朝安出席并作重要讲话。农业部党组成员、人事劳动司司长梁田庚当选为会长，李立秋当选为副会长兼秘书长。

10 月 22—24 日，全国种子双交会在青岛市举行。

11 月 17 日，农业部部长韩长赋出席现代种业发展座谈会并作重要讲话。

2012 年

2 月，科技部会同农业部、国家林业局、教育部、海南省政府在海口市召开“第二届中国博鳌农业（种业）科技创新论坛”。

3 月，中共中央政治局常委、国务院副总理李克强到琼海市博鳌镇的北山洋，调研田间生产和育种，强调加快推进南繁基地建设。

4 月 10 日，农业部组织召开国务院 8 号文件发布一周年座谈会。

4 月 15 日，《农业植物品种命名规定》经 2012 年农业部第 4 次常务会议审议通过，自 4 月 15 日起施行。

5 月 3 日，农业部部长韩长赋在海南省调研南繁基地建设与管理工作，与海南省主要领导就推动南繁事业发展进行了探讨和交流，并与海南省省长蒋定之签订了《农业部、海南省人民政府关于加强海南南繁基地建设和管理的备忘录》。农业部副部长余欣荣参加调研并主持了座谈会。

6 月，海南省副省长陈成主持召开省长办公专题会议，研究并原则通过《中国南繁“硅谷岛”建设规划（2012—2020）》。

7月13日，农业部副部长余欣荣出席在北京召开的“推进现代种业发展座谈会”。

10月，全国种子双交会在武汉市召开。

10月18日，第三届国家农作物品种审定委员会成立大会在北京召开。

12月26日，国务院办公厅印发《全国现代农作物种业发展规划（2012—2020年）》（国办发〔2012〕59号）。

2013年

2月22日，农业部副部长余欣荣出席在深圳召开的“全国重点种子企业主要负责人培训班”。

5月7日，农业部召开“种业海外归国专家座谈会”，座谈国际种业前沿技术，就建设种业强国建言献策。余欣荣副部长出席会议并讲话。

8月27日，农业部成立国家农作物种质资源委员会。委员会负责研究提出国家农作物种质资源发展战略和方针政策，协调全国农作物种质资源的管理工作。

9月26—27日，全国种子双交会在长春市召开，首次设置新品种种植展区。

9月29日，国务院副总理汪洋到北京通州国际种业科技园调研种业发展情况，先后考察了北京德农种业、北京金色农华种业等企业；听取了农业部、北京市种业发展情况汇报。

12月，国务院办公厅印发《关于深化种业体制改革 提高创新能力的意见》（国办发〔2013〕109号），明确在海南三亚、陵水、乐东等区域划定南繁科研育种保护区，实行用途管制，纳入基本农田范围予以永久保护。

12月24日，国务院副总理汪洋出席全国扶贫开发和现代种业座谈会，强调加强海南南繁育种基地的保护和建设。

12月27日，《主要农作物品种审定办法》（农业部令2013年第4号）发布，自2014年2月1日起施行。

2014年

2月，中种集团与孟山都的合资公司中种迪卡种子有限公司变更为中种国际种子有限公司，注册资本变更为4.8亿元。中种集团停掉玉米业务的扩展，引入孟山都的玉米科研、品种及营销市场。

4月29日，由农民日报和中国种子协会推评的改革开放以来“中国种业十大功勋人物”公布。袁隆平、李振声、李登海、郭三堆、张海银、傅廷栋、方智远、谢华安、程相文、程顺和当选。农业部发出《关于开展向中国种业十大功勋人物学习的通知》。

5 月 15 日，国家农作物品种审定委员会发布《国家级水稻玉米品种审定绿色通道试验指南》。

5 月 26 日，由国际种子联盟（ISF）主办的 2014 年（第 75 届）世界种子大会在北京市丰台区隆重开幕。国务院副总理汪洋出席开幕式并致辞。来自国内外种业界的 1 400 多名代表参加了此次盛会。

8 月，第十二届全国人大常委会第十次会议表决通过了《全国人大常委会关于在北京、上海、广州设立知识产权法院的决定》。

8 月 13 日，农业部依托中国农业科学院成立了国家种业科技成果产权交易中心，启动了“国家种业科技成果产权交易平台”。余欣荣副部长出席启动仪式。

9 月 15—17 日，全国种子双交会在长沙市举办。

9 月 26 日，国务院副总理汪洋主持召开深化种业体制改革工作进展汇报会。

10 月 13 日，农业部成立第三届植物新品种复审委员会，农业部副部长余欣荣任主任委员。

10 月 27 日，农业部、科技部、财政部联合印发《关于开展种业科研成果机构与科研人员权益比例试点工作的通知》（农种发〔2014〕4 号）。

11 月 2—3 日，国务院副总理汪洋视察海南国家南繁基地并主持召开座谈会。

12 月 2 日，农业部召开国家良种重大科研协作攻关启动会，农业部副部长余欣荣出席会议并部署了国家良种重大科研协作攻关工作。

2015 年

1 月，人力资源社会保障部、农业部办公厅印发《关于鼓励事业单位种业骨干科技人员到种子企业开展技术服务的指导意见》（人社厅函〔2015〕28 号）。

1 月，农业部向华中农业大学水稻团队研发的两种转基因抗虫水稻（华恢 1 号、Bt 汕优 63）重新颁发了生物安全证书。

2 月 9 日，国务院副总理汪洋在农业部出席“中国种业十大功勋人物”和“全国十佳农民”座谈会。

2 月，农业部、国家发展改革委、科技部印发《全国农作物种质资源保护与利用中长期发展规划（2015—2030 年）》（农种发〔2015〕2 号）。

2 月，农业部决定，将全国种子双交会与中国国际种业博览会合并举办，由全国农业技术推广服务中心、农业部贸易促进中心、中国种子协会共同主办，定名为中国国际种业博览会暨全国种子信息交流与产品交易会，每年举办一次。

4 月，农业部种子局会同全国农业技术推广服务中心、农业部科技发展中心等单位组织编制了《农作物品种 DNA 身份鉴定体系构建实施方案》（农办种〔2015〕18 号），全国统一品种 DNA 指纹检测数据库构建启动。

5 月，财政部首次将制种大县奖励资金单列，会同农业部通过竞争择优方式，实施制种大县奖励。

6 月，全国人大法工委郎胜副主任赴山东开展《种子法》修订调研。

7 月 13 日，第三次全国农作物种质资源普查与收集行动在京启动。农业部副部长余欣荣出席并讲话。

9 月，中国国际种业博览会暨全国种子信息交流与产品交易会在廊坊市召开。

10 月，农业部、国家发展改革委、财政部、国土资源部和海南省政府联合印发《国家南繁科研育种基地（海南）建设规划（2015—2025 年）》。

11 月，十二届全国人大常委会第十七次会议审议通过了新修订的《种子法》。新修订的《种子法》从 2016 年 1 月 1 日起实施。

11 月，农业部印发《国家救灾备荒种子储备补助经费管理办法》，将贴息改为补贴，资金包干使用，提高了企业承储积极性。

2016 年

1 月 15 日，农业部印发《农业部关于贯彻实施〈种子法〉全面推进依法治种的通知》，就贯彻实施新修订的《种子法》、全面推进依法治种、做好配套规章制度体系建设等方面作出安排部署。

2 月，中国化工集团公司宣布，同意通过公开 100%股权要约收购先正达。

4 月 19 日，中共中央政治局常委、全国人大常委会委员长张德江到中国种子集团调研。

4 月 19 日，海峡两岸植物新品种保护工作组会议在陕西杨凌召开，双方就扩大新品种保护名录、延长申请繁殖材料提交时限，以及 DUS 测试技术进行了协商和交流。

5 月 26 日，中国人民银行、农业部、银监会、证监会、保监会、国家外汇管理局等 6 部门联合下发《关于做好现代种业发展金融服务的指导意见》。

6 月 12 日，梁田庚会长因工作调动辞去中国种子协会会长职务。根据农业部党组建议，中国种子协会五届五次理事会选举农业部种子管理局局长张延秋为中国种子协会会长。

7月8日，新修订的《农作物种子标签和使用说明管理办法》公布，自2017年1月1日起施行。

7月8日，农业部、科技部、财政部、教育部、人力资源和社会保障部联合印发《关于扩大种业人才发展和科研成果权益改革试点的指导意见》。

8月15日，新修订的《主要农作物品种审定办法》《农作物种子生产经营许可管理办法》实施。

9月28—30日，中国国际种业博览会暨全国种子信息交流与产品交易会在济南市召开。

10月10日，隆平高科等57家种子企业被认定为2016年中国种业信用骨干企业；京研益农等15家种子企业被认定为中国蔬菜种业信用骨干企业。

11月，全国现代农作物种业发展工作会议在北京召开。

2017年

1月3—7日，中央农村工作领导小组副组长袁纯清带队赴海南省考察南繁基地建设情况。

4月1日，《非主要农作物品种登记办法》经2017年第4次部常务会议审议通过，于5月1日施行，第一批登记的非主要农作物共29种。

自4月1日起，暂停征收植物新品种保护权申请费、审查费和年费。

4月5日，中国化工430亿美元收购先正达公司的交易通过了美国反垄断审查。

4月9日，2017中国南繁论坛在陵水举办。中国科学院院士张启发，中国工程院院士朱英国、颜龙安，育种专家李登海、郭三堆等出席论坛。

4月11日，中国种子协会南繁分会在海南三亚成立。

4月12日，植物新品种保护国际研讨会暨《植物新品种保护条例》20周年座谈会在北京举行。

6月8日，中国化工集团公司宣布完成对先正达的交割，以430亿美元交易额“落地”。

6月10—11日，中国种子协会在北京召开第六次会员代表大会，农业部余欣荣副部长出席大会闭幕式并作重要讲话。张延秋当选为会长，蒋协新当选为秘书长兼副会长。

9月2日，全国人大常委会种子法执法检查组召开第一次全体会议，听取了农业部等5部门关于贯彻《种子法》实施情况汇报，并就执法检查工作作出部署。

9月18日，全国人大常委会副委员长吉炳轩带队赴江西省开展了为期4天的

《种子法》执法检查工作。

9月20—22日，第十届中国国际种业博览会暨第十五届全国种子信息交流与产品交易会在济南举办。

10月，由世界粮食奖基金会主持评选2017年度世界粮食奖，揭晓中国农业大学崔振岭教授成为继何康、袁隆平后第三位获此殊荣的中国科学家。

10月17日，“国家七大作物育种”专项“主要农作物种子分子指纹检测技术研究与应用”项目正式启动实施。

7—11月，全国人大常委会副委员长张宝文、吉炳轩，全国人大常委会委员、全国人大农业与农村委员会主任委员陈建国分别先后带队赴陕西、河北、甘肃、江西、四川和海南省开展《种子法》执法检查工作。

11月，海南省省长沈晓明专题调研南繁工作，提出要不断创新体制机制，努力开拓南繁工作新局面。

11月11日，全国人大常委会副委员长吉炳轩带队赴海南省开展《种子法》执法检查工作。

12月20日，第四届国家农作物品种审定委员会成立大会在北京召开。

2018年

2月23日，十二届全国人大常委会第三十三次会议举行第一次会议，全国人大常委会副委员长张宝文作全国人大常委会执法检查组关于检查种子法实施情况的报告。

3月，海南省省长沈晓明主持召开南繁专题座谈会，近20位国内知名农业育种专家与种业领军企业代表参加了会议。与会代表就南繁产业发展、南繁科技城建设出谋划策。沈晓明省长明确表示建设南繁科技城是在落实国家南繁规划前提下做加法。

3月，欧盟委员会有条件地批准拜耳拟以625亿美元收购孟山都的跨国并购交易。

3月25—27日，首届中国种子大会在北京召开。大会以“新时代、新使命、新种业、新征程”为主题，有近700名国内外种业界人士参加。

4月8日，农民日报社与中国种子协会共同揭晓2013—2017年度中国种业十大杰出人物推介结果：赵振东、盖钧镒、朱英国、赵久然、程式华、许勇、王义波、杨远柱、徐福春、黄长玲等10位被推介为中国种业杰出人物。

4月13日，习近平总书记视察南繁基地，强调要下决心把我国种业搞上去，抓紧培育具有自主知识产权的优良品种，从源头保障国家粮食安全；并将种业作为支持海南全面深化改革开放的重点领域。

4月14日，农业农村部部长韩长赋赴海南国家南繁科研育种基地调研，并看望了袁隆平、谢华安等在三亚从事南繁育种的院士专家。

8月9日，财政部、农业农村部、银保监会联合印发《关于将水稻、玉米、小麦三大粮食作物制种纳入中央财政农业保险保险费补贴目录有关事项的通知》(财金〔2018〕91号)。

9月，中国国际种业博览会暨全国种子信息交流与产品交易会在合肥市举办，会议期间首次设置种业经销千商大会。

10月，盖钧镒院士获世界大豆研究大会（WSRC）授予的终身成就奖。

12月20日，农业农村部召开中国种业改革40周年座谈会，张桃林副部长出席并讲话。

2019年

1月，最高人民法院知识产权法庭在北京揭牌成立，主要负责审理专利等专业技术性较强的知识产权民事和行政上诉案件。

2月，国家作物种质库（新库）项目在中国农业科学院作物科学研究所正式开工建设。

2月，北京大北农科技集团股份有限公司研发的转基因大豆转化事件 DBN-09004-6 获得阿根廷政府的正式种植许可。这是中国企业研发的转基因种子首次在国际上获种植许可。

2月26日，农业农村部种业管理司参加由北京市农林科学院、中国生物多样性保护与绿色发展基金会共同主办的“粮食与农业植物遗传资源保护与惠益分享暨2020后的农业生物多样性”研讨会；并与联合国《粮食和农业植物遗传资源国际条约》秘书长 Kent Nnadozie 博士进行了工作交流。

3月31日至4月1日，2019中国种子大会在北京国际会议中心开幕。大会以“践行新时代、新使命、新种业、新征程”为主题。农业农村部副部长张桃林出席开幕式并讲话，来自国内外种业的1 200多人参加了大会。

4月，在纪念我国加入UPOV20周年之际，农业农村部表彰50个全国农业植物新品种保护先进集体和100名先进个人。中国种子协会被评为先进集体。

4月23日，农业农村部种业管理司、科技发展中心与国家林草局科技发展中心联合在北京召开植物新品种保护国际研讨会。

6月，农业农村部、财政部印发《关于公布2019年国家现代农业产业园创建名单的通知》（农规发〔2019〕20 号），甘肃省酒泉市肃州区、四川省邛崃市、湖南省长沙市芙蓉区、广东省新兴县、海南省三亚市崖州区等 5 个县区，升级为以种业为主导产业的国家现代农业产业园。

10 月 30—31 日，中国国际种业博览会暨全国种子信息交流与产品交易会在济南市召开。

11 月 1 日，国际植物新品种保护联盟（UPOV）理事会在日内瓦举行第 53 届常务会议，农业农村部科技发展中心植物新品种保护处处长崔野韩当选本届 UPOV 理事会副主席。

11 月，中共中央政治局委员、国务院副总理胡春华到海南省南繁科研育种基地调研。他强调，要深入学习贯彻习近平总书记重要指示精神，按照党中央、国务院的决策部署，进一步加大南繁基地建设保护和管理力度，加快建设成为集科研、生产、销售、科技交流、成果转化于一体的服务全国的“南繁硅谷”。

12 月 9—10 日，全国现代种业发展暨南繁硅谷建设工作会议在三亚市召开，农业农村部部长韩长赋出席会议并讲话。

12 月，国务院办公厅印发《关于加强农业种质资源保护与利用的意见》（国办发〔2019〕56 号）。

2020 年

12 月 16—18 日，中央经济工作会议在北京举行。会议强调，要解决好种子和耕地问题，保障粮食安全，关键在于落实藏粮于地、藏粮于技战略；要加强种质资源保护和利用，加强种子库建设；要尊重科学、严格监管，有序推进生物育种产业化应用；要开展种源“卡脖子”技术攻关，立志打一场种业翻身仗。

（马淑萍、黄文婷）

图书在版编目（CIP）数据

中国农作物种业. 2006—2020 / 中国种子协会编著. 北京 ：中国农业出版社，2025. 8. -- ISBN 978-7-109-32776-4

Ⅰ. F324.6

中国国家版本馆 CIP 数据核字第 2025K5F393 号

中国农作物种业（2006—2020）

ZHONGGUO NONGZUOWU ZHONGYE（2006—2020）

中国农业出版社出版

地址：北京市朝阳区麦子店街 18 号楼

邮编：100125

责任编辑：邓琳琳　张　丽

版式设计：王　晨　　责任校对：吴丽婷

印刷：北京通州皇家印刷厂

版次：2025 年 8 月第 1 版

印次：2025 年 8 月北京第 1 次印刷

发行：新华书店北京发行所

开本：787mm×1092mm　1/16

印张：25.5

字数：485 千字

定价：298.00 元